公共管理硕士(MPA)系列教材

电子政务

吴爱明　何　滨　著

中国人民大学出版社
·北京·

出版说明

公共管理硕士（Master of Public Administration，MPA）专业学位研究生教育是以公共管理学科及其他相关学科为基础的研究生教育项目，其目的是为政府部门及非政府公共机构培养高层次的应用型专门人才。

我国的 MPA 教育始于 1999 年。1999 年 5 月，国务院学位委员会第 17 次会议审议通过了《公共管理硕士（MPA）专业学位设置方案》；2001 年 10 月，我国进行首次 MPA 招生考试；2002 年 3 月，首批 MPA 研究生正式入学。经过十多年的发展，我国的 MPA 培养院校从最初的 24 所发展到 2014 年的 200 余所；截至 2015 年 7 月，全国 MPA 培养院校累计招收 MPA 研究生 15 万余人，授予 MPA 学位 8 万余人，MPA 教育成为我国公共部门人才培养的重要渠道。

为了满足国内 MPA 教育对教材和教学参考资料的需要，不断探索和回应公共管理实践中的各种问题，同时反映国内外公共管理研究的最新成果，自 2001 年起，中国人民大学出版社组织有关专家编写“公共管理硕士（MPA）系列教材”。本套教材涵盖国务院学位办确定的《公共管理硕士专业学位培养方案（试行稿）》（2000 年发布）和《公共管理硕士专业学位研究生指导性培养方案》（2012 年发布）中规定的各门 MPA 核心课程教材，也包括公共管理各领域的专业方向必修课程教材及部分选修课程教材。本套教材不仅适合 MPA 学生使用，同时也可供公共管理学科的研究生及各级行政管理人员作为参考和培训资料使用。

“公共管理硕士（MPA）系列教材”力求体现如下特色：第一，系统完整，基本涵盖公共管理专业教育的主要知识领域；第二，反映国内外公共管理研究领域的最新成果，为公共管理领域的教育者、学生、实际工作者提供该领域的最新信息、资料及多视角思考空间；第三，反映 MPA 专业教育的特点，重视应用性，注重能力的培养，教材中除讲授一般理论知识外，还提供丰富的案例分析素材；第四，将中国传统的行政管理思想、国外先进的公共管理理论与中国政府的管理实践紧密地结合起来，理论联系实际。

在“公共管理硕士（MPA）系列教材”策划出版之初，中国人民大学出版社邀请国内公共管理领域有关专家成立了阵容强大的教材编审委员会。同时，本着将国内公共管理领域有影响的学校和有影响的学者都吸收进来以博采众家之长的原则，我们广邀全国各地公共管理知名学者，使得本套教材的作者突破了一个学校和一个区域的界限。参与本套教材编写工作的有中国人民大学、北京大学、清华大学、复旦大学、中山大学、厦门大学、南开大学、上海交通大学、北京师范大学、华中科技大学、国防科学技术大学、国家行政学院、中国社会科学院等国内知名高校及科研院所的学者，他们都是公共管理教育领域的专家，具有丰富的教学经验，同时又注重公共管理实践，能够较好地将理论和实践结合起来。

自2001年首本教材出版以来，“公共管理硕士（MPA）系列教材”受到了国内公共管理学界的广泛好评，被誉为“与中国MPA共同成长”的一套高质量的MPA教材。国内众多高校将本套教材选为MPA相关课程教材，“十二五”初期，本套教材的累计销量突破百万册，成为广受读者欢迎的MPA教材品牌。

随着公共管理教育和实践的不断发展，公共管理学科的研究和教育也在不断发展与完善，这就要求MPA教材也要不断修订和更新。在国内公共管理学界的热情支持下，我们编写的这套教材取得了一定的成绩。今后，还请广大读者，特别是在教学一线的MPA任课教师继续给我们反馈意见，对这套教材提出批评和建议，以帮助我们不断对相关教材进行修订和完善，实现这套教材“服务中国MPA教育事业，与中国MPA共同成长”的目标。

中国人民大学出版社

前　言

本书根据电子政务多年的理论研究成果和实践历程、面对行政改革和信息化发展带来的挑战与机遇、围绕国内外电子政务建设的进展情况、依据我国关于电子政务的有关法律法规、结合电子政务教学与培训的实际需要撰写而成，对电子政务理论与实践进行了全面总结和探讨，汲取了电子政务最新的理论和实践成果。本书包括电子政务与电子政府、国内外电子政务发展、电子政务与政府管理、电子政务的应用系统、电子政务的规划与实施（含项目管理）、政府网站建设与管理、电子政务与政府流程管理、电子政务与政务信息资源管理、电子政务与政务公开、电子政务与网络舆情、电子政务与安全保密、电子政务主要技术、电子政务规范（法律法规政策、标准体系、道德规范）、电子政务绩效评估、电子政务未来展望等内容。

本书力求体现以下特点：全面：目前国内外电子政务研究的主要成果均有囊括；新颖：电子政务理论与实践的创新与探索均有涉及，政务公开、舆情、微博、微信、云计算、物联网、移动政务、开源软件、大数据等电子政务新事务一一剖析；丰富：理论、实践、应用、案例、知识等内容全面；实用：结合我国政府改革实践，着力提升政府公共服务能力，既围绕电子政务实践，又结合政府各方面与电子政务相关的工作。因此，本书适合 MPA、相关学科各专业的学生以及电子政务专业人员作为教材使用，也适合公务员、首席信息官、软件公司人员作为学习资料和培训教材。

本书借鉴和参考了大量研究文献和实践资料，吸收了许多专家学者的观点，收集了众多电子政务实践最新资料，在此向有关专家和实践部门表示感谢。同时也感谢中国人民大学出版社的编辑为本书付出的辛勤劳动。

本书在写作过程中，还得到了中国人民大学国家重点学科行政管理专业的支持。

由于作者水平所限，不足之处在所难免，恳请读者不吝赐教。

目　录

第 1 章

电子政务与电子政府

现在人类已进入互联网时代这样一个历史阶段，这是一个世界潮流，而且这个互联网时代对人类的生活、生产、生产力的发展都具有很大的进步推动作用。

——习近平

对广大群众迫切需要解决的、经济社会发展中遇到的瓶颈问题，如有可能通过采用计算机技术推动其解决，我们就应该下功夫切实加以推动。

——胡锦涛

重点问题

- 电子政务基本概况
- 电子政务的原则和意义
- 电子政务的创新点
- 电子政务业务模型
- 电子政务发展阶段
- 电子政务与电子政府

1.1 电子政务基本概况

电子政务是政府管理方式的革命，也是改变行政流程的一场革命。① 国外有的专家认为，电子政务源于新公共管理思想。② 新公共管理理论是 20 世纪 80 年代以来兴起于英国、

① 参见侯卫真、赵国俊主编：《公务员信息化与电子政务读本》，16 页，北京，中央文献出版社，2003。

② 参见［英］安德鲁·查德威克等：《互联网政治学：国家、公民与新传播技术》，239 页，北京，华夏出版社，2010。

美国、新西兰等西方国家的一种新的行政管理理论思潮，是深刻影响各国行政改革的主导性理论之一，对现代行政改革运动产生了较大的影响。新公共管理包含“重塑政府运动”、“企业型政府”、“政府新模式”、“市场化政府”、“代理政府”、“国家市场化”等内容。20 世纪 70 年代，西方发达国家普遍陷入了财政危机、管理危机和信任危机，政府规模显得过于庞大臃肿，部门机构数量众多，行动迟缓，效率低下，人浮于事，难以有效运用行政管理手段来应对市场经济的挑战。在美国，人们普遍认为政府“行动迟缓、效率低下和刻板而且无人情味”，“政府将事情弄得一团糟”。就连里根总统也认为：“政府不是解决问题的办法，政府是问题的本身。”这和当时罗斯福新政运用政府这只强有力的手来解决经济危机，政府显得无所不在、无所不能的情况相比，有天壤之别。在这样的背景下，政府行政管理体制面临着重大的变革。新公共管理引入企业管理理念，要求政府尽可能满足社会公众需求，提高政府的公共服务绩效，建设“服务型政府”；对政府的行为进行绩效考核，实行岗位责任制；实行政府目标管理，引进市场竞争机制；裁减政府部门工作人员数量，实现公共服务小规模化，把权力下放给基层和一线人员；利用一切现代信息技术手段来提高行政效率和提供公共服务；等等。

新公共管理的改革实践不同于一般的行政革新，而是政府再造，具有行政改革的性质。新公共管理主要反映为政府运作机制层面上的公共服务市场化、组织人事层面上的人力资源管理、政府技术形态上的电子化政府，以及价值层面上的行政文化创新等方面。①新公共管理运动在一定程度上实现了削减经费、降低成本、增强能力的行政目标。通过理论、观念、体制、机制和手段的创新，新公共管理运动取得了举世瞩目的成功，不同程度地解决了发达国家面临的财政危机和信任危机，提升了政府运作能力，适应了在全球化中保持国际竞争力的内在要求。由于确立了为顾客服务的崭新行政理念，政府自觉地把管理职能定位在掌舵人而不是划船者，集中精力做好行政决策和提供更多更好的公共服务。通过授权和分解责任、引入激励机制、对人员实行聘任或合同制，缓和了政府内部管理的矛盾，用成绩来决定升迁去留，用市场的办法来解决行政问题。这些都在一定程度上改变了西方国家公民对政府效率低下、机构臃肿、办事拖沓的印象。更重要的是政府部门通过运用信息技术、建设电子政务，提高了行政效率，节约了行政成本，增加了政府的透明度，抑制了腐败。

美国政府自 1993 年开始，在国家绩效评估委员会（National Performance Review Committee）主持下，把信息技术与广泛的行政改革明确联系起来并使其成为体系，称为电子政府。而事实上，电子政务远远早于新公共管理运动。各国政府自 20 世纪 50 年代起，就已经普遍使用信息技术进行政府管理。政府部门信息技术的应用，最早还可追溯到 19 世纪末美国政府进行的人口普查，此为电子政务的开端。1880 年的美国人口普查，政府用了 7 年的时间进行统计，耗费大量人力、物力和时间。1890 年，美国人口普查部门采用赫尔曼·霍尔瑞斯（Herman Hollerith）发明的利用穿孔卡片存储数据的计算机，仅仅用了 6 周就得出了准确的美国人口数据（62 622 250 人）。后来赫尔曼·霍尔瑞斯的公司发

① 参见吴爱明、刘文杰：《政府改革：中国行政改革模式与经验》，130～135 页，北京，新华出版社，2010。

展成为著名的IBM公司。学者斯塔林（G. Starlin）指出，公共管理因信息技术的发展大幅降低了信息处理、获取、传输的成本，而必须主动地变化与适应。[①] 在后来新公共管理思想盛行于世的时候，尤其是随着互联网技术的发展，通过电子政务方式，新公共管理运动的实现和创新才真正成为可能。美国学者托马斯·弗里德曼（Thomas Friedman）在《世界是平的：21世纪简史》中指出，个人电脑、传真机、Windows操作系统和调制解调器的广泛应用都是在20世纪80年代末和90年代初，这些都是启动全球信息变革的基本平台，同时也为公共管理改革提供了技术手段。他认为，微软公司Windows 3.0的发布，与同年柏林墙倒塌的意义同样重大，因为Windows和IBM个人电脑消除了另一种重要的障碍，使人们可以获得、交流和处理更多的信息。信息时代是"我和机器可以更好更快地对话，所以我可以做更多事"的时代，也是"我和机器可以和公司里的其他人更好更快地对话，所以我们可以创造更高生产力"[②] 的时代。在西方，新公共管理结合信息技术产生的电子政务取得了巨大的成功，开启了以公民为中心、高效率、服务型、创新型政府的新时代。

本书中的信息技术是指广义的计算机和网络通信技术，通常被信息化业界称为ICT技术。[③] 近几年，国内外电子政务研究取得很大进展，但对电子政务的具体要求理解仍然存在差异。通过对国内外专家对电子政务的定义对比，我们可以将电子政务的概念归纳为以下几种：

1.1.1 电子政务是应用信息技术的政府活动或者行为

广义的电子政务，是指各级各类国家机关以良政为目标，应用电子信息通信技术手段，进行的各种政务活动与行为的总称；狭义的电子政务，往往特指政府机构为改进公共行政管理和社会服务，利用电子信息通信技术手段尤其是基于互联网实现的政务活动与行为。[④]

电子政务是由电子计算机和互联网等现代信息技术驱动，通过运用现代管理理念、理论和方法对政府业务重新设计，以社会信息资源充分共享、政府内部及政府与社会有效沟通和互联互动为技术途径，以向社会全方位地提供优质、廉价、规范、透明的管理和服务为终极目标的新的政务活动。[⑤]

日本政府将电子政务定义为：通过在行政领域内灵活运用信息通信技术改进相应的业务和制度，达到提高国民生活便利性、实现行政运营的简便化、高效化以及提高可信度、透明度等目标的建设行为。[⑥]

1.1.2 电子政务是应用信息技术的政府优化、重组、改革

高德纳咨询公司有一个简洁的定义：电子政务是通过技术手段对公共服务、选民参

---

① 参见张成福：《公共管理学》，244页，北京，中国人民大学出版社，2011。

② ［美］托马斯·弗里德曼：《世界是平的：21世纪简史》，158～165页，长沙，湖南科学技术出版社，2006。

③ ICT是信息、通信和技术三个英文单词（information，communication，technology）的首字母组合。它是信息技术与通信技术相融合而形成的一个新的概念和新领域。

④ 参见汪向东：《电子政务行政生态学》，26页，北京，清华大学出版社，2007。

⑤ 参见李习彬：《电子政务与政府管理创新》，3页，北京，科学出版社，2004。

⑥ 参见孙宇：《电子政务》，21页，北京，北京师范大学出版社，2011。

与、改善内外关系治理等方面进行的不断优化。

电子政务为运用信息与通信技术，打破行政机关之间的界限，改进行政组织，重组公共管理，实现政府办公自动化和政务业务流程的信息化，为公众和企业提供广泛、高效和个性化服务的一个过程，其核心内容在于借助信息手段集成政府的管理和服务，实现更高效、更廉洁务实的政府监管和服务。①

《十六大报告辅导读本》解释电子政务，是指利用信息网络技术和其他相关技术构造更加适合时代要求的政府结构和运行方式。人事部《公务员公共管理核心内容学习手册》也采用相同定义。有专家在此基础上发挥，将电子政务定义为：应用现代化的电子网络技术和管理理论，对传统政务进行持续不断的革新和改善，以实现高效率治理和服务的政府结构和运行方式。②

1.1.3 电子政务是应用信息技术的政务过程与结果

电子政务是政府部门运用先进的电子信息技术和网络技术，以服务型和企业型政府为核心，借助先进的企业管理思想和公共管理、行政管理理念，以实现政务信息化、公开化、高效化和服务网络化等目标的过程。③

美国政府将电子政务定义为：为了更好地为企业、公众、其他政府部门和机构提供政府信息和服务，为了改进政府的运作（包括效益、效率、服务质量及改革），应用互联网和其他信息通信技术的过程。④

有专家在此基础上进一步指出，电子政务不仅是过程，也是结果。他们认为：电子政务是指各种公务机构通过广泛应用现代信息技术，推动政务活动方式的变革，提高行政效率，发展民主决策进程，向社会提供优质、规范、透明的管理与服务的过程与结果。⑤

1.1.4 电子政务是应用信息技术的政务全方位集成

电子政务是公共管理部门应用现代信息和通信技术，将管理和服务的一项项具体业务通过网络技术进行集成，在互联网上实现组织结构和工作流程的优化重组，超越时间、空间与部门分隔的限制，全方位地向社会提供优质、规范、透明的管理和服务。⑥

电子政务是各级政务部门以信息网络为平台，综合运用信息技术，在对传统政务进行持续不断的革新和改善的基础上，实现组织结构和工作流程的重组优化，将其管理和服务职能进行集成，超越时间、空间的界限，打破部门分隔的制约，全方位地向社会提供优

① 参见张鹏翥：《电子政务》，16页，北京，电子工业出版社，2011。
② 参见刘文富：《电子政务》，4页，北京，中国人民大学出版社，2010。
③ 参见杨路明：《电子政务》，2页，北京，电子工业出版社，2007。
④ 参见颜海：《电子政务原理、建设与应用》，2页，武汉，武汉大学出版社，2010。
⑤ 参见赵国俊：《电子政务教程》（第二版），6页，北京，中国人民大学出版社，2004。
⑥ 参见汪玉凯：《电子政务实用技术读本》，84页，北京，电子工业出版社，2002。

质、规范、透明、符合国际标准的管理和服务，实现公务、政务、商务、事务的电子化、网络化、一体化管理和运行。①

1.1.5　电子政务是应用信息技术的政府手段

联合国经济和社会事务部在2002年发布的报告中，将电子政务定义为政府运用互联网将政府信息和服务传递给公民。在其2003年发布的报告中，将定义修订为政府使用信息通信技术改善政府的内外部关系。在其2004年发布的报告中，将定义修订为政府使用信息通信技术为公众提供信息服务和基本公共服务。在其2005年发布的报告中，基本沿用了2004年的定义，唯一的差别就是将基本公共服务修订为公共服务。在其2008年发布的报告中，将定义修订为政府变革的杠杆。在其2010年发布的报告中，将定义修订为一种增强公共部门能力的手段，并与公民携手并进，以期澄清各种特殊的发展议题。②

1.1.6　电子政务是应用信息技术的政府服务

加拿大政府将电子政务定义为：利用信息通信技术，使加拿大人能够在任何时间、任何地点、用任何一种官方语言获取以用户为中心的、整合的服务。

韩国政府将电子政务定义为：通过灵活应用信息通信技术，实现行政服务的电子化，从而使行政机构能够有效提供机构间的行政服务和面向企业和公众的服务。③

新加坡政府将电子政务定义为：应用技术提高政府服务的接入和提供水平，从而使所有公众和企业都能从中受益。④

1.1.7　电子政务概念的思考与总结

有专家认为，可以把侧重现代信息技术与行政管理结合的传统电子政务称为“电子政务”，而把侧重现代信息技术与公共管理结合的现代电子政务称为“电子公务”。还有专家认为，狭义上的电子政务就是平常所说的政务工作电子化，即政府在公共管理和服务等政务工作当中，全面应用现代信息技术，特别是互联网技术进行办公、管理和开展为社会提供各种公共服务的一种治理形式；而广义上的电子政务则主要从其所包含的范围来定义，既包括各级行政管理机关、政协以及其他公共部门的政务工作信息化，也包括各级党委党务工作的信息化。

我国的《国民经济和社会发展第十个五年计划信息化重点专项规划》提出，“信息化是以信息技术广泛应用为主导，信息资源为核心，信息网络为基础，信息产业为支撑，信息人才为依托，法规、政策、标准为保障的综合体系”，从而准确、清晰地表述了当前和未来一个时期我国信息化建设的主要内容，以及信息技术应用、信息资源、信息网络、信

---

①　参见张锐昕：《电子政府与电子政务》，1页，北京，中国人民大学出版社，2011。

②③　参见孙宇：《电子政务》，21页，北京，北京师范大学出版社，2011。

④　参见颜海：《电子政务原理、建设与应用》，2页，武汉，武汉大学出版社，2010。

息产业、信息人才、信息法规政策标准等在信息化体系中的位置以及相互之间的关系。由此，信息化过程中包含三个层面、六大要素。所谓三个层面，一是信息技术的开发和应用过程，这是信息化建设的基础；二是信息资源的开发和利用过程，这个过程是信息化建设的核心与关键；三是信息产业不断发展的过程，是信息化建设的重要支撑。这三个层面是相互促进、共同发展的过程，也就是工业社会向信息社会、工业经济向信息经济的动态演化过程，在这个过程中，三个层面是一种互动关系。所谓六大要素是指信息网络、信息资源、信息技术、信息产业、信息法规环境与信息人才。这三个层面、六大要素的相互作用过程就构成了信息化的全部内容。借用该定义认为信息化是体系的表述方法，我们认为，电子政务就是政府部门以应用为主导，依托先进的公共管理理论和思想，广泛采用计算机、互联网、移动通信等现代信息和通信技术手段，开展行政管理工作，向政府、企业、事业单位、社会团体等组织和社会公众提供所需的公共产品与服务的体系。

1.2 电子政务基本原则

联合国认为，电子政务的基本原则是建立在一个有效的电子治理制度框架基础之上的，目的是通过降低成本、减少交易时间来改进公共部门的内部工作方式，从而使得各公共部门更好地整合优化工作流程，实现资源的有效利用，最终形成可持续的发展方案。这种原则力求建立更好的工作程序和系统，使之更有效率、效力、包容性和可持续性。作为效率和协调的重要推手，电子政务囊括了各种制度、机制和程序，用以规划、组织、协调和实施成功的社会和经济发展计划。①

1.3 电子政务的主要意义

（1）电子政务是当今世界发展的趋势。信息化覆盖面广、渗透能力强、带动作用明显，是推动生产力发展与促进社会进步的强大力量。世界各国纷纷把电子政务作为赢得未来发展先机的关键举措。党的十七大指出，要“全面认识工业化、信息化、城镇化、市场化、国际化深入发展的新形势新任务”。国务院明确提出电子政务要先行，以电子政务建设带动国民经济和社会信息化。电子政务渗透全局、服务全局、影响全局的地位和作用日益显现。

（2）电子政务是我国政府改革发展的必然选择。信息技术已经成为当今世界各国推进政府改革、提高政府效率、增强政府服务能力的有力手段。政府部门把电子政务作为实现科学发展、重组流程、转变职能的“增强器”和“助推器”，极大地促进了政务工作效率、服务

① 参见联合国经济和社会事务部：《2012年联合国电子政务调查报告：面向公众的电子政务》，北京，国家行政学院出版社，2012。

水平和工作质量的提高，降低了政府行政成本，提高了政府决策的科学性、及时性、有效性。

（3）电子政务是建设服务型政府的内在要求。基于网络和新兴技术手段的资源整合和公共服务不断向纵深延伸，日益成为政府与公民、企业和社会密切互动的基础，基于公民参与的社会互动网络必将有力推动政府业务流程优化和施政理念更新。为建设法治型、效率型、服务型政府，必须大力推进电子政务资源整合，深化电子政务应用，推动政府管理创新和行政管理体制改革，强化民主监督，提高各级政府公共服务和社会管理的水平。

（4）电子政务是构建和谐社会的最佳途径。政府部门充分利用信息技术，围绕人民群众最关心、最直接、最现实的利益问题，提供一站式的服务，在文化教育、医疗卫生、人力资源和社会保障、人口计生、社会管理等领域实施网上服务，提高社会公共服务效率，丰富公共服务的内容和手段。通过电子政务还可以推动实现网络参政、网络问政、网络议政，极大地提高了人民群众参与政治事务的积极性，全面促进了社会主义和谐社会建设。

（5）电子政务是创建廉洁政府的重要方式，是我国社会主义民主法制建设的必然趋势。电子政务利用信息技术实现政务活动公开透明，帮助公民有效行使民主权利，可对政府权力运行过程进行监督，有效杜绝人为因素和暗箱操作，防止以权谋私，促进政务公开和廉政建设。

（6）电子政务有助于带动全社会信息化发展。信息化是我国加快实现工业化和现代化的必然选择。我国各级政府的工作范围涉及经济社会发展的各个领域，与企业、居民和社会各界的联系十分密切，电子政务的推广对我国信息化全局具有显著的主导和带动作用，将为国民经济和社会信息化发展创造良好的条件，有效地带动国内信息产业发展，加快我国信息化整体发展。

1.4　电子政务业务模型

电子政务的业务内容取决于政府职能。政府职能是指国家行政机关在国家公共事务管理中依法承担的任务和所起的作用。在 2003 年国务院政府工作报告中，把政府职能分为经济调节、市场监管、社会管理和公共服务。根据政府的各项职能，尤其是政务活动的用户主体和行为，可将电子政务分为五种模式（见表 1—1）。

表 1—1　电子政务模式

模式名称	用户主体
G2G 和 D2D	政府外部各机构之间和政府内部各部门之间
G2B 和 B2G	政府、企业
G2C 和 C2G	政府、公众（公民）*
G2E 和 E2G	政府、政府雇员（公务员）**
G2N 和 N2G	政府、非营利组织（非政府组织）

注：＊公众包含公民。

＊＊有专家认为还存在政府与决策者或者决策者与政府（G2D 或 D2G）模式。政府雇员包含公务员以及事业编制等政府工作人员。

电子政务的用户主体虽然涉及各级政府机构、政府工作人员、本国公民、外国公民、无国籍人士、企业、非政府组织或者非营利组织及其他用户等，但是以上用户主体一般可以划分为表 1—1 中所提到的五大类：政府、公众、政府雇员、企业、非营利组织。

所有的电子政务运作模式都是围绕以上五类用户展开的，即政府外部各机构之间（G2G）、政府内部各部门之间（D2D）、政府与公众（公民）之间（G2C 和 C2G）、政府与企业之间（G2B 和 B2G）、政府和政府雇员（公务员）之间（G2E 和 E2G）、政府和非营利组织（非政府组织）之间（G2N 和 N2G）（见图 1—1）。

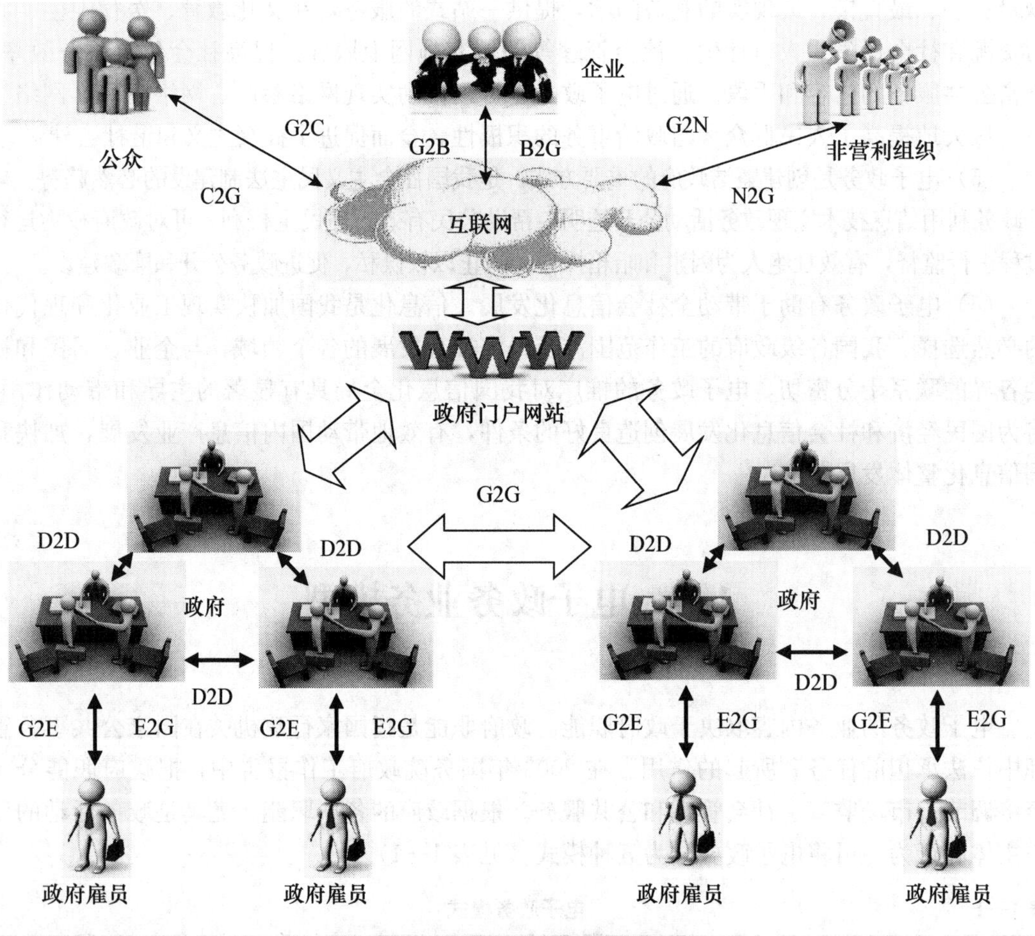

图 1—1 电子政务业务模型示意图

1.4.1 政府之间的电子政务（G2G 和 D2D）

G2G 电子政务包括隶属关系、业务指导关系、平行关系、不相隶属关系的政府部门之间的电子政务。G2G 电子政务主要包括电子公文流转、协同办公、业务审批、数据共享、信息上传下达等。

（1）电子公文处理。指有隶属关系的上下级政府、有业务指导关系的政府部门之间，以及平行关系政府部门之间的有关公文的收发、传送等。

（2）协同办公。指在各种关系的政府之间通过网络进行会签、联合行文、联合审批、远程会议等，实现政府部门之间的交互协作。

（3）政务信息共享。指不同政府部门之间无偿或有偿共享政府信息，以提高效率和准确率。

（4）政务信息资源管理和电子文件管理。政府部门借助信息技术，对政务相关的数据、文件、代码、文档等内容做好政务信息资源管理。电子文件是政务信息资源在信息技术环境下的使用和存储的数字化方式。政务信息资源管理主要工作内容就是电子文件管理和档案管理等。

D2D 电子政务是指政府部门与政府部门之间（如市办公厅综合处与财务处）的电子政务。D2D 电子政务主要内容包括政府内部业务司、局、业务处室之间的电子公文流转、业务审批、信息共享；政府内部业务司局、业务处室之间通过信息化手段相互协作。

1.4.2　政府对企业的电子政务（G2B 和 B2G）

G2B 和 B2G 是指政府对各类企业之间的电子政务，基本涵盖政府经济调节、市场监管、社会管理和公共服务等职能。

（1）电子采购与招标。指有关部门通过网络公布政府采购与招标信息，为企业特别是中小企业参与政府采购提供必要的帮助，向它们提供政府采购的有关政策和咨询，以减少政府采购中的徇私舞弊和暗箱操作，降低企业交易成本，节约政府采购支出。

（2）电子税务。指通过政府税务网络系统，企业在自己办公室就能完成税务登记、税务申报、税款划拨、查询税收公报、了解税收政策等业务。

（3）电子证照办理。指企业通过网络申请办理各种证件和执照，可以缩短办理周期，减轻企业负担。

（4）信息咨询服务。指政府将有关的各种数据库信息向企业开放，方便企业利用。

（5）中小企业服务。政府对中小企业实行积极扶持、加强引导、完善服务、依法规范、保障权益的方针，为中小企业的建立和发展创造有利的环境。

1.4.3　政府对公众的电子政务（G2C 和 C2G）

G2C 和 C2G 电子政务是指政府与社会公众（即个人）之间的电子政务，一般称此模式即为政府公共服务的网络化。公众包括本国公民、他国公民、无国籍人士等一切个人用户。

（1）教育培训服务。政府建立公共的教育平台，并资助学校和图书馆接入互联网和政府教育平台；政府出资购买教育资源，然后提供给学校和学生；政府重点加强对信息技术能力的教育和培训，以适应信息时代的挑战。

（2）公众就业服务。政府通过电话、互联网或其他媒体向公众提供工作机会和就业培训，促进就业。

（3）电子医疗服务。政府通过网站提供医疗保险政策信息、医药信息、执业医生信息，为公众提供全面的医疗服务。

（4）社会保险网络服务。政府通过电子网络建立覆盖地区和国家的社会保险网络，使公众通过网络及时全面地了解自己的养老、失业、工伤、医疗、住房公积金等社会保险账户的明细情况；通过网络公布最低收入家庭补助，增加透明度；还可以通过网络办理社会保险理赔手续。

（5）公众信息服务。政府通过网络使公众得以方便、容易、费用低廉地接入政府法律规章数据库；通过网络提供被选举人背景资料，促进公众对被选举人的了解；通过在线评论和意见反馈了解公众对政府工作的意见，改进政府工作。

（6）交通管理服务。政府通过建立电子交通网站对司机和公众进行管理与服务。

（7）公众电子税务。政府允许公众个人通过电子报税系统申报个人所得说、财产税等个人税务。

（8）电子证件服务。允许公民通过网络办理结婚证、离婚证、出生证、死亡证明等有关证书。

1.4.4 政府与政府雇员之间的电子政务（G2E 和 E2G）

G2E 和 E2G 又称为 IEE，internal efficiency and effect（内部效率职能）的缩写。IEE 电子政务的主要内容包括公务员管理部门利用信息化手段对公务员进行管理（如档案管理、绩效考核、人事任免、会计核算、工资管理、资产管理、考勤管理、奖惩管理、活动管理等），为公务员提供信息服务、电子化培训等；公务员可通过网络向主管部门提出申诉。在我国，会计电算化是最早和最成功的电子政务应用形式之一。我国在 1979 年由财政部出资，由长春一汽公司立项研究计算机技术如何在会计当中应用，从此拉开信息技术在政府、企业会计核算领域应用的帷幕。①

1.4.5 政府与非营利组织之间的电子政务（G2N 和 N2G）

G2N 和 N2G 指政府与非营利组织之间的电子政务。非营利组织（non-profit organization，NPO）是指不是为组织所有者营利为目的的组织，它的目标通常是支持或处理个人关心或者公众关注的议题或事件，因此其所涉及的领域非常广，包括艺术、慈善、教育、政治、宗教、学术、环保等，分别担任起弥补社会需求与政府供给之间落差的任务。G2N 和 N2G 模式下，政府与非营利组织之间通过信息系统共享信息，进行网上协作，处理社会事务。

总之，电子政务与电子商务、企业资源计划系统（ERP）的相同点是，都是通过信息技术，关注信息流，优化流程，加强管理，提供更好的服务。不同点是，电子商务、企业

① 参见《杨周南：信息技术革命推动会计行业发展》，见 http://www.alibole.com/unews-72.html，2008-03-29。

ERP 重点管理对象是资金流、物流，而电子政务是对用户主体和业务行为的管理，因此电子政务根据政务活动不同的用户主体和业务行为而产生了多种模式。电子政务管理还比较重视电子文件管理。

1.5　电子政务发展阶段

按照事物发展规律，电子政务也存在由小范围到大规模、由简单运行到复杂处理、由初级应用到高级整合的变化过程。了解电子政务发展的规律，有利于我们明确当前本国、本地区、本部门的电子政务工作目标、工作内容和工作定位，有利于制订近期和远期规划，有利于落实电子政务的各项任务。

国家信息化专家咨询委员会常务副主任周宏仁认为，通常计算机信息系统的发展大致都会经历六个阶段，即初始阶段、扩展阶段、控制阶段、集成阶段、数据管理阶段以及成熟阶段。① 针对电子政务，一般来说，其发展阶段有以下几种理论：

1.5.1　电子政务发展三阶段模型

在世界银行信息发展项目组提供的《发展中国家电子政务手册》中，提出了电子政务推进的三阶段模型。

(1) 第一个阶段是公开发布 (publish) 阶段。该阶段是电子政务的起步阶段，主要指利用构建政府门户网站等进行政府信息的发布、传递。

(2) 第二个阶段是相互作用 (interact) 阶段。这是电子政务的发展阶段，主要指利用信息通信技术使得公众参与到公共服务和决策事务中来，并且能够通过网络技术积极反馈相应的决策效果。

(3) 第三个阶段是在线业务处理 (transact) 阶段。作为电子政务发展的高级阶段，公众可以登录政府网站，并进行相关操作在线办理电子纳税、户籍申办等业务。

后期许多模型多是对于这一模型的扩充和发展。

1.5.2　电子政务发展四阶段模型

莱恩 (Layne) 和李 (Lee) 通过对电子政务的发展历程及发展趋势的分析，提出了四阶段模型。②

(1) 发布阶段 (cataloguing)：在这个阶段，政府开始建立自己的网站，并在网站上

① 参见周宏仁：《电子政务知识读本》，225 页，北京，国家行政学院出版社，2002。

② K. V. Andersen and H. Z. Henriksen, "E-government Maturity Models: Extension of the Layne and Lee model," *Government Information Quarterly*, 2006, 23 (2): 236-248。

发布相关信息。信息技术在这个阶段并没有对政府组织产生实质性的影响，电子政务的主要任务就是管理网站发布的相关信息内容，从而让利益相关者通过网络访问政府信息，在时间、金钱和纸张等方面节约。

(2) 互动阶段 (transaction)：与利益相关者（特别是公众和企业）的双向沟通阶段，政府网站不断发展，让公众和组织认识到网络是另外一个服务渠道，并且希望利用它。在线表格、邮件甚至客户关系管理者开始取代传统的书面工作。

(3) 纵向整合阶段 (vertical integration)：仅仅实现现有政府服务的自动化是不够的，信息化发展的力量推动着政府部门改革业务流程及服务方式。垂直整合重新定义了政府的含义，其目的是在同一政府职能内部对中央政府和地方政府进行整合。

(4) 横向整合阶段 (horizontal integration)：横向整合是指不同职能部门之间的系统整合，这样，在一个部门的办公业务可以自动地在其他职能部门进行审核。它是一个围绕后台办公组织能够在不同地区、不同国家的不同政府部门之间相互作业和共享资源的自动化过程。撤除职能部门间的藩篱将创造一个一站式服务的政府 (one-stop government)，公众和企业将可以 24 小时在任何地点（家、办公室甚至移动）访问政府服务。

1.5.3 电子政务发展五阶段模型

联合国经济和社会事务部提出了电子政务发展的五个阶段，其划分如下：

(1) 初建 (emerging phase) 阶段。政府开始着手构建网络虚拟环境，逐步实现政府信息上网。

(2) 推进发展 (enhanced phase) 阶段。该阶段的最大特点是信息服务是依据公众需求来提供的，是政府信息服务功能的进一步强化。

(3) 信息交互、互动服务 (interactive phase) 阶段。该阶段形成了政府和公众之间的双向、动态信息沟通和交流渠道，公众可以通过 E-mail 和网络表格文件的下载上传等操作，实现与政府的互动评价、信息反馈等交互影响。

(4) 在线业务处理 (transaction phase) 阶段。通过电子政务实现电子纳税、户籍申报等的直接在线业务处理，公众足不出户即可得到相关的政府服务。

(5) 在互动和在线业务处理阶段之后加入了第五个阶段——无缝集成阶段。无缝集成阶段属于政府电子化治理的范畴，在这一阶段，公众可以通过网络直接参与政府的决策和相关公共管理事务，同时，政府可以跨越行政机构上的界限，对其服务对象进行更有针对性的服务和管理，提高政府的管理水平与服务能力。

在《2012 年联合国电子政务调查报告：面向公众的电子政务》中，将五阶段模型改为四阶段模型，但基本内容没有大的变化。另外，还有很多相应的区域性发展成熟度模型，比如，欧盟委员会在《欧洲电子政务成熟度》报告中提出的欧洲电子政务“TITI”四阶段模型。该模型与三阶段模型类似，主要包括信息传播 (transmit) 阶段、信息交互 (interact) 阶段、在线业务处理 (transact) 阶段、集成一体化 (integrate) 阶段。其中，集成一体化阶段作为电子政务发展的最高阶段，主要指公众可以通过集成式的政府服务平台得到全方位一体化的政府服务。亚洲开发银行提供的由韦斯科特 (Clay G. Wescott) 博士撰写的报告《亚太地区电子政务的发展》，结合亚太地区电子政务发展的特点，把电子政务分成六个阶段：基于政府内部信息通信和共享网络化的办公阶段；基于政府部门间互通互联的公众信息服务阶段；信息交互、互动参与阶段；基于在线业务处理的允许价值转移阶段；数字化民主阶段；基于集成式、无缝隙的集合政府阶段。德勤咨询公司提出了关于发展电子政务的六阶段模式分别是：信息发布与传播阶段、正式的双向业务阶段、多功能门户阶段、个性化门户阶段、公共服务阶段和完全整合与企业改造阶段。①

1.6　电子政务的目标：电子政府

最易与电子政务在概念上产生混淆的当属电子政府。1992 年，克林顿就任美国总统时宣布，他的政府将是一个电子政府。1993 年 9 月，由戈尔副总统代表政府发表了《国家信息基础设施计划》，即“信息高速公路”计划。同年，由戈尔所领导的国家绩效评估委员会针对行政过程与效率、行政措施与政府服务品质进行了重新讨论，提出了“运用信息技术再造政府”（reengineering through information technology）的观念，并发布了《创造花费更少、运转更好的政府》（Creating a Government that Works Better and Costs Less）及《运用信息技术再造政府》两份报告。我国学者在电子政务和电子政府这两个概念的解读上存在着较大的差异，有的专家认为电子政务就是电子政府，或者是构建一个电子政府。② 事实上，电子政府与电子政务都是从英文的 e-government 一词而来的。国外研究者对 e-government 一词本身有着不同的定义和看法。如联合国 2003 年政府公共部门报告《处在十字路口的电子政务》将 e-government 定义为：利用信息通信技术以实现其内部以及与外部之间关系转型的政府。可见，这份报告将 e-government 归结为“政府”而非“政务”。国外也有人在定义 e-government 时侧重强调“政务”，如认为 e-government 是用来“指各种以数字形式运行于互联网之上的政府的职能或流程”。我国台湾将电子政务称为 E 政府，把 E 政府定义为：以为公民和商家提供方便、优质的政府信息和服务访问为目的，使用 ICT 技术的政府。E 政府系统的主要参与者包括制定法律的政治家、将法律转换为特定领域规范和过程的公共管理者、通过设计和实现相关系统来实现这些过程的程序员以及作为系统最终用户的公民。③

我国大陆学者在翻译、介绍 e-government 一词的过程中，从表达形式到语义内容逐渐形成了两个既相互关联又有所区别的中文概念：一个是电子政务，另一个是电子政府。显然，这两个概念之间是存在着明显差异的，它们强调的是两个虽相关但又不尽相同的客观事物，不能完全等同。

电子政府是当代政府改革的目标和趋势，电子政府具备创新政府、数字政府、开放政

① 参见［英］安德鲁·查德威克等：《互联网政治学：国家、公民与新传播技术》，256 页，北京，华夏出版社，2010。

② 参见颜海：《电子政务原理、建设与应用》，2 页，武汉，武汉大学出版社，2010。

③ 参见《通过文本挖掘研究舆情》，载《程序员》，2012（3）。

府、透明政府、精简政府、服务政府、扁平化政府、节约型政府等先进的理念、内涵和优势，是政府的努力方向和建设目标。正如创新政务是实现创新政府的体系、透明政务是实现透明政府的体系、精简政务是实现精简政府的体系等道理一样，电子政务是实现电子政府的体系。

电子政府是与现有的有形政府相对应的一种全新的政府结构形态，是在电子政务发展到高度成熟的状态、行政管理与服务的业务流程以及政府组织结构都已经作出充分的重组与调整、完全适应网络环境的需要之后的人类全新的政府组织结构形态。一旦实现电子政府，人类现有的按照工业化时代所设计的各种分工明确的政府组织管理结构将不再存在，取而代之的是扁平的、高度一体化的政府组织结构。显然，从现有的电子政务发展来说，我们尚未达到这种程度。因此，电子政务是电子政府发展的基本过程，而电子政府是电子政务发展的最高阶段，是电子政务发展的最终目标。① 关于电子政务的目标体系见图 1—2。

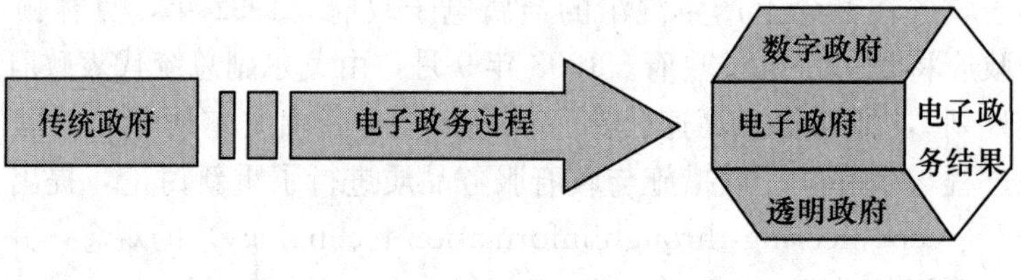

图 1—2 电子政务目标体系图

电子政府的核心是“政府”，“电子”只是手段，即电子政府虽然实质上是基于互联网的办公自动化系统，但它确实依附于现实政府而存在，是现实政府的一个组成部分，或者称为现实政府以电子化形式的存在，具有行政性。如此，电子政府必然要以政府的形象出现，代表政府行事，要承担相应的行政职责，它应具有相当丰富的内涵。简单地将它当作一种手段，与一般的信息管理系统等同，它便无“政府”可言，这显然有悖于构建电子政府的初衷，没有全面、深刻地反映出电子政府的核心内容、特点和目的所在，无形中窄化了电子政府的内涵。②

1.6.1 电子政务具有创新政府的特性

有专家认为，由于电子政务是电子信息技术和政务活动的交集，所以它的内涵和外延在很大程度上取决于对电子信息技术和政务活动所下的定义。③ 严格说来，这种说法不完全准确。按数学的观点，两个集合的交集是指含有所有既属于前者又属于后者的元素。交集只有相同，没有创新。比如：集合 {1，2，3} 和 {2，3，4} 的交集为 {2，3}。事实上，电子政务不仅仅是电子信息技术和政务活动的简单交集，它更是电子信息技术和政务活动交集之后的创新。也就是说集合 {1，2，3} 和 {2，3，4} 交集之后，会创新产生从

① 参见吴爱明、夏宏图：《电子政务概论》，22 页，北京，首都经济贸易大学出版社，2008。
② 参见张锐昕：《电子政府与电子政务》，23～44 页，北京，中国人民大学出版社，2011。
③ 参见杨兴凯：《电子政务》，3 页，北京，机械工业出版社，2009。

来没有的 5，6，7…… 创新是电子政务的灵魂。

电子政务中的电子也有多重含义。严格说来，电子即电子技术，特指硬件技术，具体是应用电子学的原理设计和制造电路、电子器件来解决实际问题的科学。① 通常电子政务中所说的电子是指电子信息技术，而不仅仅只是硬件技术。电子信息技术没有权威定义，一般是指以现代计算机网络技术为主的通信、计算、存储等硬件和软件技术。政务有广义和狭义之分。其中，广义的政务泛指各类公共管理活动，而狭义的政务则专指政府部门的管理和服务活动。

有的专家重视技术，主张唯技术决定论，也有的专家重视管理，主张唯管理决定论，还有的专家曾认为电子政务“三分技术七分管理”，过分强调某种因素的作用都不符合科学和客观。技术与管理同等重要，不能分孰轻孰重。因为技术与管理从来都是密不可分的，管理中有技术，技术中有管理，技术促进管理，管理推动技术发展，管理和技术的相互促进、相辅相成、相得益彰，使两者的地位都同等重要。我们可以认为技术是生产力，管理是生产关系。现代企业管理是信息技术与现代企业管理理论实践的结合与创新，美国 IBM 和苹果公司的成功变革与转型发展就是证明。IT 界有句格言：技术改变世界，创新驱动进步。国内外电子政务成功经验告诉我们，电子政务是信息技术在公共管理实践中深入、全面的应用，也是信息技术与公共管理理论的交汇与融合，更是信息技术与公共管理共同作用产出的探索与创新。

1.6.2 电子政府具有虚拟政府的特性

电子政府重要的内涵及精髓是建构一个“虚拟政府”（virtual government），即跨越时间、地点、部门的全天候的政府服务体。很多学者也都对虚拟政府进行了定义，达维多大和马隆（Davidow & Malone，1992）认为，虚拟政府是在网络上为公众服务的一种创新服务型政府，通过由计算机、互联网、信息及通信功能，改变政府机关的作业流程，把政府的信息、业务提供在网络上，为公众提供一个不受传统上班时间、地点限制的全天候网络服务政府。② 虚拟政府是未来政府形式的大胆设想，该理念来源于企业经营领域，以互联网的使用为基础，以组织结构的变革为重点。虚拟政府是一种高品质的政府，它引入了企业式的竞争，调动全社会的力量，具有很高的运行效率。虚拟政府打破了传统政府与社会的割裂，企图消解政府与社会的矛盾，创建一种政府与社会合作生产的模式，从而彻底改变政府与社会的对立。虚拟政府的核心内涵与和谐社会具有高度的一致性，可以视为建设和谐社会的路径之一。政府可利用现代信息技术，构建一个有回应力、有效率、负责任、具有更高服务品质的虚拟政府。虚拟政府强调：倡导科技领先；政府信息的公开和可获得性；政府与民众之间的互动回应机制；更有效率。③ 通过电子政务实现虚拟政府后，公众可以获取 7×24 小时的政府公共服务，公众可以与虚拟政府客服人员沟通，

① 参见 http://baike.baidu.com/view/89996.htm。

② 参见《浅析“虚拟政府”发展趋势及其启示》，见 http://www.ectime.com.cn/Emag.aspx?titleid=8569。

③ 参见田华文：《虚拟政府——一种新的政府形式设想》，载《行政与法》，2008（9）。

实现一站式、一网式、一表式服务，而不必考虑政府部门的职能分工，也不必摸清政府部门内部岗位分工。由于公众所有的政务需求，均通过虚拟政府实现，完全依据法律、法规的要求去办理有关政务活动，杜绝了人为因素，减少了政府官员的自由裁量权，提高了效率，减少了腐败风险，促进了廉政建设。

1.6.3 电子政府具有透明政府的特性

透明政府又叫开放政府（open government)，是一种政府管理理念，即政府事务和国家管理应该在各个级别公开，并对此过程进行有效的监督和督察。① 2004 年 6 月 2 日《瞭望》新闻周刊推出《建设现代化政府的启迪》的专题报道，分“重新审视执政环境”、“政府管理创新五大变化”、“抗疫昭示政府建设方向”三个部分，总结了政府在“非典”危机中应吸取的经验教训及未来应走的道路。报道认为，“非典”对中国各级政府的警示是：今天的执政环境和条件已经发生了深刻变化，包括市场在资源配置中的作用日益强大、中国与世界联系得更为紧密、社会利益关系已经多元化、社会流动性大大增强，等等。由此，我们的执政观念必须与时俱进，我们的执政方式必须不断创新，政府自身建设必须加强。未来政府建设的方向首先是透明政府。从实质上看，透明政府就是指政府掌握的个人与公共信息向社会公开，公民有权接触并使用这些信息，而涉及个人隐私、商业秘密及国家安全法规定不能公开的除外。政府机关的绝大部分活动，从立法、执法、提供资讯、社会服务等诸多方面的信息都将向全体公民开放，供全体公民使用，而不必问公民需要这些信息有何用途。只要公民有这方面的需求，政府机关就有义务提供，而公民也有权利获取、使用；与此同时，政府机关也有义务在规定的时间、地点将这些信息公布于众，以供公众索取。

专家认为，可以从以下三个层面来理解透明政府：第一，政府组织的公开。从我国宪法所规定的权力来源看，人民代表大会之所以是我国法定的权力机关，是基于全体公民的选举与授权。既然政府的一切事宜可以向人民代表大会公开，作为人民代表大会权力来源的全体公民，则更应该享有对政府事务的知情权和参与权，这在逻辑推理上是成立的。第二，政府决策的公开。2000 年《中华人民共和国立法法》颁布实施以来，正在逐步形成和确立立法听证制度，在实践中也发挥了巨大的示范作用。第三，政府管理的公开。市场经济发展到了今天，“看不见的手”已经不能独立指挥国民经济的运行，同时政府的“有形之手”必须对市场的无序状态适时进行宏观调控。政府的这种管理行为，由于更多地采取了市场的手段，市场主体必然要求它作出符合公开的规则。但所有这些归根到底是信息的公开。②

1.6.4 电子政府具有服务政府的特性

服务政府又称服务型政府。新公共管理把社会公众视为政府的“顾客”，认为政府应以

① 参见沈大风主编：《电子政务发展前沿（2011)》，179 页，北京，社会科学文献出版社，2011。

② 参见袁华明：《中国打造透明政府》，载《观察与思考》，2003（7）。

“顾客满意”为宗旨。政务以顾客为导向，奉行顾客至上的全新价值理念。新公共管理完全改变了传统模式下政府与公众之间的关系，政府不再是发号施令的权威官僚机构，而是以人为本的服务提供者，政府行政不再是“管制行政”而是“服务行政”。公民是享受公共服务的“顾客”，政府以顾客需求为导向，尊崇顾客主权，坚持服务取向。新公共管理关注政府项目实施的有效性，表现出一种目标导向的趋势，行政权力和行政行为从属和服务于“顾客”的满意度这一中心。政府以提供全面优质的公共产品、公平公正的公共服务为第一要务。在新公共管理理论看来，政府是负责任的“企业家”，而公民是其尊贵的“顾客”。作为“企业家”的政府并非以营利为目的，而是要把经济资源从生产效率较低的地方转移到效率较高的地方，“由顾客驱动的政府是能够提供多样化和高质量的公共服务的政府”。对公共服务的评价，应以顾客的参与为主体，注重换位思考，通过顾客介入，保证公共服务的提供机制符合顾客的偏好，并能产出高效的公共服务。同样，按照马克思主义的观点，政府的权力来自人民，必须服务于人民，接受人民的监督。政府出台的每一项政策，制定的每一个举措，都应该尊重人民意愿，体现人民要求，为人民利益服务；衡量政府一切工作的尺度，都要看人民群众高兴不高兴、满意不满意、赞成不赞成。只有时刻把人民群众利益放在首位的政府，才是服务型政府。① 实现服务型政府的最佳手段就是信息技术，即通过电子政务提高政府对公众的服务水平和能力。例如，有记者发现：“如果你现在去江门、佛山等地的政府办事大厅办理事务，迎接你的将是热情的笑脸和高效、周到的服务。过去门难进、脸难看、事难办的老三样儿，伴随着服务型政府建设的推进一去不复返了。电子政务系统、大厅的摄像监控、一人一事的服务满意度评价都在铸就着服务型政府。”②

1.6.5 电子政府具有精细政府的特性

精细政府就是对政府管理实施科学化、精细化管理。长期以来，由于缺乏科学化、精细化的管理模式，在一些方面处于粗放混乱的状态，主观臆断、长官意志、封建等级等落后因素仍然困扰某些地方的政府管理，造成政策制定不符合实际、决策不科学、执行不到位、应对无章法、事后无评估、监督无效果等负面后果。新公共管理要求政府借鉴先进的企业管理理论与实践，以提升政府的管理水平。1911年，泰勒《科学管理原理》一书出版，标志着精细化管理的问世。二战后，企业规模扩大，生产技术日趋复杂，产品更新换代周期缩短，生产协作要求更高。在这种情况下，对企业经营者管理提出了更加精细化的要求。于是，包括决策理论、运筹学、系统工程在内的很多理论被引入经济管理领域。在20世纪50年代，日本企业将精细化管理应用到汽车制造，从此产生精益制造模式，大大提高了生产力。国外政府引入企业精细化管理理论，对政府流程、方式等进行优化改革，尤其是大力推广电子政务，通过实施电子国家、数字城市、网格化管理等电子政务手段，提升了政府计划、决策、执行、应对、评估、监督水平，从而促进了社会的整体进步，提升了国家竞争力。网格化管理是精细政府、智慧城市的主要方式之一。北京市东城区是最

① 参见中共中央宣传部理论局编：《理论热点面对面（2007）》，北京，学习出版社、人民出版社，2007。

② 霍娜：《电子政务：服务型政府渐行渐近》，载《信息系统工程》，2011（1）。

早的电子政务网格化管理试点的地区，东城区实施“万米单元网络管理法”，运用网络地图的技术，以1万平方米为基本单位，全区25.38平方公里592条街道的范围被划分为1 652个网络单元，由城市管理监督员对所分管的万米单元实施全时段监控。按照“万米单元网络管理法”，300名监督员人手一部信息采集器——“城管通”，在第一时间、第一现场对发生在该城区居民生活中的各种井盖丢失、公共设施损坏、垃圾渣土、占道经营、无照游商、小广告等问题进行上报，同时对公众举报的以上问题，进行现场核实和上报。这些监督员还负责对专业部门的处理结果进行核查，实现了监督员和城市管理部门的无缝衔接。配合“万米单元网络管理法”，东城区还对16万个公共设施按分类配备“身份证”。井盖、射灯、雕塑等部件都被赋予一个代码，标注在相应的万米单元网络图中。经过这一改革，原来由每十几个人共同管理2～5平方公里，现在缩减为每个监督员管理大约12个网络单元、0.18平方公里和1 400个城市部件。一般一个监督员骑车20分钟，就可以将所辖区域内的所有公共设施全部检查一遍。①

通过以上分析，可以了解电子政务对政府管理和服务带来的巨大好处和优势。

（1）与传统政府相比，电子政务可以优化政府工作流程，使政府机构设置更为精简合理，从而解决职能交叉、审批过多等问题。

（2）与传统政府相比，电子政务可以使政府运作公开透明。这可以在很大程度上遏制暗箱操作、人治大于法治等现象。公众增加了参政议政的机会，对政府的监督也更有效。

（3）与传统政府相比，电子政务可使政府信息资源利用更充分、更合理。电子政务使得政府各类信息资源数据库互联共享成为可能，也使得这些资源得到统筹管理和综合利用，从而避免资源闲置、浪费和重复建设。通过电子政务共享的信息资源更易存储、检索和传播，共享的范围和数量也更大，可以更有效地支持政府的决策。

（4）与传统政府相比，电子政务可以有效地提升政府监管能力。电子政务通过网络能够实现快速和大规模的远程数据采集和分析，从而可以实现跨地域信息的集中管理和及时响应，大大增强监管者的核对、监管能力。

（5）与传统政府相比，电子政务将使政府服务功能增强。电子政务将推动传统的政府由管理型向服务型转变，政府职能由管理控制转向宏观指导。

（6）与传统政府相比，电子政务将使政府办事效率更高，管理成本更低。网上办公提高了办事效率，节约了政府办公费用的开支。政府通过网络可以直接与公众沟通，及时收集公众的意见，提高了政府的反馈速度，降低了政府的管理成本。

1.7 电子政务与电子治理

国际上还有一个容易与电子政府产生混淆的概念就是电子治理（e-governance）。英语中的治理（governance）一词源于拉丁文和古希腊语，原意是控制、引导和操纵，主要用

① 参见温德诚：《政府精细化管理》，74页，北京，新华出版社，2007。

于与国家的公共事务相关的管理活动和政治活动中。1989年，世界银行在概括当时非洲的情形时，首次使用了“治理危机”（crisis in governance），此后“治理”一词便广泛地被用于政治发展研究中。由此，治理概念传播开来，并成为指导公共行政改革的一种理论基础。治理理论强调要打破传统政府对公共管理的“垄断”，形成一种社会各单元（政府、社会组织、企业和个人）共治的局面。

“电子治理”即电子化的治理，或者说是治理理念的电子化。由于治理强调多元主体的参与，它与公共管理的发展要求是相吻合的。因而，政府提供电子公共服务和网民通过网络参与公共事务，均可称为电子治理。不仅如此，电子党务、电子人大、电子校务等均可纳入电子治理的范畴之中。

“电子治理”概念的引入，完全符合社会发展的潮流。2009年国际电子政务理论与实践交流会的主题就是“电子治理”，倡导超越过去只强调通过技术在政府内部实现转型的“电子政府”理念。

治理理念强调多元主体的参与，公共管理提供了多元主体参与的合法性基础，电子治理则为多元主体参与提供了技术支持。电子治理是治理的重要工具和基本环境。需要特别说明的是，电子治理的“电子”，不仅仅是指网络，还包括手机、电视、广播等。在即将到来的物联网时代，一切都是网络，这对电子治理提出了新的挑战。①

电子治理是行政改革与信息化发展相结合的重要产物。电子治理以公众和社会需求为出发点：更加强调政府活动和政策决策的民主性。电子治理应当是电子政务发展过程中的高级阶段。②

可见，电子治理是突出强调公众参与和协作原则的电子政务管理方式。电子政务涵盖了电子治理的理念与方法，电子治理是电子政务的工作内容。

本章小结

电子政务是政府部门以应用为主导，依托先进的公共管理理论和思想，广泛采用计算机、互联网、移动通信等现代信息和通信技术手段，开展公共行政管理工作，向政府、企业、事业单位、社会团体等组织和社会公众提供所需的公共产品与服务的体系。电子政务的目标是建设电子政府。

关键术语

电子政务　　创新　　信息技术　　开放　　透明　　电子政府

复习思考题

1. 电子政务产生的背景是什么？

---

① 参见李传军：《电子政务模式的重构：从电子政务到电子治理》，载《行政管理改革》，2011（10）。

② 参见史达：《电子治理的概念解析及基本框架研究》，载《电子政务》，2011（10）。

2. 电子政务主要有哪些概念？
3. 电子政务的主要模型有哪些？
4. 电子政务发展分为几个阶段？
5. 电子政务的主要特征是什么？
6. 电子政务的目标是什么？

案例分析

奥巴马的“透明与开放”政府

2009年1月，美国奥巴马总统在其就职典礼的第二天就向各部门颁布了两项总统备忘录，清楚地说明了其建立负责任、透明、可参与和协作政府的思路。这是奥巴马在其选举活动中宣传利用电子政务与公众互动的后续。备忘录《透明与开放的政府》（2009年1月21日）号召建立一个透明、可参与和协作的政府，该备忘录清楚地使用了“我执政的职责就是建立一个有史以来最开放的政府”这样的声明。此备忘录是首席技术官制定开放政府行动计划的决策依据。

2009年12月8日，作为对《透明与开放的政府》的回应，美国白宫行政管理和预算局颁布了第M-10-06号令：开放政府行动。第M-10-06号令期望对备忘录中提到的透明性、参与性和协作性的实施提供支持，并指导美国政府的执行部门和机构按照步骤实施，主要包括以下内容：

- 在线发布政府信息；
- 改善政府信息的质量；
- 创建开放政府文化并使其制度化；
- 美国公共部门开放政府行动计划要求。

例如，白宫首次开始对外公布访问白宫的人员名单，行政部门对《信息自由法》进行了大幅修改，前所未有地公布了联邦政府在经济恢复中的支出，公众可以在线访问白宫工作人员的财务报告和工资，甚至可以在线通过网络视频观看白宫会议。

2009年5月，美国联邦政府开通了一站式数据共享平台data.gov，将美国政府的经济、医疗保健和环境数据以多种可访问的格式发布。data.gov还允许利用常用数据下载软件保存数据。通过将分散的数据组织到一起可以降低管理成本，防止欺诈、滥用，还创造了新的商机和就业机会。通过利用这些数据的高附加值，可以促进国家发展，提高人们的生活水平。如农业部公布的可用的营养食物，帮助美国家庭改善家庭膳食；交通部门公布航班延误的情况和原因，帮助人们安排工作和娱乐。

2009年10月开通的USA spending.gov网站实际上是继承了2007年开发的fedspend.org网站，主要特点是引入了可实现信息完全共享的应用程序接口。该站点设计的目的是为了让美国公众能够深入了解政府是怎么花纳税人钱的。该站点的数据主要有两个来源：联邦采购数据系统，包含了联邦政府的合同信息；另外一个是联邦援助奖励系统，包含了诸如政府拨款、贷款、保险以及社会安全补贴等联邦政府财政援助的信息。

资料来源：王岚：《奥巴马签署总统备忘录 推进联邦机构档案管理转型》，载《陕西档案》，2011（6）。

请思考：美国政府网上公开透明的特色是什么？

小知识

网络三大定律

摩尔定律：由英特尔（Intel）创始人之一戈登·摩尔提出。其内容为：当价格不变时，集成电路上可容纳的晶体管数目，约每隔 18 个月便会增加 1 倍，性能也将提升 1 倍。换言之，每 1 美元所能买到的电脑性能，将每隔 18 个月翻 2 倍以上。这一定律揭示了信息技术进步的速度。

梅特卡夫定律：指网络价值以用户数量的平方的速度增长，即 $V=n^2$（V 表示网络的总价值，n 表示用户数）。网络外部性是梅特卡夫定律的本质。这个定律告诉我们：如果一个网络中有 n 个人，那么网络对于每个人的价值与网络中其他人的数量成正比，这样网络对于所有人的总价值与 $n\times(n-1)$ 成正比。如果一个网络对网络中每个人价值是 1 元，那么规模为 10 倍的网络的总价值等于 100 元；规模为 100 倍的网络的总价值就等于 10 000 元。网络规模增长 10 倍，其价值就增长 100 倍。

吉尔德定律：乔治·吉尔德在 1996 年出版的《遥观宇宙》中提出：在未来 25 年，主干网的带宽每 6 个月将增长 1 倍。其增长速度是摩尔定律预测的 CPU 增长速度的 3 倍，并预言将来上网会免费。乔治·吉尔德被称为“数字时代三大思想家”之一。

第 2 章

国外电子政务的发展

计算机不再只和计算机有关，它决定我们的生活。

——尼古拉斯·尼葛洛庞帝

（政府）改革的一个重要方面就是信息化。政府行政管理信息网络化是一场深刻革命，势在必行。

——朱镕基

重点问题

- 发达国家电子政务发展情况
- 发达国家电子政务发展特点
- 发达国家电子政务发展政策
- 发达国家电子政务发展启示

近年来，无论是西方发达资本主义国家还是发展中国家，电子政务均受到高度重视，成为一种创新的政府工作趋势、席卷全世界的运动。根据《2012 年联合国电子政务调查报告：面向公众的电子政务》，作为高收入的发达经济体，在 2012 年排名前 20 位的国家中，14 个在北美洲和欧洲，3 个在东亚（韩国、新加坡和日本），2 个在大洋洲（澳大利亚和新西兰），1 个在西亚（以色列）。韩国（0.928 3）成为 2012 年世界最先进的电子政务发展国，之后是三个欧洲国家，荷兰（0.912 5）上升了三位，英国（0.896 0）上升了一位，分列第二和第三。丹麦（0.888 9）、美国（0.868 7）、法国（0.863 5）和瑞典（0.859 9）紧随其后。可见，电子政务建设和应用水平较高的国家，往往也是经济比较发达的国家。

2.1　美国电子政务经验与启示

20 世纪 80 年代，由于美国政府预算赤字很大，国会和选民都要求政府削减预算，降低开支，提高效率。1993 年 3 月，克林顿政府出台了“信息高速公路”计划；同年建立国家绩效评估委员会，提出运用信息技术再造政府，以创造一个花费更少、运转更好的政府。构建电子政府成为政府改革的一个重要方向。1994 年 12 月，美国政府信息技术服务小组提出了《政府信息技术服务的前景》报告，要求建立以顾客为导向的电子政府，为民众提供更多获得政府服务的机会与途径。1995 年，克林顿签署修订的《文书削减法》，要求使用电子表格，5 年内实现无纸化办公，联邦政府所有工作和服务都将以信息网络为基础。1996 年，美国政府发动“重塑政府”计划，提出要让联邦机构最迟在 2003 年全部实现上网，使美国民众能够充分获得联邦政府掌握的各种信息。1997 年，美国制定建设电子支付的纲领性计划“走近美国”，要求从 1997 年到 2000 年，在政府信息技术应用方面完成 120 余项任务。21 世纪初，政府对每个美国公民的服务都实现电子化，在信息技术的支持下，政府工作的效率有极大的提高。2000 年 9 月，美国联邦政府开通“第一政府”网站（www. firstgov. gov，后改名为 www. usa. gov），旨在加速政府对公民需要的反馈，减少中间工作环节，让美国公众能更快捷、更方便地了解政府，并能在同一个政府网站站点内完成竞标合同和向政府申请贷款的业务。政府网上交易实现了在全国范围内网上购买政府债券、网上缴纳税款以及邮票、硬币买卖等。

布什政府上台后，同样利用互联网帮助联邦政府提高工作效率，希望建立一个“充满活力，但又有限的”政府，使公民有能力以一种更及时和更有效的方式和联邦政府机构进行交流。并规定，到 2002 年底之前，联邦政府各部门凡是 25 万美元以上的项目采购，必须使用联邦政府统一的电子采购门户平台逐步使电子采购成为联邦政府的采购标准。

由于实现政府信息化，1992 年到 1996 年，美国政府的员工减少了 24 万人，关闭了近 2 000 个办公室，减少开支 1 180 亿美元。在对居民和企业的服务方面，政府的 200 个局确立了 3 000 条服务标准，作废了 1.6 万多页过时的行政法规，简化了 3.1 万多页规定。在美国，全国雇主税务管理系统、联邦政府全国采购系统和转账系统等网络的建立，不仅节省了大量的人财物，而且提高了政务透明度。

近年来，互联网在作为美国总统大选中扮演的角色日益重要。奥巴马的最后胜利很大程度上得益于他本人及其竞选团队对各种网络媒体的深刻理解、高度重视和娴熟运用，因而奥巴马被外界赋予了“互联网总统”、“Web 2.0 总统”、“科技总统”等头衔。奥巴马在美国总统大选中颠覆传统竞选模式，使网络对美国政治的参与达到了前所未有的程度，美国公众对政治的关注度和参与度大大提高。发生这种变革的原因表面看是奥巴马成功地将互联网运用到选举政治中，而更深层原因在于奥巴马顺应了美国普通民众，特别是年轻一代和中低收入人群对美国政治经济体系进行一次深刻改革的要求，而互联网正是这些“草根”用以表达意愿和行使权利的廉价而高效的平台。①

从层次上来讲，美国政府网站可以划分为联邦、州与市县三级。美国联邦政府一级机构已全部上网，州一级政府也全部上网，几乎所有县市都建有自己的站点。美国的政府网站内容非常丰富，以人口调查站点为例，用户可以通过直观地图的形式，查看到州一级甚至县一级人口的极其详尽的统计数据，包括当地从事各种职业的人口组成，等等。目前，美国联邦政府门户网站建设已经相当完善和成熟，提供了政府综合门户网站的最佳范例。它能提供给公民便捷操作的设计，方便收集并整合所有的信息及服务，包括国家和地方级别的机构服务，大大增加了用户搜索和使用的有效性。②

2.1.1 美国电子政务规划

美国在实施电子政务的过程中也出现过诸如重复投资、重复建设、信息孤岛、效益低下等问题。每当涉及年700亿美元的电子政务投资决策时，美国国会决策者们都会担心联邦政府运作可能产生的低效率和无效能。1996年，美国国会通过《信息技术管理改革法案》(Information Technology Management Reform Act)。1999年美国联邦首席信息官委员会发布了《联邦政府总体架构框架》，从绩效、业务、服务、数据、技术五个角度描述联邦政府的顶层架构，以促进联邦政府各部门和其他政府实体之间信息共享、互动操作及通用业务过程的共享开发，实现顶层统筹和规划。

在多年的电子政务发展历程中，美国政府多次发布电子政务规划，美国白宫行政管理和预算局于2002年2月发布的《电子政务战略——简化面向公民的服务》和2003年4月发布的《电子政务战略》最具代表性。经过多年的实践检验，美国的“电子政务战略”对引领全美电子政务健康、快速发展起到了重要而又积极的作用。迄今为止，美国的“电子政务战略”仍然是电子政务发展的基本纲领，是继续驱动着美国电子政务前进的车轮。③

2.1.2 美国电子政务指导方针

美国政府在深入推进政府改革时强调，“政府需要改进其运行方式——如何开展政府事务，如何对待为之服务的公民”，要求遵循三大原则：

——以公民为中心，而不是以官僚体制为中心；

——以结果为导向，为公民创造可衡量的改进；

——以市场为基础，积极推进创新。

电子政务正是实现上述三大原则的重要手段，是满足公民和企业与政府实现互动的关

① 参见《奥巴马与美国网络政治的发展》，见 http://www.echinagov.com/gov/zxzx/2009/8/18/80639_3.shtml，2009-08-18。

② 参见联合国经济和社会事务部：《2012年联合国电子政务调查报告：面向公众的电子政务》，北京，国家行政学院出版社，2012。

③ 参见姚国章：《美国电子政务战略规划解析》，载《电子政务》，2010 (1)。

键因素。因此，美国电子政务的发展要求牢牢把握这三个方面的基本原则，以免电子政务发展误入歧途。

2.1.3 首席信息官制度

美国是世界上最早建立首席信息官制度的国家，其良好的制度实施效果及成熟的制度建设经验，使美国的首席信息官制度成为其他国家尤其是发达国家发展电子政务的制度样板。早在 1994 年，美国审计总署发现，从 1982 年开始，美国用于 IT 方面的开支超过 2 000 亿美元。但许多 IT 项目的建设都是失败的，国家因此损失巨大。项目失败的原因主要在于政府信息化项目缺乏规划、需求不清等。因此要求政府部门在购买信息系统前应作详细计划，并进行成本效益分析。事实上，这些诸如系统规划、需求分析、项目管理等问题，是大多数国家在电子政务建设之初都会遇到的共性问题。随着电子政务的深入发展，如何有效整合各部门资源，防止重复建设和信息孤岛等复杂问题也逐步凸显出来。为了解决这一系列瓶颈问题，提高政府利用信息技术的效率和能力，美国力图通过建立一套统一而有效的电子政务管理体系，来保证行动的一致性和建设的高效率。由此产生了政府首席信息官制度，由政府首席信息官专门负责电子政务的发展战略规划、需求确定、建设指导和日常管理。与此同时，建立首席信息官委员会，委员会由各部门的首席信息官组成，以保证各部门的电子政务建设能够协调进行，信息资源能够充分共享。实践证明，正是由于美国在电子政务建设初期就非常注重其管理的专业化、规范化、体系化，才有效实现了电子政务的协调发展和电子政务建设的高效率。①

2.1.4 美国电子政务发展战略

美国过去的电子政务是以信息技术为中心建立起来的，限制了政府部门运作效率和效能的提高，同时也限制了其对公民服务能力的提升。为此，美国政府决定把电子政务的发展导向从“以信息技术为中心”转变为“以公民为中心”。为达到这一目标，美国政府确立了电子政务的发展战略：一是方便公民与联邦政府实现互动；二是提高政府工作效率，改善绩效；三是提升政府对公民的反馈能力。具体的战略部署包括：简化工作流程以改进面向公民的服务；加强电子政务预算管理；建设高素质的信息技术工作队伍促进项目的实施；围绕以公民为中心的业务范围，促进政府机构信息技术管理的现代化；参与政府机构对支持电子政务项目实施的领导。

2.1.5 美国电子政务应用

在电子政务建设与形成过程中，美国政府主要充当两种角色。首先是领导者角色，政

---

① 参见乔立娜：《美国政府首席信息官制度发展概况》，见 http://www.enet.com.cn/article/2009/1201/A20091201582 587.shtml，2009-12-01。

府投资建设信息基础设施，建立政策、法规、标准等软环境，支持社会信息化的发展，推动政府深层次改革；其次是用户角色，即政府是信息基础设施及电子信息产品的最大用户。在电子政府建设过程中，各级政府每年投资超过千亿美元，支撑自身的信息化管理和安全运行。

1. 实行政务公开

美国各级政府都广泛利用功能强大的政府网站向社会公开大量政务信息，包括：政府领导人的重要活动及演讲，政府工作的最新动态，民众到政府办理注册、登记等事项的有关信息，与政府工作相关的研究、支持机构的有关信息等。大部分与民众相关的政府事务，都能及时通过政府网站获得详尽的信息。

2. 提供网上公共服务

美国的政府网站，大都在首页头版位置设有网上服务栏目，用于为民众提供各种查询、申请、缴费、注册、申请许可等服务。由于这些栏目充分发挥了网络的优势，将分属政府各部门的业务集中在一起，并与相应的网上支付系统配套使用，因而具有了“单一窗口”、“一站式”、“24 小时”、“自助式”等特点，体现了网上虚拟政府的发展方向，极大地方便了民众办事。随着智能手机、iPad 等移动上网设备近年逐渐普及之后，通过电子邮件方式实现信息传递的办法成为美国各级政府机构的主流做法。以联邦紧急措施署为例，民众可以订阅自己所在地区的灾害预警信息，方便自己规划出行或避灾。2012 年 5 月，奥巴马下令联邦政府网站为平板电脑和触屏手机分别开发优化过的版本。

3. 实现政务资源共享

各级政府通过政府网站，向大众提供政府所拥有的公用资料库信息资源，从而实现公共信息资源的价值利用。例如，洛杉矶市政府将地理信息系统用于为市民提供环境信息查询，市民只需键入自己的家庭地址，即可在地图上清楚地了解到周围政府部门、医院、学校等与市民生活相关的各种公共服务机构的信息。各种社会经济统计指标、地区经济发展状况、旅游资源状况、网上图书馆、网上地图也在政府网站提供的服务之列。

4. 实现政府内部办公电子化

由于美国的各级政府处理各种事务都是严格按照相应的法律法规办事，所以没有层层下发的带有强制力的政府文件，机关内部办公主要依靠电子邮件来传递信息，同时，传统的纸质文件、书面签名方式仍然在处理一些重要事务时使用。其政府机关内部办公软件主要包括文档处理软件和在网络安全认证基础上的电子邮件系统，以及各种专门业务处理软件。会议通知、信息传达、政策宣传、法规颁布、意见调查等，都以电子邮件方式处理，以加快信息的流通。

5. 提供信息服务

美国政府网站的内容非常丰富，以美国的农业市场服务机构 AMS 为例。AMS 由政府出资兴建，在全国收集产品价格，每天通过网络和其他媒体公布农副产品市场的信息，目的是帮助公民们了解市场、平等竞争。康涅狄格州把政府的行政、司法和立法部门集合到一起，公民如果有什么问题，可以立即被导入与他有关的市政当局。美国最重要的政府站点是 USA. gov，其内容既包括正式严肃的最新新闻以及联邦热点事件，也包括较为轻松的有关总统、副总统的家庭情况介绍等话题。USA. gov 是所有美国官方网站的中心站点，该站点上有一个美国联邦政府站点的完整列表，可以连接到美国政府所有已上网的官方资源。同时 USA. gov 以及所有内阁级的站点都提供了文本检索功能，可以通过关键词查找这些站点上的所有文献和文章。网站首页还公布了美国联邦政府的统一服务热线。

2.1.6　电子政务外包

在电子政务建设与管理方式上，美国政府主要采用了外包模式。系统设计、开发、运行维护，基本上都外包给专业化公司。这种方式避免了用政府行政开支养活庞大的信息化开发运维队伍，而是通过市场调节配置，实施科学外包管理，降低了政府管理成本，保证了工程质量。另外，专业化公司在开发满足应用需要的软件程序方面，无论是速度还是质量上都更有优势；在快速响应故障处理，保证系统稳定运行方面也具有独到擅长。通过外包，政府对电子政务建设更加高效规范，同时使全社会的信息技术实力增强。①

2.1.7　美国电子政务基本经验

（1）健全的管理体制和法律保障。美国电子政务起步较早，是世界上电子政务体制和法律最为完善和先进的国家之一。

（2）注重电子政务顶层设计。为节约电子政务支出、解决重复投资、提高资金效益，美国政府通过顶层设计，逐步减少重复建设，控制数据中心数量。

（3）提倡统一运维服务。美国政府统一采购政府机构的 IT 服务。由主要的 IT 服务提供商向联邦机构提供统一的 IT 服务，实现 IT 服务共享。这样可以避免重复和不必要的开支，减少设备空间的使用和能源消耗，提高安全性并改善服务质量。集中提供 IT 服务这一举措，可以降低联邦政府数亿美元的开销。

（4）改变以技术为中心的思想，确立“以民为本”的理念。美国政府的行政理念是政务透明和为民服务。政府提出的口号是：让人们点击鼠标三次就能够办事。因此，“电子”是工具，“政务”是目标，“服务”是关键。

（5）政府推动与财力支持。美国政府对电子政务建设持积极认同和支持态度。根据 2002 年的《电子政务法》，联邦政府设立了电子政务基金。据统计，近年来美国联邦政府和地方政府在电子政务方面，平均每年投入高达约 1 000 亿美元。②

（6）以政府业务流为主线发展电子政务。在电子政务的发展中，以政府业务流为主线，根据轻重缓急，将政府职能中带有不变性的业务流程逐个计算机化和网络化。

（7）借鉴电子商务经验，以市场运作模式发展电子政务。许多地方政府采取公开招、投标的方式，将主要的政府信息系统分包或统包给合格的企业。

（8）加大网络基础设施建设力度，动员全社会力量参与电子政务。2010 年 11 月，美国商务部国家电信和信息管理局（NTIA）发布的一项最新研究显示，美国家庭互联网普

---

① 参见蔡德聪：《美国的电子政务》，见 http://www.ladx.gov.cn/html/dangdaishijie/2009/0304/3937.html。

② 参见王铭：《论美国电子政务的资金投入与 IT 企业所起作用》，载《档案学研究》，2004（2）。

及率从 2009 年的 64%提高到 2010 年的 68%，网络的普及有利于电子政务的发展。

（9）注重电子政务协同。电子政务需要跨部门的协同，协同推动其发展。戈德史密斯和埃格斯说："管理机构需要一个跨政府部门和层级的法律执行网络予以协助，因为它们需要各种沟通系统，以过去根本不可能的速度、成本、水平跨越各种公共和私人组织进行情报的收集、分析、转换和行动……这推动了网络化政府的发展，也就是说，协同政府的不同层级和机构共同提供更为整体化的服务。这项改革拆除了等级制度政府中非常盛行的条块壁垒，使各机构之间能够更好地分享信息，协同作战。"①

2.2 欧盟电子政务经验与启示

欧盟将电子政务定位为如何利用现代技术提供以公民为中心的政府服务，而不是研究或发展技术的本身。如果政府要为公民和企业提供大量增值服务，不同的政府机构在一国范围内和不同的欧盟成员国之间，应都能够轻松地合作与共享信息。由此他们制定了有计划地处理成员国电子政务事务的电子政务政策。

为了解不同成员国执行电子政务政策所处的阶段，为便于给决策者提供与其利益相关的准确、可靠与最新的信息，欧盟展开了大量的电子政务项目研究。从 1998 年开始，欧盟资助了 80 多个与电子政务有关的研究项目，涉及全民参与、提高效率、执行电子采购计划、欧盟范围内服务的安全接入以及加强民主决策等方面。

自 2000 年以来，欧盟基于"顶层设计"的理念，着眼整体，顾及个别，提出并实施了多项卓有成效的电子政务行动计划。2000 年，欧盟确立的《里斯本战略——电子欧洲计划》是世界上唯一通过立法保障跨国信息化工作的法律。《电子欧洲计划》包括 20 项电子政务应用内容，其中政府对公民 G2C（福利、卫生等）12 项，政府对企业 G2B（税务、海关、环保、统计、企业注册、公共采购等）8 项。

2005 年 4 月 25 日，欧盟委员会发布《"i2010"电子政务行动计划：加速欧洲电子政务，使所有人受益》，主要着眼于全民参与、提高效率、执行电子采购、信息安全和电子民主五大方面。该项计划明确指出，大力发展欧洲电子政务将带来巨大的利益：在欧盟 25 个成员国中实施行政管理现代化，将使欧洲纳税人每年减少上千亿欧元的税赋负担；信息技术作为促进政府服务现代化的关键所在，能使政府服务变得更为有效和积极；此外，货品计价和公共采购实现全面电子化后，每年将节省 3 000 亿欧元费用。

2005 年 6 月，欧盟电子政务委员会发布《2005 年欧盟的电子政务研究总结》。该总结提出要重点研究和解决如下问题：评估电子政府的资金、福利和经济；打破电子政府的壁垒；欧盟内部的身份管理；地方和区域一级的互操作性；电子政务运行中的最佳实践交流。

① ［美］斯蒂芬·戈德史密斯、威廉·埃格斯：《网络化治理：公共部门的新形态》，7、13 页，北京，北京大学出版社，2008。

2007年6月19日，在布鲁塞尔举行研讨会讨论如何更有效地给社会弱势群体提供公共服务。2007年9月20日，在里斯本举行的部长级电子政务会议上发布了“欧洲杯电子政务优胜奖：欧洲最杰出的数字公共服务”，以褒奖欧洲最具创新性的公共服务，其中荷兰阿姆斯特丹市获“刺激经济增长与就业的最佳公共服务”奖，挪威政府管理和改革部获“刺激参与和透明度”奖，法国贝桑松市获“公共服务的社会影响和凝聚力”奖，德国联邦政府因《德国行政部门服务指南》获“有效和高效的管理”奖。

2008年2月，斯洛文尼亚政府和欧洲委员会联合举办电子政务论坛，强调电子政务的优先政策，即工作协同性优先、电子参与和电子存储优先、减轻负担优先。2008年4月16日，欧盟创建了电子政务发展趋势观察网站，旨在在更广泛范围内提供一个电子政务研究的信息集散地。2008年6月13日，欧盟发起为时两个月的“电子参与筹备行动提案”的征集工作，促进如何利用现代信息和通信技术工具与应用软件使人们更容易地参与决策，并有助于更好地立法。2008年7月29日，24个国家的首席信息官和会议代表在法国就制定一项欧洲互助操作性战略和指导工作达成一致意见。

2010年12月，欧盟委员会在布鲁塞尔启动欧洲未来五年电子政务管理行动计划，即2011—2015年行动计划，以提高欧盟电子政务的服务水平，更好地为公民和企业的生活和生产服务。整个计划包括40项具体措施，将帮助公民和企业在网上完成一系列工作。欧盟还将保证公民和企业只需向不同的行政机构提供一次相同内容的信息；在欧盟范围内普及公民电子身份证的使用，方便公民和企业的跨国活动；增强透明度和开放性，让公民和企业实时跟踪和监督行政机关办理政务的情况；根据用户的具体需要提供个性化服务等。目前，欧盟有38%的公民和72%的企业使用电子政务服务。根据2011—2015年行动计划，欧盟将在2015年把使用电子政务服务的公民和企业的比率分别提高到50%和80%。欧盟已经提出全面实施电子采购，让电子采购成为常态而非例外，使其在2016年中成为欧盟的标准采购方式。据已经实施电子采购的部门报告，电子采购能够节约采购支出5%～20%。

2.3　英国电子政务经验与启示

英国是现代工业革命的发源地。在全球工业化进程中，英国当了约两百年的领头羊。但从20世纪后半叶起，英国逐渐由盛而衰。英国的政治家们不甘心，不断探索改革方案，力图重新成为世界最强国之一。英国认为，新经济要取得成功，必须进行一场数字化革命。于是，英国政府提出了一个口号：建设“电子英国”。

2.3.1　英国电子政务发展历程与现状

英国从1994年开始电子政务建设，虽然晚于美国，却大有后来居上的态势。英国政府先后制定了《政府现代化》白皮书、《信息时代公共服务战略框架》和《21世纪政府电子服务》等一系列电子政务发展规划。英国电子政务建设的主要指导思想是：建立以公众为中心的政府；加强跨部门的合作，以更好地满足公众需求；在制定有关政策和方案时，应照顾到少数民族及残疾人的需求；通过电子政务提高政府的工作效率和改进服务方式。

2000年3月30日，英国首相在信息时代特别内阁会议上提出：全面实施电子政务的时间从2008年提前到2005年。为了让尽可能多的家庭能通过互联网与政府打交道，2000年英国政府制定了在五年内使每个英国家庭都能上网的宏伟计划，并要求到2005年，政府所有服务项目都要实现在线提供，做到所有公共服务实现全天候24小时在线提供，实现全民使用互联网。

2002年，英国政府确定了电子政务优先发展领域，计划在以后3年为电子服务项目注入30亿英镑资金，其中10亿英镑用于提高刑事审判系统的效率、5亿英镑用于支持地方政府开展电子服务、2亿英镑用来开发海关与货物税务署（HMCE）的电子服务项目。

2003年，英国电子政府评估在欧盟国家中排名升至第八位，2004年以后则稳居第三位。2005年，英国有96%的政府公共项目实现了在线服务。

根据《2012年联合国电子政务调查报告：面向公众的电子政务》，在10个北欧国家中，有6个是全球电子政务发展的领先国。英国（0.8960）世界排名第三，在该地区位居榜首。英国政府门户网站“Directgov”（http://www.direct.gov.uk）提供了统一的服务，即包含所有政府信息和服务在内的一站式服务。从该网站可以看到，英国政府重视后台办公部门一体化。网站拥有综合性的网页“Do it Online”，列出了政府提供的各种公共服务、表格、工具和事务。

英国计划到2017年向九成英国家庭提供速度超快的互联网连接，所需费用将由“宽带税”支付；之后的三年英国政府将确保剩下10%的家庭拥有超快宽带；到2020年，英国所有家庭都将普及宽带连接。

2.3.2 英国电子政务特色

1. 积极应用知识管理系统

英国政府创建了全世界最为领先的知识管理系统，该系统是英国各政府部门内部信息、知识交流的一个内域网。英国政府是全世界第一个实现了所有政府部门内部、部门与部门之间在同一个交互系统上进行协同工作、知识共享的政府。知识管理系统从根本上改变了政府传统的工作流程与方式，提高了管理效率，促进了政府职能转变。

知识管理系统的构建分为四期进行，在2002年6月完工。第一期工程侧重于建立知识网络系统，初步实现了政府各部门通过政府安全内域网，以浏览器或者其他客户端的方式实现数据检索和查阅。第二期工程侧重于政府部门在知识网络系统的相互交流，为跨部门协同工作提供基础。第三期工程侧重于知识网络的管理，加强各部门间的协同工作。第四期工程侧重于推动各部门、各机构开始利用知识网络这个平台充分实现自己的目标。

2. 大力发展电子民主

2000年11月，英国内阁颁布法令，宣布英国公民可以在网上对政府文件进行咨询并提出意见。网站还建立了一系列的政策论坛，以供公民对政府政策进行讨论。公民可以在论坛里自由地发表见解，相互交流。许多政府部门在门户网站上都建立了相关部门的政策讨论专区，公民可以就感兴趣的政策法规进入各自的论坛。

英国政府在一些地区试行电子投票，着手开展电子注册工程。该工程将开发出一个统一、稳定的电子注册标准系统，以适用于国家所有的选举，确保公民在进行远程投票时的安全性与可靠性。此外，英国电子特使办公室还将联合内阁办公室以及其他部门，广泛征求公众意见，以便共同制定出电子民主的相关法律法规。

英国高度重视电子民主和网络舆情。2009 年底，英国首相戈登·布朗来到英国著名育儿网站妈妈网和网友交流，在被问到喜欢什么样的饼干时没有立即回答，随即被抨击没有人情味和不懂生活。后来，布朗被迫上网透露自己的饼干喜好，还亲自派人给妈妈网送去了唐宁街品牌的巧克力饼干。2010 年 4 月 10 日，每个英国公民在登录社交网站脸谱（Facebook）时都会被询问是否进行了 5 月 6 日大选前的选民登记，如果用户给出否定答案，Facebook 将把他们引导至选举委员会网站的登记投票页面。目前，保守党和工党都各自设有网站，作为支持者相互沟通和举办竞选活动的桥梁；两党也有 iPhone 专用客户端供人下载，其中保守党在网上设立了选票指示器，显示各党选票的走向。

3. 推广全民上网

秉承以群众为中心是英国电子政务建设的一大特点。为实现全民上网目标，英国政府大力加强信息技术教育和基础设施建设，保证公民在家庭、工作单位和社区都能上网。此外，英国还建立了“英国在线中心”，不仅为没有上网条件的人们提供上网服务，还为他们提供电脑技能培训和终身电子教育，这些中心遍布于商业街、大学、社区中心和公共图书馆等人群密集的场所。英国同时还建立了国家学习网，将学校、博物馆和图书馆等许多机构连接到一起，向人们提供互联网教育。2009 年 6 月，英国政府又推出了“数字英国”计划，有效地推动了全民掌握信息技术和享受数字服务。

2010 年 3 月 22 日，英国首相戈登·布朗宣布了一项“激进”的改革：政府将为每名公民开设个人专属网页，在未来 4 年内建成无纸化社会，届时公民可以足不出户，通过自己的专属网页，办理子女入学、申请护照、注册车牌、预约医生和找工作等业务。按此设想，此举不仅可为公民省下办理各种手续所耗费的电话费、汽油费和时间，政府也将节省高达 40 亿美元的办公费用。

4. 政府网站一体化

英国原有政府网站，绝大部分是由各级政府按公共服务项目分类建立的，由于网站众多、内容分散，不但不利于民众获取信息，而且增加了维护成本。建立相对集中的门户网站，有利于公众信息的集中处理，提高电子政务效率；同时政府还可利用反馈信息，对某些社会现象进行分析研究；精简电子政务网站可以节省开支、降低成本。

2007 年 1 月，英国开始对电子政务展开一场大刀阔斧的“瘦身”运动。英国政府决定，关闭 90%以上的政府网站，将已有的 951 个网站缩减为 26 个。今后英国政府的信息将主要通过 Directgov 和 Business 这两个网站提供，一些被关闭的网站的信息将被转到“政府直通车”Directgov 网站或其他被保留的政府网站上。这一举措有效简化了公众获取政府信息的过程，提高了行政效率，节约了政府开支。

2.4 澳大利亚电子政务经验与启示

在发展电子政务方面，澳大利亚已经与美国、加拿大等一起跻身为全球最领先的国家之一。联合国经济和社会事务部于2005年12月公布的全球电子政务调查报告《2005年全球电子政府准备度报告：从电子政府到电子包容》显示，澳大利亚在191个成员国的“电子政府准备指数”排名中名列第六。

澳大利亚有效的政府改革主要得力于稳定的经济形势、有力的经济增长、对电子政务建设的可靠投资、在过去二十多年中对行政体制改革坚持详细跟踪记录以及澳大利亚领先的国际地位。在过去的十年中，澳大利亚电子政府战略目标从“政府在线”发展到“更优的服务，更好的政府”，最近又发展为“响应的政府”，战略重点也从最初的实现服务电子化提供转变为改进电子政府服务提供水平。

2.4.1 澳大利亚电子政府战略演进

20世纪80年代以来，澳大利亚一直是行政改革的先锋。1997年，澳大利亚总理霍华德在《投资以促进增长》政策声明中提出“到2001年底联邦部门要将所有适于上网的服务全部搬上网”的目标。2000年4月，澳大利亚政府制定“政府在线”战略指导联邦部门实现这一目标，到2001年底，已经可以通过互联网为公众提供一切适当的服务，在网上可获取的政府服务和信息资源超过1 600项。

2002年11月，澳大利亚联邦政府提出“更优的服务，更好的政府”电子政府战略，目标是建立无缝化、适合需要的、以民众为中心的、为全体澳大利亚人谋利益的政府，工作重点转变为将新技术更广泛地运用到政府信息和服务传递管理中去。该战略提出达到更高的功效并将盈余用于投资、确保政府服务和信息的便捷获取、提供满足公众需要的服务、整合相关服务、建立信任与自信、实现对公众的承诺六个重要目标。

2006年3月30日，澳大利亚发布了2006—2010年电子政务战略——《响应的政府：新的服务议程》，旨在进一步提高澳大利亚的在线服务提供水平，建成积极响应的政府。该战略对电子政府项目的建设更加强调协调和以公众为导向，确定了用户需求、互联服务、经济效益、公共部门能力四个非常重要的关键优先领域。

2007年3月，澳大利亚政府发布了新的国家电子政府战略，更加强调协调和以公众为导向。随着政府部门间以合作、互联的方式而不是独立地开展工作，新战略将减少烦琐的官方文件和流程，从而使政府更容易接近，业务流程更加优化，同时为公众节省更多的时间和精力。

2.4.2 澳大利亚政府门户网站

澳大利亚政府将企业和社会公众视为政府的客户，通过建立一系列以用户为导向的门户网站，使用户更易获取集成的信息和服务。

澳大利亚政府官方网站链接了 700 多个澳大利亚政府机构网站，可链接 100 万个网页。该网站根据用户群特点量体裁衣，将信息和服务分为以下几类：澳大利亚外出旅行者、购物者、找工作者、移民、公务员、旅游者、孩子、老年人、女性等。

澳大利亚各级政府建成了不少专业门户网站，主要按用户群体和行业类型划分。用户群体类网站包括企业网、老年人网、妇女网、青少年网、土著网、家庭网等，行业类网站有农业网、文化网、教育网、就业网、环境网等。

澳大利亚对企业服务的官方网站（www. business. gov. au）设置了电子商务、雇佣、环境管理、家庭企业、进出口、保险、知识产权、市场研究和统计、注册、纳税等栏目，提供了近 3 000 种政府面向企业的服务事项，极大地方便了企业。例如，如果按传统方式注册公司，需要 15 个工作日，而在网上注册只需 15 分钟；如果按传统方式退税需要 14 个工作日，而在网上申请退税，只需 4 个工作日。

2.4.3　在线公众参与渠道众多

澳大利亚政府门户网站提供多种渠道，使公众参与到政府的决策过程当中。政府在门户网站的首页上设置了一个名为“你有发言权”的专区，公众可以通过发送电子邮件的形式就政府草案向相关部门提出自己的意见和看法，政府同时在网上公布之前电子咨询的结果。这个专区里有一个“博客”页，列出政府各部门官方博客的链接；还有一个推特（Twitter）页，显示出政府各部门的 Twitter 链接，用户可以通过这些链接向政府相关部门提出自己的意见和看法。①

2.5　日本电子政务经验与启示

早在 1993 年 10 月，日本临时行政改革推进审议会就将政府信息化作为行政改革的重要内容之一，要求制定政府信息化的推动计划。1994 年 8 月，日本政府成立了高度情报通信网络社会推进战略本部，内阁总理大臣亲任本部长。同年 12 月，日本内阁会议通过了关于政府信息化推进基本计划的决议。1997 年，日本政府将原来的《计算机白皮书》更名为《信息化白皮书》，把政府信息化与产业信息化、家庭信息化结合在一起，共同构成日本经济与社会信息化的主体。2000 年 3 月，日本开始启动“电子政务工程”计划，目标是在 2003 年之前政府 3 000 多项业务均可通过网络开展。按照该项工程的计划，日本政府在 2005 年以前让政府各部门的主要业务全部通过互联网进行，这标志着日本将全面进入办公电子化、无纸化的时代。

---

① 参见联合国经济和社会事务部：《2012 年联合国电子政务调查报告：面向公众的电子政务》，北京，国家行政学院出版社，2012。

为了刺激长期处于低迷的日本经济，日本政府确立了“IT立国”的方针，并在2000年3月提出了“e-Japan”计划，把IT作为振兴日本的重要推动力。该计划列出了三项基本措施：软件、硬件双管齐下的信息社会基础设施建设；官民一体普及信息技术的国民运动；雄心勃勃的IT战略及IT外交。

根据发展规划，日本在2005年完成全国光缆新干线的建设，普及宽带网，使日本成为具有世界上最先进的网络基础设施的国家之一。在电子政务网络建设方面，日本政府提出了“四极互联网”的概念，即由中央政府、各级地方政府、公民个人和企业共同构成电子政务网络的四个节点，中央政府和各级地方政府的内联网分别通过因特网与公民个人、企业连接起来，构成一个全国统一的、功能完善的电子政务网。

日本政府的信息技术战略本部已制定出至2015年的中长期信息技术发展战略“i-Japan战略2015”。要点为大力发展电子政府和电子地方自治体，推动医疗、健康和教育的电子化。通过执行该战略，日本的信息技术将使全体国民的生活更加便利。

日本电子政务的发展把开发政府相关资源、提高政府管理现代化水平和促进政府改革紧密结合起来，使电子政务切切实实产生出社会效益。

在政府信息资源开发方面，日本政府充分发挥政府各类数据库的作用，并促进各部门对数据库的补充、开发和运用，对共同性信息建立共同性数据库。同时，研究并推动资料代码及资料项目的标准化，使过去沉淀在政府各相关部门的信息资源发挥出重要价值。

在政府管理创新方面，日本政府非常注重实施电子政务与现有政府管理业务流程再造的结合。首先，日本政府对现有的各种证件执照申请及核准规定加以修订，以适应电子政务的发展；其次，在行政业务流程的设计方面，考虑到公众的需要和便利，简化申报作业的服务手续，向公众提供跨机关、跨单位的服务。

2.6 新加坡电子政务经验与启示

新加坡是全世界最早推行电子政务的国家之一，也是全球公认的电子政务发展最为领先的国家之一。其电子政务与公共服务的电子化，作为政府管理中最具特色和最重要的组成部分，已成为其获得全球竞争力优势的核心能力。全天候的在线服务、操作简洁明了的政府门户网站以及别具一格的“电子公众中心”等，服务内容覆盖了93%的政府公共服务和商业服务，成为全球电子政务建设的典范。

2.6.1 新加坡电子政务发展阶段

新加坡电子政务建设能够走在世界前列的成功因素之一，就是政府非常重视信息化基础设施建设，分别为信息化和电子政务建设制定了长远规划和战略目标，并坚定不移地执行。

新加坡的国家信息化经历了 20 世纪 80 年代的国家计算机计划、国家 IT 计划、IT2000 计划、信息通信 21 世纪计划、2003 年“连接新加坡”五大蓝图规划。

电子政务作为国家信息化建设的一部分，先后分为几个阶段：

第一阶段：1981 年至 1985 年，“公共事务的计算机化方案”。目标是节约人力、提高效率、更好地为决策提供信息支持、为公众提供服务。

第二阶段：1986 年至 1991 年，“促进政府部门之间、政府企业之间的电子数据交换”。通过实施国家 IT 计划，实现了部门信息与数据共享，并在政府和企业之间开展电子数据交换。提出建设“一站式非等待”（ONESTOP，NON-STOP）口号，强调政府部门内部信息沟通与合作，减少数据冗余，促进信息在政府内的共享，逐步推进政府跨部门的行政业务流程实现自动化与集成化，从而为公众提供一个完整的政府服务。

第三阶段：1992 年至 1999 年，“将新加坡变为智慧岛”。其覆盖全国的高速宽带多媒体网络新加坡 1 号于 1998 年投入全面运行，覆盖了全国 98.4%的地区。电子政务建设更加强调建立包含广泛公共服务的网络体系，并在推行电子服务中融合政府资源。在政府信息设施方面，建立了智能卡、政府邮件系统、政府内部专网、电话呼叫中心、数字电话电视会议系统等，改善了部门之间和部门内部的通信条件和资源共享能力，使公众能够更方便快捷地获取政府服务。

第四阶段：2000 年至 2006 年，真正的电子政务阶段，主要目标是“帮助新加坡公众上网，帮助人民电子化；帮助新加坡的商业上网，将私营企业电子化；帮助新加坡的政府上网，将公共事务电子化”。实现多个机构一个政府，敏捷、实效和有效率服务，成为可靠并反应迅速的电子政府，使之成为世界上最佳的电子政务模式；提供最广泛的公共事务网上服务；以用户而不是以政府部门为核心。

第五阶段：“智慧国 2015”或称“iN2015”计划。这是新加坡于 2006 年推出的一个为期十年的资讯通信产业发展蓝图。它通过对基础设施、产业发展与人才培养及利用资讯通信产业进行经济部门转型等多方面的战略规划，意在达成使新加坡成为一个由资讯通信所驱动的智慧国家与全球都市的未来愿景。该计划同时也描绘了资讯通信将如何改变公民生活、工作、学习与交流的方式。电子政府是新加坡“智慧国 2015”计划的重要组成部分，提出了整合政府 2010（iGov2010）计划和 2011 年至 2015 年的电子政府总体规划。整合政府 2010（iGov2010）计划推出了 1 600 多项电子政府服务。新加坡 2011 年至 2015 年的电子政府总体规划将借助新兴技术，顺应社会发展趋势，与私营机构和公共部门采取新的合作模式。新规划的愿景是建立一个与国民互动、共同创新的合作型政府。

2.6.2　新加坡电子政务发展经验

新加坡电子政务建设始终是由政府直接发起，通过下设有关主管部门进行统一调控，使整个推行过程进展合理化、有序化。IT2000 计划实施的国家信息化基础设施建设，由当时的国家的计算机委员会、国家科技局、电信管理局、经济发展局和新加坡广播管理局共同协调、开发经营。政府上网遵循“众多机构，一个政府”的基本思路，政府部门不单独建立网站，由一个机构把各个部门统一到一个网站上，避免重复投资和各自为政；同时，电子政务的实施要求政府工作计算机化和办公自动化，意味着政府管理和服务方式的转换。新加坡政府提出把“公众当成客户一样对待”，宗旨是“以公众为中心”，一些业务不再按照部门设置，而是按照流程打包处理，公众或企业在办理网上业务时，不必再考虑政府站点分别办完各种相关手续，而是按照业务流程，一步步在一个单一的网上完成所有相关业务手续，让各个政府部门的服务无缝集成，实现一站式网上办公。新加坡政府也因此对政府业务流程进行了改革和重组，对政府部门内部与部门之间的行政职能和组织机构进行强力整合，为社会公众提供一种“无缝隙政府服务”，使电子政务建设真正落到实处，发挥实效。

加快人才培养，努力提高政府官员的信息技术能力，是电子政务顺利实施的有力保障。上至总理、部长，下到一般公务员无不积极主动适应政务电子化的要求，实践上网办公和网上服务。目前，新加坡政府内部所有的文件资料的流转均通过网上传输完成。新加坡政府十分重视电子政务人才培训，按一般、中层、高层三个不同层次对不同官员分类培训，由政府出资每人每年参加不少于 15 天的各种培训。

新加坡政府十分注重提高公众的信息化水平和技能。1997 年，前总理吴作栋创立了社理会的概念，这是一个学习型的组织，由 5 个市长管理 5 个社理会，下设资讯科技与终身学习等 13 个功能委员会，推行“资讯科技学习计划”和“资讯科技带回家计划”，由政府出资 80%，20%社理会自筹。此外，新加坡还有许多公众联络所，在联络所里，放有政府提供的电脑，以方便家中没有电脑的公众上网。

新加坡在电子政务建设过程中始终遵循为公众服务的宗旨，其政府门户网站从界面到功能的设计都非常人性化。针对不同的客户群体，划分为政府服务、企业服务、新加坡公众服务及非新加坡公众服务四个入口。人们不需要了解政府组织的复杂结构和关系，也不需要知道哪一项服务该向哪个部门要求，只要知道自己需要什么，网站就会把用户带到相关单位。别具一格的新加坡电子公众中心，成为全球最为成熟的政府对公众模式；政府电子商务中心通过政府和企业之间的电子互动实现高效、便捷的商务服务，大大降低了交易成本；用户发往政府各个部门的意见、建议、反馈通过统一格式进行；发挥社交网络工具功能，畅通公众政治参与渠道；依托法律制约、行业自律、媒体素养教育相结合的“三合一”网络监管机制，注重从互联网准入、渠道管理和法制建设三方面加强网络空间文化建设。

经过多年的不懈努力，新加坡电子政府取得了举世瞩目的成就，拥有了世界上最先进的电子政府基础设施，为政府行政公开化和透明化、为政府部门之间的合作与交流、扩大公众对公共管理的参与、实现政府采购的网上交易等提供了支撑平台。新加坡是世界上少数使用私有云计算机技术来推动信息和通信技术基础设施建设与服务的先进国家之一。2009 年 9 月，新加坡政府给所有教师配备了开放标准的云计算平台下的 Web 2.0 通信和协作工具，这在亚洲尚属首例。新加坡公民门户网站提供了一个广泛的在线支付服务机构以及账单类别列表。目前，政府的信息交换、公文流转和处理已可以全部通过网络进行。据测算，新加坡电子政务每年大约可以为政府节省 2 300 万美元，并期望今后每年能够节省的办公费用再翻一番，达到 4 600 万美元。

2.7　韩国电子政务经验与启示

在近年联合国电子政务调查中，韩国成为后起之秀，连续居世界电子政务排名首位。韩国政府在电子政务方面取得的成就得益于政府上层对电子政务的支持、对电子政务规划清晰的责任界定和世界上最发达的通信网络结构。目前，韩国政府在 IT 方面的投入占到了政府支出的 1.4%。

韩国将不断发展的 IT 行业视为知识经济时代在公共领域中的主要推动力，他们相信，民众对 IT 技术掌握得越娴熟，他们的政治参与度就越高，就越关注政府如何治理以及如何获得政府服务等问题。韩国政府在公共管理方面不断扩大电子政务的覆盖面，创新了应用，创建了一系列电子政务典范。

2.7.1　韩国电子政务发展现状

20 世纪 90 年代后期，韩国总统金大中主持的韩国“信息化战略会议”，是国家信息化的最高决策、指挥和监督机构。韩国政府早在 1996 年就专门制定了《信息化促进基本法》，到 2000 年 6 月，共制定或修改了 107 项有关信息化方面的法律法规。1999 年 3 月，韩国政府公布了“韩国 21 世纪信息化计划”，专门设置了数额巨大的“信息技术促进基金”，到 2003 年基本实现电子政府建设目标。2010 年，韩国制定了 IT 政策议程“Smart Korea”（智能韩国）的基本蓝图。“Smart Korea”由三大体系构成，分别是 Smart Life（普及未来网络、智能服务等）、Smart Economy（软件、广播通信、IT 主力产品、培育 IT 综合产业等）、Smart Planet（绿色增长、绿色 IT）等，即实施综合 IT 战略，以改善社会基础设施、经济、产业、国民生活等。韩国一直精于科技兴国战略的应用，早在 1999 年，韩国就公布了“Cyber Korea 21”政策，紧接着在 2002 年公布“e-Korea Vision 2007”政策，力促该国信息通信产业的发展。2003 年韩国政府制定了详尽的“IT839 战略规划”，计划逐步发展 FTTx 替代原有的 DSL 网络，重点支持 Ubiquitous Network（无所不在的网络），以最终实现下一步国家信息化战略 U-Korea 目标。

根据全球最大的 CDN 服务商美国阿卡麦（Akamai）公司 2011 年 1 月 31 日公布的数据显示，在政府宽带（超高速广域网）指数（gBBi）排名中，韩国以 4.4 分（满分 5 分）排名全球第一。gBBi 考察的指标包括：政府的计划目标、宽带平均速度、普及范围目标值、成本和监管规定。指数高意味着普及范围及速度目标值高，宽带市场规范合理，以及成本中财政负担比重低。目前，韩国已经成为全球公认的宽带强国。该国长期以来高度重视以及迅速落实宽带战略是成就宽带产业迅猛发展的主要原因。

韩国政府部门信息技术普及较好，37 万名政府公务员基本适应电子政府发展要求。2002 年 2 月，行政自治部正式开设了韩国电子政府网页，54 种行政服务、270 多项便民服务项目可直接通过网络实现。韩国居民可通过政府提供的便民服务项目来办理所需事务，使每个居民在互联网上得到政府为自己提供的服务。例如，釜山市政府的城市基础设施信息管理系统（UIS），可向社会提供下水管道、互联网、公路管理、地址管理等信息管理系统的便民服务。居民可随时随地通过公路管理系统了解和掌握道路交通状况、选择最佳道路途径等信息。上下水管道信息系统可以向社会提供当地发生故障时的具体情况，并将故障情况通过互联网及时通知所牵涉的用户，使其能及时采取相应措施。

政府的门户网站已经发展成为一个综合性网站，是一个多渠道、主题性和议题性的服务网；公民也可以通过输入自己的年龄、性别和兴趣定制个性化服务通道。跨部门的后台办公一体化使得官方强大的搜索引擎具有了先进的分类功能，可以按照网站、服务和新闻的不同方式，列出搜索结果。①

2.7.2 韩国电子政务主要做法

1. 提升信息化为国家战略

20 世纪 90 年代末，韩国的制造业和银行业受到亚洲金融危机的打击，经济陷入困境。时任总统的金大中决定使这个国家重新成为“知识超级大国”，指导思想就是“宽带是国家战略”，采取的第一个步骤是放宽规制，鼓励其他公司同处于垄断地位的韩国电讯株式会社竞争。政府开展的营销活动使许多父母相信，宽带网能提高孩子在学校成功的机会。随着竞争促使宽带价格下降，消费者开始喜欢上宽带网，三星和乐金（LG）等电子行业巨头全力支持发展宽带，更令宽带通信发展如虎添翼。

韩国政府将普及宽带通信提升为国家战略，认为宽带通信是否先进、网速反应快慢并不是下载一部电影需要多少时间的问题，而是表明一个国家在全球市场的竞争力，强调在世界各国都面临向信息社会过渡的大转型时期，抓宽带就是占领制高点。有了高速宽带接入，不仅用户可以享用各种新业务，而且有利于信息通信技术在经济、科学、教育、医疗保健和社会福利等领域的广泛应用。

2. 建立强有力的领导机构

为了推进部门间的协作，韩国政府设立了电子政务特委会（SCEG）。该委员会是公民和政府间的连接体，由政府改革总统委员会监管，致力于激励公共部门为民众提供更便捷、更可靠的服务，为商贸活动提供最佳的环境，从而建立起一个高效、透明、民主的政府。

3. 努力突破瓶颈制约

SCEG 特别鼓励领导和专家针对以下两个瓶颈大力推进电子政务：一个是在信息共享方面的跨政府部门合作，另一个是在合理的时间框架内完成电子政务的基本架构建设。为此成功实施了以下措施：凡有利于民族国家利益的举措都赋予优先权；将跨部门合作的电子政府连接整合为一个单一的大政府模式；使部门间的信息得到最大化的共享，消减重复采集负担；推动基于流程再造的信息技术的运用。

---

① 参见联合国经济和社会事务部：《2012 年联合国电子政务调查报告：面向公众的电子政务》，北京，国家行政学院出版社，2012。

4. 切实加强统筹协调

一是在每项电子政务工程的实施过程中保证一周一次的指导管理例会；二是连接不同政府部门的应用项目必须出台明晰的标准化方案，并且在部门间共同实施；三是在基于互联网的政府服务启动前，支持电子政务应用的司法和立法框架必须首先建立起来。

为了推进这些战略的实施，SCEG 要求在管理层面上通力合作、总统强力支持。SCEG 直接向总统汇报工作，从总统那里获得指示，是一个独立的管理体。为了有效工作，SCEG 必须用政治权力作为平衡技术知识的手段，委员会成员为民间 IT 专家、副总理和部委领导。为支持委员会的工作，政府任命了两个协调员：一个是民间专家，国家计算机协会的主席，另一个是政策规划方面的总统秘书。

SCEG 至今已经在诸多领域采取了具体的举措：建立了政府对公民（G2C）系统；开展家庭税务服务（HTS）；开通网上采购和国家金融信息系统（NAFIS）；融合社会保险数据库，不断推进改革升级；普及宽带、3G 和物联网。

2.7.3 韩国电子政务启示

1. 加快电子政务建设是转变政府职能的必然要求

随着电子政务的发展，政府管理正由传统的金字塔模式走向网络扁平化模式。政府的工作就是以公民为中心，向社会提供全方位服务，提高百姓生活质量，促进社会和经济全面发展。

2. 必须由政府来促进、规范和引导电子政务建设

韩国政府在电子政务建设方面科学规划、稳步推进、不断改善信息化的发展环境，并逐步实现整个社会资源信息共享。在韩国的宽带发展中，韩国政府扮演了重要的角色。2009 年韩国总统直属机构“绿色 IT 国家战略”斥资 4.2 万亿韩元用于宽带提速，计划到 2012 年年底建成速率高达 1Gbps（125Mbps，相当于 5 秒钟下载一部 VCD 格式的电影）的“G 速互联网”。韩国政府的大量补贴举措使上网费用在互联网服务还未普及的初始阶段就相当低，为韩国政府致力于个人电脑普及和宽带互联网的发展奠定了坚实基础。①

3. 电子政务建设要有针对性和前瞻性

电子政务的发展之所以受到世界各国重视，一方面，政府是全社会中最大的信息拥有者，有效地利用信息技术，可以建立一个更加勤政、廉政、精简和有竞争力的政府；另一方面，信息技术能够使人们更好地参与各项政府的决策活动，从而促进全社会的进步。信息化使政府原来不可能做到的事情不仅可以做到，而且可以做得更快、更好，帮助政府实现对社会的有效管理。随着移动通信业务的突破性发展，韩国政府正在考虑在原来“G2C”工程的基础上，继续推进“移动政府（M-Government）”建设，让公民通过移动电话直接申请办理政府事务，为电子政府发展赋予新的内涵。

4. 加强网站信息安全

网络实名制是继 IP、域名之后第三代互联网访问方式。网络实名制将减少网络谣言和

① 参见《韩国宽带强国》，见 http://www.techcn.com.cn/index.php?doc-view-168320.html。

网络暴力等，达到净化网络空间的目的。网络实名制在韩国、日本、俄罗斯、美国等国家得到广泛试行。[①] 作为第一个以国家名义推行网络实名制，同时也是第一个宣布要废除该项政策的国家，韩国为其他试图推行网络实名制的国家提供了一个有力借鉴。究其原因，主要是信息安全管理与技术条件尚未满足，多数网站缺乏专业安全维护人员，无法第一时间修复网站漏洞，从而使服务器数据暴露在黑客攻击面前，频繁发生数据库泄密或网页被篡改的现象。韩国相关部门的报告显示，在665个政府部门机构中，每个机构只有平均0.7名专家负责网络安全，还有68%的政府部门根本就没有网络安全专家。为了有效防止黑客攻击，专家认为政府应加大投资力度来建设网络安全项目以及培养更多的专业人才。[②] 韩国的失败经验，给推行网络实名制敲响缓行或不行的警钟。因此，必须加快发展信息安全技术，提升网站安全运维管理水平，防止信息泄露和黑客入侵。

本章小结

电子政务建设和应用水平较高的国家，往往也是经济上比较发达的国家。不同国家的电子政务有不同的特点，并为全球电子政务发展提供了不同的经验。

关键术语

电子政务　　指导方针　　首席信息官　　引导　　实名制

复习思考题

1. 美国电子政务产生的背景是什么？
2. 美国政府首席信息官的作用是什么？
3. 英国电子政务的特点是什么？
4. 韩国电子政务的特点是什么？

案例分析

韩国探索网络实名制

韩国是世界上第一个推行，同时也是第一个叫停网络实名制的国家。韩国的网络实名制，可以追溯到十多年前的金大中执政时期。在金大中执政末期的2002年，出现了大面积的“网络选举犯罪”。2003年3月28日，信息通信部向新当选的卢武铉总统建议，首先从政府部门开始网络实名制，然后逐步推广到民间。到当年5月，已经有15个政府部门

① 参见魏岳江：《网络实名制各国现状》，载《信息化建设》，2012 (5)。

② 参见《韩国政府网站遭袭暴露网络安全隐患》，见 http://news.xinhuanet.com/internet/2009-07-13/content_11702170.htm。

开始实施。这种"政府先行"的做法，与北京微博实名管理从商业网站先行有所不同。彼时韩国的实名制还不是完全实名制，而是通过后台登记身份证号和姓名，前台则可以使用化名上传文章，这与北京对微博的实名管理颇为类似。之后，韩国将实名制扩大到门户网站。韩国还计划在本国生产的所有电脑上免费安装杀毒软件，并推广"青少年专用电子邮件"制度，类似于中国为青少年安装"绿坝"，拦截垃圾邮件。

在2005年6月"狗屎女事件"（一名女子因没有清理爱犬留在地铁车厢里的大便而被人肉搜索，此女在重压下患上精神疾病）后，韩国官方和民间开始关注网络实名制立法问题。当年9月12日，信息通信部举行听证会，要求NAVER（类似中国的百度）、DAUM等大型门户网站实行有限的实名制。之后，卢武铉政府发布和修改《促进信息化基本法》、《信息通信基本保护法》等法规，为网络实名制提供法律依据。其间，韩国实名制的范围不断延伸到其他领域，甚至在2005年11月泡菜被查出含有寄生虫风波后，大邱寿城区决定实施"泡菜实名制"。

2007年，网络实名制立法进一步完善。信息通信部当年颁布《促进利用信息通信网及个人信息保护有关法律》修改案，规定35家主要网站实施实名制。如果发现没有用真实姓名的匿名文章，网站经营者将被处3 000万韩元以下罚款。此举被普遍认为标志着韩国网络实名制的正式实施。

2008年对韩国以及网络实名制来说都是重要的一年。李明博政府与美国签署的牛肉进口协议引发韩国民众普遍不满，并逐渐演变成反政府的"烛光示威"集会，直播该事件的视频网站逐渐增多。"密涅瓦事件"也直接影响着韩国网络实名制的进程。从3月开始，韩国一神秘网民使用"密涅瓦"的笔名，频频在门户网站DAUM的Agora论坛板块（相当于中国的天涯论坛）发布有关经济走势的帖子。他因先后准确"预言"雷曼兄弟倒闭和韩元急剧贬值的消息而名声大噪。一时间，这个预言家被封为"网络经济总统"，甚至有网友建议由他来取代韩国财长姜万洙。韩国政府再次体会到网民的威力。此时，民众对于实名制也逐渐持支持意见。2008年，韩国官方曾委托盖洛普对全国3 000名成人做了一次问卷调查。结果显示，79.8%的国民认为网络实名制实施有必要。

如果说"牛肉风波"和"密涅瓦事件"让韩国政府意识到网民的重要性，那么崔真实自杀事件，则更坚定了韩国政府实施网络实名制的决心。当年10月2日凌晨，年仅40岁的艺人崔真实在筹拍《我人生中最后的绯闻》第二部期间，在浴室用绷带自缢身亡。警方调查显示：崔真实自杀的微妙之处在于，它在某种程度上让韩国的网络实名制更加师出有名，韩国大国家党决定借此建立处罚网络人身攻击的法律，准备新增"名誉损害罪"和"网络侮辱罪"，即使没有被害者的起诉，也可进行调查。此即所谓的"崔真实法"。

尽管韩国网络实名制风风火火地展开，但其实它并未能阻止网络谣言和网络暴力。就在"崔真实法"出台前后，韩国网络上便出现了一股"造谣"、"辟谣"之风。据《东亚日报》报道，在当年的"烛光示威"集会中，类似于"李明博是老鼠××"等言论在网络上不断出现，一些网民还组织"水军"参与"烛光示威"。"弹劾李明博全民运动总部"雇用了几十名"夜猫子通信员"，主要任务是拨打抗议和骚扰电话，并在网络上传播该网站的宣传数据。持续不断的网络谣言，更给予了政府管制网络的理由。高丽大学法学系教授张永洙指出："像侮辱法官一样，网民无法制止自己的行为，政府就有了设立网络侮辱罪的依据。”

不过，实名制在抑制网络诽谤和谣言方面并未达到预期的效果。2010年4月，首尔大学一位教授发表《对互联网实名制的实证研究》称，该制度实施后诽谤跟帖数量从13.9%减少到12.2%，仅降低1.7个百分点。这样的数据无疑是对网络实名制“抑制谣言和诽谤的初衷”的有力质疑。除了网络谣言和网络暴力没有得到改进之外，韩国网络实名制还经常遭到“钳制言论自由”的抨击。

“很多网民认为，这项政策的推出是政治博弈的结果，韩国执政党大国家党是为了控制网上舆论。”韩国专栏作家金宰贤说。这个说法，与李成贤的分析比较一致。李成贤认为，这和韩国的上层权力机构有关，韩国总统的权力非常大，而且总统所属的大国家党在内阁中占有巨大优势，反对党的声音非常小。而韩国的网络实名制正是在大国家党执政时期得到了极大强化。而在外界看来，如中国媒体人士安替认为，实名制真正的诱惑是：打通虚拟治理和地上政府管理，让政府拥有虚拟世界的绝对权威，或者让网站拥有地上的政府权力。不过，在韩国信息通信部信息伦理部门负责人金钟浩有另一番解读，韩国推行网络实名制的真正目的并不在于管理，而在于树立起了网民的责任和自律意识。这一点，在中国工作的韩国人李钟台（音）比较赞同。今年62岁的他，认为实名制有助于青少年的健康，增强网上留言的“责任心”，也有助于消除谣言。

北京外国语大学国际新闻和传播学教授展江认为，在能保证言论自由和民众不受恐惧威胁的情况下，实名制有其实行的理由，但还需要技术条件。事实证明，对实名制的最大考验还是来自公众的信息安全，不断涌现的公众信息泄密事件一步步考验着韩国网民的神经。个人信息泄露事件并非第一次发生。2005年1月，一份网罗99名韩国一线明星隐私的“X档案”在网上迅速传播；2007年8月，一家电信公司盗用顾客资料的情况多达730万件，占韩国当年1 444万名网民的一半以上；当年9月，甚至有人通过网络以卢武铉的名义申请大选选举人。实施网络实名制以后，韩国主要网站成了黑客们的主要攻击对象。一旦网站被攻破，实行实名制的网站显然比匿名制的网站更令人不安。2008年针对eBay韩国子网站的黑客攻击，导致1 800余万名网民真实资料泄露。

让韩国人意料不到的是，更大泄密还在后面。2011年7月，实名制社交网站“赛我网”和NATE网被黑客攻击，3 500万个用户的个人真实详尽信息被泄露。这等于说，95%的韩国网民、70%韩国人的身份资料已经外泄。“（韩国互联网用户资料外泄）这样的悲剧，完全是希望打通虚拟和真实两个世界联系的网络实名制导致的。”媒体人士安替评价说。

正是这一事件，让韩国不得不重新考虑网络实名制政策，而公众信息大规模泄露，也成为压垮韩国网络实名制的最后一根稻草。2011年8月11日，为了防止个人信息泄露事件的再度发生，韩国行政安全部提出并达成了分阶段废除“互联网实名制”的协议，后来媒体更正报道称，因为遭到主管部门韩国广播通信委员会的反对，行政安全部撤回了该方案。就在“拟废除”的考虑中，黑客又在2011年11月下旬出动了，这次韩国的一家游戏公司中招，1 320万位游戏玩家信息被泄露。

对韩国政府来说，不得不考虑网络实名制的安全隐患了。2011年12月29日，韩国广播通信委员会向李明博提交报告，从2012年起，日均访问者超过1万名的网站全面限制收集和使用“居民登录证”（身份证）号码，2013 年将其范围扩大到所有网站，从此宣告网络实名制的取消。

资料来源：周至美：《网络实名制破产记》，载《南都周刊》，2012（2）。

请思考：韩国网络实名制失败的原因是什么？

小知识

数据中心八大节能原则

1. 调高数据中心的温度。
2. 关闭没有使用的服务器。
3. 使用外部空气进行制冷。
4. 使用数据中心热量来为办公区供暖制热。
5. 使用固态硬盘来运行高度活动状态的只读数据集。
6. 使用直流电。
7. 将热量导入地下。
8. 通过管道将热量排放到海中。

第3章

中国电子政务的发展

大力推进信息化，是党中央顺应时代进步潮流和世界发展趋势作出的重大决策，是我国实现工业化、现代化的必然选择，是促进生产力跨越式发展、增强综合国力和国际竞争力、维护国家安全的关键环节，是覆盖现代化建设全局的战略举措。

——温家宝

中国互联网发展迅速，已成为中国发展的源泉。

——克林顿

重点问题

- 中国电子政务发展阶段
- 中国电子政务成功模式
- 目前中国电子政务存在的问题

我国电子政务建设取得了可喜成绩。随着近几年我国经济大国地位的快速上升，要认真总结、梳理思路、发挥优势，抓住云计算、物联网等新技术、新服务、新理念的机遇，迎头赶上，加快推进中国电子政务的发展，做好政府管理的保障和支撑，提升我国综合实力。

3.1 中国电子政务历史

电子政务的发展源于技术的进步和社会的发展，信息技术的突破性进展为政府信息化创造了条件。中国政府明确提出建设电子政务虽然只是近几年的事，但从历史沿革来看，20 世纪 80 年代中期开始的办公自动化建设，就已经拉开了电子政务建设的帷幕。电子政务在中国经历了初期的缓慢发展后，开始朝着交互性和互联互通的方向快速发展。中国电子政务的发展大体可分为五个阶段，这五个阶段在时间上有部分重叠，在内容上各有侧重。

3.1.1　办公自动化阶段

在“政府上网”之前，我国政府的信息技术应用，大体上包括建立专门机构、专项业务应用系统建设、启动政务专网建设和初步制定标准等内容。总体而言，这一时期的政府信息化更多带有单机应用、分散开发的特征。

我国政府应用计算机可追溯到 20 世纪 50 年代末期。1957 年在中国科学院计算技术研究所开始研制通用数字电子计算机，1958 年 8 月 1 日该机可以表演短程序运行，标志着我国第一台电子数字计算机诞生。此后多年，由于历史等多种原因，我国政府把计算机主要应用在军用数据计算方面。此时，国外计算机业界已把实现网络化作为重要方向之一。1969 年美国国防部高级研究计划局建立了互联网的前身阿帕网（ARPAnet）。到 70 年代，阿帕网已经有了数十个计算机网络，但是每个网络只能在网络内部的计算机之间互联通信，不同计算机网络之间仍然不能互通。为此，阿帕网又设立了新的研究项目，实现将不同的计算机局域网互联，形成“互联网”。1972 年，阿帕网在首届计算机后台通信国际会议上首次与公众见面，并验证了分组交换技术的可行性，由此，阿帕网成为现代计算机网络诞生的标志。1983 年，美国阿帕网分裂为两部分：阿帕网和纯军事用的 MILnet。该年 1 月，阿帕网把 TCP/IP 协议作为阿帕网的标准协议，其后，人们称呼这个以阿帕网为主干网的互联网为因特网（Internet）。

我国党政机关在 20 世纪 80 年代中期正式步入信息化建设。1984 年，邓小平作出重要指示：“开发信息资源，服务四化建设”。随后，经国务院批准原国家计划委员会成立了信息管理办公室，负责推进国务院有关部委的经济信息系统建设工作。1985 年，美国马萨诸塞州的一家电脑公司注册了世界上首个域名“symbolics. com”。但人们对这一新生事物的态度似乎还比较保守，1985 年全年，一共只有 5 家公司注册了域名。同在 1985 年，国务院机关事务管理局财务司王文京和苏启强等人向领导建议在整个中央国家机关财务部门推广会计电算化工作。随后他们被指派负责这一项目的具体实施，从项目最初的规划，到选定软件开发合作伙伴到项目鉴定，一直到推广到上百个具体单位，前后耗时两年多。这是国内政府机关采用电子化手段进行会计核算的开始。

与此同步，国家有关部门和专门领域的信息系统建设也开始推进。1985 年后的 5 年间，政府共投资了 200 多亿元，先后建设了 12 个国家级政府信息系统，包括经济、金融、铁道、电力、民航、统计、财税、海关、气象、灾害防御等系统；有 40 多个部委成立了信息机构，配备了一批计算机设备，开发各类数据库 800 余个。

1985 年前后，中共中央和国务院为推进党政首脑机关的信息化，决定在党中央和国务院所在的中南海实施被称为“海内工程”的建设项目，为此成立了该项目的领导小组并设立了办公室。"海内工程"是我国政府行政首脑机关信息网络化建设的开端。从此，以办公自动化应用为起步，我国政府行政首脑机关的信息网络化建设不断深入，逐步成为党政机关的一项基本建设，成为国民经济信息化建设中的重要组成部分，为我国的电子政务建设打下了良好基础。

当时政府系统的办公自动化，主要处在信息技术的单机应用和分散开发阶段，更多表现在政府机关办公室工作中引入微机打字和管理文件，软件、硬件和数据资源应用水平低，有的地方政府刚刚开始使用小型机；在文件传输方面，开始较多地引入传真机。

1987年，经国务院批准，国家计划委员会又将所属的计算中心、预测中心和信息管理办公室合并，正式组建国家信息中心，负责国家经济信息系统的规划与建设。

1987年8月和1988年3月，国务院办公厅分别召开了"全国政府办公厅系统办公自动化工作会议暨全国政府办公厅系统软件交流会"和"办公自动化研讨会"，成立了"全国政府办公厅系统办公自动化工作指导协调小组和技术咨询小组，原因是考虑到办公自动化对标准化、网络化的要求，也是为了防止重复开发造成的浪费。这些措施使得全国政府首脑机关办公自动化建设开始走向有组织、规范化的道路。

当时有代表性的专项业务应用系统，包括国办秘书局选用北大"华光"系统，组织各地方政府开发的政府文件清样、版式加密传输的国务院文件同版异地印刷系统；上海市政府开发的跨处室的"文档一体化"计算机综合应用系统；青岛市政府开发的集信息报送、采编、出版一体化的政务信息管理系统；吉林省的档案管理系统等。①

时任国务院总理的李鹏曾就办公自动化具体建设方针做出重要指示：办公自动化对提高机关工作效率的作用是很明显的，应有条件地加以推广，由简到繁，由易到难，逐步完善，切不可一味追求洋、新、全，搞一些华而不实的花架子。特别要提倡采用国产设备，节约外汇。

1987年9月14日，中国兵器工业计算机应用技术研究所王运丰教授、同事李澄和德国卡尔斯鲁厄大学的措恩（Zorn）教授郑重地在计算机上敲下了一行英文"Across the Great Wall we can reach every corner in the world"（越过长城，走向世界），这句话后来载入了中国历史，众所周知。它是中国人通过在互联网上建立的电子邮件节点向全世界发出的第一封电子邮件。② 至此，互联网大潮开始冲击中国政府的大门。

1989年，国务院办公厅组建的全国第一代数据通信网启动。到1990年10月，国务院与全国各省级政府间全面实现了"全国政府系统第一代电子邮件系统"的应用。

1990年6月，美国国家科学基金会建立美国国家科学基金网（NSFnet），彻底取代了阿帕网而成为因特网的主干网，其最大贡献是使因特网向全社会开放。

1991年8月，"海内工程"国务院办公厅部分的建设通过了高规格专家组的验收，取得了圆满成功。在展示汇报会上，江泽民、李鹏等党和国家领导人都曾到会参观、题词并与大家合影留念，予以热情鼓励，李先念同志也曾到场参观，使参加这项建设的同志和机

① 参见陈拂晓：《我国政府行政首脑机关信息化建设起步、发展及基本经验》，见 http://www.bingtuan.gov.cn/publish/portal7/tab571/info25725.htm。

② 关于谁是中国第一位发出电子邮件的人还有争议。有人说是钱天白，还有人说是吴为民。参见《寻找中国第一位网民：首封电邮网络上走6天》，见 http://tech.hexun.com/2008-07-08/107282691.html。

关工作人员受到极大鼓舞。正是在1991年，在欧洲粒子物理研究所工作的英国科学家蒂姆·伯纳尔斯·李为了高能物理研究的需要发明了万维网（World Wide Web，www），又称全球资讯网，建立了世界上第一个网站“info. cern. ch”。万维网常被当成因特网的同义词，但万维网与因特网有着本质的差别。因特网指的是一个硬件的网络，而万维网则是一种浏览网页的功能或者服务，也叫Web。登录因特网后最常利用到的功能就是万维网。在Web方式下，可以浏览、搜索、查询各种信息，可以发布自己的信息，可以与他人进行实时或者非实时的交流，可以游戏、娱乐、购物等。

1992年5月，国务院办公厅下发了《国务院办公厅关于建设全国政府行政首脑机关办公决策服务系统的通知》（国办发［1992］25号），明确提出用3～5年时间，在全国范围内初步建成“全国行政首脑机关办公决策服务系统”。

1992年8月，为了宣传和贯彻落实国办发［1992］25号文件精神，国务院办公厅举办了有上海、福建、安徽、山东、吉林等八省市和青岛市及秘书局参加的“办公自动化应用成果展示会”。全国各省、区、市和国院各部门纷纷组队参观，极大地推动了全国办公自动化的进程。其间，李鹏、朱镕基等国务院领导同志再次到会参观、题词，给予热情支持和鼓励。

从1993年开始，国务院办公厅每年都下发《全国行政首脑机关办公决策服务系统年度建设指导书》，具体部署和指导当年工作。国办还组织全国各省、自治区、直辖市政府办公厅成立了“全国政府系统办公自动化协作网”及其理事会和技术咨询组，进一步完善了全国政府信息化建设的协调机制，有力推动了全国政府系统办公自动化和信息网络化的发展。

随后，网络化的数据应用开始起步。在此阶段开发的“国务院国民经济与社会发展决策支持系统”实现了联网服务，“国务院综合国情地理信息系统”实现了电子地图应用。江苏、甘肃、内蒙古等地方政府也基于数据通信网络处理政务取得了可喜进展。与之配合，联网应用所需的多部门信息资源整合工作得以启动。到1996年前后，国务院各部门和包括副省级、计划单列地区的全国各地方政府办公厅，已全部联入政府系统第一代数据通信网。针对该网络速率低和应用范围不足的问题，基于互联网技术标准与架构，国办主计算机系统和全国数据通信网络系统的升级换代工程于1997年开始启动，到1999年底完成。

3.1.2 金字工程阶段

1993年12月启动的“三金工程”（金桥、金关和金卡工程）是中央政府主导的以信息化为特征的系列工程，重点是建设信息化的基础设施，为重点行业和部门传输数据和信息，这一阶段成为电子政务发展的雏形阶段。

“三金工程”是国家整体信息工程的一部分，自“三金工程”之后，国家又相继启动了“金税”、“金审”、“金盾”等12项金字系列工程。这些工程的开展，对中国政府信息化建设和电子政务发展起到了直接的推动作用。

2000年9月，在国家科技教育领导小组举办的科技知识讲座上，中共中央政治局常委、国务院总理朱镕基指出，积极运用现代科技手段，特别是先进信息技术，加快政府管理信息化进程，是适应国民经济和社会信息化发展的迫切要求，各级政府、各个部门都要把推进行政管理信息化作为一件大事。在这次科技知识讲座上，海关总署和国家税务总局有关人员分别汇报演示了“金关工程口岸电子执法系统”和“金税工程及出口退税电子化管理系统”的运行情况。朱镕基指出，必须加快完善金关工程和金税工程建设，一要抓紧实现部门内部和各部门之间的联网；二要集中精力搞好应用项目开发；三要充分利用国家电信公网，不搞重复建设；四要坚持高起点、高标准，既要突出现实性、应用性，又要有一定的超前性，充分考虑到未来发展的需要。同时，还要高度重视和切实保障各个信息系统的安全。朱镕基提出，政府改革的一个重要方面就是信息化。政府行政管理信息网络化是一场深刻革命，势在必行。① 这是中央领导人第一次明确提出政府行政管理信息网络化是一场革命，并指出它的重要性和必然性。

3.1.3 政府上网阶段

单机应用阶段“办公自动化”的发展和信息化基础工程的建设应用，为我国政府信息化走向网络化应用阶段打下了必要的基础。

1996 年 1 月，国务院信息化工作领导小组成立，组长为时任副总理的邹家华。1997 年 4 月，第一次全国信息化工作会议于深圳举行。关于在我国推广互联网的问题在会上争论得非常激烈，争论的焦点是：互联网到底是一次骗局还是一次挑战？有人认为，它是美国人的骗局，当年美国人用“星球大战”拖垮了苏联，互联网的目的是把中国拖进去。也有的经济学家认为，中国应该以发展工农业为主，搞信息业是超前，认为中国的比较优势是发展劳动密集型的中小企业。

这场争论的结果，主张应该大力发展中国信息业的观点占了上风，而且还“把信息化的地位提得很高”。这次全国信息化工作会议为国家信息化下了一个定义：在国家统一规划和组织下，在农业、工业、科学技术、国防及社会生活各个方面应用现代信息技术，深入开发、广泛利用信息资源，加速实现国家现代化的进程。

然而对于互联网的利弊之争仍然没有结束。时任邮电部部长的吴基传后来在接受媒体采访时谈到当年的争论：当时对互联网是有担心的，但是后来，认为互联网从技术上会很有利的意见占了上风，决定先发展了再说。那时对互联网的担心，主要有这样几方面：互联网没有管制；当时网上就有黑客，有病毒，也有很多垃圾和黄色的东西；人们也担心青少年的教育问题；还有就是赢利模式的问题，在网上提供信息的人，怎么得到利益？那时的担心到今天还是存在，不过现在这些担心更普遍了。②

争论不能阻挡互联网大潮对政府改革的冲击，实践才是检验真理的唯一标准。作为开放的公众网，互联网的应用给政府信息化带来不同以往的新属性，使之可以跳出单纯

---

① 参见《朱镕基强调推进信息化建设廉洁高效政府》，见 http://news.sina.com.cn/china/2000-09-04/123675.html，2000-09-04。

② 参见黄艾禾：《1987—1997：湮灭在尘埃中的网络洪荒史》，载《国家历史》，2009 (1)。

改善政府自身效率的局限，为政府更好地响应公众需求和服务全社会提供了可能，从而也将政府信息化带入网络化的电子政务新阶段。国内一些政府机构积极探索将互联网用于政务活动。1996 年，海南省开通我国首个政府门户网站，引起广泛的社会关注；1998 年，青岛市政府在互联网上建立了我国第一个严格意义上的政府网站“青岛政府信息公众网”；至 1998 年 5 月 17 日第 30 届世界电信日时，在“gov. cn”下注册的域名数为 145 个。

1999 年在我国政府机关正式启动“政府上网”工程，标志着我国政府信息化开始普遍步入互联网时代。一些部委将 1999 年定为“政府上网年”。1999 年 1 月，由当时的国家经贸委经济信息中心和中国电信牵头，联合 40 多家部委信息主管部门，在北京召开了“政府上网工程”启动大会，“政府上网工程”主网站“www. gov. cn”开始试运行。为配合政府上网，中国电信对上网的政府机构专门出台了优惠政策，包括在一定期限内减免接入专线月租费、相关通信费和主机托管费，组织互联网服务商（ISP 和 ICP）免费为政府上网制作部分主页，以及对相关人员免费提供培训，等等。

“政府上网工程”得到各地政府部门的积极响应。此后，参与“政府上网工程”发起单位的政府机构不断增加，许多地方纷纷召开专门会议、成立专门机构，安排必要的资源予以落实。一些地方政府主管部门还规定了“政府上网”的完成期限。

在政府主管部门的大力推动和有关方面的积极配合下，我国政府信息化建设在此阶段取得了快速发展。互联网的应用开始受到更多政府机构的重视，“政府上网”推动越来越多的政府网站不断建成开通。应该特别指出的是，虽然作为专用语的“政府上网”指的是上互联网，但广义的政府上网却并不限于上互联网。换言之，在这一时期，封闭性的或与互联网相隔离的政务专用网络的建设也在同步推进。

3.1.4 网络政务阶段

1999 年末，采用互联网技术、以网际互联方式连接全国 47 个副省级以上地方政府办公厅和国务院各部委办公厅的“全国政府系统第二代网络系统”顺利建成，并在建成之日即开通了新一代电子邮件系统应用和多项试验性应用，取得了巨大、圆满的成功。时至今日，它仍然是我国政府系统联结范围最广、覆盖地方和部门最全、技术架构最先进、运行最稳定可靠、作用最突出的政府广域网之一，充分展现了它作为“全国政府系统办公业务资源网”的巨大应用潜力，也深刻启发了人们进一步构建我国“电子政府”的基础框架的想象力。这项建设所引申出的以“三网一库”为基本框架的政府系统信息化建设理念，是政府系统十多年来理论探索与应用实践的必然产物。①

为进一步规范电子政务的发展，2000 年 5 月，国务院办公厅下发了《关于进一步推进全国政府系统办公自动化建设和应用工作的通知》，提出要用 3～5 年的时间建设“三网一库”的任务。“三网一库”，是指要不断完善各地区、各部门机关内部的办公业务网（内网），完善以国办为枢纽的全国政府办公业务资源网（专网），逐步建立基于互联网的面向

① 参见陈拂晓：《我国政府信息化建设的起步、发展及基本经验》，载《中国信息化》，2005 (17)。

社会的政府公众信息网（外网），以及共建共享政府办公业务信息资源数据库。

2000年10月，电子政务被列为“十五”计划重要内容，电子政务建设进入新时期。《中共中央关于制定国民经济和社会发展第十个五年计划的建议》指出：“信息化是当今世界经济和社会发展的大趋势，也是我国产业优化升级和实现工业化、现代化的关键环节。要把推进国民经济和社会信息化放在优先位置。”在这一计划的指导下，中国电子政务建设进入了快速发展阶段，国家为电子政务发展注入了巨额资金，大批开发商、IT企业的视线被吸引过来，政府网站从内容、功能到互动性等方面都得到了较大提高，政府网上业务办理进入了实用阶段。

2001年4月，国办制定的《全国政府系统政务信息化建设2001—2005年规划纲要》再一次明确了以“三网一库”为基本架构的我国政府系统政务信息化建设目标，提出“以需求为导向，以应用促发展；统一规划，协同发展；资源共享，安全保密”的指导原则。

世纪之交，全球信息产业因网络泡沫破灭而陷入为期3年左右的衰退低迷期，与此形成鲜明对比，我国电子政务发展却迎来全面推进的重要契机。

2001年8月，党中央、国务院决定重新组建新一届国家信息化领导小组，由国务院总理朱镕基同志担任领导小组组长。2001年12月，国家信息化领导小组第一次会议召开，会议明确了实行加快信息化建设的战略，提出推进国家信息化必须遵循五条方针。其中第二条便是“政府先行，带动信息化发展”，从而把推进电子政务建设明确纳入国家信息化的工作重点。

2001年11月，“电子政务试点示范工程”正式启动。该工程目的是在国内各级政府的电子政务工程全面铺开之时，通过统一的规划设计，为电子政务建设提供可推广的安全支撑平台、应用支撑平台，找出适合中国实际情况的电子政务建设模式，避免重复建设和无效建设。为此，选择了国务院所属的8个部门、7个地方政府作为试点示范单位：国务院系统为国务院办公厅、国家经济贸易委员会、对外经济贸易部、国家计划委员会、科学技术部、劳动与社会保障部、国家税务总局、国家工商总局、海关总署，地方政府包括北京市、上海市、浙江省、深圳市、青岛市、绵阳市、南海市。这些试点覆盖了已有政务领域内典型的纵向业务管理和横向行政管理模式、政府内部政务办公和决策支持以及面向公众的管理与服务等内容，收到了较好效果。科技部在广东省南海市率先建成了中国第一个具有自主知识产权的安全的电子政务平台。

2002年1月，国务院信息化工作办公室和国家标准化管理委员会成立了电子政务标准化总体组，全面启动电子政务标准化工作。电子政务标准化总体组的职责是提出我国电子政务的标准体系框架和实施计划，组织制定电子政务建设需要的标准，参与解决我国电子政务网络建设和应用过程中产生的互联互通问题和其他与标准有关的问题，完成国务院信息化工作办公室和国家标准化管理委员会交办的其他事宜。标准化是我国电子政务建设的基础性工作，是电子政务系统实现互联互通、信息共享、业务协同、安全可靠的前提。电子政务标准的制定将遵循“急用先行、成熟先上、科学先进、切实可行”的原则进行。

2002年7月，朱镕基总理主持召开了国家信息化领导小组第二次会议，提出“十五”期间我国电子政务建设的目标是：初步建成标准统一、功能完善、安全可靠的政务信息网络平台；重点业务系统建设，基础性、战略性政务信息库建设取得实质性成效，信息资源共享程度有较大提高；初步形成电子政务安全保障体系，人员培训工作得到加强，与电子政务相关法规和标准的制定取得重要进展。

2002 年 8 月，《国家信息化领导小组关于我国电子政务建设指导意见》（即 17 号文件）出台。在总结我国电子政务建设历史和现状的基础上，“17 号文件”就“十五”期间全国电子政务建设的指导思想、发展原则、主要目标、重要任务、职责分工及相应的政策措施等分别予以明确，并相应做出了新的部署。电子政务基本架构的提法从“三网一库”改为“两网四库十二金”。

随着国际互联网技术的发展及其在政府管理中的应用，国外引入的电子政府和电子政务的概念开始兴起，因此，在中国应称呼为“电子政务”还是“电子政府”就成了一个不可回避的“正名”问题。专家们经过多次热烈讨论，最后统一意见称为“电子政务”，并且得到了国家信息化领导小组的领导们的首肯。自此，“正名”问题得到圆满解决。①

2002 年 9 月 23 日，法人单位基础信息库建设领导小组和办公室正式成立。国家工商总局、中编办、民政部、国家税务总局、国家统计局分别指派了具体负责同志参加。

2002 年 10 月 18 日，《国民经济和社会发展第十个五年计划信息化重点专项规划》经国家信息化领导小组批准颁布。此专项规划是“十五”期间我国国民经济和社会发展的十个重点专项规划之一，是我国编制的第一个国家信息化规划，是规范和指导全国信息化建设的纲领性文件，是贯彻落实党中央、国务院关于大力推进国民经济和社会信息化战略部署的行动指南。

2002 年 10 月 18 日，国家人口基础信息库建设领导小组和办公室正式成立，并报国务院信息化工作办公室备案。

2002 年 10 月 22 日，《数字奥运建设专项规划》征求意见稿正式出台，读者可以将意见通过信函、传真、电子邮件等方式送交北京市发展计划委员会或北京市信息化工作办公室。“数字奥运”的基本目标是：任何人、任何时间、任何奥运相关场所，都能够安全、方便地获取可支付得起的、多语言智能化的信息服务。

2003 年 1 月，国务院信息化工作办公室宣布，根据 WTO 要求及国内发展需要，我国已把建设电子政务作为转变政府职能、改善政府服务和提高工作透明度的重要手段，按照“十五”期间全国电子政务建设指导意见，将进一步加快建设政务平台，整合信息资源，统一平台，统一标准，电子政务建设工作将主要围绕“两网一站四库十二金”重点展开。电子政务基本架构扩展为“两网一站”。

2003 年 1 月底，深圳市企业网上注册登记系统开通，实行全流程网上无纸化办照。2 月 12 日，深圳市发出第一份通过网上注册办理的营业执照。

2003 年 7 月 22 日，国家信息化领导小组第三次会议在北京召开。中共中央政治局常委、国务院总理、国家信息化领导小组组长温家宝主持会议并作重要讲话。会议讨论了《关于加强信息安全保障工作的意见》，听取了国务院信息化工作办公室关于电子政务建设的工作汇报。会议强调，我国信息化建设既要加快步伐，又要从实际出发。总体要求是，坚持以信息化带动工业化，以工业化促进信息化，走新型工业化道路。会议要求做好五个

① 参见王安耕：《电子政务与电子政府》，见 http://tech.ccidnet.com/art/883/200212 30/35272_1.html。

结合：一是信息化与经济社会发展相结合；二是信息化与提高政府管理水平相结合；三是军事信息化与经济社会信息化相结合；四是保障信息安全和促进信息化发展相结合；五是政府引导与发挥市场机制作用相结合，走出一条中国特色信息化的路子。要着力抓好四个方面：大力推广应用信息技术；加强信息资源开发利用；抓紧推行电子政务；切实加强信息安全保障工作。

2003 年 8 月 27 日，全国人大常委会通过的《中华人民共和国行政许可法》第三十三条规定：“行政机关应当建立和完善有关制度，推行电子政务，在行政机关的网站上公布行政许可事项，方便申请人采取数据电文等方式提出行政许可申请；应当与其他行政机关共享有关行政许可信息，提高办事效率。”

2003 年 9 月 13 日，中国第一份使用数字认证的互联网合同诞生。此次签约的三方是中国电子商务协会、公安部物证鉴定中心和中国国际电子商务认证中心。

2003 年 10 月 1 日，广州市开始试行政府采购网络管理工作规程。这种采购人网上填报采购清单、政府采购管理部门网上审批的电子化政府采购的方式，在全国尚属率先推出。

2003 年 11 月，温家宝总理在国家行政学院组织的省部级干部“电子政务研讨班”上讲话时指出，电子政务从根本上讲是为了提高行政效率，降低行政成本，改进政府工作，方便人民群众。这段讲话不仅深刻、精辟地阐明了电子政务建设的根本目的，而且也指明了开展电子政务建设的出发点和必须遵循的原则。

2004 年 3 月 29 日，全国第一个实现海关、检验检疫、海事、边防、港口作业一站式的政务平台——广州电子口岸（www. gzeport. gov. cn）正式开通。

2004 年 8 月 3 日，为统一电子政务建设中信息共享互联互通平台的技术框架，明确信息共享互联互通的技术方向，国务院办公厅印发《电子政务信息共享互联互通平台总体框架技术指南（试行)》。

2004 年 9 月 20 日，审计署联合财政部等单位编制，国家质量监督检验检疫总局、国家标准化管理委员会批准发布《信息技术、会计核算软件数据接口》(GB/T19581—2004)，2005 年 1 月 1 日起在全国范围内实施。

2004 年 9 月 30 日，国家电子政务外网（一期）工程正式由国家发改委批复立项。11 月 2 日，国家发改委正式批准了项目可行性研究报告，外网工程开始启动。

2004 年 11 月 19 日，北京市政府软件采购结果公布，微软以 2 925 万元总金额成交，国产软件集体落败。24 日，科技部领导批评了北京市政府的做法，并发表“以实际行动支持国产软件的发展，捍卫《政府采购法》的尊严”的申明，同时部分国产软件厂商欲上书国务院。12 月，北京市政府就采购重新组织谈判，国产软件最终胜出。

2005 年 1 月 8 日，信息产业部颁布《电子认证服务管理办法》。该办法是配合 2005 年 4 月 1 日正式实施的《电子签名法》的实施而制定的行政规章，为认证机构的成立与运营确立了基本规范。同时国家密码管理局还颁布《电子认证服务密码管理办法》。

2005 年 1 月 18 日，我国首款 64 位高性能通用 CPU 芯片问世。由科技部、中国科学院和信息产业部共同主办的“龙跃神州‘芯’动中国”——“龙芯”2 号成果发布及产业化基地成立大会在京举行。中国科学院计算技术研究所成功研制出“龙芯”2 号计算机高性能通用处理器，并装备多种现代电子产品，初步形成了产业链，使我国开始在电子产品的核心技术上掌握主动权。

2005 年 4 月 1 日，《中华人民共和国电子签名法》正式施行。《电子签名法》规定，可靠的电子签名与手写签名或者盖章具有同等的法律效力。《电子签名法》标志着我国首部“真正意义上的信息化法律”正式诞生。同日，重庆市国家税务局率先推行实施“一户式”管理系统。

2005 年 7—8 月，全国人大常委会法工委通过中国人大网收到《中华人民共和国物权法（草案）》修改意见 9 000 多条。

2005 年 9 月 2 日，中国首例网络攻击案开庭。北京珠穆朗玛网络技术有限公司诉北京百度网讯科技有限公司通过发动 DDOS 攻击实施不正当竞争行为并索赔 1 500 万元一案，于 9 月 2 日上午在北京市第一中级人民法院进行公开审理。

2005 年 9 月 15 日，国务院信息化工作办公室组织编写的《电子政务信息安全等级保护实施指南（试行）》发布，以贯彻落实《国家信息化领导小组关于加强信息安全保障工作的意见》（中办发［2003］27 号）精神，在电子政务领域通过开展信息安全等级保护来推进电子政务信息安全保障工作，供各级党政机关在新建电子政务系统和已建电子政务系统中开展信息安全等级保护工作参考。

2005 年 10 月 1 日，中华人民共和国中央人民政府门户网站（www. gov. cn）试开通。这是国务院和国务院各部门以及各省、自治区、直辖市人民政府在国际互联网上发布政务信息和提供在线服务的综合平台。网站发布政务信息和数据资料，方便公众了解国家法律法规和重大决策，同时面向社会提供与政府业务相关的服务，逐步实现政府与企业、公民的互动交流。试运行期间，中央政府门户网站 3 次直播国务院的专题会议。网民认为，这反映了我国政府开明、民主的新形象。中央政府门户网站在 2006 年 1 月 1 日正式开通。据美国权威机构亚历克萨（Alexa）发布的统计，中央政府门户网站在 24 小时内实现了惊人的飞跃：从第 1 720 名跨过 900 多个位次，升至第 744 名，成为全球人气指数第二的国家级政府网站，仅次于加拿大联邦政府网。海内外舆论反响热烈，普遍认为这是中国政府管理方式的一个创新，是中国提高政务透明度、建设服务型政府的一个重要举措。西班牙埃菲社注意到，中央政府门户网站除了提供关于巨大而复杂的政府机构的信息外，还首次提供了所有部委和省级政府网站的链接。中央政府门户网站的开通运行，还有力地带动了全国各省级地方政府网站的建设与发展。网站开通后，辽宁、吉林、内蒙古等 18 个省级政府网站参照中央政府门户网站模式改版，山东、青海两省按照中央政府门户网站内容框架构建各自政府网站。

2005 年 11 月 1 日，中国互联网络信息中心（CNNIC）发布《中文域名争议解决办法（试行）》，国内首家域名争议解决机构面世，域名管理日趋规范化。

2006 年 2 月 21 日，国务院信息化工作办公室下发《关于加强信息资源开发利用工作任务分工的通知》（国信办［2006］10 号）。

2006 年 3 月 19 日，国家信息化领导小组印发《国家电子政务总体框架》，制定了构建国家电子政务总体框架的要求与目标，描绘了我国电子政务总体结构形态，指出了我国电子政务未来一个阶段的价值取向和发展方向。

2006 年 3 月 19 日，中共中央办公厅、国务院办公厅印发《2006—2020 年国家信息化发展战略》，并发出通知要求各地区各部门结合实际，认真贯彻落实。提出推行电子政务要有利于改善公共服务、加强社会管理、强化综合监管、完善宏观调控。制订了电子政务行动计划：规范政务基础信息的采集和应用，建设政务信息资源目录体系，推动政府信息公开，整合电子政务网络，建设政务信息资源的交换体系，全面支撑经济调节、市场监管、社会管理和公共服务职能；建立电子政务规划、预算、审批、评估综合协调机制，加强电子政务建设资金投入的审计和监督，明确已建、在建及新建项目的关系和业务衔接，逐步形成统一规范的电子政务财政预算、基本建设、运行、维护管理制度和绩效评估制度。

2006 年 3 月 30 日起正式施行《互联网电子邮件服务管理办法》。办法明确了对网民通信自由和通信秘密权利的保护。根据《宪法》有关内容，办法第三条明确规定：公民使用互联网电子邮件服务的通信秘密受法律保护。除因国家安全或者追查刑事犯罪的需要，由公安机关或者检察机关依照法律规定的程序对通信内容进行检查外，任何组织或者个人不得以任何理由侵犯公民的通信秘密。办法也标志着我国反垃圾邮件立法迈出了坚实、关键的一步。

2006 年 4 月 10 日，信息产业部、国家版权局、商务部联合下发通知，对计算机预装正版操作系统软件提出具体要求。为了营造良好的软件知识产权保护环境，维护计算机市场和软件市场秩序，推动软件自主创新，促进我国软件产业健康持续快速发展，根据《中华人民共和国著作权法》、《计算机软件保护条例》等法律法规，提出中国境内生产计算机须预装正版操作系统。

2006 年 5 月，中共中央办公厅、国务院办公厅转发的《关于推进国家电子政务网络建设的意见》（即 18 号文件），提出要用三年左右的时间，形成中央到地方统一的国家电子政务传输骨干网，建成基本满足各级政务部门业务应用需要的政务内网和政务外网。中央级传输骨干网是国家电子政务网络的重要组成部分，是支持政务内网、政务外网建设和运行的基本载体。18 号文件扩充了电子政务内网的内涵。关于政务内网，18 号文件除了 17 号文件规定的内容外，还将党委、人大、政府、政协、法院、检察院等部门开展内部办公、管理、协调、监督和决策时对有关专网的需求纳入进来。此外，18 号文件所定义的政务外网在 17 号文件的基础上也有所丰富，将 17 号文件规定的满足面向社会的专业性服务和不需在内网上运行的业务进行了具体描述，即满足各级政务部门、社会管理、公共服务等面向社会服务的需求。从某种意义上说，这基本上解决了几年来理论界关于“电子政务”和“电子党务”、“电子人大”和“电子政协”之间的争论。18 号文件新增了建设从中央到地方统一的国家电子政务传输骨干网的内容，并且明确了传输网的建设方法和建设主体以及建设原则等。这样，政务内网和政务外网的传输网就要求实现统一，各级政府及其部委办局等在与邻近级别的政务内外网对接时可以选择统一的骨干传输网，减少重复铺网的投资，也为公共电信运营商提供了很好的商机。明确了副省级以上和副省级以下单位的网络建设方式。对于副省级以上单位，18 号文件明确指出由国务院信息化工作办公室组建国家电子政务管理机构，组织协调有关单位，利用国家公共通信资源，形成中央到省（自治区、直辖市）的电子政务传输骨干网，统筹规划国家电子政务网络的网络地址和域名，组织研究起草相关标准和管理办法等。经国家发改委正式批复，国家电子政务外网（一期工程）项目将由国家信息中心承担建设。此外，17 号文件强调的政务内网和政务外网之间的物理隔离和政务外网和互联网的逻辑隔离，18 号文件没有提及。

2006 年 8 月 7 日，深圳成为全国首个电子政务试点城市。深圳市政府明确提出，到 2008 年，100%要求公开的政务信息都可在网上查询，100%的行政审批项目都可在网上申请及查询结果，100%的政府行政许可和非行政许可审批项目都将纳入电子监察范围，并对 50%以上的行政许可项目实现在线处理。

2006 年 8 月 16 日，深圳市出台一系列电子政务管理办法，包括《深圳市政府公众网站管理暂行办法》、《深圳市政务信息资源共享管理暂行办法》、《深圳市社区政务信息化管理暂行办法》等，其后深圳政府公众网站要全年 24 小时开通运行，域名也要根据一定格式统一起来。这是国内首次制定与电子政务相关的法规性文件。

2006 年 9 月 24 日，全球第一个纯 IPv6 网（下一代互联网）在我国率先建成，在清华大学举行的“中国下一代互联网示范工程 CNGI 示范网络核心网”验收会上获得验收并通过。该网连接了中国电信、中国联通、中国网通、中国移动和中国铁通等国内主要网络运营商。IPv6 主干网的传输速度达每秒 2.5～10G，是各国现有第一代互联网速的 1 倍多。

2006 年 12 月，国务院办公厅下发《关于加强政府网站建设和管理工作的意见》（国办发［2006］104 号），从十个方面要求各地区、各部门进一步提高认识，切实加强对政府网站建设和管理的组织领导，紧密结合各自实际，制定相应实施办法和具体方案，认真落实各项工作措施，不断提升政府网站建设和管理水平。规定英文域名要以“gov.cn”结尾，中文域名要以“cn”结尾；要确保“十一五”期间 50%的行政许可项目实现在线办理；上下级政府和部门网站之间要做好链接，逐步实现资源共享、协同共建和整体联动。

2007 年 2 月 8 日，国家信息化领导小组颁发《关于开展全国电子政务检查工作的通知》（国信［2007］1 号）。本次检查主要是了解掌握《中共中央办公厅　国务院办公厅关于转发〈国家信息化领导小组关于我国电子政务建设指导意见〉的通知》（中办发［2002］17 号）、《中共中央办公厅　国务院办公厅转发〈国家信息化领导小组关于推进国家电子政务网络建设的意见〉的通知》（中办发［2006］18 号）、《国家电子政务总体框架》（国信［2006］2 号）和全国电子政务工作座谈会精神等国家信息化领导小组关于推行电子政务的各项方针政策和部署的贯彻落实情况。这次检查分自查、国家电子政务重点工程项目检查和现场抽查。

2007 年 4 月 5 日，为了保障公民、法人和其他组织依法获取政府信息、提高政府工作透明度、促进依法行政、充分发挥政府信息对人民群众生产、生活和经济社会活动的服务作用，国务院发布《中华人民共和国政府信息公开条例》。该条例指出，行政机关应当将主动公开的政府信息，通过政府公报、政府网站、新闻发布会以及报刊、广播、电视等便于公众知晓的方式公开。

2007 年 8 月 16 日，国务院信息化工作办公室综合组印发《关于开展政府网站“百件实事网上办”活动的通知》（国信办综函［2007］126 号）。要求政府向社会公众宣传政府网站功能，就社会公众关心的教育、医疗卫生、社会保障、交通出行和公用事业五个重点领域，形成首批政府网站应该提供的 100 项服务事项，让社会公众体会政府网站的实际作用，让政府网站走入寻常百姓家。

2007 年 9 月 1 日起施行《国家电子政务工程建设项目管理暂行办法》。这是为全面加强国家电子政务工程建设项目管理，保证工程建设质量，提高投资效益，根据《国务院关于投资体制改革的决定》及相关规定而制定的，适用于使用中央财政性资金的国家电子政务工程建设项目。

2007 年 9 月 30 日，国家电子政务网络中央级传输骨干网正式开通。这标志着统一的国家电子政务网络框架基本形成，为各部门各地区开展业务应用提供了一个安全可靠、资源丰富、管理规范、服务专业的公共平台。

2008 年 1 月 9 日，中国电子政务管理软件出口非洲。纳米比亚共和国总理府与北京中软冠群软件技术有限公司就该国公共服务部门建立和实施电子文件与档案管理信息系统合作签署了协议。这是中国电子政务类管理软件产品第一次出口到非洲大陆。

2008 年 3 月 11 日，国家发改委、商务部等发布《关于印发强化服务　促进中小企业信息化意见的通知》。通知要求结合本地实际，加强对中小企业信息化的服务，营造发展环境，采取有效措施，提高我国中小企业应用信息技术的水平和能力，促进中小企业实现创新发展。通知明确提出：加强电子政务面向中小企业的公共服务；加强政策法规信息引导，提高基础信息服务能力；完善中小企业便捷获得政府信息的渠道；加快实现面向中小企业的网上申报、许可、审批和招标采购；利用电子政务成果，简化办事手续，提高办事效率，为中小企业提供有效服务。

2008 年 3 月 31 日，农业部行政许可网上投诉举报系统正式启动，实现了行政许可内部监管和外部监督的有机结合，这是农业部深化行政审批制度改革，继全面实行行政审批综合办公后采取的又一次创新性举措，在国务院各部委中尚属首次。

2008 年 4 月 29 日，国务院办公厅发布《关于施行〈中华人民共和国政府信息公开条例〉若干问题的意见》（国办发［2008］36 号），指出各级行政机关特别是国务院各部门（单位）、各省（区、市）人民政府及其部门（单位）要建立健全政府信息主动公开机制，增强工作的主动性和实效性。要充分利用政府网站、政府公报等各种便于公众知晓的方式，及时公开政府信息，并逐步完善政府信息公开目录及网上查询功能，为公众提供优质服务。

2008 年 6 月 20 日，在《人民日报》创刊 60 周年之际，中共中央总书记、国家主席、中央军委主席胡锦涛和中共中央政治局常委李长春来到人民日报社考察工作。胡锦涛在人民日报社主办的人民网“强国论坛”工作平台，通过视频直播同广大网民在线交流。胡锦涛指出通过互联网来了解民情、汇聚民智，也是一个重要的渠道。

2008 年 6 月 22 日，全国高级法院院长会议要求，法院审判要更加注重保障民生，要充分利用互联网、人民来信来访、申诉再审等诸多方式和环节，建立科学、畅通、有效、简便的民意表达机制，及时掌握民生需求，适时调整司法政策。

2008 年 6 月 29 日，工业和信息化部正式挂牌运行。新组建的工业和信息化部将国家发展和改革委员会的工业行业管理有关职责、国防科学技术工业委员会核电管理以外的职责，以及信息产业部和国务院信息化工作办公室的职责整合划入。同时，新组建的国家国防科学技术工业局由工业和信息化部管理，国家烟草专卖局改由工业和信息化部管理，不再保留国防科学技术工业委员会、信息产业部、国务院信息化工作办公室。

2008年7月，江西省委书记苏荣在人民网发表文章《“网络问政”是坚持党的群众路线的体现》。文章指出，研究熟悉网络，善于运用网络，学会用网民能够接受的语言和方式开展网络交流，是现代领导干部必备的素质之一。在此背景下，60多名“县官”在江西省文明网民生博客栏目陆续实名开博，开始了官员集体网络问政。

2008年11月24日，《中国青年报》开展了以“你对政府网站有多少期待”为题的网上调查。结果显示：大多数网友只是偶尔访问政府网站，以查找权威的政策、政务信息的居多，网友对政府网站的不满意度达到六成。网友普遍认为政府网站应该多开展网上互动交流，增强政府与公众的沟通。

2009年2月28日，温家宝总理在中国政府网和新华网直播室，与全球网民进行了一场历时两小时、没有任何辗转和阻隔、用心交流的真诚对话和聊天，引起了海内外广泛关注和热烈反响。网友来帖超过36万条、手机留言4.9万条。温家宝回答了网友提出的30个问题，页面访问量达2.37亿次。

2009年4月14日，国家发改委、财政部联合发布《关于加快推进国家电子政务外网建设工作的通知》(发改高技［2009］988号)，要求到2010年年底之前，基本建成从中央到地方统一的国家政务外网，横向要连接各级党委、人大、政府、政协、法院、检察院等各级政务部门，纵向要覆盖中央、省、地（市）、县，满足各级政务部门社会管理和公共服务的需要。从4月14日起，国家发改委原则上不再批准建设新的部门专用业务网络，财政部门原则上也不再安排新的部门专用业务网络运行维护经费，并将根据各政务部门业务系统在国家电子政务外网上部署的进展情况，相应调整业务系统的运行维护费用。国家政务外网项目是中办发［2002］17号文件提出的我国“十五”期间电子政务建设的重要基础工程之一。

2009年8月5日，中国社会科学院法学所“电子政务法研究课题组”发布《中华人民共和国电子政务法（专家建议稿)》。该建议稿的主要内容除了包括监督电子政务项目建设、规范政府的数据电文、网上办公等信息技术应用行为外，还建议政府机关设立“首席信息官”，以保障信息公开制度得以实施、公民个人信息安全。

2009年8月27日，青海省率先在全国建成覆盖全省的政务网络平台，构成了青海政府系统办公的业务资源信息平台，实现了行政机关电子公文的纵横交错传输，为政府系统实现信息资源的共享发挥着巨大作用。至2008年底，青海省政府及省直部门召开视频会议及培训12次，各地自行视频会议242次，参会人数累计达到4.9万人次。仅按每人每次开会费200元计算，节约会议差旅费和汽车燃油费等成本980万元。系统建成后，省政府办公厅取消了6种非涉密公文的纸质发送和报送，提高了文件传递速度，原先州和县三四天甚至一周才能看到的文件，现在几乎能实时看到，行政效率大大提高。同时还极大地节约了文件印刷和邮寄费用，社会效益极为显著。

3.1.5 政民互动

2009年11月2日，湖南桃源县首次开通了新浪微博，开始了政府网络问政的尝试，这是湖南省乃至全国第一家政府微博。

2009 年 11 月 21 日，针对昆明市螺蛳湾批发市场的群体性事件，云南省政府新闻办除及时召开网络新闻发布会外，还开设了国内第一家政府微博客“微博云南”，第一时间对事件做出简要说明，此举受到国内多家媒体广泛关注。《人民日报》发表评论，对云南运用微博第一时间发布突发事件信息的做法给予好评，认为是开了国内政府微博的先河。《华西都市报》报道了螺蛳湾事件网络新闻发布会和云南省委宣传部副部长伍皓在新浪开微博，报道中用了“首次尝试”、“破天荒”的评价。

2010 年 1 月 1 日，《求是》杂志发表中共中央总书记、国家主席、中央军委主席胡锦涛的重要文章《努力开创新形势下党的建设新局面》。文章提出，现在信息网络化程度越来越高，对党的建设提出挑战，也带来机遇。各级干部要学习和熟悉信息网络，善于运用信息网络，提高运用信息网络进行引导和管理的能力。

2010 年 1 月 5 日，全国基层党建工作手机信息系统正式开通，中共中央政治局常委习近平同志通过该系统向全国 100 万名基层党组织书记和大学生“村官”发出问候短信，引起强烈社会反响。

2010 年 1 月 6 日，我国第一个“由政府主导，牵手运营商”的无线城市官方门户网站——“智慧广州”无线城市门户网站开通，以推动市民、企业以及社会各界获得更加高效便捷的无线宽带网络接入和公共信息服务。

2010 年 1 月 13 日，国务院总理温家宝主持召开国务院常务会议，决定加快推进电信网、广播电视网和互联网三网融合。会议指出，推进电信网、广播电视网和互联网融合发展，实现三网互联互通、资源共享，为用户提供话音、数据和广播电视等多种服务，对于促进信息和文化产业发展，提高国民经济和社会信息化水平，满足人民群众日益多样的生产、生活服务需求，拉动国内消费，形成新的经济增长点，具有重要意义。

2010 年 2 月 1 日，《信息安全技术基于互联网电子政务信息安全实施指南》（GB/Z 24294—2009）国家标准正式实施。该标准提出了基于互联网的电子政务信息安全总体架构，从安全技术、安全管理和安全评估等方面提出了安全保障技术要求，并从需求分析、方案设计、系统实施与集成、系统试运行与完善、系统安全评估和正式运行等工程实施重要环节提出了信息安全工程实施方面的要求。

2010 年 2 月 23 日，工信部向各地通信管理局等单位印发通知，进一步落实网站备案信息真实性核验工作。通知中涉及的备案核验试行方案明确规定，单位和个人都可以作为网站主办者；同时，通知明确了个人作为网站主办者需提供的核验证件，以及网站备案信息真实性核验、审核工作流程。

2010 年 4 月 13 日，全国首个 TD 电子政务承载网在湖北黄石开通，3G 业务运行稳定。该项目的开通，不仅对加快移动网络 IP 化转型有着重要的指导意义，同时也将有力支撑黄石电子政务各项业务的发展。

2010 年 5 月 12 日，上海市发布《推进物联网产业发展行动方案（2010—2012 年）》。

2010 年 7 月 1 日，国家公布 12 个三网融合第一批试点城市，试点时间 1 年，这标志着三网融合正式进入实质性阶段。以电脑为终端的互联网，以手机和无线信息机等为终端的移动互联网、通信网、广电网正式融合，相辅相成，促进了互联网的高速发展。这些地区（城市）是：北京市、辽宁省大连市、黑龙江省哈尔滨市、上海市、江苏省南京市、浙江省杭州市、福建省厦门市、山东省青岛市、湖北省武汉市、湖南省长株潭地区、广东省深圳市和四川省绵阳市。

2010年8月9日，国家标准化管理委员会发布我国物联网领域首个国际规范《ISO/PAS 18186：集装箱RFID货运标签系统》。

2010年8月17日，上海市发布《上海推进云计算产业发展行动方案（2010—2012年）》。

2010年9月1日起正式实施手机实名制。

2010年9月8日，《北京"祥云工程"行动计划》公布，首次确立云计算作为"北京战略性新兴产业的突破口"。

2010年9月8日，人民网、中国共产党新闻网正式推出"直通中南海——中央领导人和中央机构留言板"。该留言板突出互动性，旨在让广大网友对中央领导人倾诉心声，给中央机构提出意见建议。"直通中南海"让网民看到了中央高层利用新媒体听取民情的执政理念，让网民感受到了中央落实群众的知情权、参与权、表达权、诉讼权的决心。

2010年10月18日，党的十七届五中全会通过的《中共中央关于制定国民经济和社会发展第十二个五年规划的建议》提出：全面提高信息化水平；推动信息化和工业化深度融合，加快经济社会各领域信息化；发展和提升软件产业；积极发展电子商务；加强重要信息系统建设，强化地理、人口、金融、税收、统计等基础信息资源开发利用；实现电信网、广播电视网、互联网"三网融合"，构建宽带、融合、安全的下一代国家信息基础设施；推进物联网研发应用；以信息共享、互联互通为重点，大力推进国家电子政务网络建设，整合提升政府公共服务和管理能力；确保基础信息网络和重要信息系统安全。

2010年10月18日，工信部和国家发改委联合印发《关于做好云计算服务创新发展试点示范工作的通知》，确定在北京、上海、深圳、杭州、无锡五个城市先行开展云计算服务创新发展试点示范工作。试点示范工作主要包括四个方面的重点内容：推动国内信息服务骨干企业针对政府、大中小企业和个人等不同用户需求，积极探索SaaS（软件即服务）等各类云计算服务模式；以企业为主体，产学研用联合，加强海量数据管理技术等云计算核心技术研发和产业化；组建全国性云计算产业联盟；加强云计算技术标准、服务标准和有关安全管理规范的研究制定，着力促进相关产业发展。

2011年2月1日，由全国信息安全标准化技术委员会组织制定的《信息技术安全　公钥基础设施安全支撑平台技术框架》、《证书认证系统密码及其相关安全技术规范》、《信息系统安全等级保护实施指南》等18项信息安全技术标准开始实施。这批标准的发布实施，对于完善我国信息安全标准体系、规范和指导我国信息安全保障体系建设具有重要意义。

2011年2月27日，温家宝总理到中国政府网和新华网，与网友在线交流。这是温总理第三次在网上与公众实时交流。总理这次更加注重网络问政的实效。正如总理所说，"我的任期还有两年，我以为这两年的工作不比前八年任何一年要容易，反而要艰巨得多。我必须恪尽职守，和人民一道克服困难，使我们国家更加繁荣昌盛"。网络正在成为中国政府和职能部门听民意、汇民智、解民情的新平台，也是一个使政府工作赢得民心的平台。据调查显示，近七成网友对网络问政推动民主政治建设的作用充满期待，52%的网友认为网络问政会成为新的执政方式之一。越来越多的中国官员开始“触网”，有的在网上开博客，有的以实名上网征求网民意见，有的与网友在线交流。

2011 年 4 月 22 日，国务院办公厅下发《关于进一步加强政府网站管理工作的通知》（国办函［2011］40 号）。国务院总理温家宝曾作出重要批示，指出办好政府网站的关键在于及时、准确公开政务信息，倾听群众的意见、呼声和要求，及时讲清事实真相、政策措施、处理结果。只有互动、解决问题，才能吸引群众。通知指出，政府网站已经成为各级人民政府及其部门发布政府信息、提供在线服务、与公众互动交流的重要平台和窗口，在提高行政效能、提升政府公信力等方面发挥了重要作用。但也有一些地方和部门政府网站存在发布信息和页面更新不及时甚至链接错误等问题，给政府形象和公信力造成不良影响。

2011 年 5 月，国务院新闻办公室加挂国家互联网信息办公室牌子。

2011 年 8 月，中共中央办公厅、国务院办公厅印发《关于深化政务公开加强政务服务的意见》。该意见强调：“加强信息化建设。推广电信网、广电网、互联网等现代科技手段在政务服务中的应用，提高政务服务信息化水平。将服务中心信息化纳入当地电子政务建设总体规划，充分利用现有电子政务资源，逐步实现网上办理审批、缴费、咨询、办证、监督以及联网核查等事项。规范技术标准，推动不同层级服务中心之间实现网络互联互通、信息共享和业务协同。重视和加强政府网站建设，完善门户网站功能，扩大网上办事范围，及时充实和更新信息发布内容，凡是不涉密的文件要通过政府门户网站公开发布。”

2011 年 9 月 13 日，国务院办公厅转发全国政务公开领导小组《关于开展依托电子政务平台加强县级政府政务公开和政务服务试点工作意见的通知》（国办函［2011］99 号）。为贯彻落实党中央、国务院关于深化政务公开和加强政务服务的要求，进一步提高县级政府政务公开和政务服务水平，国家就开展依托电子政务平台加强县级政府政务公开和政务服务试点工作提出，在全国选择 100 个县（市、区）作为试点单位，用一年左右的时间，使大部分政务公开和政务服务事项在县本级能够依托电子政务平台进行公开、提供服务，并且实现电子监察全覆盖，解决县级政府公开什么内容、提供什么服务的问题，进一步规范行政权力运行，提高电子政务应用水平，防止权力滥用。监察部、工信部、国家预防腐败局要联合编制依托电子政务平台加强县级政府政务公开和政务服务实施指南，加强对电子政务平台建设的指导。

2011 年 12 月，北京市推出《北京市微博客发展管理若干规定》，提出“后台实名，前台自愿”。微博用户在注册时必须使用真实身份信息，但用户昵称可自愿选择。新浪、搜狐、网易等各大网站微博在 2012 年 3 月 16 日全部实行实名制。

2011 年 12 月 12 日，工信部发布《国家电子政务“十二五”规划》（工信部规［2011］567 号）。该规划指出，大力推进国家电子政务发展是国家“十二五”时期的重要任务，是落实科学发展观、深化改革开放、加快转变经济发展方式的必然要求，是党委、人大、政府、政协、法院、检察院系统各级政务部门政务工作的组成部分，是政务部门提升履行职责能力和水平的重要途径，也是深化行政管理体制改革和建设人民满意的服务型政府的战略举措。

2011 年 12 月 31 日，国务院公布三网融合第二阶段试点城市名单：直辖市（2 个）有天津市、重庆市；计划单列市（1个）有浙江省宁波市；省会、首府城市（22个）有河北省石家庄市、山西省太原市、内蒙古自治区呼和浩特市、辽宁省沈阳市、吉林省长春市、安徽省合肥市、福建省福州市、江西省南昌市、山东省济南市、河南省郑州市、广东省广州市、广西壮族自治区南宁市、海南省海口市、四川省成都市、贵州省贵阳市、云南省昆明市、西藏自治区拉萨市、陕西省西安市、甘肃省兰州市、青海省西宁市、宁夏回族自治区银川市、新疆维吾尔自治区乌鲁木齐市；其他城市（17个）有江苏省扬州市、泰州市、南通市、镇江市、常州市、无锡市、苏州市，湖北省孝感市、黄冈市、鄂州市、黄石市、咸宁市、仙桃市、天门市、潜江市，广东省佛山市、云浮市。

2012年1月18日，中共中央对外宣传办公室、国务院新闻办公室、国家互联网信息办公室主任王晨指出，党政机关开设政务微博有助了解社情民意，解决民生困难，他对此总体上持积极支持的态度。同时，他强调要切实加强内容建设，避免形式主义。

2012年2月，中国社会科学院发布2012年《法治蓝皮书》指出，随着法治政府建设的深入，我国政府透明度明显提高。2011年政府信息公开工作取得了稳步进展，政府信息公开范围逐步扩大，规范化程度逐步提高。政府网站作为政府信息公开的第一平台，作用越来越大。政府更加注重运用新媒体提升管理透明度，加强与公众的交流互动。但是调研结果不容乐观，在调研的26个省级政府中，仅9家透明度及格，及格率仅35%。

2012年2月28日，为进一步加强公共数字文化建设，提高公共文化服务能力，推动覆盖城乡的公共文化服务体系建设，切实保障数字化、信息化、网络化环境下公共文化服务的公益性、基本性、均等性、便利性，更好地满足人民群众日益增长的精神文化需求，提高公民思想道德素质和科学文化素质，文化部、财政部印发《"公共电子阅览室建设计划"实施方案》，决定于"十二五"期间在全国实施"公共电子阅览室建设计划"。方案提出，要充分应用云计算、智能服务、流媒体、移动互联网等最新适用技术，与三网融合发展战略紧密结合，依托已有技术管理平台，建立先进实用、安全可靠、开放互联的公共电子阅览室技术平台。

2012年3月，国家信息中心常务副主任杜平指出，时至今日，中国电子政务的发展已经取得三大突破性成果。首先，基础设施改造基本完成。目前，中央、省、地、县四级政务外网运维管理体系初步形成。其次，做好了基础性数据储备工作。通过数字监控、空间地理信息系统及公安系统等在内的各类应用，我国电子政务系统不仅积累了大量数字信息内容，同时将电子政务系统推进到了各个领域和部门。接入政务外网的中央政务部门已达77家，省级以下政务部门接入政务外网的约2.4万家。最后，上马了一批应用系统。政务外网承载20多家中央政务部门业务应用，承载省级业务应用1 200多项。①

2012年3月5日，温家宝总理在十一届全国人大五次会议政府工作报告中指出：以信息共享、互联互通为重点，加快建设国家电子政务网；加强和改进互联网管理，营造健康的网络环境；发展新一代信息技术，加强网络基础设施建设，推动三网融合取得实质性进展。

2012年3月，江苏省南通市创建了全国首家"网上基层社会管理平台"，为全市村、

① 参见李旭阳：《国家信息中心与华为共建"电子政务工程创新中心"》，载《计算机世界》，2012-03-05。

社区搭建了 1 834 个"网上公共服务中心"，全力提升基层党建信息化水平。南通市委组织部因"网上基层社会管理平台"建设成效显著，被评为 2010 年度中国农业信息服务先进单位。

2012 年 3 月 11 日，最高人民法院院长王胜俊表示，2012 年，最高人民法院要着力完善接受监督机制，促进司法公正。要更加重视新闻舆论监督，更加关注网上舆情，及时回应社会关切。

2012 年 3 月，公安部追逃专项行动"清网"，这场被称为改革开放 30 多年来最大规模的"全警动"、"全民动"的网络警务行动，创造了 1983 年"严打"以来我国抓获在逃人员数量最多的纪录。所谓"清网"，"清"的就是网上在逃的犯罪嫌疑人。这是国内公安机关自 2011 年 5 月 26 日开始的一次网上追逃专项督查行动。"清网行动"开始前，全国有近 32 万名刑事案犯在逃，公安部领导定出的目标是：在 2011 年底时，要比当年 6 月网上在逃人员数字下降 30%，整个行动终结时，要下降 50%以上。而实际效果远超过预计，203 天的行动之后，全国网上在逃人员总量下降了 84%。①

2012 年 3 月 30 日，我国正式启动"国家宽带战略"。

2012 年 5 月 5 日，国家发改委发布《"十二五"国家政务信息化工程建设规划》，提出以促进转变经济发展方式、提升治国理政能力为宗旨，以推动经济社会各领域信息化、保障和改善民生、维护经济社会安全为目标，加快推进国家政务信息化工程建设。该规划提出建设电子政务四大类 29 项工程，基本框架是两网、五库、七大信息安全基础设施、十五个重要信息系统。

2012 年 5 月 9 日，国务院总理温家宝主持召开国务院常务会议，研究部署推进信息化发展，提出将加快社会领域信息化、继续深化电子政务应用，作为下一阶段信息化建设重要工作。

2012 年 5 月，全国创先争优优秀共产党员拟表彰人选和拟追授人选在全国范围内进行网上投票。据统计，全国参加网上投票推荐活动的党员群众共有 4 369.5 万人，网上留言 14.6 万条。中央组织部根据网上投票推荐情况，综合考虑地区、行业分布，研究确定了 100 名拟表彰的全国创先争优优秀共产党员人选、24 名拟追授的全国创先争优优秀共产党员人选，并在 6 月进行了公示。据人民网、新华网反映，这次网上投票推荐活动参与人数之多，在我国历次网上投票活动中前所未有。这次网上投票实行实名制，全国公民身份证号码查询服务中心对投票进行验证后认为，这是一次质量较高的网上投票活动。这次网上投票推荐活动赢得社会各界普遍认可和支持。党员群众认为，这次网上投票推荐活动是推进党建工作的务实创新之举；采取网上投票的形式，体现了公开、透明、民主的原则，使评选活动更具有公信力和影响力。

2012 年 6 月 26 日，广东省举行了 21 个地级以上市党政主要负责同志计算机和网络应用技能考核。省委书记汪洋、省长朱小丹前往并作重要讲话。书记、市长们按照要求，发邮件、看微博、上 QQ、回复网友问题、进行视频对话等。汪洋强调，掌握必要的信息化手段，可以更迅速地掌握信息，更快捷地学习知识，更方便地与群众、社会进行沟通，更

① 参见袁旻：《公安部清网行动开始后超过 9 000 名逃犯自首》，载《南方都市报》，2012-03-21。

有效地提高工作效率，更好地推动经济社会发展。

2012年6月28日，国务院发布《关于大力推进信息化发展和切实保障信息安全的若干意见》，提出“电子政务和电子商务快速发展，到‘十二五’末，国家电子政务网络基本建成，信息共享和业务协同框架基本建立”，“围绕提升服务和监管能力，促进政府管理创新，加强电子政务顶层设计”，以“提升电子政务服务能力”。意见指出，要严格政府信息技术服务外包的安全管理，为政府机关提供服务的数据中心、云计算服务平台等要设在境内，禁止办公用计算机安装使用与工作无关的软件。

2012年7月6日，发改委、公安部、财政部、国家保密局、国家电子政务内网建设和管理协调小组办公室联合印发《关于进一步加强国家电子政务网络建设和应用工作的通知》，要求充分利用统一的国家电子政务网络，开展本部门的电子政务工程建设。通知要求各部门应抓紧研究制定现有业务专网向电子政务内网和外网迁移的规划。

2012年7月19日消息，截至2012年6月底，中国网民数量达5.38亿，互联网普及率为39.9%。中国网民增长速度延续了自2011年以来放缓的趋势。其中，通过手机接入互联网的网民数量达到3.88亿，首次超过台式电脑的3.80亿，手机成为中国网民第一大上网终端。

2012年8月30日，广州市白云区政府应急管理办公室成为国内最早使用微信的政府部门。@广州应急—白云首开公众微信，第二天便大派用场——发布震情，打造了广州政务微信首个成功运营的案例。随着@广州应急—白云等政府机构在微信平台上抢滩登陆，网民今后将可以利用微信在线报警、求助、咨询、问询、投诉等。同时，通过微信平台，政府机构也可以随时随地与公众进行应急互动和即时交流，比如现场直播突发事件、发布应急通告，甚至辟谣，等等。

2012年11月，中共十八大首次提出我国工业化、信息化、城镇化、农业现代化的“新四化”发展目标，强调信息化水平要大幅提升，并写入新党章。

2012年11月2日，浙江省试行网络司法拍卖不动产标的物，起拍价为28万元，保证金为4万元，增加幅度为1 000元。拍卖从11月19日10时开始至11月20日10时结束，时间为24小时，给竞拍人充足的竞价时间。11月21日，宁波鄞州区人民法院正式在淘宝网司法拍卖频道，拍卖一台汽车引擎除碳机，这是全国网络司法拍卖对于机器设备进行拍卖的首次尝试。

2012年12月28日，十一届全国人大常委会第三十次会议表决通过了《关于加强网络信息保护的决定》。规定实行网络身份管理，可采用后台身份管理。网络服务提供者，发现法律、法规禁止发布或者传输的信息，应立即停止传输该信息，采取消除等处置措施，保存有关记录，并向有关主管部门报告。12月29日，《人民日报》发表文章称，《关于加强网络信息保护的决定》与宪法和其他法律规定是一致的。《宪法》第四十条规定“公民的通信自由和通信秘密受法律保护”；第三十八条规定“禁止用任何方法对公民进行侮辱、诽谤和诬告陷害”；第五十一条规定“公民在行使自由和权利的时候，不得损害国家的、社会的、集体的利益和其他公民的合法的自由和权利”。因此，加强网络信息保护，体现了宪法的基本原则。

2013年2月4日，国家发改委公布《电子招标投标办法》。该办法自2013年5月1日起施行。推行电子招标投标，是中央惩防体系规划、工程专项治理，以及《招标投标法实施条例》明确要求的一项重要任务，对于提高采购透明度、节约资源和交易成本、促进政府职能转变具有非常重要的意义。

2013 年 3 月 12 日 17 时 03 分，北京市公安局局长傅政华发布第一条语音微信，标志着“平安北京”微信公共账号开通，这也是首个通过腾讯微信认证的省级公安机关官方微信。

3.2 中国电子政务总结

据 CNNIC 的数据，我国在“gov. cn”下注册的域名数，从 1998 年底的 982 个迅速增加到 2000 年底的 4 615 个，截至 2012 年 12 月底，增加到 52 889 个。①实际上中国各级政府网站达 7 万家以上。据 2012 年有关机构统计，全国以“gov. org. cn”等为域名后缀的政府及政务服务型网站近有 7 万家，政务机构微博已注册并认证上万家。②也就是说，政府上网 10 余年来，政府网站翻了 100 倍左右。中国政府上网和电子政务工作取得可喜的成果，尤其政务微博发展迅猛。国务院新闻办公室、国家互联网信息办公室原主任王晨于 2012 年 1 月指出：我国有将近半数网民在使用微博，网民规模居世界第一。各级党政机关及公职人员开设的微博客成为党和政府联系人民群众的新渠道，也成为我国政务公开的新亮点。③国家行政学院电子政务研究中心 2013 年 3 月 27 日在京发布的《2012 年中国政务微博客评估报告》显示，截至 2012 年底，中国政务微博账号数量已经超过 17 万个，较 2011 年底增长近 2.5 倍。④

虽然从总体上看，我国电子政务建设仍处于初级阶段，也存在一些问题，如网络建设各自为政，重复建设，结构不合理；业务系统水平低，应用和服务领域窄；信息资源开发利用滞后，互联互通不畅，共享程度低；标准不统一，安全存在隐患，法制建设薄弱。但随着改革开放和社会主义现代化建设的进一步推进，我国电子政务建设取得的成效是显著的，办公自动化、政务信息化也取得较大成绩。

3.2.1 国家电子政务内网建设初露端倪

中共中央办公厅组织实施了党委办公厅系统的内网建设，2009 年底已实现中央到副省级城市以上地方党委办公厅业务网的互联互通。国务院办公厅从 2008 年起，按照《国家电子政务工程建设项目管理暂行规定》的要求组织开展了政府系统内网的建设立项工作，全面开展政务系统内网建设的业务调研和需求分析，已通过国家发改委组织的专家评议，正着手编制项目建议书和可行性研究报告。中央有关部委建设了本单位的业务网络，

① 参见《第 31 次中国互联网络发展状况统计报告》，见新华网，2013-01-15。
② 参见 http://www.ceirp.cn/jieguo.html。
③ 参见《全国政务微博账户已超 5 万个》，见 http://tech.hexun.com/2012-01-19/137415908.html，2012-01-19。
④ 参见《中国政务微博数量超 17 万》，见 http://news.xinhuanet.com/2013-03/27/c_115183120.htm，2013-03-27。

业务应用逐步深化。各省（区、市）组织开展了本地政务网络建设，近1/3的地方实现了省级六大系统的统一网络平台建设。

3.2.2 国家电子政务外网建设初具规模

2004年9月，国家发改委批复了国家电子政务外网（一期工程）项目建议书，同意以国家信息中心为项目建设单位，国家电子政务外网正式立项。按照统一立项、分头建设的方式，由中央和地方分别按照基本建设程序，开展项目建设工作。

经过各部门、各地区的共同努力，全国统一的电子政务公用网络平台基本形成，政务外网已具备支撑业务作用的能力，为各级政府部门开展社会管理和公共服务提供了网络支撑环境，为我国电子政务整合、集约化发展奠定了基础。

国家政务外网由中央政务外网和地方政务外网共同组成。截至2010年12月，政务外网已连接中央及31个省区市和新疆生产建设兵团，纵向骨干已覆盖了全国72%的地州市、48%的区县；接入政务外网的中央政务部门和相关单位96个，省级政务部门1 729个，地市级政务部门5 391个，县级政务部门10 624个，各级政务部门接入合计为17 840个；接入的政务终端总数已达43万余台。

3.2.3 中央自上而下的网络应用业务持续增长

按照信息化业务向下扩展的要求，中央自上而下的应用业务持续增长。以政务外网为例，已有中纪委监察部、国务院办公厅（应急办）、文化部、国家安监总局等20个部门依托政务外网开展业务应用。

国务院应急办依托政务外网建设了应急平台系统，在京连接24个，地方连接37个，应急平台系统多次在国家应急指挥中发挥重要作用，特别是在2008年的南方冰冻雨雪灾害、汶川大地震，2010年的王家岭矿难、玉树地震等救灾抢险中，政务外网为国务院领导及时了解灾情和指挥决策提供了网络支撑。

国家审计署依托政务外网连接了北京29个派驻部委审计局以及京外18个特派办及37个省级审计厅局，为中央和地方各级审计机关互联互通和信息共享提供了网络基础设施保障，为审计管理和审计业务应用创造了有利条件。

国家安监总局金安工程完全依托政务外网构建了覆盖总局和煤监局机关、32个省级监管机构、24个省级煤监局及73个煤监分局的骨干网络系统，部署了三大平台及14项业务应用，为金安工程的整体部署奠定了重要基础。

3.2.4 地方有特色的网络业务应用蓬勃发展

多个省市政务外网已与政府门户网站有效融合，开创了政府公共服务“前店后厂”的新模式，即门户网站作为为民服务的网上窗口和展示门店，政务外网作为支撑各部门业务系统、面向社会公众服务的生产厂。据不完全统计，各省级政务外网部署的涵盖经济调节、市场监管、社会管理和公众服务等领域的业务应用系统总计达 1 200 多项，大大提高了政府办事效率和服务水平。

3.2.5 新技术新应用不断涌现

国际 IT 技术日新月异，智慧地域、物联网、云计算等新概念不断出现，围绕服务型政府建设，逐渐构建整体、开放的平台，实现与公众的直接互动和沟通，推动政府管理迈向开放、协同和合作。如广西、河北等开展云计算试点，山西进行云存储示范等，不断探索电子政务服务新模式。

3.3 中国电子政务成功经验

中国电子政务从中央牵头的金字工程，到各地方的政府门户网站，从网格管理到泛在的信息网，从内外网严格分离管理到基于互联网办公，从自主建设到市场外包建设，从流程再造到观念更新，从物联网到云计算，积累了许多成功的经验。

3.3.1 北京经验

“数字北京”是首都信息化的战略口号和奋斗目标，其核心工作是深度开发和综合应用各种信息资源，进而实现以信息化带动工业化、以信息化推动现代化，发展以知识经济为内涵的首都经济，增强城市竞争力，提高人民的生活质量。

“数字北京”概念是 1999 年底提出的，在广义上指首都信息化。“数字北京”的核心意义在于建立以资源为核心的一体化电子政务体系，整合政府各部门门户网站遗留的信息孤岛，实现各部门网络互联，搭建良好的数据交流平台，从而提高政府网络的利用率，以促进建立统一网络标准和统一平台，为下一步政府视频会议、电子签章、无纸办公等政府信息化奠定良好的基础，使政府办公更加公开、高效，最终实现政府一站式办公。

北京的政府信息网络化建设取得了阶段性的成果。主要表现在：建立了北京市信息资源管理中心，负责信息交换和共享；初步建成首都公用信息平台 GPIP，建立在电信网、广播电视网、计算机网基础之上，并与各种公用网、专用网、宽带网及重要信息源实行互联，最大限度地利用现有网络资源；建设共用的标准化软件硬件系统；首都之窗网站群已初具规模，电子政务在线服务平台正式开通，提高了办事效率。

3.3.2 江西经验

为了充分发挥全省电子政务统一网络平台的作用，制止网络分散重复建设，江西采取了“堵”与“疏”相结合的办法。“堵”就是从四个方面堵住网络分散重复建设漏洞：从领导层面“堵”；从项目审批和资金安排方面“堵”；从电子政务建设前期工作方面“堵”；从省政府发文“堵”。

由于坚持“统一网络、统一软件、统一监察、统一运维”（“四统一”）原则，江西成为全国首个电子政务内网和外网同时建设、同时提供服务的省。目前全省电子政务统一网络平台已经横向连接 234 个省直部门和单位，承载了 30 多个省直部门纵向业务应用系统。

3.3.3 青岛经验

山东青岛市电子政务采用了集中统一、资源共享为主要特点的集约化发展方式。截至 2010 年底，已有 28 个部门实现了主机集中托管；统一构建了 81 个部门的内部 OA 系统、50 个部门 378 项审批业务系统、48 个部门 5 800 多项行政处罚业务系统和 17 个领域的电子监察系统；为 43 个部门虚拟了 60 多个公众服务网站，为 20 个部门建设了内部信息共享系统，为 80 多个部门提供国际互联网接入服务，为 60 多个部门提供防病毒等网络安全服务。为解决重技术引进轻政务创新、重建设轻应用、重监管信息化轻服务信息化、重机关信息化轻基层信息化的现象，“十二五”期间，青岛市电子政务将通过顶层设计，建成并不断完善适应全市机关电子政务应用需要的共享技术支撑体系；基本解决部门分散建设信息化系统问题；推进跨部门信息交换共享，基本建成政府监管和服务所需基础信息共享数据库；推进跨部门业务协同，加快网络环境下一体化政府建设进程。

3.3.4 南海经验

作为全国第一个电子政务示范单位，南海实现了政府信息网上互通，市民办理行政业务快捷方便。南海市信息化建设自 1995 年起步，以电子政府和政府信息化为先导，带动全社会信息化的发展，经历了五个阶段：认识阶段，确立了“信息化推动现代化”的发展战略；“建网”阶段，以 1996 年建设综合试验网为契机，加快信息基础设施建设，到 1998 年实现“村村通光纤，户户可上网”；“全民信息化普及教育”阶段，1999 年初提出“全民培训、广泛应用”，通过对公务员和政府工作人员进行计算机应用培训，同时鼓励和提倡社会其他人员参与信息技术的培训，形成了良好的信息化社会环境，特别是为政府在政府机构的推广应用打下了良好基础；普及应用阶段，在全市政府机关推行办公自动化系统，在各个行业的主管部门推行管理系统，在国民经济和社会各个领域全面推进信息化建设；“规范标准、应用整合和全面提升”阶段。

今天的南海，一个婴儿一落地，其资料就已经输入计算机中，此后的某一天将领到一张记录了医疗、保险等数据的市民卡。现在的南海，给人留下最深刻印象的还是电子政务和电子商务中许多实用的系统，如电子政务中会计统一结算系统，将各级各部门财务收支一览无余；法院的自动派号系统。通过十几个系统软件的开发，南海的电子政务已经基本覆盖了包括农村村务公开在内的大部分行政部门。①

---

① 参见《南海市电子政务建设经验谈》，见 http://finance.sina.com.cn/roll/20030829/0138424988.shtml，2003-08-29。

3.3.5 福建经验

为进一步落实国务院关于专项治理工程建设领域腐败和浪费问题，提高政府投资项目建设管理的专业化水平，福建省在全国率先开始推行代建制。政府信息化项目通过招标等方式，选择专业化的项目管理单位负责建设施工，各方面严格把关，竣工验收后移交给使用单位，为杜绝腐败和实现工程建设管理专业化提供了保障。

福建省电子政务外网项目被列入了《2009 年“数字福建”工作要点》，被作为主要工作重点推进。项目由福建省经济信息中心和中国电信福建公司共同合作建设，福建省经济信息中心负责电子政务外网的需求分析、规划设计和业务管理，中国电信福建公司承担了政务外网网络与信息平台的投资建设、运维管理和技术支持。福建省依托政务外网部署了“中国·福建”等网站和省级网上审批受理发布平台等应用系统，仅网上审批平台目前已开通 47 个单位共计 619 项行政审批事项。

3.3.6 玉林经验

广西玉林市一站式电子政务平台设计是根据国外发达国家电子政务建设理念，结合国内电子政务业务系统的特点，考虑部分沿海地区、高陵山地地区、草原地区、经济欠发达地区因资金不足不宜连专网的现实，采用一种既满足信息化发展需求，又切合玉林市情的发展方式——利用互联网络信息技术资源，采用集中建设方式，将所有的应用系统尽可能集中在同一个网络和系统平台上，极大地降低了建设成本、管理成本和使用成本。实践表明，这种方式同其他地市级电子政务建设方式相比较，能够取得同样满意的作用效果，大大节约了建设成本与运行成本。利用互联网开展电子政务，当然更需要关注信息安全，玉林电子政务系统的数据中心、业务应用支撑平台、各应用子系统与互联网连接，通过使用身份认证技术，专用 KEY 用户能在互联网连接到的任何一个地方登录和使用玉林市电子政政务系统，实现实时零距离网上处理事务，降低了办公费用的开支和营运成本。

3.3.7 杭州经验

围绕市民卡整合相关业务系统是杭州的特点。经过六年的建设，目前已有的应用主要有四大方面：社会保障服务“一卡通”（医保应用、卫生健康档案应用）、城市交通“一卡通”（公交应用、出租车应用、停车应用、水上巴士应用、公共自行车应用）、公共服务“一卡通”（公交卡应用、图书馆应用等）、商盟支付“一卡通”。政府应用推进由信息办主导，其应用由制卡单位推进。

截至 2010 年 12 月 20 日，已累计发卡 239 万张，对杭州主城区 16 周岁以上的杭州户籍市民发卡 190 多万张（覆盖率超过 95%）。通过该项目的建设，基本建立了全市个人基础数据库。主要归集并整理了公安、医保、公积金、工商、地税、教育等部门的数据，汇集了人口数据 732 万条、第二代身份证照片数据 582 万条；汇集社保参保信息 392 万条；

汇集公积金缴费信息 151 万条。通过市民卡项目的滚动开发，基本建成了全市统一的数据交换平台，该平台目前已经连接全市直部门和杭州市所属区、县（市），初步实现政府间信息共享。交换平台运行正常稳定，数据能实时交换。

3.3.8　无锡经验

2008 年，作为国务院认定的“中国服务外包示范城市”以及江苏省服务外包基地的龙头，无锡市政府受到外包服务理念“做自己最专业的事情”的启发，在全国 300 余个地市政府中率先创新性地采用了“整合外包”模式，成功完成了无锡市近 100 家党务政务部门网站群的整合建设，成为 2009 年初中国政府网站群建设成果的一大亮点。在 2009—2010 年，无锡市政府网站群开展了持续深度建设，并总结出了网站群建设的经验。

本章小结

中国电子政务经历了五个发展阶段，取得了很大成绩，但也还存在一些问题。中国电子政务在实践中积累了很多经验。

关键术语

办公自动化　　电子政务　　金字工程　　计算机　　数字城市

复习思考题

1. 中国电子政务的发展分几个阶段？
2. 中国电子政务存在哪些问题？
3. 试分析中国地方政府电子政务成功经验的共同点。

案例分析

中央人民政府门户网站建设情况

中华人民共和国中央人民政府门户网站（简称“中国政府网”或“中央政府门户网站”）是在党中央和国务院领导同志关怀、指导下，由国家信息化领导小组批准建设的。于 2005 年 10 月 1 日试开通，2006 年 1 月 1 日正式开通。中国政府网是国务院和国务院各部门，以及各省、自治区、直辖市人民政府在国际互联网上发布政府信息和提供在线服务的综合平台。中国政府网的角色定位是：着重加强全局性、权威性政务咨询的发布；为公众和企业提供线上办事服务指引；增强公众的互动交流，即将政府服务和公众需求结合起来，服务大局，服务公众。中国政府网正式开通后，访问量大幅增长。据国际网站排名权威机构亚历克萨公布的统计数据，中央政府门户网站的国际排名从正式开通前的第1720位上升至第744位，仅次于加拿大联邦政府网，居世界国家级政府网站第二位。

2005年12月28日及31日，中央电视台《新闻联播》对国务院常务会议决定中央政府门户网站正式开通的情况作了报道，社会各界反响强烈。各省级政府及国务院各部门网站在显著位置对中央政府门户网站进行了链接。22个省级地方政府及55个国务院部门通过本单位网站对中央政府门户网站的顺利开通表示祝贺，22个驻外使馆通过电子邮件发来贺词。国内外多家媒体刊登了中央政府门户网站正式开通的消息，部分报纸发表评论，对这一举措给予高度评价。2006年1月2日，《焦点访谈》就中央政府门户网站的开通制作了一期介绍中央政府门户网站情况的专题节目，引起社会各界的广泛关注和热烈反响。广大网民也纷纷通过网上留言及热线电话等方式对中央政府门户网站的开通表示祝贺。

中国政府网由国务院办公厅牵头并负责内容规划、组织和综合协调，新华社负责运行维护、内容发布更新和技术建设及保障，各地区、各部门共同进行内容保障。现开通"今日中国、中国概况、国家机构、政府机构、法律法规、政务公开、工作动态、政务互动、政府建设、人事任免、新闻发布、网上服务"等频道，面向社会提供政务信息和与政府业务相关的服务，逐步实现政府与企业、公民的互动交流。

中国政府网设有主题服务、部门服务、服务信息、公益信息四大块主题服务区，推出了包括公民、企业、外国人三个主题服务区1267项服务，为公民、企业、外国人办事提供服务指南和帮助。部门服务区，依据国务院所属各个部委局的办事职能，共制作了57个部委局网上服务内容。服务信息、公益信息则是根据百姓日常生活需要，提供相关服务内容。其中服务信息包括旅游、生活、健康、文娱、科普、外汇等方面，还专门设立了《服务资讯周刊》。公益信息更是与百姓生活密切相关的，例如天气、航班、宾馆、价格、空气、水质等方面的信息。

中国政府网自开通以来，主要是通过在线访谈、网上调查、政策解读等频道，加强与网民的互动交流。

一是在线访谈。每次省部长在线访谈都引起了网民的热烈关注和积极参与。

二是网上调查。中国政府网自开通以来，围绕政府工作和百姓关心的话题推出了一系列网上调查，例如，"您最希望在中国政府网上看到哪些内容"网上调查、《中华人民共和国食品安全法实施条例（草案）》公开征求意见、法制办就《政府参事工作条例（征求意见稿）》征求意见等。

三是政策解读。对国家最新出台的与百姓利益息息相关的政策进行权威解读，当重大决策、国务院公报和政府白皮书出台时，立即与其他媒体合作，及时发布解读性报道。另外，还包括一些诸如"总编信箱"、"邮箱"等互动栏目。

作为我国电子政务建设的重要组成部分，中国政府网是政府面向社会的窗口，是公众与政府互动的渠道，对于促进政务公开、推进依法行政、接受公众监督、改进行政管理、全面履行政府职能具有重要意义。

对网民体验评论进行整理分析显示：在网站的互动方面，21.9%的网民希望中国政府网站加强互动性；11.4%希望增加互动渠道；信息更新较慢占9.6%；建议增加信访举报箱的占7.9%；建议设置总理信箱的占5.3%；抱怨缺少网上办事功能的占5.3%。还有抱怨网站速度太慢、网站缺少宣传、建议增加网站内容、增强易用性、增设网站地图、增强实用性等意见和建议。

目前，中国政府网首要问题是互动性不强，没有网友论坛和留言的地方，没有供网友交流和向政府提意见的渠道。其次是网站的设计呆板，更像一个新华社的新闻门户网站。再者就是内容更新和链接较慢。不同于其他的政府网站，中国政府网是整个中国政府网站在世界的展示窗口，由于没有明确对应的政府部门，这就更加要求中国政府网不仅从内容上区别其他各级政府网站，而且从网站的定位方面要兼顾国际和国内、高级知识分子与平民百姓。

从目前设置的“今日中国”、“中国概况”、“国家机构”、“政府机构”、“法律法规”、“政务公开”、“工作动态”、“政务互动”、“政府建设”、“人事任免”、“新闻发布”、“网上服务”等频道看，信息内容资源已经非常庞大，但首页内容太多，网站版面设计的层次感较差，基本就是信息内容的堆砌。

目前，中国政府网具有的互动功能主要有“网上调查”、“信访之窗”、“编读互动”、“总编信箱”和“联系我们”。“网上调查”不管是内容的深度还是广度做得都较好；“信访之窗”就是国家信访局的链接，“编读互动”、“总编信箱”和“联系我们”基本就是电子邮件和电话。作为中国政府的门户网站，目前提供得互动渠道和表现的互动性明显不及格。

资料来源：《从发达国家案例看我国中央政府门户网站的建设》，见 http://www.echinagov.com/gov/zxzx/2011/4/14/130039.shtml，2011-04-14。

请思考：中国中央政府门户网站的优缺点各是什么?

小知识 »

信息爆炸

谷歌（Google）总裁埃里克·施密特认为，现在每两天创造的信息等于从文明伊始至 2003 年所有信息的总和。美国市场研究公司 IDC 的最新研究显示，未来十年的全球数据存储量将增长 50 倍。根据 IDC 的数据，全球的数据产生量仅在 2011 年就达到 1.8ZB（或 1.8 万亿 GB)，相当于每个美国人每分钟写 3 条 Twitter 信息，总共写 2.697 6 万年。而今后十年，用于存储数据的全球服务器总量还将增长 10 倍。IDC 预计，全球数据总量到 2020 年将增长 50 倍，主要源于嵌入服装、媒体设备和建筑物内的传感器逐渐增多。IDC 还发现，文件、电子邮件和视频等非结构化信息约占未来十年数据产生量的 90%。但 IDC 也表示，未来十年负责管理数据的 IT 专业人士仅增长 1.5 倍，无法匹配快速增长的数据量。该研究还指出，数据安全仍将成为 IT 管理者面临的重要问题。例如，尽管目前有 75%的数据是个人用户创建的，但企业却要肩负 80%的责任。而且，有不到 1/3 的数据缺乏最起码的安全保护，只有约半数应该得到保护的信息获得了相应的保护。不过，随着硬件和软件技术的发展，创建、获得、管理和存储信息的成本目前已经降低到 2005 年的 1/6。①

① 参见《数据增长有多快？年数据量 10 年后将翻 45 倍》，见 http://news.xinhuanet.com/it/2010-05/06/content_13470575.htm，2010-05-06。

第 4 章

电子政务与政府管理

网络是改进政府工作的好工具，是回应群众关切的重要手段。

——俞正声

当世界开始从垂直的价值创造模式（命令和控制）向日益水平的价值创造模式（联系与合作）转变，当我们同时驱散那一道道“围墙、天花板和地板”，人们立刻发现他们面临着许多纷纭复杂的变化。

——托马斯·弗里德曼

重点问题

- 电子政务与政府管理的关系
- 政府管理对电子政务的促进
- 电子政务对政府管理的影响
- 电子政务下政府管理的创新

电子政务必将长远而深刻地影响政府管理的方法、模式、目标等。电子政府是对传统政府的重塑和创新，是替代工业社会官僚制政府形态的信息社会政府形态。

4.1　信息化对政府管理的挑战与机遇

人类社会的每一次技术革命都极大地推动了社会进步与发展。蒸汽机发明催生了近代工业的诞生；电磁理论的突破与电力技术的广泛应用开创了人类的电气时代；20 世纪 80 年代以来的信息技术革命，以电子计算机的发明与广泛应用为基础，以因特网的横空出世为标志，把人类带入了一个新的时代——信息时代。具有非凡计算和记忆能力的电子计算机同强大信息收集与传递能力的因特网的结合，使全球范围内人类的生产、消费、工作、生活、交往、社会结构乃至文明方式、生存方式被彻底地改变了，人类几千年来一直认为是虚幻和梦想东西，正一步步变成现实。

4.1.1 信息化给政府管理带来的挑战

信息化革命所带来的生产结构、经济结构、社会结构、社会生活方式的巨大变革，将作为上层建筑领域的政府治理置于一个崭新的环境。

(1) 信息化带来公共事务的复杂性与变动性，要求政府必须采取与传统工业时代不同的管理体制与组织模式，增强灵活性、适应性与交互性。

(2) 随着产业结构、就业结构、教育机会的变化，具有一定知识的中产阶级阶层的增加，使得公民对政府的制约能力提高，对政府管理与公共服务的要求也越来越苛刻。

(3) 信息化带来的公民教育程度与传统社会权威结构的解体，以及社会生活的相互依赖程度的加深，使政府面临着政务公开与公共参与的巨大压力。

(4) 技术、经济与社会结构的变化，改变了许多公共事务的传统结构与属性，而企业力量的壮大，社会自治理力量、市场机制活力与能量的大幅度提升，要求政府必须调整其与社会、企业、市场、公民的关系，重新确立政府职能的范围与职能实现方式。

(5) 信息化推动的全球化，要求民族国家的政府必须善于同国际社会合作来解决更多的跨国性公共事务。

(6) 信息化所推动的分权化，要求政府向基层政府、社区、企业及其他社会组织、公民转移更多的权力，同时减少各种不必要的规制，以增加社会和经济生活自由度。

(7) 信息化所带来的社会竞争力重点的转移，要求政府必须以自身的信息化为龙头，推动整个社会和经济的信息化。

如何适应信息化与时代发展的需求，积极推动政府的信息化，同时再造工业时代的政府运作模式，是当代世界各国政府面临的共同挑战。

4.1.2 信息化给政府管理发展提供的机遇

时代的变革与发展，既是挑战，更是机遇。从契机与可能性上来分析，信息化对政府管理将带来如下发展机遇：

1. 有利于利用信息技术再造传统的科层制政府组织与工作流程

网络信息技术的运用，给政府组织带来的突出影响是减少组织管理的层次，使组织结构从金字塔形向扁平化发展，并且更加具有有机性、灵活性和适应性；政府的管理和服务的一站式，强化了政府部门的团队合作；大量例行性和常规性的工作因网络化、数字化、自动化、智能化的自动作业以及虚拟办公，使减少不必要的机构、人员与程序成为可能；通过信息工具重组政府工作流程，可以打破传统部门之间时序性的界限，建立一体化、并联式、集成式的作业流程。

2. 有利于提升政府的透明性与政治的民主化程度

信息化既可以为政务公开与政府透明提供技术手段，同时也为公民参与提供了便捷的途径。通过网络，公民有更多的机会了解政府信息，并可以多种途径（如直接提建议或发表看法、电子听证会、电子民意测验、电子论坛、不受时空限制自由形成舆论）及时表达自己的意见和建议，参与公共决策过程、关注行政活动。在网络时代，新技术将“摧毁政治领域的金字塔”，超越传统代议制、间接式民主的种种局限，为大众民主、直接民主的实现提供便利的通道和手段。

3. 有利于提升政府公共服务的质量

信息化对政府提供的公共服务来说，是一场彻底的革命。政府与社会信息资源的共享，使公民可以足不出户享受政府的信息服务；政府再造后的组织分工与工作流程，可以大大降低人为因素的干扰；政府业务网上办理，能够提供24小时随时随地的跨地区、跨部门的一线到底的服务，不必在不同的政府部门来回奔波；政府的各项公共服务可以通过电子化方式进行，增加了人们自主选择的机会，可以在网上找到自己所需要所偏好的服务种类和服务方式；“屏幕”时代的公共服务系统，实现了服务界面由办公室、柜台窗口转向计算机的“人机对话”，提高了政府公共服务的公正性与公平性；政府与社会之间的互动性，可以提高政府对社会需求的回应性。

4. 有利于提升政府行政效率

信息化加强了政府的信息置换功能，使政府的信息收集、处理与传递能力大大提高；政府部门之间、政府与公众之间的电子交换、公务活动的连线办理、网上办公、电子邮递、公文电子化处理、自动化作业，不仅提高了办事效率，而且大大降低了处理公务的成本。

正是充分认识到信息时代政府面临的挑战与机遇，近十几年来，世界上多数国家和地区的政府为适应社会需求、提高政府生产力，一方面积极推出国家信息基础建设计划和政府信息化计划，以带动社会生活和经济的信息化；另一方面，利用网络信息技术全面再造政府结构，构建服务导向、透明化、公正性、高效率、便捷性的“电化政府”或“连线政府”。

4.2 政府对网络信息技术应用的管理

当人们为网络时代到来所带来的各种便利和美好前景而欢呼时，一个严峻的现实却不容忽视：网络带来各种负面、消极的影响。对此，政府必须加强对网络信息技术应用的管理。

4.2.1 对网络信息安全的维护

网络的价值在于信息共享，而要实现信息共享必然要求网络保持一定的开放性。这就提出了网络信息安全问题。网上信息资源在存贮和传递过程中，极易被盗用、泄露和篡改等。随着人们对计算机网络的依赖越来越强，网络安全问题日益明显。上网的每一个人既可以成为网络的用户，也可以成为网络的破坏者。对某些系统有意或无意的入侵，造成的结果小到私人邮件被拆读、电子信用卡被盗用、企事业单位的机密或商业秘密被窃取与非法暴露，大到有关国家的军事、科技秘密被盗，甚至整个计算机网络系统的瘫痪。因此，必须解决好网络信息安全问题。

4.2.2　普及网络“全面原则”

随着计算机化、信息化的发展，网络时代出现了一些新的术语，如“信息富翁”、“信息穷人”、“信息剥削”、“数字鸿沟”、“信息两极分化”等。这是指社会公众对信息资源拥有和利用的不均等而导致的贫富差距。为了防止这种情况的加剧，建设信息网络时必须把“全民原则”作为首要的基本原则。但要达到每个人利用信息资源的平等化远不是一件容易的、仅依靠技术就能实现的事，它难免会出现信息贫富差距，甚至将信息高速公路变成“信息高速私路”，造成信息穷人和信息富人之间的矛盾和某些范围内的社会冲突。为此，政府应当在抓紧信息基础设施建设、普及电脑与网络知识的同时，推行一些对弱者的支持和帮助政策。

4.2.3　保护知识产权

计算机网络的最大特点及效用在于其资源的共享性，它为跨地区、跨国界的信息交换、传播、存贮、处理和利用提供了目前为止最为便捷的方法和途径。当出版物被电子化、网络化后，就会在网上传输；人们在网上也自由地进行信息发布和使用。但是，信息的生产需要创造性的发挥和投入，有些大的信息产品所耗费的劳动是惊人的，信息生产者有权利要求占有信息产品的所有权，通过销售信息产品补偿其投入并赚取利润；信息的传播也需要大量的软硬件产品的支持，这些网络产品的开发和生产也需要大量的投资，必须在网络的使用者身上得到必要的回报。而网络信息是通过空间电子化传递的，它又极易于被获取、拷贝和传播。因此，侵犯著作版权、非法盗用他人的数据信息、软件盗版等侵犯知识产权问题便显现出来并日益严重，因特网的出现和发展更加剧了其严重程度。当传统意义上的知识产权发展到信息产权时，政府必须对保护信息产权做出法律规定，对集成电路、计算机软件、生物工程、专利、商标以及未经授权的数据、数据库及其他资料等信息产权的保护采取具体的有效措施，同时又防止信息的垄断，并同国际趋势的法律保护相一致。

4.2.4　建设网络道德

由计算机、信息化产生的网络，对世界的道德建设提出了一个全新的课题。网络道德是信息社会生活的反映，而且是一个间接化、符号化的非熟人社会道德的反映。与传统社会相比，对道德行为的监督、管理方式有很大不同。网络社会的道德本身具有自主性、多元性、开放性等特征，同时它具有涉及面广、与技术结合深、国际化、空白点多等特性。对其管理涉及对网络道德的定位、如何处理好网络道德与既有道德的衔接与融合、信息内容的地域性与信息传播方式的超空间性、通信自由与社会责任、个人隐私与社会监督、信息共享与信息独占、网络资源的正当使用和不正当使用等深层次的问题。要有效控制信息资源的垄断，防止发布不负责任的信息——虚假信息、无聊信息、网上谩骂与人身攻击、色情信息和色情服务，确保个人隐私。网络道德建设是一项复杂而困难的工作，是一个长期而艰巨的社会系统工程，它既有赖于网络社会中每一个人的参与，又有赖于全社会的共同努力。只有国际与国内网络组织、管理与执法机构协调合作，网络服务机构、新闻媒体、用户等各方面的参与，才能建设一个新型的“网络道德社会”。

4.2.5 对网络信息污染的清理

由于网络环境下信息爆炸式激增，尤其是信息传递的无序性和失控现象，致使信息污染这一原本就存在的信息生态问题日益恶化。诚如美国学者约翰·奈斯比特在《大趋势》一书中指出，“失去控制和无组织的信息在信息社会里并不构成资源，相反，它成为信息工作者的敌人”。信息污染除了信息“病毒”、“污秽”或“污垢”等不道德信息外，主要指信息超载、信息“垃圾”。信息超载是指个人或系统所接受的信息超过了其处理能力或有效应用的情况，信息超载或信息过剩对用户来说并不是一件好事，会使人产生“信息超载焦虑症”，或者产生无所适从的感觉，导致信息吸收率下降，从而带来财力、物力和精力的浪费。多余、重复、无价值的冗余信息，过时、老化的信息，是典型的信息“垃圾”，不仅严重侵占网络存储容量，也加重人们进行信息处理和吸收的负担。为此，政府应鼓励发展“信息控污”和清除信息“垃圾”的技术，提倡自律、自重，提高网络用户的素质和能力，以减缓信息无用的“爆炸”，建立一个洁净的网络信息空间。

4.2.6 对本国民族文化的保护

信息网络发展的国际化趋势，势必给地方文化、民族文化的发展带来影响和冲击。全球计算机网络和通信系统正在增强英语在国际上的主导地位，其他语种上网者可能会发现，如果要进入信息高速公路，掌握英语是必备的通行证。这样，以英语为语言载体的全球网络文化随着网络的延伸而扩大，而网络文化中所携带的价值观、意识形态观点也冲击着非英语国家和民族的人们原有的思想观念和文化价值观，逐渐征服当地文化，最终形成一种以西方文化为主的全球网络文化。如何保护和发扬本民族的优秀文化传统，已成为发展中国家亟待解决的紧迫问题。对此，我国也应有清醒的认识，一方面要大力发展网上中文信息资源，实现信息的中文化和本地化；另一方面，要积极利用网络资源，在国际互联网上展示我国的民族文化遗产，让更多的人通过网络了解我国的社会、历史和文化。

4.3 电子政务对政府管理的影响

电子政务对政府管理的体制、机制、职能、内容、组织、目标、绩效等均产生了重大影响，推动了政府管理水平的提高。

4.3.1 电子政务对政府管理体制的影响

政府管理体制本质上是权力运作体系。为推行电子政务，西方国家纷纷设立政府首席信息官制度，成立了跨部门及部门内的电子政务管理机构。2001年8月，我国组建了国家信息化领导小组，成立了国务院信息化工作办公室（简称“国信办”），基本形成“电子政务领导小组+信息中心”的电子政务管理体制。但专家认为：国信办的属性不是职能部门，甚至不是办事部门、直属部门，它是议事协调机构。[①] 国信办发现问题后，可以去调研，调研清楚后，把问题呈报给国家信息化领导小组，由领导小组做出决策。国信办只有协调职能，而没有指导、决策职能，在电子政务的管理体制上就成为一个薄弱的环节。国信办作为一个负责跨大系统的电子政务建设的部门，就会在推进电子政务的进程中遇到很多困难，即推进力度不够。国信办做得更多的是跨系统、跨部门的沟通、协调工作，而国信办被取消也成为必然。[②] 根据2008年3月11日公布的国务院机构改革方案，按照大部制原则，组建中华人民共和国工业和信息化部。国务院信息化工作办公室的职责划入工业和信息化部。国信办的存废之争反映了我国政治体制改革进程中各种深层次的矛盾，反映了进入21世纪以来，面对新的形势（包括信息时代的巨大变迁）所带来的改革深化与传统之间、部门利益与公众利益之间的纠葛与巨大冲突。电子政务对政府管理体制的影响已涉及各国行政改革的深层。从长远看，电子政务的发展必将推动行政改革的深入。

4.3.2 电子政务对政府管理机制的影响

电子政务改变政府管理运行机制，主要包括改变政府运行协调机制、政府运行激励机制、政府运行控制机制。[③] 如电子政务使政府运行协调手段多样化、合理化；电子政务完善了政府信息收集和反馈的渠道；电子政务改善了政府利益协调机制；电子政务增强了协调中的民主参与机制。

4.3.3 电子政务对政府管理职能的影响

电子政务丰富了政府管理职能的内容与形式。电子政务为实现由传统政府的管理职能

---

① 参见汪玉凯：《没有国信办的电子政务如何推进?》，见 http://www.zdnet.com.cn/cio/2009/1123/1520569.shtml。

② 参见赵建凯：《评说国务院信息化工作办公室从诞生到被取消的必然》，见 http://cio.it168.com/a2008/0829/202/0000 00202297.shtml。

③ 参见杜治洲：《电子政务与政府管理模式的互动》，92～93页，北京，中国经济出版社，2006。

向现代政府的服务职能转变提供了新的技术手段。单从技术的角度来看，几乎所有的政府职能都可以在网上实现。电子政务的信息公开和办事职能上网是政务公开的要求，是执政为民的需要，是服务型政府的要求。因此，基于现有的职能，通过网络进行政务公开、提供网上办事职能，无疑是对现有政府管理职能的丰富。通过电子政务，还可以实现24小时虚拟政府，保证公民对政府的需求随时得到响应。

电子政务促进了政府管理职能结构的转变。电子政务为政府职能转向服务提供了条件。互联网、3G手机、呼叫中心等新技术和新服务的应用，为政府管理和服务提供更宽广、更便捷的手段和渠道；电子政务的应用提高了工作效率和质量，提升了领导决策水平，大大降低了政府管理成本；尤其是电子政务在以公众为中心的理念下，政府管理职能要尽可能考虑做好对公众的服务，确保纳税人获得满意的全天候服务。电子政务运用信息网络技术打破了传统层级传递信息和书面审核的工作方式以及时空距离的障碍；电子政务使政府行政组织的金字塔结构改变成扁平式、无中心式的网络结构，传统行政组织转化为数字化组织，管理型治理转化为服务型治理；电子政务使公众通过多种电子渠道进入互联网，更完全地了解政府、获得政府提供的信息与服务，又迅速地将意见传递给政府；电子政务使政府与公众之间通过网络进行沟通互动，加速了政府决策民主化的进程。

电子政务推动了政府执行力的提高。政府按照全心全意为人民服务的宗旨，通过电子政务全面提高执行力，有助于做好政府管理和服务工作。电子政务带来的组织结构变革和业务流程的重组，可以增强政府及政府部门之间的协作能力。随着社会的进步和新管理方法的推广，通过电子政务业务流程优化和再造，减少中间环节，加强监控督办，实行绩效评估，传统的政府管理效率低下的情况必将得到改善。

4.3.4 电子政务对政府管理内容的影响

由于信息技术的发展，政府管理的内容从时间、空间方面也得到了全面的扩展。比如无纸化办公、网上服务、网上审批、网上监督、网上警察等大量信息时代的政府创新业务，使政府部门面临越来越多的挑战。尤其是随着互联网的发展，传统意义上的“国界”、“边疆”已经有了新内涵，信息网络全球化、普遍化、开放化的特点使国家的“信息边疆”不断延伸。网络犯罪、网络攻击层出不穷，通过网络非法窃取私人信息数据、侵犯知识产权、网上洗钱、偷窃银行资金和商业机密、散布色情和暴力等时有发生，走私、洗钱、贩毒、恐怖主义、邪教组织等也借助互联网作为犯罪工具。网络时代的到来，使传统上以地域性、区域性为存在基础的主权国家和地区受到严重冲击，“全球化”、“地球村”这些新理念正在成为现实。在信息化条件下，网络空间安全与国家安危息息相关，没有网络空间安全，就没有真正意义上的国家政治、经济、文化和军事安全可言。2011年5月，在国务院新闻办公室加挂国家互联网信息办公室牌子，主要职责是落实互联网信息传播方针政策和推动互联网信息传播法制建设，指导、协调、督促有关部门加强互联网信息内容管理，负责网络新闻业务及其他相关业务的审批和日常监管；指导有关部门做好网络游戏、网络视听、网络出版等网络文化领域业务布局规划；协调有关部门做好网络文化阵地建设的规划和实施工作，负责重点新闻网站的规划建设，组织、协调网上宣传工作，依法查处违法违规网站；指导有关部门督促电信运营企业、接入服务企业、域名注册管理和服务机构等做好域名注册、互联网地址（IP 地址）分配、网站登记备案、接入等互联网基础管理工作，在职责范围内指导各地互联网有关部门开展工作。国家互联网信息办公室的成立标志着我国政府管理向网络空间的治理迈出了重要一步。

4.3.5　电子政务对政府组织的影响

随着信息时代的来临和电子政务建设，传统高耸、庞大的金字塔形官僚制政府组织将在横纵两个向度上发生显著变化：纵向扁平化，横向综合化。体现横向综合化的大部制，是当前政府机构改革的一个主流趋势，它将相近或相关的业务部门合并成一个大的部门，这样减少了部门之间的职能重叠、交叉，还有利于精简机构和人员。① 美国学者罗森布鲁姆指出："随着新科技跨时空地整合信息……层级的区别变得模糊，权威开始更依赖于知识和责任之间的适当分配，而非传统组织中的金字塔的层级规则。"② 显然，官僚制在网络社会存在明显局限，如信息沟通不畅、应对能力不足、行政效率降低、组织整合失灵等。

经济合作与发展组织（OECD）在 1998 年 3 月发表的一份报告中指出，传统的政府结构可能只适用于实现政府的某一个功能（如执法），而信息化将通过改变政府组织结构，为公民提供多元化的服务。这表明，电子政务将会推动政府机构改革，并能有效克服官僚制在网络时代的缺陷。电子政务的发展将极大减少行政组织的中间环节，减少管理层次、扩大管理幅度，改变层级繁多的官僚制结构形式，推动政府纵向结构由金字塔形向扁平化转变。电子政务对官僚制政府横向结构的冲击也十分明显，它将使原本讲求分工负责、部门之间壁垒分明的组织结构朝着一体化、综合化的组织形态转变。

4.3.6　电子政务对政府管理目标的影响

在网络时代，政府管理目标逐渐从人治转变为法治、从领导主观意志转变为以公民为中心、从单一目标转变为综合绩效目标。电子政务下政府管理目标呈现科学化、人性化、全面化、精细化等特点。有专家认为，传统的金字塔式结构重视官本位，政府目标极不透明。电子政务下政府管理的目标有了新内容，如讲究效率、低成本、政策功能、和谐等。电子政务（尤其是网络问政）借助外部网民的力量，通过官民互动的形式，自上而下和自下而上相结合，改变了官员只关心上级或同级相关政府部门的意见而对来自社会的呼声漠不关心的态度。过去官员对政务信息是垄断的，有了互联网以后，官员不但要像过去那样听从上级的指挥、满足上级领导对信息的要求，而且还要直接面对公众的信息需求，回答和解决公众的各种问题。电子政务可以提高办事效率，减少推诿扯皮现象。③

---

① 参见李习彬：《电子政务与政府管理创新》，95～103 页，北京，科学出版社，2004。

② ［美］戴维·H·罗森布鲁姆：《公共行政学：管理、政治和法律的途径》，368～369 页，北京，中国人民大学出版社，2002。

③ 参见洪毅：《中国电子政务发展报告（2011）》，180～190 页，北京，社会科学文献出版社，2011。

4.3.7 电子政务对政府管理绩效的影响

西方国家大都实施了政府绩效评估。西方学术界由此认为，现代“评估国家”正在取代传统的“行政国家”。从宏观层面看，政府绩效评估的应用是信息化和民主化发展趋势对政府管理提出的要求。因此，电子政务发展有助于政府绩效评估的实施。信息交流与沟通本身就是政府绩效评估特征的重要体现。现代信息技术在政府绩效评估中的广泛运用和民主价值，决定了绩效评估本身也是一种信息的交流与沟通。因为公众只有更完全地了解政府及其活动，才能做出客观的评定；政府只有更完全地了解公众，才能更好地提供他们所需的服务。没有完善的信息交流与沟通机制，也就没有政府绩效评估。为此，西方国家在推行绩效评估措施的同时，提出了构筑以顾客为导向的电子政府和政府在线服务的发展目标，以提高政府收集、处理信息的能力和对公众的回应力。

我国各级政府通过电子政务，在政府管理方面取得了良好的绩效。比如，2011 年，宁夏政务服务中心 32 个单位窗口与部门实现了联网应用，791 项行政审批及公共服务事项实现网上受理、审核、审批和办复，行政审批时限平均压缩 14.6 个工作日，所用时间比 2010 年减少了 32%。同时，自治区与市、县（区）服务中心实现了网络互通，行政审批上下联审联办有序推进。①

2011 年 6 月，我国选择北京市、吉林省、福建省、广西壮族自治区、四川省、新疆维吾尔自治区、杭州市、深圳市等 8 个地区进行地方政府及其部门绩效管理试点，国土资源部、农业部、质检总局进行国务院机构绩效管理试点，发改委、环境保护部进行节能减排专项工作绩效管理试点，财政部进行财政预算资金绩效管理试点，为全面推行政府绩效管理制度探索积累经验。2009 年 6 月中共中央办公厅印发的《关于建立促进科学发展的党政领导班子和领导干部考核评价机制的意见》（中办发［2009］30 号）及三个相关试行办法出来后，提出“充分吸收政府绩效管理成果”、“积极运用现代信息技术”，不断提高干部考核评价工作水平，充分体现电子政务对政府绩效管理的影响。

4.3.8 电子政务对政府工作人员的影响

根据联合国此前制定的新世纪文盲标准，现代意义上的文盲，不仅只是“不能读书识字”的传统型文盲，而且包括“不能使用计算机进行学习、交流和管理”的“功能型文盲”。海南省某厅 2005 年就曾经提出：每位职工都应该会上网浏览、会打字、会网上办公，在对职工考核中第一次不合格的进行培训再补考，第二次考核不合格就要调离原工作岗位。2007 年湖北省恩施土家族苗族自治州实施农村中小学现代远程教育工程中也明确提出“不会上网，就要下岗”的培训要求。②

---

① 参见邹欣媛：《宁夏将推进政务服务“网络化”》，见 http://news. xinhuanet. com/local/2012－02－24/c_111566147. htm，2012-02-24。

② 参见王国强：《湖北省恩施州实施农村中小学现代远程教育工程侧记》，载《中国教育报》，2007-10-08。

2008 年 4 月，广东省梅州市公安局对参加全省派出所综合信息系统补考后仍不合格的两名派出所所长发出停止履行职务的通知。梅州市公安局制定并下发了《梅州市公安机关信息化工作考核奖惩办法》，把信息化应用考核纳入各级公安机关评先评优、基层单位等级评定以及民警的提拔任用等考核中，要求全市民警要 100%会应用计算机。

2008 年 6 月 20 日，胡锦涛同志在人民网“强国论坛”通过视频直播同广大网民在线交流。当网友问：“许多网友在网上提了不少意见和建议，您能看到吗?”胡锦涛总书记回答说：“网友们提出的一些建议、意见，我们是非常关注的。我们强调以人为本、执政为民，因此想问题、作决策、办事情，都需要广泛听取人民群众的意见，集中人民群众的智慧。通过互联网来了解民情、汇聚民智，也是一个重要的渠道。”各级领导和有关部门，都非常重视电子政务的应用，并把电子政务的应用作为了解民意、政民互动的重要方面，这也对政府工作人员提出了更高的要求。

我国各级政府高度重视领导干部的信息化工作能力。《国务院办公厅关于进一步加强政府网站管理工作的通知》指出，“提倡领导同志读网”。广东省高度重视政府领导的信息化工作能力。2012 年 6 月 26 日，广东省举行了 21 个地级以上市党政主要负责同志计算机和网络应用技能考核。省委书记汪洋、省长朱小丹前往考察并作重要讲话。书记、市长们按照要求，发邮件、看微博、上 QQ，回复网友问题，进行视频对话等。

1. 电子政务中的工作性质

(1) 工作与学习密不可分。1984 年，派瑞曼曾说过：到下世纪初，美国将有 3/4 的工作是创造和处理知识。知识工作者将意识到，持续不断地学习不仅是你得到工作的先决条件，而且是一种主要的工作方式。扎波夫指出，信息技术已经改变了人们对工作和学习之间的关系的基本看法，高度信息化的组织是一个学习机构，它的一个基本目的就是拓展知识，不是学术意义上的知识本身，而是怎样使组织更有效率。学习不再是在教室里或者上岗前的孤立的活动。人们不必撇开工作专门抽出时间来学习，相反，学习就是工作的核心。学习与效率是同义词。一句话，学习将是劳动的新形式。

(2) 工作观念和意识的转变。随着社会的发展、物质的丰足，人们的工作观念正逐渐由“工具性”工作观（即工作是达到目的的手段）转变为较“精神面”的工作观（即寻求工作的“内在价值”）。美国汉诺威（Hanover）保险公司总裁欧白恩说：当你工作两天所赚的钱比你的父辈们工作一周挣的钱还多时，大家开始渴望建立比遮风挡雨及满足物质需求层次更高的组织，而这种热望将不竭止，直到理想实现。这是促使人们朝向学习型组织迈进的深层次的社会动力，而这种变化也是工业社会演进的一部分。广东省委书记汪洋曾说，“公务员就是服务员”。在一个社会生活高度网络化、“数字化生存”的时代，公务员要充分履行其服务职能、当好“服务员”，没有网络能力是不可想象的。2008 年初，广东省领导汪洋、黄华在《致广东网民朋友的一封信》中说：互联网日益成为各级党委、政府联系广大群众的重要平台、听取社情民意的重要渠道。2008 年 4 月 17 日，他们更是直接与网民代表进行了面对面的座谈，共议地方发展大计，畅谈“灌水”、“拍砖”心得。公务员不会上网，与其说是一个技能问题，不如说是一个意识、观念的问题。它表明，在现实中，仍有不少公务员甚至是身居领导地位的公务员，还没有真正确立“公务员就是服务员”的服务意识、公仆观念。因此，公务员要履行好职责，做好本职工作，必须要顺应时代的要求，掌握好电子政务的基本技能，真正转变观念，提升工作水平。

(3) 以流程为导向的工作环境。在以流程为导向的工作环境里，繁杂的流程变得简单了，但简易的工作变得复杂了。工作人员需要全面教育，不仅要会做复杂的工作、“循规蹈矩”，而且更要有成熟的判断力和自我控制力，因为完成以流程为导向的工作必定是自我指导的；不仅要出色地完成自己的任务，而且要善于与他人合作，因为工作小组或团队是新流程主要的工作平台；考评不再是“活动”而是“结果”，决定酬劳的不再是资格、级别或“表现”，而是能力、贡献和业绩大小。

2. 管理人员的工作方式发生变化

科学技术的日新月异、知识结构的不断更新，不仅对管理人员的素质提出了更高要求，而且也带来了管理人员工作方式的变化。电子政务的发展，使管理人员必须依赖计算机和其他先进的技术设备。除了前面提到的虚拟办公、对话式工作外，还有以下几方面显著的变化：

(1) 从体力操作型向知识智能型转变。由于社会的发展和科学技术的推动，一方面，行政组织面临的环境越来越复杂多变，行政组织系统管理的复杂性也在不断增强，创新的需求会更为迫切；另一方面，例行性工作的自动化趋势越来越强。这一切使管理能力的好坏与知识和能力的发挥成正相关关系。没有知识和技能的人员将面临失业的问题。“知识就是力量”，在网络时代的管理活动中得到更生动的体现。知识和技能既是工作人员维持自身生存的基本条件，也是胜任管理工作的基本要求。

(2) 从职能分工型向综合多能型转变。管理大师彼得·德鲁克在其管理名著《管理实践》中指出：新技术时代中管理工作的主要问题是要使管理人员能够做完整的工作，并负责制订计划。在网络技术时代，传统的精细分工已经严重地制约了管理人员的工作积极性和创造性。而科技的进步，则为打破分工过细的工作安排提供了条件。一方面，管理中的事务性工作可以借助于以计算机为主体的现代办公系统去做；另一方面，借助于继续教育和多技能培训，可促使管理人员向综合多功能型方向发展。

(3) 从被动型向主动型转变。技术进步和社会发展促使管理人员向知识型、综合型方向发展，管理人员的素质提高了。他们越来越不满足于在行政组织中处于被动受命的地位。掌握较多的知识、拥有更复杂的技能，使得他们的眼界开阔了，并具备了自我管理、自我控制、参与决策的能力。他们要求更多地参与组织的决策，对自己的工作进行自我控制，并更多依靠责任心来自我约束。

此外，管理人员的工作方式还将从例行程序到适应复杂性和不断创新、从按顺序作业向并行作业和同步行动转变，从纵向交流到网络交流，从不信任和服从到对话式合作，知识和技术的更新更快，等等。

3. 促进工作人员的全面发展

(1) 网络进入工作流程，智能化的工作使人的体能延伸。智能化、网络化的发展，使许多工作项目和工作岗位可由计算机自动操作，不仅大大提高了工作效率，而且也将减少管理人员的体力劳动量和在不同部门、不同单位之间来回奔波。信息技术节约了原来靠人脑和文件处理信息所消耗的大量时间和精力，使人有可能转向其他富有意义的创造性工作上去。借助于信息技术，使人们可以看到、听到以前无法感知的事物，可以完成以前体能上无法承担的工作，可以完成以前需要许多人才能完成的任务。种族、性别、年龄、体力等差异在信息化条件下更加弱化，人的体能得到延伸和增加。

（2）工作人员的素质提高了。电子政务是以知识和技能为核心的工作系统。一方面，工作人员的数量减少了；另一方面，对工作人员素质的要求提高了，越来越要求管理人员具备多项技能。同时，办事效率的提高，减少了管理人员的工作时间；办公的虚拟化，使管理人员有更多的时间供自己支配；电子化网络为人们的学习带来了革命，提供了接受教育和提高自身素质与能力的机会。

（3）人的地位趋于平等。电子政务的发展将分散领导者的权威，领导者与被领导者之间、上级与下属之间将更多地以对话的方式进行协同工作；网络的发展，促进人们的工作内容更加丰富化，以此来促进个人自我实现；分权、参与式、信息共享、公开交流的组织工作环境，使管理人员可以有更多的自主权。

4. 新型的人际关系

随着网络的发展和普及，人们使用电话和电子通信方式进行人际交流超过了书信往来，在电视机和显示器前的时间大大增加，人们的活动将比以往任何时候更以家庭为中心；发达的信息手段使人与人之间的交往没有了空间障碍，人们面对面的交往越来越被间接的交往所代替；家用微机和虚拟办公的普及，使人们在家上班参加集体工作。在网络时代，人们的劳动和管理活动，比以往任何时候都更依赖于计算机。工作人员利用简单（操作系统）而又复杂（网络及其设施构成）的工作平台进行对话式工作。这种状况改变了组织内部的同事人际关系，使其变得简单化。

行政机关工作人员的人际关系也将朝着这种简单化趋向发展。但是，面对面人际互动的减少，也会给机关内部人际关系带来复杂的后果。一方面，它减少了政府机关内部各种不良人际关系的产生，如冲突、纠纷、对抗、小团体、帮派主义和各种尔虞我诈；另一方面也减少了工作人员之间心灵与心灵的碰撞和情感的交流，减少同事之间的互帮互助，集体观念越来越淡薄，群体的联系纽带越来越松弛，最终将导致行政组织的凝聚力下降。

4.4　电子政务推动政府管理的转变

通常认为，电子政务是手段，政府管理是目的，或者说电子政务是过程，政府管理是结果。但电子政务远不仅仅只是手段和过程。正如朱镕基同志曾说过的：政府行政管理信息网络化是一场深刻革命，势在必行。手段、过程、目的和结果是一个整体，密不可分，都具有革命性的意义，很难界定孰高孰低，孰重孰轻。电子政务是政府管理的新理念、新方式、新过程、新结果。在互联网时代，电子政务与政府管理不是简单的部分与全部的包含关系，而是相互交融、密不可分的整合与重构。

4.4.1　电子政务推动政府管理理念的转变

西方行政改革浪潮源于对官僚制度的反思，要求通过改革重塑政府。电子政务是重塑政府的重要方式。通过电子政务重塑政府的前提是，改变传统的官本位价值理念，树立

"一切权力属于人民"、"全心全意为人民服务"的理念。电子政务的核心理念是为公众服务。从形式到内容的门户网站、从设计到应用的电子政务系统，都要以服务对象为中心。只有从服务对象的角度来考虑问题，才能找到正确的解决办法。企业家精神、现代企业管理和企业信息化的先进理念对奠定电子政府的核心价值观产生了重要的引导作用。例如，引入企业的"成本—效益分析"，改变了传统行政只计投入不讲产出为同时重视投入与产出、重视公共服务的效益与质量；引入竞争意识与目标管理理念及其他现代企业管理理念，由"客户关系管理"引申为"用户关系管理"与"公众关系管理"，由"以客户为中心"引申为"以公众为中心"，由"以客户需求为导向"引申为"以公众需求为导向"，由"生产流程重组"引申为"政务流程重组"，由"企业重组"引申为"政府重塑"等，推动与促进了新型政府模式的产生，对欧美国家电子政府的实践产生了重大影响。重塑政府的理念被移植到公共管理领域，借助数字化、网络化方法论，产生了"以公众为中心"、"以需求为导向"的核心价值观和以重塑为本质的电子政府整体框架。

4.4.2 电子政务推动政府管理职能的转变

传统的政府职能最显著的特征表现为两个方面：一是强调提供公共事务及公共服务的政府主体，二是注重科层制组织机构的层级和严格的规章制度管理。新时期的政府管理强调政府职能转变。电子政务的建设为政府职能由管理型向服务型的转变提供了重要条件。它提高了政府领导和一般公务人员的能力素质，节省了公务人员大量的时间和精力，通过先进信息通信技术的应用，把政府和公众联系起来，使公众在一定程度上超越了时间和空间的限制，更好地享受到了政府的服务。更重要的是，它成为政府转变职能的"助推器"，使管理型政府转变为服务型政府成为必然。从某种意义上讲，电子政务的特质是通过信息技术创新政府的管理和服务。

4.4.3 电子政务推动政府管理方式的转变

电子政务使政府管理方式更加科学化、民主化、精细化和人性化，权力也将得到制约和下放。电子政务是运用信息与通信技术打破行政机关之间的界限、改进行政组织、再造工作流程、实现政府办公自动化和政务业务流程的信息化，为公众和企业提供广泛、高效和个性化服务的一个过程，核心内容在于借助信息手段集成政府的管理和服务，实现更高效、更廉洁务实的政府监管和服务。

由于计算机网络的运用，政府工作中已经涌现了许多不同于传统工作方式的电子化办公，如无纸办公、网上审批、电子采购、电子签章、电子资料交换、在线服务等。这些新生事物的产生，迫切需要对政府的传统工作方式进行变革，逐渐实现政府流程的重组与转型。如简化行政程序、减少由中间环节承担的过渡性传递，由此减少由中间环节层层过滤的信息失真与丢失，同时提高了行政效率，提高了政府对社会的快速回应力，提高了决策的敏捷、有效性和适用性。这样，一个"无缝隙服务"政府得以建立。①

---

① 参见汪玉凯：《中国电子政府模式与选择——基于U型政府门户网站的探索》，66～73页，北京，国家行政学院出版社，2010。

4.4.4　电子政务推动政府管理权力结构的转变

传统的组织权力结构是行政决策权、执行权和监督权高度集中的“三权合一”体制。[①] 建立在传统政府管理上的组织都有追求机械效率的强烈动机。为了实现这一目标，组织通常采用集权的方式，绝大多数人只是执行决策，同时要求组织必须有明晰的权力链，以及严格的操作规程。信息技术与信息社会使得传统的组织设计原则显得过时，大部分公务人员都应该是决策者。瞬息万变的行政环境，也促使中低层管理者要拥有更多的权力来处理不断变化的特殊事务。电子政务的实施使权力分散、自主管理由一种趋势发展成现实的可能。“所有的国家、集团和个人，在网络上的行为只能构成部分，而不是整体。而且国家、集团和个人在这种空间里，也都是平等的。在国际互联网上，有时候个人的影响可能超过集团，乃至国家。”[②] 电子政务的管理和行为方式体现着一种分权与民主的特质。

4.4.5　电子政务推动政府管理信息机制的转变

电子政务推动信息机制由不对称向对称转变。信息是一个组织进行决策、运行和管理的基础，信息共享与公开能极大提高政府的运行效率。传统的政府组织形态和权力结构决定了信息结构是纵向层级式的，其信息流动呈倒树状结构。对外，政府组织是信息资源的最大拥有者和利用者，政府与公众存在严重的信息不对称；对内，组织层级越高所拥有的信息量越大。同时，这种纵向层级式的信息交流通常是封闭的、不自主的，会导致信息失真。[③] 各部门也极力维护自己对信息的独占权。电子政务将打破传统政府的组织界限，构建一种新型的信息流动与分享模式，提高信息的完整性和正确性。如当代著名管理学家马克·利维所言：“如果把大众传播的传统媒介比作一只信息沙漏，那么新的传播信息技术结构就将是一种发散型的信息交流结构，可以把这种结构比作信息交流的一个矩阵，一张经纬交错的渔网或四通八达的蛛网。”[④] 这种网络化的信息流动机制将使政府内部、公众与政府在信息获得的范围、数量、时差上的区别不断缩小。

4.5　电子政务下政府管理的创新

电子政务是当前政府管理创新的最有效途径。互联网的普及一方面使政府面临更大的

---

① 参见许耀桐：《大部制：再造政府权力结构的契机——中美政府体制的一个比较》，载《改革内参》，2008(6)。

② 航亿苇、孙晏新、杨茂东：《电脑思想库》，658 页，广州，广州出版社，1997。

③ 参见［美］加布里埃尔·A·阿尔蒙德：《比较政治学理论：体系、过程和方法》，189～190 页，上海，上海译文出版社，1987。

④ ［美］马克·利维：《新闻与传播：走向网络空间时代》，载《新闻与传播研究》，1997 (1)。

压力，另一方面也为政府管理创新提供了更多的机遇与手段。电子政务是政府管理创新的理性选择和必然产物。电子政务下政府管理的创新有以下方向①：

4.5.1 政府管理流程的创新

实施电子政务要求根据信息技术的理论和实践进行政府再造。按照传统政府部门设置实现政务流程的政府结构和运作模式，具有条块分割的基本特征，不仅带来了行政效率低和行政成本高等问题，而且不符合电子政务“以公民为中心”的要求。电子政务可以有助于政府以技术进步为手段，去推进和实现从“以政府自身为中心”向“以公民为中心”的转型，因此电子政务不应该建立在原有政务流程的基础之上，必须与政府再造结合起来。

受到20世纪80年代流行于工商管理领域的“企业再造”和“全面质量管理”实践的启发，“过程再造”的企业管理思想被应用于政府部门。美国学者戴维·奥斯本等1992年出版的《再造政府》标志着世界范围内政府再造运动的开始。② 为提高政府效率、节约政府行政成本、增强政府透明度、减少或避免政府失灵、满足顾客（企业、公众、其他社会团体等）的需要、谋求组织绩效的显著提高、使公共产品或公共服务更能取得社会公众的认可，需要对政府管理流程进行再造。这是将现实政府的机制、功能和行为进行根本性的整合和优化，使其成为一个具有“企业家精神”、以顾客为导向的服务型政府。政府再造要求对国家资源进行统筹、对政府职能进行重新思考、对政府结构进行重新设计，在此基础上进行政府流程的再造和优化。③ 政府流程再造其基本内涵是对传统社会管理和公共服务方式的改革与创新，体现了以“公共需求为导向”的核心理念，是多向互动的系统工程。④

从国外资料来看，政府再造后，政府绩效可提高40%，甚至是更高。这些提高可以体现在提供服务或产品的成本、质量、服务速度等指标上。⑤ 流程创新主要包括：利用信息技术压缩工作流程、合并工作流程和将连续流程改为同步流程等。

4.5.2 政府组织结构的创新

传统的政府组织结构是典型的金字塔式科层制结构，组织内部相对封闭，不自主，互动性不强，信息交流结构易导致信息失真。电子政务下的政府组织最大的特点是结构扁平化、网络化。政府组织通过建立一个有弹性、有应变能力的政府运行新机制，推动传统的金字塔式的科层制结构向扁平化和网络化转变。它既是组织结构的调整，也是组织机构设置理念的调整，意味着政府动态网络型机构的设立与政府流程再造。政府组织和外界环境

---

① 参见陈槟城：《基于电子政务的政府管理创新方向》，载《经济研究导刊》，2008（7）。

② 参见张昕：《当代政府再造运动述评》，载《中国人民大学学报》，2005（5）。

③ 参见《浅谈：以电子政务建设促进政府流程再造》，见 http://www.xmsme.gov.cn/2007-03/2007315920453092.htm。

④ 参见姜晓萍：《政府流程再造的基础理论与现实意义》，载《中国行政管理》，2006（5）。

⑤ 参见赵彦龙：《流程再造服务市民——上海徐汇区建设效能政府》，载《华东新闻》，2004-11-09。

是互相开放的，没有明显的界线，政府组织各部分可以根据社会需求变动、增加或撤销。权威的基础是信息与知识。决策是分散的、参与式的，组织管理是弹性的、变通的，改变传统的固定工作流程和死搬硬套的工作方式，通过把一个个政府流程作为最基本的单位来剖析政府组织的整体运作过程和管理模式，通过对管理流程的优化和重新设计，实现对政府运作模式的全面转变和绩效的提高。①

4.5.3 政府管理参与机制的创新

电子政务推动政府管理参与机制由封闭向开放转变。欧盟委员会 2011—2015 年行动计划规定，欧洲电子政务发展的主要目标之一就是电子民主，通过提供更多的公共服务信息、提高政府透明度，采取有效措施使公众参与到政府决策的过程中来，以此扩大公众的权利。英国政府门户网站（http://www.direct.gov.uk）在这方面树立了典范，网站上设立了在线请愿网页，公众可以针对各种议题在线向政府请愿，如果获得足够的支持者签名，政府就可以向国会提起议案。政府同时也通过门户网站公布以往请愿结果，显示获得签名的数量，以此扩大政府的透明度。我国也在逐步借用电子民主方式，2012 年 5 月，全国创先争优优秀共产党员拟表彰人选和拟追授人选在全国范围内进行网上投票。据统计，全国参加网上投票推荐活动的党员群众共有 4 369.5 万人，网上留言 14.6 万条。中央组织部根据网上投票推荐情况，综合考虑地区、行业分布，研究确定了 100 名拟表彰的全国创先争优优秀共产党员人选、24 名拟追授的全国创先争优优秀共产党员人选，并在 6 月进行了公示。电子民主的推广将有利于转变政府管理方式，有利于公众参与政治机制的完善，从而实现由传统封闭管制向开放治理转变。

4.6 电子政务促进政府公共服务水平的提高

电子政务具备打破时空障碍、高效、便捷、低成本、规范化、流程化、公开、透明等特点，有利于政府提供更好的公共服务。公共服务是满足公民生活、生存与发展直接需求的政府服务，包括城乡公共设施建设、发展教育、科技、文化、卫生、体育等公共事业。由于直接面向公民的个人需求，因此公共服务水平的高低，直接影响公民的生活质量，直接影响公民对国家和政府的看法与评价，因此公共服务水平体现国家的发展水平。国内外通过电子政务，向公民提供充分、及时、高质量公共服务的成功案例越来越多。

4.6.1 电子政务使公共服务更加具有高效性、便捷性、准确性

传统公共服务在效率上存在很大缺陷，其根本原因是官僚主义的办事低效、服务技术

---

① 参见董新宇、苏竣：《电子政务与政府流程再造——兼谈新公共管理》，载《公共管理学报》，2004 (4)。

手段的落后。实现电子政务后，这两个问题都能得到很好解决。首先，政府再造后的组织分工与工作流程，减少了机构、中间管理层次和冗员，可以降低人为的官僚主义带来的低效率；其次，政府业务网上办理，能够提供24小时随时随地的跨地区、跨部门的多项同时服务，人们只要在家中使用互联网就可以查询到与公共部门打交道的程序和规则，享受到一线到底、自动化、直接送到家的服务；最后，通过电子政务可实现任务催办和督办，加强政府绩效监控，实现民主监督和网络问责。比如，一个个体户办理一家餐馆的营业执照，没有必要亲自跑到工商、税务、卫生等机构去一一办理手续，而只要把自己的有关资料和证明材料（通过有关技术认证机关网上认证）通过网络发送到有关部门，由有关部门在网上认证或审批后即可开张营业。尤其是通过电子政务，将极大地提高公共服务的科学性和准确性。例如，许多地方实施了网格化管理，利用地理信息系统、移动网络等新技术，将城管、卫生、环保、食品安全等公共服务应用进行精细化、人性化，直接为公众提供高质量的公共服务。

4.6.2 电子政务使公共服务更加具有选择性、普遍性、跨时空性

传统公共服务是整齐划一的单向供给型服务，加上公共服务本身的垄断性质，人们只能被动接受，缺少自由选择，更无法提出更高的质量要求。而在网络时代，电子政务使得政府的各项公共服务可以通过电子化方式进行，增加了人们自主选择的机会：从网上，人们可以阅览政府许可的各种电子公文和电子资料库，可以查阅各种电子法规和电子新闻，可以了解政府及其各部门的组成、提供服务项目、职责、地点等基本情况，可以进行税务处理、电子福利支付、电子邮递、电子保健、电子户籍管理、电子警政治安、电子政府采购与招标；当遇到困难时，可以向其他网民和有关政府部门求助，可以得到免费的咨询和服务；可以随时了解政府对某项管理或服务的计划情况及其实施的进展，可以参加各式各样的讨论组，政府的各专门网站可以满足你的特殊需要，可以询问天气预报、邮政编码、电话号码、列车和飞机时刻表等生活问题，可以参与某一政府部门有关政策制定和修改的讨论并发表自己的见解，可以了解政府掌握的宏观经济数字、专家分析和预测等经济信息；等等。总之，人们在四通八达的高速电子网上，可以找到自己所需要的任何社会信息、生活信息、政府管理和服务信息，并享受自助餐式的服务。

政府服务的本质是公共服务，是社会公众纳税后得到的回报。政府服务应当贯彻普遍的国民待遇而不是只对某些人提供服务。电子政务为这种理念的实现提供了技术条件。中国的信息基础设施建设完善后，可以使广大的偏僻农村结束孤立状态，不但大大增加人们了解外面世界的机会，也可以使他们无须流入城市找工作；可以使偏远地区的儿童接受教育，使工人学到技能；可以享受到高水平的医疗服务；可以享受政府提供的保险及其他公用资源和公共服务，从而可以缩小城乡差别，改变农民享有公共服务短缺的状况。当然，这依赖于国家信息网络设施向农村的延伸，依赖于农村公用资讯站、电子网站建设的普及，以及它们与地方政府网站及其他便民服务网站的连接和农民电脑知识与应用技能的不断提高。

电子政务下公共服务的另一个优越之处是其跨时空性服务。24小时的全天候服务，

延长了服务的时间；不管你在哪里，你都可以在单一窗口得到你想要的便民服务信息，服务的据点和渠道增多了；你可以不必在不同的政府部门之间来回奔波，可以足不出户享受政府的信息和服务，可以享受跨机构的政府服务。

4.6.3 电子政务使公共服务更加具有公正性、公平性

政府的公共服务应当具有公正性、公平性和无偏私，这是人们追求的一种理想状态。电子政务正在使这种理想变为现实。许多公共服务提供的自动化、程序化，使人们没有必要再担心“门难进、脸难看、话难听、事难办”的官僚主义作风。“屏幕”时代的公共服务系统，实现了服务界面由办公室、柜台窗口转向计算机的“人机对话”，只要是规定的服务，具备资格和条件者，在网络面前都会受到一视同仁的待遇，从而提高政府公共服务的公正性与公平性；公共服务的公开性和透明性，也减少了政府部门提供公共服务时人为的行贿、受贿、刁难、推诿和扯皮。

本章小结

电子政务促进政府管理的关系，对政府管理带来诸多影响，同时政府管理也促进电子政务建设。电子政务在一定程度上引领着政府改革的方向和措施。

关键术语

电子政务　　政府管理　　转变　　创新　　公共服务

复习思考题

1. 电子政务促进了政府管理哪些方面的转变?
2. 电子政务对政府管理的影响是什么?
3. 政府如何促进电子政务的发展?
4. 电子政务下政府管理如何创新?
5. 如何通过电子政务提高公共服务水平?

案例分析

英国国家医疗服务体系（NHS）的变革

英国每年要有3亿次全科医疗咨询，估计开销为20亿英镑。英国政府认为高质量的医疗保健服务依赖于高效而有用的信息。对于患者、医疗服务用户或者护理人员而言，能够在恰当的时间快速地找到合适的人与合适的信息是至关重要的。此处，有效的信息也能够使医疗专业人员的治疗更加安全和有效。这些信息本身就是医疗保健服务的组成部分，

所有需要它的人都能够轻而易举地得到。

就NHS而言，原则上是凡有收入的英国公民都必须参加社会医疗保险，按统一的标准缴纳保险费，按统一的标准享受有关医疗福利，而不问收入多少。NHS建设了一个门户网站，为全国和世界的相关人员提供了完善的医疗证明和信息。这些证明是有质量保证和说服力的，以其原有形式及通过指南、途径、工具和其他资源等形式供相关人员使用。随着NHS的扩大和发展，NHS所服务的全体人员将可免费获取权威的医疗和非医疗资讯，以及与医疗保健相关的数据和材料，另外还包括信息战略方案和担保。这对于商业化的信息服务提供来说是一种重要的附加服务，以往为特定读者提供信息是需要收取一定费用的。此类免费的信息提供正在不断地扩大和改进当中。

白皮书《NHS变革》中建议NHS各机构和工作人员脱离英国政府的直接管理，实行自治管理。这种体制的基本要求是在医疗和社会保健领域中推行信息公开。NHS和社会保健机构应尽可能为公众提供必要的信息，采取“先发布后改进”而不是“先改进后发布”的做法。这将扩大公众选择信息的范围和与人分享他们自己的决定，同时也能够提高政府监管水平和责任意识。当然，个人信息将继续受到严格保护，避免外泄。

NHS通过信息技术，为公众提供的服务非常专业化和人性化，例如：

约克郡的一家医院通过视频会议为17个监狱提供医疗服务，节省了交通和押送的成本；索尔福德抽血服务引进了移动的临床辅助设备，结果这个创新在一年之内就收回了成本；通过图片、档案和通信系统远程调用患者的X光片和扫描光片，使地方医疗团队提高了治疗癌症的水平。

电子系统多年来为患者提供免费的在线全科记录访问。以下案例形象地体现了患者和医生的反应：

一位患者说：“我摔断了右肩两次，分别在两家不同的医院治疗，我能够将前一个医院的出院信带到第二个医院，从而为继续治疗提供依据。”

资料来源：沈大风：《电子政务发展前沿（2011）》，340～370页，北京，社会科学文献出版社，2011。

请思考：英国国家医疗服务体系为什么能提供个性化服务？

小知识 »

世界十大数据库排行榜

1. 全球气象数据中心：220千兆网络数据，6个petabytes的其他数据。

2. 全美能源研究科技计算中心：2.8个petabytes（1个petabyte约等于1 000千兆）。

3. AT&T：323千兆信息。

4. Google：每天有9 100万次搜索量。

5. Sprint：2.85万亿条数据库行。

6. Choice Point：250千兆数据。

7. YouTube：45 千兆视频。
8. Amazon：42 千兆数据。
9. 中央情报局：保密，暂估。
10. 美国国会图书馆：1.3 亿个条目（书籍、图片、地图等），20 千兆文本。

第5章

电子政务的应用系统

并不是每个人都需要种植自己的粮食，也不是每个人都需要做自己穿的衣服，我们说着别人发明的语言，使用别人发明的数学……我们一直在使用别人的成果。使用人类的已有经验和知识来进行发明创造是一件很了不起的事情。

——史蒂夫·乔布斯

科学最大的敌人不是错误，而是懒惰。

——亨利·托马斯

重点问题

- 我国电子政务应用系统
- 我国电子政务三网一库建设
- 我国电子政务两网一站四库十二金建设
- 我国电子政务两网、五库、七大信息安全基础设施、十五个重要信息系统建设
- 我国电子政务主要工程

电子政务应用系统是指政府各部门通过信息化手段具体提供的办公、业务、管理和服务的系统。根据《国家电子政务总体框架》（国信［2006］2号），电子政务应用系统是电子政务建设的关键和主要内容。到目前为止，国家已建、在建和拟建的电子政务应用系统包括办公、宏观经济、财政、税务、金融、海关、公共安全、社会保障、农业、质量监督、检验检疫、防汛指挥、国土资源、人事人才、新闻出版、环境保护、城市管理、国有资产监管、企业信用监管、药品监管等，为党委、人大、政府、政协、法院、检察院提供了电子政务技术支持。要围绕优先支持的业务，以政务信息资源开发利用为主线，以政务信息资源目录体系与交换体系为支撑，兼顾中央和地方的信息需求，统筹规划应用系统建设。

5.1　电子政务应用系统

国外的电子政务应用比较广泛，分布于各行各业，许多国家也建设了各种大型的电子政务应用系统。如 2010 年 12 月，欧盟启动 2011—2015 电子政务管理行动计划，包括 40 项具体应用，将帮助公民和企业在网上完成一系列工作，如公司商业登记注册、申请社会福利或医疗保险、大学生登记注册以及企业投标等。2001 年起，美国制订了 24 项电子政务优先应用项目，包括网上申请贷款、网上申请补助、网上缴税、电子采购、资产管理、地理信息、救灾应急、招聘培训、档案管理、身份认证等。韩国自 2001 年起，成立电子政务特别委员会（跨部门，由副部长和专家组成），专门由总理负责电子政务 11 大应用工程，包括政府门户、社保、税务、电子采购、财政、政府集成管理、教育、个人、档案、电子签名、计算机中心等。从国外情况可见，电子政务应用因国情不同，各国的应用重点千差万别。总的来说，国外的电子政务应用重在公众，比较重视政府在公共服务方面的电子政务应用。

我国的电子政务应用包括了政府管理和公共服务等多方面，重点是对社会、经济进行管理。按照管理权限，我国电子政务的应用系统主要分为纵横两大方向。纵指电子政务应用系统的纵向延伸，形成上联中央、省，下联县区、乡镇（街道）等各级政府节点的体系；横指电子政务应用系统的同级或者不同级政务部门横向信息的联通、交换和共享。中办发 17 号文件提出的“两网一站四库十二金”覆盖了我国电子政务急需建设的各个方面，涉及信息资源开发、信息基础设施建设与整合、信息技术应用等领域，特点各异，又相互渗透和交融，初步构成我国电子政务建设的基本框架。具体看，“两网一站四库”是基础层面，“十二金”是应用层面。我国电子政务的应用系统中最重要、最具代表意义的项目是“十二金”工程，即面向政府办公业务建立的十二个重点信息应用系统。按“2523”分为四个层次，第一个“2”指对加强监管、提高效率和推进公共服务起到核心作用的办公业务资源系统、提供宏观决策支持的金宏工程；“5”指涉及增强政府收入能力、保证公共支出合理性的金财、金税、金融监管（含金卡）、金审和金关工程；第二个“2”指关系到国家稳定和社会稳定的金盾、金保工程；“3”指具有专业性质但对国计民生具有重要意义的金农、金水、金质工程。

1993 年 12 月，为适应全球建设信息高速公路的潮流，我国正式启动了国民经济信息化的起步工程——“三金工程”，即金桥工程、金关工程和金卡工程。经过多年的持续发展，以“金”字头为代表的多项工程取得了突破性进展。2002 年 8 月 5 日，中办发 17 号文件明确表示要加快十二个重要业务系统建设：继续完善已取得初步成效的办公业务资源系统、金关、金税和金融监管（含金卡）四个工程，促进业务协同、资源整合；启动和加快建设宏观经济管理、金财、金盾、金审、社会保障、金农、金质和金水等八个业务系统工程建设。相应构建标准化体系和安全保障体系，进一步推进电子政务的发展。业务系统建设要统一规划，分工负责，分阶段推进。业界把这十二个重要业务系统建设统称为“十二金”工程。从2001年起，国家投资建设了40多项重大电子政务工程项目。根据2012年对多个部委的调查显示，中央政府各部委办公业务信息化覆盖率从2001年的不到10%，提高到100%。有金字工程支撑的部委的重点核心业务信息化覆盖率近90%，甚至更高。[①]根据《国家电子政务“十二五”规划》，今后我国电子政务将深化保障和改善民生应用，加快推进劳动就业、社会保障、医疗卫生、教育、文化等应用服务，促进基本公共服务体系的建设发展。2012年5月，国家发改委发布了《“十二五”国家政务信息化工程建设规划》，提出在全面落实17号文件的基础上，结合“十二五”时期的新形势、新任务、新要求，建设四大类29项工程，基本框架就是两网、五库、七大信息安全基础设施、十五个重要信息系统。

5.2 电子政务应用系统的发展

改革开放以来，我国通信网络和信息系统的建设取得了长足进步，但与发达国家相比，我国在网络能力、信息资源开发和应用等方面仍存在很大差距。随着我国经济体制改革的深化和市场机制的建立，跨部门跨地区的信息通信与交换将日益频繁，信息网络将成为现代社会重要的基础设施。我国应抓住这种机遇发展信息化，提高我国的综合国力。在这种背景下，1993年3月12日，副总理朱镕基主持国务院会议，提出了建设“三金工程”，即金桥、金关、金卡工程。金桥工程成为“三金工程”的启动工程。

5.2.1 三金工程

1993年底，中国正式启动国民经济信息化的起步工程——“三金工程”，即金桥工程、金关工程和金卡工程。金桥工程是以建设我国重要的信息化基础设施为目的的跨世纪重大工程。1996年8月，金桥工程被正式批准列为国家的107个重点工程项目之一，由吉通通信有限责任公司作为金桥工程的业主，承担金桥工程的建设、运营和管理。

金桥工程又称国家公用经济信息通信网工程，是实现国民经济信息化的基础设施。这项工程的建设，对于提高我国宏观经济调控和决策水平以及信息资源共享、推动信息服务业的发展，具有十分重要的意义。

金关工程又称为海关联网工程，目标是推广电子数据交换（EDI）技术，以实现货物通关自动化、国际贸易无纸化。

金卡工程又称电子货币工程，是借以实现金融电子化和商业流通现代化的必要手段。

“三金工程”之间有内在联系，即“三金一网”，共用金桥网。

---

① 赵东：《电子政务这十年》，载《计算机世界》，2012（13）。

5.2.2　三网一库

2000 年 5 月至 2001 年 4 月，国务院办公厅连续下发三个文件，颁布了“十五”期间的总体规划，明确国务院办公厅将利用 3～5 年的时间建设以“三网一库”为基本架构的我国政府系统政务信息化的枢纽框架，即建立以“三网一库”为基本架构的电子政务系统。

“三网”，即（1）办公业务网（内网）：政府机关内部涵盖所属单位（处、室等）在内的办公自动化网络；（2）办公业务资源网（专网）：以内网为基础，把政府各部门及上下级政府之间以内部网（Intranet）方式相互联结，实现地区级政府涉密信息共享，为领导决策和政府工作提供内部信息资源的办公自动化网络；（3）政府公众信息网（外网）：以因特网为依托，为推进政务公开、服务社会公众，并为政府决策获取外部信息资源的自动化网络。

“一库”，即政府系统共建共享的“信息资源数据库”，是一个有统一标准的数据集合。

5.2.3　两网一站四库十二金

2002 年中办发 17 号文件之后，我国重新规划了电子政务建设工作的重点，即“两网一站四库十二金”。“两网”指政务内网和政务外网；“一站”是指政府门户网站；“四库”即建立人口、法人单位、空间地理和自然资源、宏观经济四个基础数据库；“十二金”指办公业务资源系统等十二个业务系统。

5.2.4　两网、五库、七大信息安全基础设施、十五个重要信息系统

2012 年《“十二五”国家政务信息化工程建设规划》提出，电子政务应用基本框架是两网、五库、七大信息安全基础设施、十五个重要信息系统。两网指电子政务内网和外网，其中电子政务内网为全国统一的平台，电子政务外网为中央级平台与地方各级平台形成互联互通的体系；五库为人口信息资源库、法人单位信息资源库、空间地理信息资源库、宏观经济信息资源库和文化信息资源库；七大信息安全基础设施基本为涉密工程，主要包括网络与信息安全基础设施、重要信息系统安全保障设施等；十五个重要信息系统包括全民健康保障信息化工程、全民住房保障信息化工程、全民社会保障信息化工程、药品安全监管信息化工程、食品安全监管信息化工程、安全生产监管信息化工程、市场价格监管信息化工程、金融监管信息化工程、能源安全保障信息化工程、信用体系建设信息化工程、生态环境保护信息化工程、应急维稳保障信息化工程、行政执法监督信息化工程、民主法制建设信息化工程和执政能力建设信息化工程。

5.3 电子政务主要应用系统

我国电子政务主要应用系统包括纵向应用为主的多个金字工程，以及以先进的基础网络架构为特色的全国政府系统办公业务资源网、国家电子政务外网等。

5.3.1 金宏工程

金宏工程，即宏观经济管理信息系统，国家发改委 2004 年 1 月正式批准立项，是一个综合性的大型电子政务应用系统。该项目由国家发改委牵头，国务院直属的七个宏观经济管理部门包括财政部、商务部、中国人民银行、国资委、海关总署、国家统计局和国家外汇管理局联合共建，国家发改委金宏办公室负责统一规划、统一标准、统一组织实施和管理协调项目工作。金宏工程总体目标是依托国家电子政务网络平台，通过信息资源、信息共享平台、重点领域业务应用系统和安全保障体系的建设，实现宏观经济管理部门的互联互通和信息共享，促进宏观经济管理部门间的业务协同与互动，提高业务管理信息化和科学决策水平，增强政府调控宏观经济、驾驭市场变化、应对经济突发事件、总揽经济全局的能力，为党中央、国务院及时、准确、全面地掌握宏观经济运行态势提供信息服务。金宏工程的最大贡献在于加强了部委间政务协同和数据共享。

金宏工程项目建设总体方案，遵循了“逻辑相对集中、物理适度分布”的原则，既解决了统一的信息共享平台建设问题，又回避了设备、业务流和数据的大集中，既满足了共建部门及时获得共享信息的需要，又考虑了共建部门现有数据资源的实际情况，重点集中于建设共建部门的共享信息库。

金宏工程包括八个重点业务应用系统：国民经济和社会发展规划与计划系统、财政经济分析预测系统、价格监管信息系统、金融运行分析信息系统、固定资产投资项目管理信息系统、国际收支平衡管理信息系统、战略性资源信息系统、国有重点企业业务信息系统。

5.3.2 全国政府系统办公业务资源网

办公业务资源网即政务专网。[①] 全国政府系统办公业务资源网的建设和应用由国务院办公厅秘书局负责协调和管理。各省、自治区、直辖市、国务院各部门的办公业务网及办公业务资源网节点建设和应用，以及向下延伸的系统建设和应用，由各地政府办公厅和各部门办公厅（室）负责协调和管理。全国政府系统办公业务资源网正逐步推行公文无纸化

① 参见崔占福：《抓住机遇 迎接挑战 加快全国政府系统信息化建设步伐》，见 http://www.mwr.gov.cn/zt-bd/slxxh/gzzs/cui1.htm，2000-12-09。

传输系统，以国办二邮系统为平台，用户端使用中办机要局同北京某公司联合研制的安全电子公文系统。政务专网是党政机关的非涉密内部办公网，主要用于机关非涉密公文、信息的传递和业务流转，与外网之间不是通过传统的防火墙来隔离，而是通过网闸，仅以数据“摆渡”方式交换信息（网闸的 HTTP、FTP、SMTP 等通用协议全部关闭或不提供这些协议支持），以实现公共服务与内部业务流转的衔接。

政务专网不是涉密网，可实现广泛的内部互联，还可与外网实现安全信息交换。因此，政务专网完全能够作为不涉及国家秘密的内部业务流转和信息处理的主要平台，并形成公共服务的外网受理、内（专）网办理、外网反馈的闭环机制。但也有不同认识：从本质上看政府专网和政务内网在物理上是一套网络，是政府系统的内部办公业务网，是涉密网，处理涉及国家秘密事务，故二者又可合称为政务内网。① 有的地方将政务专网分为内网和外网。② 2002 年 17 号文件提出“建设和整合统一的电子政务网络”，“电子政务网络由政务内网和政务外网构成，两网之间物理隔离，政务外网与互联网之间逻辑隔离”，之后我国不再提专网建设。专网的业务按业务涉密性质分别转移到政务内网和政务外网：涉密的专网业务迁移到政务内网；非涉密的专网业务迁移到政务外网。按照《关于加快推进国家电子政务外网建设工作的通知》（发改高技［2009］988 号），发改委在审批电子政务项目时，将严格控制新的部门专用网络建设，积极引导各部门利用政务外网开展业务应用。

5.3.3 金税工程

金税工程全称为中国税收管理信息系统（CTAIS）。1994 年 2 月 1 日，国务院副总理朱镕基在听取了电子部、航天工业总公司、财政部、国家税务总局等单位的汇报后，指示要尽快实施以加强增值税管理为主要目标的金税工程。为了组织实施这项工程，成立了跨部门的国家税控系统建设协调领导小组，下设金税工程办公室，具体负责组织、协调系统建设工作。1994 年 3 月底，金税工程试点工作正式启动。1994 年 7 月，作为金税工程一期的增值税交叉稽核系统在 50 个大中城市试点。1998 年 8 月开始推行金税工程二期，至 2003 年 7 月，金税工程二期原定目标全部实现，并取得显著成效。金税工程促进了税务管理的改革创新，推动了业务和技术在战略层面的结合，支持了税收征管专业化和精细化管理，为推动税收征管改革和加强税源管理提供了有力的支撑，为税收工作向现代化管理过渡奠定了基础。

2005 年，为进一步加强税收信息化建设，保证税收收入持续增长，金税工程开始持续 4 年的三期建设，目标是通过“一个平台、两级处理、三个覆盖、四个系统”的建设，最终建成拥有一个覆盖全国的行业网络、一个国家级税务处理中心（含备份中心）、70 个省级税务处理中心（含备份中心）、80 万个工作站，年事务处理量超过 10 亿笔，内部用户

---

① 参见《政务内网与外网》，见 http://www.czny.gov.cn/2/96/7/3306.html，2009-03-01。

② 参见《江阴市电子政务专网管理办法》，见 http://www.lawyee.net/Act/Act_Display.asp?RID=617939，2008-12-14。

约80万人、外部用户过亿的，覆盖各级国地税、所有税种、所有工作环节的全国性税收管理信息系统。“一个平台”是建立一个包含网络硬件和基础软件的统一的技术基础平台。“两级处理”是逐步实现税务数据信息在总局和省局二级集中处理。“三个覆盖”是应用信息系统逐步覆盖所有税种，覆盖税务管理的重要工作环节，覆盖各级国、地税机关，并与有关部门联网。“四个系统”是指税收业务管理、税务行政管理、外部信息管理、决策支持管理四大应用系统。

5.3.4 金财工程

为适应信息全球化迅猛发展的趋势和我国政府管理现代化、信息化发展的要求，财政部从1999年下半年开始规划建立政府财政管理信息系统。2002年初，国务院正式命名财政部政府财政管理信息系统为金财工程。金财工程是利用先进的信息网络技术，以财政系统纵横向三级网络为支撑，以细化的部门预算为基础，以所有财政收支全部进入国库单一账户为基本模式，以预算指标、用款计划和采购订单为预算执行的主要控制机制，以出纳环节高度集中并实现国库资金的有效调度为特征，以实现财政收支全过程监管、提高财政资金使用效益为目标，建设支撑预算管理、国库支付管理和财政经济景气预测等核心业务的政府财政综合管理信息系统。金财工程包括财政业务系统、安全体系、网络系统、数据中心和运营维护体系的建设。金财一期工程完成了相对独立运营的五个核心业务应用系统建设：预算管理系统、国库支付管理系统、非税收入管理系统、财政工资统一发放系统和财政经济景气预测与分析系统。同时按照“大系统”的设计理念，建设财政核心业务统一的应用支撑平台，并对财政部本级数据中心机房和省市级数据中心机房进行改造，建设业务应用系统所必需的网络及系统支撑环境、安全保障环境、运营维护环境和机房环境等保障设施。

金财工程由财政部承建，宏观管理由财政部金财工程建设领导小组办公室负责，具体工作由财政部信息网络中心执行。

5.3.5 金关工程

金关工程是我国政府利用计算机网络技术实现国家对外经济贸易和相关领域进行标准化、规范化、科学化、网络化和现代化管理的国家信息化重点系统工程。1993年，国务院提出实施金关工程，推动海关报关业务的电子化，取代传统的报关方式以节省单据传送的时间和成本。2001年，金关工程正式启动。金关工程的核心是海关内部通关系统和外部口岸电子执法系统。在海关内部联通的基础上，由海关总署等12个部委牵头建立电子口岸中心，又称“口岸电子执法系统”，利用现代信息技术，借助国家电信公网，将外经贸、海关、工商、税务、外汇、运输等部门分别掌握的进出口业务信息流、资金流、货物流的电子底账数据，集中存放在一个公共数据中心，各行政管理机关可以进行跨部门、跨行业的联网数据核查，企业可以上网办理出口退税、报关、进出口结售汇核销、转关运输等多种进出口手续。2012年初，海关总署启动了金关工程二期立项申请工作，建设目标是：在一期建设的基础上通过总体设计、丰富应用、整合资源、创新科技、强化安全，将金关工程建设成进出口环节的企业诚信监督系统，海关服务进出口企业、优化口岸管理的辅助系统，口岸及进出口管理部门协作共建、信息共享、提升公信度的管理系统，不断优化海关监管和服务，保持国内相关领域领先，并达到国际海关先进水平。

5.3.6 金卡工程和银行业监管信息系统

1993 年 4 月，江泽民总书记提出了全民使用信用卡的倡议。同年 6 月，国务院启动了以发展我国电子货币为目的、以电子货币应用为重点的金卡工程。1993 年，根据国务院专题会议精神，国家金卡工程由电子部部长胡启立、邮电部副部长朱高峰、人民银行副行长陈元组成三人领导小组；1993 年 10 月，邹家华副总理审定批准成立了由五个部门联合组成的国家金卡工程办公室，设在电子部，负责金卡工程跨部门和跨地方的组织协调和指导与服务工作。这是我国信息化建设启动后成立的第一个跨多个部门（行业）的议事协调机构，参与部门从 5 个扩大到当今的 23 个部门（行业），并在 20 多个省市开展了工程试点与应用示范。目前国家金卡工程办公室下设六个工作组：总体组、专家组、标准化组、信息安全组、智能卡应用组和无线射频识别（RFID）应用工作组。在金卡工程办公室的支持指导下，十多年来先后成立了国家 IC 卡注册中心、智能卡产品检测中心、信息安全检测中心、电子标签（RFID）产品检测中心、软件操作测评中心、国家 RFID 频率测评中心以及多功能卡应用联盟等平台和支撑体系。

2011 年 12 月 27 日成立了国家金卡工程物联网应用联盟。联盟将充分整合各部门、各试点城市、相关产业协会及各地产业联盟的物联网相关资源，统筹协调制定物联网应用涉及的标准化、产业化、应用示范，以及公共服务平台建设与服务业发展的相关工作，更好地服务于国家金卡工程建设和物联网发展大局。

金卡工程广义上是指金融电子化工程，狭义上是指电子货币工程。金卡工程以计算机、通信等现代科技为基础，以银行卡等为介质，通过计算机网络系统，以电子信息转账形式实现货币流通。金卡工程建设的总体目标是建立起一个现代化的、实用的、比较完整的电子货币系统，形成和完善既符合我国国情、又能与国际接轨的金融卡业务管理体制。金卡工程推动了我国商业银行的电子化进程，为电子商务的开展打下了基础。从某种意义上来说，金卡工程本身就是电子商务在我国的应用试点，并取得了显著成效。具体说，金卡工程要发挥以下作用：使企业和个人的交易、转账、消费和税收纳入国家统计体系之内，减少资金体外循环，使企业和个人的往来账户余额在监测体系之内，以更准确地反映国家的宏观经济状况，使金融、税收等事关国家政治和经济的调控机制切实发挥作用；减少现金流通量和货币发行量，稳定币值，稳定市场，方便流通；促进信用卡联营，设备共享，节省投资，减少资金运营和管理上的风险；发展电子货币，便于实现代发工资和其他代收代发服务，以便反腐倡廉，监督纳税和减少经济犯罪；实现“一卡在手、走遍神州”，为企业和个人提供方便、快捷、安全的支付和消费手段，促进市场繁荣。

银行业监管信息系统在 2003 年前由中国人民银行负责建设，一方面实现人民银行内部以及其与商业银行之间的网络通信，另一方面开发和应用了多个版本的监管信息系统。

2003年4月28日，中国银监会挂牌成立，负责建立统一的银行业监管信息系统。①《中华人民共和国银行业监督管理法》第二十条专门提出建立银行业金融机构管理信息系统。

银行业监管信息系统业务编写以“风险为本”的原则和“管法人、管风险、管内控、提高透明度”的审慎监管理念为基础，以实现“统一监管标准”为目标。2005年11月底，“银行业监管信息系统”基础数据业务需求全面完成；2006年末，完成了银行业监管信息系统各系统的建设任务，实现了银行业监管信息系统全线投产试运行。2007年4月，由中国银监会组织开发的全国银行业非现场监管系统正式运行，第一次独立地对全部银行业机构的数据进行采集、审核、加工和披露，实现了对银行业机构并表统计和对全国银行业审慎数据的汇总分析，使监管人员和统计分析人员首次能够通过计算机系统采用多种方法分析全部银行业金融机构的风险情况，标志着我国银行业监管方式实现历史性变革。非现场监管系统通过各银行金融机构填报的23张基础报表，自动生成227张各类报表，供监管人员对各银行业金融机构资本充足、信用风险、盈利性、流动性风险、市场风险情况进行评判和分析，提高了日常监管工作特别是现场检查工作的针对性和有效性，也提高了并表监管能力，缩小了我国在银行业监管手段上与国际标准和发达国家之间的差距。通过实施非现场监管信息系统，银监会自上而下对部门设置、职能、人员进行了优化，重新梳理了监管流程。

5.3.7 金审工程

金审工程是审计信息化系统建设项目的简称。前审计长李金华指出：“审计人员不掌握计算机技术就进不了门，打不开账，不懂计算机将失去审计资格。”② 1998年，审计署提出审计信息化建设的意见。2002年7月28日，国家计委批准审计署金审工程开工申请并开始工程建设。金审工程的总体目标是：建成对财政、银行、税务、海关等部门和重点国有企业事业单位的财务信息系统及相关电子数据进行密切跟踪，对财政收支或财务收支的真实、合法和效益实施有效审计监督的信息化系统；逐步实现审计监督的三个转变：从单一的事后审计转变为事后审计与事中审计相结合，从单一的静态审计转变为静态审计与动态审计相结合，从单一的现场审计转变为现场审计与远程审计相结合；增强审计机关在计算机环境下查错纠弊、规范管理、揭露腐败、打击犯罪的能力，维护经济秩序，促进廉洁高效政府的建设，更好地履行审计法定监督职责。

为保障工程进行，审计署于2000年成立了由李金华审计长担任组长的信息化建设领导小组；2002年6月14日建立了包括何德全院士、李国杰院士在内的金审工程专家咨询委员会；制定了《金审工程建设管理暂行办法》、《金审工程财务管理办法》和《金审工程项目管理办法》三个工程管理办法；编制了《审计软件开发指南》。金审工程在全国审计机关率先实现了基于自主可控操作系统、数据库和中间件产品的国产化，成功探索了低成

① 参见陈慧等：《机构分设下我国统一的银行业监管信息系统建设》，载《湖南工业大学学报》，2006（5）。

② 《李金华审计长在计算机审计中级培训座谈会上的讲话》，见 http://www.ahlxsjj.gov.cn/5dgc/111/2008-11-07/589.html，2008-11-07。

本、高成效的国产化建设模式。

5.3.8　金盾工程

金盾工程即公安信息化工程。1998年，公安部为适应我国在现代经济和社会条件下实现动态管理和打击犯罪的需要，实现科技强警，增强公安系统统一指挥、快速反应、协调作战、打击犯罪的能力，提高公安工作效率和侦察破案水平，提议建设金盾工程。国家计委在2001年1月批准立项。金盾工程实质上是公安通信网络与计算机信息系统建设工程，目的是实现以全国犯罪信息中心（CCIC）为核心、以各项公安业务应用为基础的信息共享和综合利用，为各项公安工作提供强有力的信息支持，实现以“数字化警察”为目标的信息共享和综合利用。金盾工程主要包括公安基础通信设施和网络平台建设、公安计算机应用系统建设、公安工作信息化标准和规范体系建设、公安网络和信息安全保障系统建设、公安工作信息化运行管理体系建设、全国公共信息网络安全监控中心建设等。

5.3.9　金保工程和全国最低生活保障信息系统

2002年8月，《国家信息化领导小组关于我国电子政务建设指导意见》将社会保障信息系统列为电子政务建设的12个重点工程之一。2002年10月，劳动和社会保障部在辽宁省沈阳市召开了全国劳动保障信息化工作会议，金保工程全面启动。金保工程是利用先进的信息技术，以中央、省、市三级网络为依托，支持劳动保障业务经办、公共服务、基金监管和宏观决策等核心应用，覆盖全国的统一的劳动保障电子政务工程。其内涵可以简要概括为“一二三四”四个字：一个工程，指在全国范围建设一个统一规划、统筹建设、网络共用、信息共享、覆盖各项劳动和社会保障业务的电子政务工程；两大系统，指建设社会保险子系统和劳动力市场子系统；三级结构，指由中央、省、市三层数据分布和管理结构组成；四项功能，指具备业务经办、公共服务、基金监管和宏观决策四项功能。

全国金保工程一期建设已经进入验收阶段，业务专网建设基本完成，并进入部、省、市、街道、社区多级网络贯通和向乡镇、区县经办机构延伸的新阶段；各地网络和系统基本建成。金保工程二期将实现对各项人力资源社会保障业务、各类服务人群、各类经办服务网点及各项系统功能的全覆盖。金保工程二期完成后，全国参保人员的养老、医疗保险转移、百姓异地就医、异地养老等信息处理，将都可通过信息网络予以支持。

全国最低生活保障信息系统（简称低保信息系统）是社会保障信息系统工程的重要组成部分。低保信息系统是利用先进的信息技术手段，借助国家电子政务外网、公网等网络资源，建设支持低保业务处理、信息服务与交换、统计分析与决策、监测预警等核心应用，覆盖全国的低保业务信息系统，为低保工作信息化管理提供全方位技术支持，使低保制度切实成为国家社会保障体系的“最后一道社会安全网”。

5.3.10　金农工程

金农工程是1994年12月在“国家经济信息化联席会议”第三次会议上提出的，目的是加速和推进农业和农村信息化，主要任务有：网络的控制管理和信息交换服务，包括与其他涉农系统的信息交换与共享；建立和维护国家级农业数据库群及其应用系统；协调制定统一的信息采集、发布的标准规范，对区域中心、行业中心实施技术指导和管理；组织农业现代化信息服务及促进各类计算机应用系统的开发和应用。金农工程建设目标是建立信息应用系统，构筑农业信息网络，造就信息服务队伍。

5.3.11 金水工程

水利信息化指的是充分利用现代信息技术，深入开发和广泛利用水利信息资源，包括水利信息的采集、传输、存储和处理，全面提升水利事业活动的效率和效能。水利部信息化工作领导小组于2001年4月召开了全国水利信息化工作座谈会，将水利信息化建设定名为金水工程。金水工程又称国家防汛指挥系统工程，包括防洪和抗旱两部分。防洪部分覆盖7个流域机构、24个重点防洪省（市）、224个地级水情分中心和228个地级工情分中心，以及与水情分中心相连的3 002个中央报汛站和与工情分中心相连的927个重点防洪县的工情采集点，还有中央直管的7个工程单位、9个大型水库、12个蓄滞洪区。抗旱部分覆盖31个省（市、区）267个地级旱情分中心以及与之相连的1 265个易旱县旱情采集点。金水工程的核心是为实现水利现代化提供信息化手段的支撑，首要任务是在全国水利业务中广泛应用现代信息技术，建设水利信息基础设施，解决水利信息资源不足和有限资源共享困难的问题，通过提高防汛减灾、水资源优化配置、水利工程建设管理、水土保持、水质监测、农村水利水电和水利政务等水利业务中信息技术应用的整体水平，带动水利现代化。

5.3.12 金质工程

金质工程即国家质量监督检验检疫信息化工程，旨在促进各级质检机关向管理服务型转变，提高质量监督检验检疫执法的透明度，形成全国统一的质检大网络，促进质检系统执法电子化、信息化，为生产企业和外经贸企业带来更大的方便与效益，加大打击假冒伪劣的力度，更有效地规范市场经济秩序，促进社会主义市场经济的发展。金质工程的建设内容包括“一网一库三系统”，即质检业务监督管理系统、质检业务申报审批系统、质检信息服务系统、质检业务数据库群、软硬件及网络平台，目的是逐步实现行政审批网络化、监督管理信息化、决策支持智能化、业务处理规范化、信息交互发布自动化。

5.3.13 金旅工程

金旅工程是国家信息化工作在旅游部门的具体体现，有两个基本的组成要素：政府旅游管理电子化即利用现代化技术手段管理旅游业；利用网络技术发展旅游电子商务，与国际接轨。总的目标是最大限度地整合国内外旅游信息资源，建设和完善政府系统办公自动化网络和面向旅游市场的电子商务系统。国家旅游局从2001年起，逐步建设金旅工程，以最大限度地整合旅游业的资源和市场，最终形成覆盖全国的完整的管理和商务网络。金旅工程包括内部办公网、管理业务网、公众商务网和公用数据库。

5.3.14 金卫工程和国家公共卫生信息系统

金卫工程即国家医疗卫生信息产业工程，由卫生部统一规划、统一标准、统一组织实施，是将信息科学、计算机技术、网络通信技术集中用于医疗卫生领域的大型信息化工程。金卫工程的总体目标是建立一套以科学管理为基础、以计算机技术为手段的现代化国家卫生信息系统，主要包括国家卫生管理系统、业务职能管理信息系统、医学信息系统。具体内容包括建立医疗卫生信息网络和统一发行金卫卡。

国家公共卫生信息系统是2003年上半年“非典”重大疫情灾害后开始建设的，总体目标是：综合运用计算机技术、网络技术和通信技术，构建覆盖各级卫生行政部门、疾病预防控制中心、卫生监督中心、各级各类医疗卫生机构的高效、快速、通畅的信息网络系统，网络触角延伸到城市社区和农村卫生室；加强法制建设，规范和完善公共卫生信息的收集、整理、分析，提高信息质量；建立中央、省、市三级突发公共卫生事件预警和应急指挥系统平台，提高医疗救治、公共卫生管理、科学决策以及突发公共卫生事件的应急指挥能力。主要任务包括建立和完善国家公共卫生信息系统基础网络、疫情和突发公共卫生事件监测系统、医疗救治信息系统、卫生监督执法信息系统、突发公共卫生事件应急指挥中心与决策系统。

5.3.15 金土工程

金土工程是2004年1月国务院副总理曾培炎在国土资源部视察工作时提出的。总体目标是完成“三大系统”建设（耕地保护国家监管、矿产资源国家安全保障，以及地质灾害预警、预报与应急指挥系统），建立覆盖国家、省、市、县级国土资源电子政务管理信息化系统。金土工程分三期用六年时间完成。一期主要开展耕地保护国家监管系统和矿产资源国家安全保障系统建设的试点示范；二期全面完成耕地保护国家监管系统和矿产资源国家安全保障系统建设，开展地质灾害预警、预报与应急指挥系统的试点建设；三期重点开展国家地籍、地质钻孔、资源与生态环境等战略性、公益性国土资源数据库建设。

5.3.16 金信工程

党的十六大提出要建立健全社会信用体系。2002年3月，以工商行政管理局之间的网络互通信息共享为目标的“红盾工程”一期项目完成。2003年8月，国家工商总局提出了金信工程建设及第一个五年目标。2006年5月国家发改委批准金信工程一期项目。金信工程是工商系统信息化建设的系统工程，目的是建设企业信用监管体系。《国家信息化领导小组2007年工作要点》（国信［2007］2号）将工商信息化建设放在国家电子政务建设的大局中统筹考虑。“金信工程”是一项覆盖面广、涉及业务多、应用难度大的综合性、系统性电子政务工程，一期集中解决“统一标准、资源整合、互联互通、安全保障”方面的问题，进一步提高工商行政管理部门市场监管、行政执法和综合服务的能力，并为全面推进金信工程起到全局性示范作用。在网络基础建设方面依托国家电子政务网络，建立涵盖全国市场主体的经济户口数据库，为国家电子政务重点工程提供支撑。在整合数据方面，建立为企业监管、“12315”行政执法和商标知识产权保护服务的专题数据库群，为各级工商行政管理部门监督管理市场主体提供及时、准确的信息支持。在业务方面，优化企业监管与行政执法业务应用支撑系统，建立覆盖全国各级工商行政管理机关的“12315”行政执法信息处理网络和企业信用分类监管两类业务应用系统。

5.3.17 全国文化信息资源共享工程

全国文化信息资源共享工程是2002年起由文化部、财政部共同组织实施的国家重大建设工程。它利用现代信息技术，将中华优秀文化资源进行数字化加工整合，通过互联网、卫星、电视、手机等新型传播载体，依托各级图书馆、文化站等公共文化设施，在全国范围内实现共建共享。全国文化信息资源共享工程受到党和国家的高度重视，连续六年被写入中央一号文件，先后被列入我国《国民经济和社会发展第十一个五年规划纲要》、《国家“十一五”时期文化发展规划纲要》、《2006—2020年国家信息化发展战略》、《国家中长期教育改革和发展规划纲要（2010—2020年）》、《国家“十二五”时期文化发展规划纲要》、《中国农村扶贫开发纲要（2011—2020年）》。胡锦涛、温家宝同志多次就文化共享工程的建设做出重要指示，李长春同志先后12次到工程基层站点视察。中央财政和各级地方财政已投入专项建设资金57.84亿元，为工程的顺利实施提供了保障。“十一五”期间，全国文化信息资源共享工程建设取得了显著进展，初步建立了层次分明、互联互通、多种方式并用的数字文化服务网络。截至2010年底，全国文化信息资源共享工程已建成1个国家中心、33个省级分中心（覆盖率达100%）、2 867个县级支中心（覆盖率达95%）、22 963个乡镇基层服务点（覆盖率达67%）、59.7万个村基层服务点（覆盖率达98%），累计为9.6亿人次提供了服务。通过广泛整合图书馆、博物馆、美术馆、艺术院团及广电、教育、科技、农业等部门的优秀数字资源，全国文化信息资源共享工程数字资源建设总量已达到108TB，整合制作优秀特色专题资源库207个。全国文化信息资源共享工程走进农村、走进社区、走进军营、走进学校、走进企业，初步满足了基层群众“求知识、求富裕、求健康、求快乐”的需求。

“十二五”时期，全国文化信息资源共享工程将在“十一五”基本实现“村村通”的基础上，充分利用已建成果，最大化发挥各级网点设备设施的服务能力，以有效开展服务为重心，以打造精品、优化应用为重点，以全面推动共建共享为途径，以可持续发展的体制机制作保障，到2015年，将工程建成资源优质丰富、技术先进实用、传播高效互动、服务便捷贴近、管理科学规范、体系完整可控的公共数字文化传播服务体系，实现“时时可看，处处可学，人人可享”，使全国文化信息资源共享工程成为政府主导的公共网络服务阵地，成为资源最丰富、服务最便捷、使用最安全的网上爱国主义教育基地、中华数字文化资源门户、数字文化网络培训学校，成为基层群众的信息中心、学习中心和数字文化中心。

5.3.18　国家政务外网

国家政务外网是按照中办发［2002］17 号文件规定建设的中国电子政务重要基础设施。国家政务外网是政府的业务专网，主要承载政务部门不需要在内网上运行的业务和政务部门面向社会的专业性服务，与政务内网物理隔离，与互联网逻辑隔离，为政务部门的业务系统提供网络、信息、安全等支撑服务，为社会公众提供政务信息服务。国家政务外网由中央政务外网和地方政务外网组成，主要服务于各级党委、人大、政府、政协、法院和检察院等部门，为各部门的业务应用提供网络承载服务，支持业务网络的互联互通，支持跨地区、跨部门的业务应用、信息共享和业务协同，满足各级政务部门社会管理、公共服务等方面的需要。①

多金工程的发展激发了信息共享、平台共建的需求，但传统的老大难问题仍然存在：网络互联互通难、信息共享难、业务协同难。政务外网的建设与完善就是要解决网络互联互通的基石问题，进而良性循环到深入的信息共享和业务协同上去，消除“烟囱问题”。基于此，2002 年出台的《国家信息化领导小组关于我国电子政务建设指导意见》提出，要“建设和整合统一的电子政务网络”，“电子政务网络由政务内网和政务外网构成，两网之间物理隔离，政务外网与互联网之间逻辑隔离”，并明确提出建设国家政务外网。

国家信息中心从 2002 年底开始积极筹划国家政务外网的立项和申请工作，2004 年 9 月 30 日，国家发改委发出《国家发展改革委关于国家政务外网（一期工程）项目建议书的批复》（发改高技［2004］2135 号）文件，正式批复项目立项，明确了外网一期工程项目的建设目标、建设内容。随后，又对可行性研究报告和初步设计进行了批复，政务外网进入了正式建设阶段。

国家政务外网项目从 2005 年开始一系列招投标工作，2006 年底基本完成网络系统的主体工程，2007 年通过初步验收，初步具备了承载部门业务应用系统的能力。

国家政务外网总体目标是依托统一的国家公用通信传输网络，整合建设政务外网，通过覆盖全国各级政务部门的网络平台和服务体系，支持电子政务业务系统的运行，支持跨部门、跨地区的信息资源共享，支持电子政务业务系统的互联互通和信息交换，促进政府监管能力和服务水平的提高。

国家政务外网是架构在基础传输网络之上的 IP 网络，是能够支持数据、语音、视频应用的多业务网络，初期建设以数据传输为主。国家政务外网的建设，可以用四个统一来概括，即充分利用现有资源，整合构建“统一的网络平台、统一的应用支撑平台、统一的安全保障体系和统一的服务体系”。

国家政务外网分为中央级（一级网）、省（自治区、直辖市）级（二级网）、地（市）级（三级网）和县级四个层次。中央级连接中共中央、国务院、全国人大、全国政协以及中央国家机关各部委。省、地、县三级分别连接相应层级的党委、政府、人大、政协、法院、检察院及委办厅局等。

---

① 参见刘增明、戈文杰：《国家电子政务外网建设概况》，载《电子政务》，2008（6）。

按照《关于加快推进国家电子政务外网建设工作的通知》（发改高技［2009］988号），国家发改委原则上将不再批准建设新的部门专用业务网络，财政部门原则上也不再安排新的部门专用业务网络运行维护经费，并将根据各政务部门业务系统在国家电子政务外网上部署的进展情况，相应调整业务系统的运行维护费用。988号文件就推动政务外网的工程建设、业务应用、安全保障和运维服务等提出了相关要求，再一次明确了国家政务外网的建设目标：到2010年底前，基本建成从中央到地方统一的国家政务外网，横向要连接各级党委、人大、政府、政协、法院、检察院等各级政务部门，纵向要覆盖中央、省、地（市）、县，满足各级政务部门社会管理和公共服务的需要。988号文件明确规定："今后凡属社会管理和公共服务范畴及不需在国家电子政务内网上部署的业务应用，原则上应纳入国家政务外网运行。"已建并投入运行的该类业务系统，要抓紧制定迁移方案，向政务外网迁移，并逐步实现其业务在政务外网上的部署和应用。

本章小结

电子政务应用非常广泛，并形成了电子政务应用系统。我国电子政务应用系统主要包括纵向应用为主的金字工程，以及以先进的基础网络架构为特色的全国政府系统办公业务资源网、国家电子政务外网。

关键术语

电子政务　应用系统　两网一站四库十二金　办公业务资源网　政务外网　五库、七大信息安全基础设施、十五个重要信息系统

复习思考题

1. 电子政务应用有哪些主要内容？
2. 我国金字工程的意义是什么？
3. 国家电子政务外网的主要功能是什么？

案例分析

韩国电子化政府采购系统

电子化政府采购系统是由韩国采购厅（调达厅）建设的，是韩国电子政务11大工程之一。电子化政府采购系统不仅被认为是韩国政府电子政务的典范，而且被认为是国际一流标准的电子采购系统。2003年6月，韩国电子政府采购系统被联合国授予"公共服务优秀奖"，2004年5月获得经济合作与发展组织"优秀电子政务服务提供奖"，韩国政府采购电子化走在了世界的前列。

韩国的电子化政府采购系统是经过不断完善而构建的。1997年在政府机构、采购厅、

公司之间建成了电子数据交换系统（EDI），1998年建成商品网上交易市场，2000年建成电子招投标系统，2001年开放电子支付系统，电子政府采购系统最终完成。电子政府采购系统以采购厅的电子采购为基础，通过网络连接公共部门、采购机构、授权的公司和电子签名的政府机构，在其网页（www.g2b.go.kr）上处理采购交易。电子政府采购系统建成后，所有的政府采购市场参与者，只要进入互联网，就能够在任何地方进行交易。在完成系统建设的基础上，采购厅在2004年建成客户管理系统（CRM），开始了电子政府采购的革命。同时，在公共机构之外建立了第一个网络电话中心，通过电话回答、录像咨询和屏幕共享对参与电子政府采购进行指导，以增强服务质量。采购厅还建立了一个搜索引擎系统，用于对相关信息进行自动搜索，并对大量不同类别的项目进行标准化处理，使每个人都能够很容易地找到产品信息，从而有效地促进了电子商务。

韩国采购厅重视移动互联网应用。2005年，采购厅实施了“广泛存在的”电子采购。通过开通移动电话服务，使人们在任何时候都能获得政府采购信息，并且参与投标活动。企业家无论是在汽车上还是火车上，都能够进行电子投标。

物联网技术已引入韩国政府采购系统。据了解，一个采用“广泛存在的RFID系统”核心技术的货物管理系统计划将在2005年6月完成。根据这个系统，人们能够检查货物的状态，并进行在线或即时管理。

韩国电子政府采购系统通过一系列连续不断的创新，大大增强了电子政府采购的服务能力。目前，大约有4万个公共机构和17万个公司使用电子政府采购系统。系统每年完成的交易额高达230亿美元，占政府采购规模的30%，已经成为国际上最大的电子市场。在货物和建筑领域，电子采购系统的采购规模达到250亿美元。

韩国法律明文规定，招标公告仅通过纸媒体公布是不合法的，只有电子采购系统公布的招标公告才是合法、有效的。七八年前，韩国也通过纸媒体发布招标公告，但是纸媒体存在一定的局限性，人为因素很大，因此，从2002年起，韩国取消了纸媒体公开发布的方式。

韩国电子政府采购系统与53个外围系统（如金融机构、行业协会等）相衔接，对采购项目提供一次性的审核或服务，保证了政府采购从发布采购公告，招投标，到签订合同、支付等各环节，都通过系统自动完成。①

韩国大使馆采购官郑燠玉向大家介绍韩国政府建立其电子采购系统KONEPS的成功经验时说，韩国在建立KONEPS时所克服的困难也非常多。

首先，KONEPS在建立时遇到了采购厅内部职员的反对。如果全部合同业务成为电子化的话，职员的裁量权也随之丧失，导致采购厅也变得无用，因此采购厅内部职员面临着对变化的恐惧和挑战。

对此，采购厅通过各种会议、研讨会等共享采购业务的信息。韩国政府认为，如果不把采购业务整合，变成透明化的采购，政府组织将很难培养企业的生存危机意识，并使KONEPS成为世界一流的电子采购系统。

---

① 参见殷亚红、白留杰：《更透明　更节约　更快速的韩国电子政府采购系统》，载《中国政府采购》，2005(6)。

另外，采购厅启动了财政经济部、信息通信部等十个相关部门参与的KONEPS支持联合会，收集用户的意见，并消减各机关重复开发系统的预算，改善法律制度，联系外部相关系统等，坚持不懈地说服公共机关和企业相关人员，克服了相关问题。

采购厅还全国巡回开展使用方法的教育，在11个地方运营厅常设教育基地，强调电子采购的透明性和高效率，使各公共机关负责人和采购企业了解并说服他们，使他们相信KONEPS是适用电子签名、加密的安全的系统。

克服了这些困难后，终于在2002年10月建立了KONEPS。

资料来源：《韩国在建立KONEPS时所克服困难也非常多》，见 http://www.cfcpn.com/front/news/show_news.jsp?rec_id=5985，2010-07-16。

请思考：韩国电子化采购系统成功的原因是什么？

小知识

世界上信息量最大的一句话

《费曼物理学讲义》是世界上最好的物理学教材，处处闪烁着智慧的灵光。全书开卷就提出一个有趣的问题："如果人类文明即将毁灭，我们可以给下一个文明留一句话，该留哪一句？"每个人都可能给出不同的答案，1965年诺贝尔物理奖得主——理查德·费曼（Richard Feynman）教授给出了一个我们最没有争议的答案："宇宙万物皆由原子组成"（All things are made of atoms）。

第6章

电子政务的规划与实施

战略规划其实很简单，它不过是“为未来做现在的决策”，但它又不简单，别指望从左边输入一些东西，从右边就会生出战略；它不只是规划书，更是行动；它不是预测，而是承担风险和责任。

——彼得·德鲁克

规划书无用，规划过程有用。

——艾森豪威尔

重点问题

- 电子政务规划
- 电子政务顶层设计
- 电子政务项目实施管理

20世纪末，业界许多专家认为，信息化建设面临“IT黑洞”的危机，即信息系统项目支出可能失控，像黑洞一样吞噬大量的人力、物力、财力和时间。还有人提出“IT生产力悖论”，即信息化的投入增加与生产率的提高可能不成正比。世界银行首席信息专家罗伯特·舒瓦尔曾估算，发展中国家的电子政务项目大约有35%完全失败、50%部分失败，只有15%的项目取得成功。① 斯坦迪集团（Standish Group）的报告称，在美国2000年所有的政府和企业的信息技术项目中，完全成功率只有28%，23%为完全失败，其他只能说部分成功。② 电子政务失败的主要原因都源自规划和实施的问题，有的是因为规划不科学合理和不切实际，有的是因为没有严格按照规划去实施项目管理。不管“IT黑洞”

---

① 参见《世界银行：发展中国家85%电子政务项目失败》，见人民网，2004-11-08。

② 参加杨安：《电子政务的系统规划》，载《中国经济和信息化》，2009（24）。

还是"IT生产力悖论"是否正确和属实，还是信息化项目失败率高达85%等，都从侧面反映了电子政务成功率低，在建设、运维多个环节均比较复杂，难以实现目标。因此，要防止电子政务失败，必须首先重视电子政务的规划和实施。

6.1 电子政务规划

规划是计划的一种类型，计划是所有管理职能中最基本的方面。计划是多种多样的，简单地说，计划是对未来行动的预先安排，规划一般是指比较全面、相对长远的计划。规划是就某一重大行动预先拟订的包括目标、任务、政策、程序、规则、资源等要素的安排。通常，规划需要预算来支持。实践中，"战略"（strategy）与"规划"经常一同出现，但是战略不能等同于规划。军事领域经常使用"战略"一词，相对战术而言，战略是全局性、高层次的对重大问题的谋划与筹划。例如，国家战略、国防战略等。规划是服从战略指导的，是将战略思想落实在既定行动方案中的全面、长远计划。

电子政务规划是指政府机构和部门根据本国、本地区、本部门的实际情况，明确电子政务建设的目标和优先级，并根据它们之间内在的逻辑关系，制定出实现目标的步骤与规范，以保证电子政务总体目标和阶段目标的顺利实现。换句话说，电子政务规划是从政府业务发展和政府改革的战略角度考虑，是对电子政务建设的目标、实施措施和步骤等所做出的统筹安排。① 规划是电子政务建设的起点，其目的是确定建设范围，确保建设是可行的，对建设提出目标和要求，并为建设配置资源和制定预算。任何一个电子政务项目，无论其投入的大小、技术复杂程度的高低，有无科学合理的电子政务规划，所产生的实际效果是截然不同的。因此电子政务规划关系项目的成败，非常重要。②

6.1.1 电子政务规划的原则

由于电子政务规划的复杂性、专业性和重要性，在电子政务规划过程要牢固坚持几项原则：科学原则、大局原则、前瞻原则、实用原则、安全原则、创新原则和重点原则。

（1）科学原则。科学原则是指电子政务规划要遵循科学的理论、程序，依靠科学的方法和技术而进行规划。它的主要特点是：强调用科学理论、程序来指导研究电子政务规划行为；强调将规划建立在科学分析的基础上，从传统的依靠经验进行规划转变为依靠科学分析来进行规划，广泛运用科学技术的方法，将定性分析和定量分析结合起来，确保规划的正确性和可靠性；强调结合中国国情，实事求是地分析当前现状，制定符合中国国情的规划。

（2）大局原则。大局原则又称为整体原则、全局原则。主要体现在两个方面：一方

① 参见王立华：《电子政务概论》，29页，西安，西安交通大学出版社，2011。

② 参见孙宇：《电子政务》，177页，北京，北京师范大学出版社，2001。

面，电子政务建设不同于传统的工程项目建设，它是一个跨部门、跨行业的系统工程，在工程建设中各部门一定要统筹规划，不能各自为政，各相关部门要相互配合，切不可为了部门局部利益牺牲整体利益。另一方面，在制定规划时，要始终牢记，电子政务的核心是服务，因此，所有的电子政务目标都必须服从服务的需要。

（3）前瞻原则。电子政务建设是一项资金和技术密集型的系统工程，电子政务技术还在不断发展之中。规划一定要有前瞻性，以开放的态度对待先进的理念和技术手段，让有利于电子政务发展的设想和技巧都能容纳进来，以保证电子政务建设适当超前，防止建成即落后。

（4）实用原则。实用，主要指的是所规划出的电子政务系统要能够最大限度地满足政府办公及用户对象的需要，应使其无须经过复杂的培训就能方便地使用该系统。因此，要求在电子政务规划过程中，要从本地区、本部门的实际需要出发，使所设计的电子政务系统切实符合实用要求。

（5）安全原则。安全可靠是电子政务建设的基本要求，如果没有可靠的安全保证，网络一旦受到攻击，就可能带来灾难性后果，甚至造成政府工作瘫痪。因此，在坚持电子政务为政务工作服务的同时，一定要做好政务信息系统安全保障规划工作，坚持信息安全系统与电子政务主体工程同步规划、同步建设、同步验收，要把安全理念贯穿于电子政务开发、运行、维护的全过程。

（6）创新原则。在“电子”和“政务”的关系上，“电子”是手段，优化政府的管理职能，更好地服务人民群众是目的。因此，电子政务的性质不是传统政务流程的电子化，而是通过信息化推动我国的政务改革。“电子”为“政务”服务是工程规划的基本立场，即从提高政府监管的有效性和为公众服务的能力。

（7）重点原则。电子政务建设是一项投入资金多、涉及范围广、技术要求高、建设时间长、业务需求复杂的系统工程，它的艰巨性和复杂性以及对政府影响的长期性和广泛性决定了系统规划时必须突出重点，要集中优势解决亟待解决的问题。所以，规划要突出重点，分阶段推进。

6.1.2　电子政务规划的国际经验

国际上公认的信息化系统规划的战略原则是“想得要大，起步要小，扩展要快”。规划中确定的项目必须是有效益的，而且，这种效益应该是可以测度的。一哄而起，一哄而上，是电子政务的大忌。①

想得要大（think big，又译为“长远规划”）：“想得要大”不是贪大求全，不是面面俱到，不是“跑马圈地”。“想得要大”是把与其相关的、方方面面的问题都想清楚，要有高度，也要有深度。根据对信息技术发展的预期，审慎地确定本部门、本单位电子政务长远的发展目标，或者说是绘制一个期望实现的“电子政务”的蓝图。规划的目标应该是产出明确的、可以测度的，而不是抽象的、概念化的。规划要“大处”着眼，“远处”着眼；

① 参见周宏仁：《把脉电子政务规划期管理》，载《信息化建设》，2008（6）。

要充分发挥想象力，要有洞察力。

起步要小（start small）：系统建设一定要以小的、容易实现的、效果明显的项目起步，确保“初战必胜”。或者，将大的项目分解成若干个小的项目组织实施。这样做，不仅是为了在实践中锻炼队伍，获得经验，汲取教训；也是为了“以小胜求大胜”，取得领导的信任和用户的支持。无论什么类型的系统，采用敏捷方式，实现快速原型十分重要。这样，既可以摸清问题的所在，又可以及早地与用户沟通，发现系统设计中的问题。起步小可以把风险降至最小。

扩展要快（scale fast）：在已经取得经验和效益的基础上，由点到面，由局部到全局，把原型试点的经验尽快加以推广到整个系统。加快系统扩张的步伐，尽快拿下这个系统所应有的全部经济和社会效益。这样，一方面可以充分享受信息化和信息技术带来的好处；另一方面，也可以扩大影响，在更大程度上取得政府和相关部门的支持，还要善用“80/20 定律”。按照“80/20 定律”，我国现阶段的信息化建设应该尽量做到以 20%的努力去获取 80%的效益，而不是再以 80%的努力去争取剩余的 20%的效益。不贪大、不求全，只求效益最好、最大。

6.1.3 电子政务规划的层面

在国家、部门、地区等不同层面上，电子政务规划的指导思想、工作内容和重点任务是有差异的。这种差异是由不同主体的视角和个性化需求导致的。一般来说，电子政务规划有四个层面：国家层面的总体规划、行业和各级地方政府的规划、本部门本单位的电子政务规划和电子政务项目规划。

1. 国家层面电子政务建设整体规划

电子政务建设规划可以是文件、政策与指导意见，也可以是一系列法律法规和管理条例。我国电子政务建设的总体规划目前没有以法律法规的形式出来，而以指导意见方式出台。电子政务建设整体规划要明确电子政务的发展方向、未来的发展目标选择，实现目标的途径和决策以及对政府资源进行的总体配置。比如，2002 年 8 月的《国家信息化领导小组关于我国电子政务建设指导意见》，就“十五”期间全国电子政务建设的指导思想、发展原则、主要目标、重要任务、职责分工及相应的政策措施等，分别予以明确，并做了相应部署；2006 年 3 月 19 日，国家信息化领导小组印发《国家电子政务总体框架》，制定了构建国家电子政务总体框架的要求与目标，描绘了我国电子政务总体结构形态，指出了我国电子政务未来一个阶段的价值取向和发展方向；2011 年 12 月 12 日，工业和信息化部发布《国家电子政务“十二五”规划》。而一些西方国家则以法律法规来体现，如美国就颁布了《电子政务法》。

2. 行业性或地方电子政务建设整体规划

行业性或地方电子政务建设整体规划是在国家层面电子政务建设规划的基础之上制定的较为具体的意见、安排和实施办法。我国各部委以《国家电子政务总体框架》等国家层面的规划为基础，牵头制订了本行业的电子政务规划，形成以金字工程为支撑，加快纵深发展和横向联合的电子政务建设应用；各级地方政府也在国家层面规划基础上，制订了各地区的电子政务规划，大到省级的电子政务规划，小到村级的电子政务规划，而这些规划总体上都遵循了国家的电子政务建设大的规划，同时根据各地区经济、科技、教育等发展水平的不同，而各有重点、各有特色。

3. 本部门、本单位的电子政务规划

本部门、本单位的电子政务规划是指具体到某个政府单位按照国家、行业、地区的电子政务规划，制定的详细、操作性强的规划。这是最基本的规划，在此规划基础上可制定项目规划，以开展项目。本部门、本单位的电子政务规划非常重要，它的科学性和规范性直接影响到电子政务项目的成败。

4. 电子政务项目规划

电子政务项目规划是指根据本部门、本单位的电子政务规划，按照工作业务的需求，对电子政务项目进行设计、开发、运维的项目实施管理。它是电子政务项目管理的重要组成部分。电子政务项目的不成功，多数是由于电子政务项目规划的不完善，所以加强电子政务项目规划具有非常重大的现实意义，是电子政务项目成功的基石。电子政务项目规划非常重要，它体现在：

（1）完善的项目规划能够引导电子政务项目按时实现既定目标。

（2）完善的项目规划有利于资源的整合配置，避免重复建设带来的浪费。

（3）完善的项目规划能够使电子政务项目更具有可操作性。

（4）完善的项目规划能够为项目实施和监理工作提供指标和依据。

6.1.4 电子政务规划的步骤

制定电子政务规划需要综合考虑多方面的因素，既要考虑未来电子政务发展的目标，又要明确实现预期目标的各种人、财、物等资源的条件和要求，既要提高规划的可预见性，又要保证规划的可操作性。电子政务规划主要包括以下几个步骤：

1. 构建专门的规划队伍

电子政务建设是一项较为长期的战略系统工程，必须有专门的组织机构和人员，具体负责项目的规划、建设和管理。一个好的电子政务规划队伍应由一批既熟悉政府管理又精通信息技术的高级专业人士组成，通常应该包括：高层党政领导、政府网站用户、政府规划人员、信息技术专家、网站设计专业人员、第三方专家、监理等。同时，还要注意年龄结构、专业结构、知识结构的合理性。

国际上比较通行的做法是设立专职的电子政务组织领导机构，并设立直接接受政府首脑领导的“首席信息官”职位，具体组织和指挥电子政务项目的实施。

国内的通行做法是由各地政府或政府部门的一把手、主管信息化的副职、办公厅（局、室）负责人、信息中心负责人以及其他相关人员共同组成“电子政务领导小组”、以统筹领导和协调电子政务建设的全过程。

2. 科学合理地分析电子政务发展需求

对本国、本地区、本部门电子政务未来发展需求做出科学合理的分析，是制定电子政务规划中最重要、最基础也是相对难度最大的一项工作。首先应对本地区或本部门电子政务发展的一些基本问题进行基本分析，比如，政府在履行其职责时面临着哪些挑战？最棘手的问题是什么？目前公众与相关政府部门对本政府最大的抱怨是什么？现有政府职能的流程是怎么样的？这些问题中哪些可以通过利用现代信息通信技术得到比较好的解决？需要具备哪些条件？需要投入哪些资源？存在哪些风险？实施电子政务会产生什么样的结果？对电子政务需求的分析研究必须改变“技术导向”的错误做法，要认识到，电子政务是根据本地区、本部门政务活动的特点、公众的需求以及社会经济发展的需要决定，而不是由技术决定的，技术是为了更好地实现政府职能，能更有效地向公众提供专业的政府服务。影响电子政务需求的关键因素包括政府所处的环境、所采用的技术和时间延续三个方面。环境因素主要看本地区、本部门已有的信息通信技术装备和系统、人员信息化的准备情况，政府业务流程适合电子政务发展的程度以及内外部对电子政务的需求等；对所采用的技术尽量选用稳定、可靠、适用并有生命力的技术；在时间延续方面，对电子政务的需求分析和发展规划的预期，以一至三年较为合理，超过五年，可信度就会变得很差。

3. 电子政务系统的总体设计

要围绕本国、本地区、本部门的电子政务需求，结合资金投入、技术选择以及政府所处的环境等多方面的因素，对电子政务系统进行全面的分析和设计。电子政务系统的总体设计必须综合考虑网络体系、技术支撑体系、业务应用体系、安全保障体系等各个组成部分的特点，确定相应的开发应用标准和规范，并依据统一的技术规范、业务应用平台、信息指标体系、开发代码和运行管理制度等，保证整个电子政务系统的有机集成和高效运作。

4. 技术和功能层面的细化

确定电子政务系统运营的通信网络系统；选用合适的技术开发工具和开发平台；构建安全管理体制，包括安全监测、物理安全、信息安全、网络安全以及安全管理制度等一系列规范；制定电子政务可靠性保障方案，如数据备份、复杂系统的容错、防病毒、突发事件应急处理办法等；制定系统扩展性预案，对电子政务系统升级、业务需求扩展等应做出初步的预计，并能做出必要的应对处理。

5. 确立科学的评估方法

在确定评估方法时，必须采用定性和定量相结合的方法，既要考虑评估方法的可操作性，又要考虑这种方法的科学合理性。对评估标准的确定，一方面要借鉴和吸收国际上已经成熟的相关标准；另一方面也要考虑本地区、本部门的实际，使评估标准具有一定的灵活性和适用性。在做具体的评估时，必须考虑到电子政务的直接受益者——公众对电子政务的评价和接受程度。

6.1.5 电子政务规划的内容

电子政务规划要以政府管理创新为基础，在科学发展原则指导下，解决电子政务做什么、怎样做、何时做、由谁做的问题，即明确 4W：做什么（What to do）、怎样做（How to do）、何时做（When to do）和由谁做（Who to do）。不同层次的规划，它的内容随之变化，有不同的侧重和特色，但总的来说，电子政务规划通常包括以下几个方面的内容：

（1）背景分析。背景分析就是要认清形势、理清现状、把握常求，主要内容包括本地区、本部门发展电子政务的机遇与挑战；电子政务建设取得的经验和存在的问题；用户对电子政务的需求等。

（2）指导思想和原则。指导思想为电子政务明确根本方向，原则是电子政务建设所依据的基本规则，通常“需求导向，突出重点；互联互通，资源共享；统一标准，保障安全”是现阶段被广为使用的原则。

（3）目标和任务。目标和任务是电子政务预期要达到的目的或结果，是规划的关键内容。目标应该是明确的，具有激励性和可测性的，而不能是抽象的、概念化的。任务要符合本地区、本部门的实际，具有比较强的可操作性。目标和任务既要按时间跨度计划出分阶段的子目标和子任务，还要按业务覆盖范围计划各职能的分目标和分任务，实现纵横交错，全面兼顾。

（4）保障措施。电子政务的实施保障是综合性的，通常涉及组织和领导、资金、人员、制度等方面，切实可行的措施是电子政务规划得以顺利实施的保障。

一般来说，在电子政务规划中，还包括对落实具体目标和任务的行动计划或项目方案。不过，在规划的实际实施中会受到各种因素变化的影响，行动计划或项目方案会随之发生不同程度的变动。通常，在电子政务规划中，会确定行动计划或项目方案的基本框架以及优化改进的相关要求，以便于调整、变更行动计划或项目方案。

6.2　电子政务规划的顶层设计

设计是一种有目标和计划的创作行为。“顶层设计”本意是指自高端开始的总体构想，这一概念源于系统工程学领域的自顶向下设计（top-down design）。1969 年，IBM 的研究员尼克劳斯·沃思（Niklaus Wirth）提出，采用“自顶向下逐步求精、分而治之”的原则进行大型程序的设计，即从需要解决的问题出发，自顶向下将复杂问题逐步分解成一个个相对独立的子问题，每个子问题可以再进一步分解，直到问题简单到可以很容易地解决。20 世纪 70 年代，沃斯与同事哈兰·米尔斯（Harlan Mills）共同提出“自顶向下设计”的概念，随后该概念被西方国家广泛用于军事和社会学领域，甚至成为政府统筹制定国家发展战略的重要分析方法。①

6.2.1　电子政务顶层设计的概念

在中国，“顶层设计”现已成为一个被各行各业广泛使用的名词，对其概念的理解略有不同。几种有代表性的定义包括：（1）顶层设计是一个工程学概念，本义是统筹考虑项目各层次和各要素，追根溯源，统揽全局，在最高层次上寻求问题的解决之道；（2）顶层

① 参见于施洋、王璟璇、杨道玲、张勇进：《电子政务顶层设计》，载《电子政务》，2011（8）。

设计是运用系统论的方法，从全局的角度，对某项任务或者某个项目的各方面、各层次、各要素统筹规划，以集中有效资源，高效快捷地实现目标；（3）顶层设计是一项工程“整体理念”的具体化，例如，要完成某一项大工程，就要实现理念一致、功能协调、结构统一、资源共享、部件标准化等系统论的方法，从全局视角出发，对项目的各个层次、要素进行统筹考虑；（4）顶层设计通俗地讲就是指价值理念与操作实践之间的蓝图。

以上定义的共同点均是强调从全局的角度进行统筹考虑。事实上，顶层设计代表的是一种系统论思想和全局观念，其主要特征有三个：一是顶层决定性，顶层设计是自高端向低端展开的设计方法，核心理念与目标都源自顶层，因此顶层决定底层，高端决定低端；二是整体关联性，顶层设计强调设计对象内部要素之间围绕核心理念和顶层目标所形成的关联、匹配与有机衔接；三是实际可操作性，设计的基本要求是表述简洁明确，设计成果具备实践可行性，因此顶层设计成果应是可实施、可操作的。

基于以上分析，可以认为顶层设计是指从全局视角出发，围绕着某个对象的核心目标，统筹考虑和协调对象的各方面和各要素，对对象的基本架构及要素间运作机制进行总体的、全面的规划和设计。

6.2.2 中国电子政务顶层设计的提出

近些年来，中国电子政务领域相关主管部门和领导高度重视顶层设计，为开展电子政务顶层设计做了不少基础性工作。2005 年，国务院信息化工作办公室提出了下一阶段电子政务的首要任务是“抓好电子政务的顶层设计”。2009 年，工业和信息化部批准福建省开展电子政务顶层设计试点，委托国家信息中心开展了电子政务顶层设计研究工作。上海、北京、深圳等地电子政务主管部门也积极组织开展电子政务顶层设计研究和实践。特别是在 2010 年 10 月召开的“第五届中国电子政务论坛”上，国务委员兼国务院秘书长马凯在开幕式讲话中曾明确指出：中国政府将在充分调研论证的基础上，做好‘十二五’电子政务发展规划，鼓励有条件的部门和地区探索推进顶层设计，统筹推进电子政务发展。工业和信息化部副部长杨学山也在论坛上强调，未来中国电子政务建设要引导发展模式的转变，首先就要从局部规划和设计向全局规划和顶层设计转变。我国电子政务“十二五”规划中，提出“全面推进电子政务顶层设计”。在此规划中“顶层设计”一词共出现了 11 次，充分体现了我国对电子政务顶层设计的重视。

我国电子政务领域的专家学者十分关注顶层设计。杨学山、汪玉凯、宁家骏等一批专家积极倡导开展这项工作，很多专家学者对“顶层设计”进行了不同界定，出现了一批较有代表性的定义。

杨学山认为：顶层设计是一个不定的概念，它随着设计问题的对象而发生变化。但是顶层设计有三个基本要素：第一，制定方法论；第二，在概念层级上是顶层，而不是底层和中间层；第三，是设计，设计最起码有两个基本的含义，其一是清晰，因为设计如果不清晰就说不上是设计，其二是可以实施。

汪玉凯认为：顶层设计思想是一个地方电子政务总体规划的具体化，是总体规划的一种实现手段。

宁家骏认为：顶层设计就是架构设计。电子政务顶层设计的基本内容，是就电子政务建设的基本问题进行总体的、全面的设计，既包括政务层面的内容：行政管理体制、政府职能及具体业务类型之间的关系；也包括技术层面的内容：网络建设、安全管理、信息资源建设与绩效管理等。

肖能德、李恩敬认为：电子政务顶层设计就是利用系统论的方法，围绕着电子政务中的业务和技术，理解和分析影响电子政务的各种关系，从全局的视角出发，围绕着政务核心目标，对电子政务建设的基本需求进行总体的、全面的设计，确保理论一致、标准统一、功能协调、结构稳定、资源共享，从而建立政府信息化的总体架构。

樊博、孟庆国认为：电子政务的顶层设计就是突破条块和机构的限制，将整个大政府视为一个有机的整体，规划全局性的、集成化的电子政务信息体系架构，从而加强整个政府各部分之间的交互能力，使得政府转换为一个以服务对象为中心，而不是以政府职能部门为中心的电子政府架构。①

以上定义有的是从内涵分析的角度来界定电子政务顶层设计，有的是从功能定位的角度认识顶层设计，还有的是从设计内容的角度认识顶层设计。由此可见，目前国内对电子政务顶层设计的定义还未统一，对顶层设计内涵的认识还较为笼统。

6.2.3　电子政务顶层设计的定义及内涵

顶层设计是一种带有全局观念的设计思路，“顶层”指的是逻辑概念层级上的顶层，是自高端开始对全局进行总体设计，而非在设计对象上是顶层，从这个意义上讲，电子政务顶层设计的对象就不限于国家层面，还包括对省、市、区县和部门的电子政务建设进行顶层设计。电子政务顶层设计概念的提出是针对当前中国电子政务发展过程中面临的分散建设、信息孤岛等主要问题，为顺利完成新阶段电子政务历史使命而提出的。中国政府信息化和电子政务 30 余年的发展历程，总体上是以项目为中心推进的，而这些项目通常是一个部门甚至是一个系统里面的一个局部在推进，政务信息系统出现了无法覆盖全局的“碎片”，导致业务相互独立、信息无法互通、网络无法互联、工程项目重复建设，妨碍了电子政务在提升执政能力和构建服务型政府中作用的有效发挥。因此，顶层设计要对电子政务这个大系统进行整体布局，使得系统内各种要素能够有效组合运行，促进电子政务经济、高效地完成其历史使命。

基于以上分析，电子政务顶层设计就是关于一个国家、地区、行业或者部门电子政务发展规划或总体框架的详细设计及其内部各要素之间有效组合运行的动力机制、建设机制和发展机制的模型化设定，以保证电子政务系统功能相互协调、结构基本一致、资源共享、标准基本统一。其具体含义包括：(1) 从顶层、整体的高度去看待和分析电子政务发展的问题，这就需要跳出局部环境、局部利益的约束和限制。(2) 所包含的要素内容更加全面，顶层设计不仅要考虑政务层面的内容，如行政管理体制、政府职能及其具体业务类型之间的关系，还应考虑网络建设、安全管理、信息资源建设等诸多技术层面的内容；不

① 参见于施洋、王璟璇、杨道玲、张勇进：《电子政务顶层设计》，载《电子政务》，2011 (8)。

仅要考虑设计对象自身的构成要素和体系结构，还应考虑设计对象的外部环境影响，例如一个部门的电子政务顶层设计不仅要考虑部门内各种要素之间的运作关系，还应考虑该部门在政府纵向层面和横向层面上的相互协调。(3) 顶层设计的重点在于建立各要素之间良好的互动关系，需要探讨如何通过设计推动各部门间的业务协同和信息共享，如何确保工作流程、信息系统、数据以及相应技术之间深度融合。

电子政务顶层设计具有几个显著的特点：(1) 强调战略全局性，“顶层”重在强调分析问题的高度，电子政务顶层设计应站在全局的高度对电子政务系统进行整体性布局和统筹规划，并且要确保这个系统的运作与电子政务的发展战略和目标相一致，实现战略性思考和全局性统筹是开展顶层设计的初衷；(2) 实际可操作性强，顶层设计是铺展在规划和实践之间的“蓝图”，是对规划和总体框架的细化与可实施性的考虑，包含一系列指导实践的框架、模型、方法、工具和指南，可操作性是其发挥作用的关键；(3) 设计对象多样化，正如上文所述，“顶层”是指逻辑概念层级上的顶层而非行政层级上的顶层，因此其对象不仅限于国家层面，还包括对省、市、区县的电子政务建设进行顶层设计，不仅仅可以对面向某一行政区域的电子政务进行顶层设计，还可以对纵向行业和政府部门的电子政务进行顶层设计，对象不同，顶层设计的复杂程度也会不同；(4) 动态发展性，顶层设计要服从于电子政务的战略目标和不断变化的建设需求，因此需要保持动态发展，不断丰富和完善其相关方法和成果。

6.2.4 电子政务顶层设计与相关概念的关系

在电子政务顶层设计概念提出之前，已经出现了一些类似或相关的概念。分析电子政务顶层设计与其相关概念之间的关系，对于进一步加深对电子政务顶层设计的理解是非常有意义的。

1. 电子政务规划与顶层设计

规划，意即进行比较全面的长远的发展计划，是对未来整体性、长期性、基本性问题的思考、审视和设计未来整套行动方案。电子政务规划是指为了实现国家、地区或者部门电子政务中长期的发展目标，推动电子政务的进一步发展，而对未来一段时间内的工作做出预先的统筹安排。这种安排是方向性的、概况性的、原则性的，将来具体实施时还需要制定详细的方案。电子政务规划通常也被称为电子政务发展规划，规划的典型特点是具有很强的时限性，一般来说，规划的时限须在五年以上。

当前中国电子政务的发展规划主要是依据政府的战略使命和目标而制定的，规划制定后进入具体工程项目的实施。然而电子政务规划通常较为宏观和原则，工程实施却是操作性极强的工作，往往造成规划与具体工程实施之间缺乏有机联系，其间存在着很大的自由空间，容易造成分散建设和信息孤岛。顶层设计是铺展在规划与实践之间的“蓝图”，它以电子政务发展规划为指导创建电子政务实施的总体架构，是规划的延续和细化，也是工程实施的前提和依据。用一个形象比喻可以说明规划与顶层设计之间的联系，规划类似于提出建房子的目标和主要任务，顶层设计就像是对所建房子的全景描述，具体的工程项目类似于建房顶、筑楼梯、安窗户等。因此，正确的电子政务建设过程应该是在电子政务规划之后，完成顶层设计工作，然后再以顶层设计的成果作为一种规范和标准指导后续电子政务工程项目的实施。

电子政务规划与顶层设计的区别主要体现在两个方面：一是表现内容不同。电子政务规划通常以目标和任务的形式表达对今后工作的统筹安排；电子政务顶层设计则是在规划与具体工程项目实施之间的一项工作，是在既定的任务下，对该任务可操作性方面的考虑。二是时效性不同。电子政务规划的稳定性和指导性只体现在规划期之内；顶层设计作为一种方法论，具有长期稳定性，而作为具体的设计成果，阐明了电子政务的整体性建设需求以及电子政务系统中各要素为完成需求所构建的互动关系，是可以长期指导电子政务建设的。

2. 电子政务总体框架与顶层设计

“框架”这个概念使用非常广泛，在土木工程领域，框架一般指建筑工程中由梁或尾架与柱联结而成的结构。在软件工程领域，框架是指整个或部分系统的可重用设计，表现为一组抽象构件及构件实例间交互的方法。框架通常具备两个基本特点：(1) 抽象性，框架就像人的骨架一样，一般仅显示事物的主要构件及彼此之间的关联，因而具备一定的抽象性；(2) 可重用性，框架的最大好处就是重用，它将一些基本要素、层次及其彼此间的关系简单明了地表示出来，除去了一些细枝末节，因而具有很好的通用性。

2006 年，国家信息化领导小组正式下发了《国家电子政务总体框架》。国家电子政务总体框架由服务与应用系统、信息资源、基础设施、法律法规与标准化体系、管理体制构成，并规定服务是宗旨，应用是关键，信息资源开发利用是主线，基础设施是支撑，法律法规、标准化体系、管理体制是保障。在当年召开的全国电子政务工作会议上，时任国务院副总理曾培炎指出：“(总体框架) 是国家电子政务的骨架，有了这个骨架，全国电子政务体系就能竖起来。框架从战略高度明确了电子政务发展的思路、目标和重点，为加快我国电子政务建设打下了重要基础。”《国家电子政务总体框架》是“十一五”期间指导各地区、各部门电子政务建设的基本架构，从战略高度描述了电子政务的整个体系结构，阐述了电子政务建设的基本要素及彼此之间的关系，是对顶层设计进行初步探索的产物。由于“框架”的内容较为宏观且仅停留在国家层面上，在操作性上还不到位。相比于总体框架，电子政务顶层设计更注重设计方法和过程，更注重可操作性，其设计对象可以是国家、地区、行业和部门层面的电子政务，设计成果也不仅仅限于提出总体框架，还包括更为详细的模型和实施路径等。

3. 总体架构 (EA) 与顶层设计

提到电子政务顶层设计，就不得不提到美国的 FEA。FEA 即联邦政府总体架构 (federal enterprise architecture)，被普遍认为是美国联邦政府电子政务的顶层设计。FEA 是在 EA 理论和方法的基础上发展而来的成功案例。

EA 是 enterprise architecture 的首字母缩写，可译为“总体架构”、“企业架构”、“业务架构”、“实体总体架构”等。根据 EA 在实践中的应用进展，我们这里采用“总体架构”的译法，这样更能准确表达 EA 的内涵和外延。EA 方法的应用最初起源于企业信息化领域，随后迅速扩大到政府机构、军事部门和其他组织。此时，“enterprise”一词就不仅仅指企业，而且引申为一个有着共同目标的组织的集合，可以是政府或政府的一个部门、一个完整的公司或企业、一个公司或企业的子公司、一个单一的大型业务或技术部门，甚至可以是一个由具有共同性质而地域上分散的实体连接起来的组织。因此，在不同应用领域中对EA的翻译应是不同的。在企业领域，EA可以直译为“企业架构”，但在政府信息化建设中，EA称为“政府总体架构”更为合适。政府是一个庞大而复杂的系统，而EA体现了整体和全局的规划与设计思想，因此采用“总体架构”更能体现EA之于政府的价值。

目前，还没有对EA概念形成一致且公认的定义，一般是指从组织全局的角度将组织的管理模式、业务流程、信息资源、信息系统、信息化技术创造性地融合起来，系统考虑与信息化相关的业务、信息、应用和技术以及彼此之间的相互作用关系，并与组织的战略目标和使命相结合，从而指导信息化工作。EA的架构内容主要是构建业务架构、信息架构、应用架构和技术架构，EA的基本原理是从现状向目标的迁移过程，即分析组织当前架构和未来目标架构，设计出从当前架构向目标架构的迁移计划和IT路线图。

EA中目标架构的设计是由组织战略和业务驱动的。EA作为将组织战略目标映射到IT总体目标的蓝图设计，现已成为西方发达国家政府广泛使用的IT规划和电子政务架构设计方法。电子政务顶层设计是一种中国化的概念，是结合中国国情的另一种表达方式，发达国家在顶层设计方面的研究和实践主要指的就是EA。同国外相比，中国电子政务领域的顶层设计还更多停留在理念层面，缺乏方法支撑。EA理论方法体系已逐步完善并得到成功应用，因此，可以将EA作为中国电子政务顶层设计的一种有效方法。同时，顶层设计绝不仅限于EA，结合中国国情，综合运用各种科学分析方法，中国电子政务顶层设计才能更加符合实际。

6.3 电子政务项目实施管理

电子政务是利用信息技术提高政府行政能力的手段，要保证电子政务建设取得实质性成果，关键性的重要前提是要有科学、规范、完善的电子政务项目规划，同时电子政务项目的实施也决定着电子政务项目建设的成败。电子政务项目是关系国计民生的财政投资，关系到政府的管理监督水平，关系到国家提供公共服务的能力，关系到国家信息安全，同时电子政务建设又是一个投资大、历时长、涉及面广的系统工程。它的艰巨性和复杂性，以及对政府影响的长期性和广泛性决定了项目的建设必须加强组织与管理。通常情况下，一个电子政务项目建设应包括如下步骤：

6.3.1 成立项目建设小组

电子政务建设的自身特点决定了任何一个项目建设都不能单凭个人力量与智慧去完成，需要吸收相关专业人士组成项目工作组共同完成。

6.3.2　开展前期调研

主要包括以下内容：一是国家信息化政策、国家电子政务指导思想、总体规划以及上级政府和部门对电子政务工作的具体要求，这是指导项目建设的依据。二是本地区、本部门信息化建设的现状。三是具体项目、建设的可行性，这是项目成功实施的关键和保证。四是规模相当性质相近的相关案例可以为项目的实施提供宝贵的经验。

6.3.3　进行项目的需求分析

需求分析是项目建设实施过程中最基础的环节，决定了整个项目建设的成败。项目的需求分析是在全面掌握调研材料基础上展开的，需求分析按照从大到小，从粗到精，从全体到局部的过程分步实施的。需求分析的主要内容是，根据国家或上级机关的相关要求，从本地区本部门的实际情况出发，理清政府管理流程分析系统建设的依据和可行性，分析系统建设的总体目标、系统结构、主要功能、具体任务以及建设原则最后形成项目需求方案。

6.3.4　讨论征集技术方案

这个环节是需求和技术首次结合的过程。需求方案形成后，项目建设可通过有一定影响力的公共媒体，通常采取征求意见公告的方式面向网络集成商和设备供应商公开征集解决方案。征集方案的通知中通常要说明征集方案的目的，征集方案的对象及资质，索取需求方案的地点、时间和联系人，以及返回技术方案的截止日期等。

6.3.5　编制项目建设方案

编制项目建设方案是在收回技术方案后，项目建设小组成员按照需求方案组成部分进行合理分工，分头对技术方案进行认真研读，弄清方案的总体思路，采用的有关技术以及与需求方案的结合程度等。然后，小组成员集中在一起，由组长首先提出项目建设方案的总体框架在组内进行充分讨论，达成共识后，以收回的技术方案为基础，采众家之长，结合具体需求，进行项目建设方案的编制。方案要紧密结合本地、本部门实际以满足实际应用需求作为唯一标准，突出实用、注重实效，避免由于设备的盲目贪大求洋，造成资金浪费。

6.3.6　提请专家论证

项目建设小组要做好组织专家论证的各项前期准备工作，预先将方案复印分送有关专家，以保证专家有足够的时间审查方案，做好参会准备，保证专家在会上充分发表意见，确保方案制定的科学性、可行性、合理性以及可操作性。专家论证会应对所论证方案形成具体的书面意见，供领导决策。

6.3.7 报批（立项）与落实建设资金

专家论证后，项目建设小组须按照专家论证意见对方案进行相应的调整和修改，总结项目的前期工作情况形成工作报告，以建设方案为基础，确定项目预算，本着多渠道筹集资金的原则，提出落实资金的请示或建议，连同项目建设方案、专家论证意见等材料一并报领导审批。然后，联系发改、财政等部门落实电子政务项目预算资金。随后要确认项目立项已获批准，项目资金已经落实。

6.3.8 以建设方案为基础与形成采购招标文件

电子政务建设项目采购通常是政府采购或者招投标行为。此时，项目建设工作组的主要任务是和政府采购部门联系，落实采购工作相关事宜，起草招标申请或委托函，以建设方案为基础，编制采购文件的技术需求文档，送政府采购代理部门或者招投标代理部门以便编制采购招标文件。

6.3.9 政府采购和招投标

项目采购要区分项目资金来源，如是财政预算拨款，应当依据《中华人民共和国政府采购法》进行政府采购流程；如为发改系统的项目经费，应当依据《中华人民共和国招投标法》进行招投标流程。以政府采购为例，采购人应根据政府集中采购目录要求，依法委托政府集中采购机构组织电子政务项目政府采购。如果项目金额超过政府集中采购限额，应在政府集中采购机构的统一组织下进行公开招标。公开招标包括很多环节，其中至关重要的环节是开标、评标和定标。开标是指在规定的日期、时间、地点公开启封收到的所有投标书，由采购代理机构当众宣布投标者名称和报价；评标工作是评标委员会在众多参与投标活动的投标人中，依据资质、商务、服务、技术参数、价格等因素，客观、公正地评出中标者的评审活动和过程。定标是指根据评标结果确定中标人、形成评标报告、下发《中标通知书》的过程。如果项目金额未超过政府集中采购限额，可由采购人自行组织招标或者自愿委托采购代理机构采用公开招标、竞争性谈判、网上竞价等采购方式进行采购。

6.3.10 工程实施

在完成政府采购和招投标后，政府部门和供应商可签订合同进行电子政务工程实施。工程实施是项目建设的关键阶段，实施工作的好坏直接关系项目的成败。工程实施的核心问题是工程的进度和质量。转入工程实施阶段后，项目建设工作组的工作重点主要是切实发挥好组织、协调、监督和管理的作用。要加强工作的组织与协调，为项目的建设提供良好的外部环境和内部条件；列出详细的并切合实际的工程实施进度表，严格按照工程进度组织进行，特别是可以并行的建设项目，可引入信息系统监理公司，借助规范的第三方力量确保工程进度、预算和质量。总之，要做到心中有数，有条不紊，注意衔接，按照工程建设方案，严把工程质量关，将方案中包括的建设目标和主要任务落到实处。

6.3.11 工程验收

工程验收是对工程的检查和总结，通常由本单位或者政府采购部门组织参与该项目的评标专家进行。工程验收前，项目建设工作组要组织和督促项目承包商将工程建设过程中形成的资料、图表、技术文件等基础数据收集整理好，确保完整、齐全，对系统进行全面测试并起草完成对任务进行分解的详尽的工程验收报告，以便考核。准备工作完成后，及时与采购部门沟通协商，确定项目验收时间。验收按照听取项目建设情况报告、项目建设有关问题质询、现场勘查和测试等程序进行，专家组要根据验收情况形成书面验收意见，对工程中尚存在的问题提出改进意见或整改措施。

6.3.12 组织培训

做好培训工作是确保系统高效运转的保障。一个新的系统建设完成后，要组织对使用人员和技术管理人员的培训。使用人员的培训通常由项目工作组统一组织，承包商现场完成，通过培训，要做到能够熟练操作和使用；技术人员的培训，一是通过参与工程建设、熟悉情况，在具体工作中进行；二是参加主要设备供应厂家提供的专题培训，全面掌握相关运维技术，确保设备维护工作的正常进行。

6.3.13 加强使用管理与维护

建设的目的在于应用，只有将建设项目很好地应用于具体的工作实际，才能使系统切实发挥作用，提高工作效率。因此，项目建成后，要制定相应的制度和措施，落实相关工作责任制，建立顺畅的运行与维护机制，确保系统高效运行。

本章小结

电子政务规划是电子政务建设的起点，电子政务顶层设计是电子政务规划的核心，电子政务项目的实施管理是电子政务建设的关键。

关键术语

电子政务　　规划　　顶层设计　　实施

复习思考题

1. 电子政务规划的内容是什么？
2. 电子政务顶层设计的重要性是什么？
3. 电子政务的实施主要有哪些步骤？

案例分析

忽视规划导致电子政务失败

1989 年，美国佛罗里达州政府建造的 FLORIDA 系统是一项社会福利信息化工程。该系统用于处理数百万受抚养儿童、食品券、医疗援助等受资助家庭接受者的资格认证。系统支持 84 个数据库、1 390 个程序、12 000 多个终端和个人计算机、每天 550 万次在线申请处理。最初曾预计通过 FLORIDA 系统降低支付错误和对机构工作人员的需求，会节省该州上百万的资金。但结果却是，系统错误地发放了数百万美元救济款，引发了卫生与康复事业部的大量辞职和解聘。FLORIDA 系统的问题归咎于办案量预料不到的猛增和预算方面的限制，使机构无法雇用更多的社会福利工作者。这些错误表明，FLORIDA 系统的建设规划工作一开始就存在缺陷。①

2004 年，美国国税局（Internal Revenue Service，IRS）税收现代化系统可能是历史上电子政府项目中最为昂贵的一次惨败。美国国税局集合了众多知名厂商，对 20 世纪 60 年代遗留下来的系统再次进行现代化改造。美国国税局过去曾两次尝试过现代化改造，但都以失败告终。20 世纪 70 年代末曾第一次尝试升级系统，但当时不少人质疑该国税局是否有足够的能力来保护纳税人的隐私，因此当时的总统卡特决定终止该项目。差不多 20 年之后，即 1995 年，美国国税局花费了 20 亿美元和 10 年的时间再次尝试，但成效不彰，因此国会决定取消第二次升级计划。第三次升级改造投入 80 亿美元的巨资，IT 供应商也都具有相当的实力，从领头的 CSC 到其背后的 IBM、Unisys、朗讯，个个可谓业界泰斗，在从开始计划至今用了差不多 7 年的时间，分别经历了 4 位首席信息官后，还是走到了失败的边缘，值得反思。根据政府和私人企业在过去几年中对 IRS 系统所做的评论，此次惨败缘于几个关键领域的错误：(1) 在系统开发之前，没有做足够的业务流程的重新设计。(2) 忽略了开发总体系统构架和蓝图。(3) 使用了原始的、有时候是“混乱的”软件开发方法学。(4) 忽略了信息安全性。

资料来源：邹大斌：《IT 让美国国税局蒙羞》，载《计算机世界报》，2004 (42)。

请思考：如何避免电子政务项目失败？

小知识

2011 年关于信息技术的九大发明

1. 3D 芯片：英特尔公司对外展示了“三门晶体管”芯片，性能提高 37%，耗能却降

① 参见《国外电子政务失败案例分析》，见 http://do.chinabyte.com/102/11857602_3.shtml，2011-03-14。

低一半。

2. 灯泡传送 WIFI：英国爱丁堡大学的哈拉·哈斯博士开发出一种解决方案，很简单，就是利用全世界每天使用的 140 亿盏灯，利用普通灯泡亮度的微小变化来传输数据，速度非常快，也很安全，因为光无法穿透墙壁。

3. 真实的触摸屏：芬兰 Senseg 公司发明的"电子感觉"技术，能使用户在触摸屏幕图片时，真切体会到图片中的环境。它可以模拟从干燥到湿润，粗糙到光滑等感觉，其实利用的是一种电场和振动原理。

4. 人机对话 Siri：Siri 是苹果 iPhone 4s 的新功能，你让 Siri 发送一条短信，或者问它附近最好的肉饼店在哪里，它会迅速告诉你，还会提醒你回家路上别忘了去洗衣店取衣服。Siri 超越了传统意义上的声音识别，它可以理解自然声音，不需要你使用关键词。当然了，它仍需要不断改进。

5. 边写边保存的钢笔：通过超声波和红外技术，这种钢笔能捕捉到你在任何一张纸上画的任何一条线，然后存储到接收器上，再用 USB 连接电脑，就能将你写的东西以文件形式保存下来。

6. 思维读取软件：美国加州大学的科学家利用一种特殊的扫描技术 FMRI，来模仿人的思维，甚至可以看到人在梦里看到的东西。实验显示，研究对象大脑里的图像与用这个软件所看到的非常类似。

7. Twitter 预测股市：美国印第安纳州大学教授乔翰·伯伦发现，Twitter 上的集体情绪能提前 3 天预测股票市场变化。借助于 Twitter，伦敦对冲基金 Derwent Capital 在 2010 年 7 月实现了 1.85%的增长。

8. 数码鼓：今年 3 月，第一个数码鼓被安装在乌干达古卢市的一个青年活动中心。数码鼓就是太阳能电脑亭，它由当地随处可见的金属油桶制成，能帮助人们获取信息。

9. 全息地图：Urban Photonic Sandtable Display 是一幅全息地图，无须佩戴笨重的 3D 眼镜，就能看到三维建筑和地貌。它由美国军方委托绘制。①

---

① 参见《2011 年 50 大发明：Siri、3D 芯片入围》，见 http://news.xinhuanet.com/tech/2011-12-09/c_122400587.htm，2011-12-09。

第7章 政府网站建设与管理

政府在网站上的信息就像是很多散落在干草堆里的针，而政府门户网站则是人们找到这些针的磁铁。

——马蒂·旺戈

办好政府网站的关键在于及时、准确公开政务信息，倾听群众的意见、呼声和要求，及时讲清事实真相、政策措施、处理结果。只有互动、解决问题，才能吸引群众。

——温家宝

重点问题

- 政府网站基本情况
- 政府网站建设步骤
- 政府网站如何管理

在完成电子政务规划后就进入电子政务实施阶段。政府门户网站建设与管理是电子政务实施的重要具体内容，对外的政府门户网站建设尤为重要。1998年在互联网上建立了我国第一个严格意义上的政府网站“青岛政府信息公众网”及1999年我国政府机关正式启动的“政府上网”工程，标志着我国政府网站建设拉开序幕，我们电子政务开始普遍步入互联网时代。随着互联网的快速发展和网站建设的技术手段、架构模式和管理方式的进步，政府网站的数量和质量都得到很大提升。据域名统计机构 WebHosting. info 统计，截至2012年2月，全球网站的域名总量达到了129 883 498个，预计3月初将突破1.3亿。① 同时，瑞典互联网市场研究公司 Royal Pingdom 统计，全球网站数量2011年底时增至5.55亿个。② 另一家互联网监测机构 Netcraft 的最新统计报告显示，全球网站数量达5.8

① 参见《全球域名总量3月初将突破1.3亿》，见 http://zixun.www.net.cn/baogao/yuming/4135.html，2012-02-29。

② 参见《全球网站数量已达5.55亿个　比2010年底翻番》，见 http://www.chinaz.com/news/2012/0118/232460.shtml，2012-01-18。

亿个。[1] 根据 CNNIC《第 30 次中国互联网络发展状况统计报告》，截至 2012 年 6 月底，我国域名总数为 873 万，网站数量达 250 万。我国以"gov. org. cn" 等为域名后缀的政府及政务服务型网站近 7 万家，政务机构微博已注册并认证上万家。[2] 虽然政府网站的规模并不算大，但它们作为电子政务重要形式和手段，地位越来越重要，影响越来越深入民心。2011 年 4 月 22 日，国务院办公厅下发《关于进一步加强政府网站管理工作的通知》（国办函［2011］40 号）指出，政府网站已经成为各级人民政府及其部门发布政府信息、提供在线服务、与公众互动交流的重要平台和窗口，在提高行政效能、提升政府公信力等方面发挥了重要作用。

7.1 政府网站

政府网站是由政府部门负责建设和运维、提供政府职能相关管理和服务、在内外网络上设立的网站。政府网站通过计算机技术、网络通信技术等新技术搭建政府在网络的虚拟空间。网站（website）采用万维网（WWW）技术和服务，由域名（网站地址）和内容构成。网站内容通常包括超链接文件、图片、音频、视频等。网络包括互联网、因特网、万维网、内部网。互联网（首字母小写）指将两台计算机或者是两台以上的计算机终端、客户端、服务端通过信息通信技术互相联系起来的网络。因特网是一个以 TCP/IP 网络协议连接全球多个国家、多个地区、多个机构计算机网络的数据通信网。跨国性的大型互联网不仅有因特网，在欧洲还有欧盟网（Euronet)、欧洲学术与研究网（EARN)、欧洲信息网（EIN)，在美国有计算机科学研究网络（CSnet)、因时网（BITnet)、美国国家科学基金网络以及加拿大网络（CDnet)，等等。内部网指政府、企业和其他组织内部的网络，也叫外网，一般指联结因特网，采用逻辑隔离的组织内部局域网。万维网与以上三个网络概念完全不同，它是网络应用的一种技术或者服务，主要用于网页浏览，除此之外还有邮件 E-mail、远程登录 Telnet、文件传输 FTP 等技术和服务。可见，互联网、因特网、万维网三者的关系是：互联网包含因特网，因特网包含内部网，互联网、因特网和内部网基本上是物理的网络概念，使用了万维网这种技术或者服务。互联网范围最大，因特网次之，内部网范围最小，如下图所示。

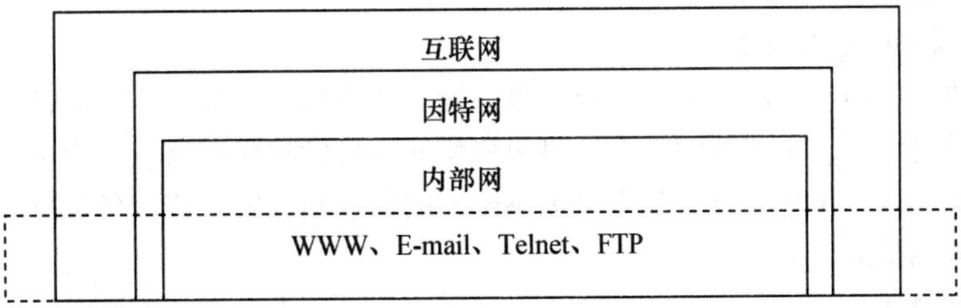

① 参见《全球网站数量达 5.8 亿个》，http://games.cntv.cn/2012/news_01_0104/73182.shtml，2012-01-04。

② 参见 http://www.ceirp.cn/jieguo.html。

7.1.1 网站的基本分类

网站是网络的虚拟空间。根据网站的用途或者服务，分为内容提供、搜索引擎、即时通信、电子邮箱、电子商务、无线服务、在线娱乐等网站。根据网站的功能，分为单一网站、多功能网站等。根据网站的商业目的，分为营利性网站、非营利性网站。按内容分为垂直网站、门户网站。垂直网站又称专业网站，可分为新闻网站、娱乐网站、体育网站、科技网站、汽车网站、财经网站、房产网站、游戏网站、生活服务网站、教育职业网站，等等；门户网站是通向某类综合性互联网信息资源并提供有关信息服务的应用系统。

一般根据互联网网站主体性质的不同，将其分为社区网站、政府网站、企业网站、商业网站、教育科研机构网站、个人网站、行业网站、非营利组织网站以及其他类型等。

1. 社区网站

社区网站一般都比较活跃，吸引大量普通公众。目前国内比较活跃的社区网站有猫扑（www.mop.com）、天涯（www.tianya.cn）等。社区网站是一个信息管理平台、一个信息“大杂烩”的入口。

2. 企业网站

随着互联网技术的发展，网络商务活动增多，网站越来越多地被用于企业商业活动中。各种应用系统、数据资源和互联网资源在这里可以快速地完成企业对客户、企业对内部员工和企业对企业的传输与反馈，促进交易便捷、快速完成。

3. 商业网站

商业网站又称为电子商务网站。有人形象地把电子商务网站比作网络世界的“百货商场”或“网络超市”。电子商务网站作为互联网商业模式探索的重要“阵地”，吸引了网络运营商和网络消费人士的共同关注。电子商务购买的对象可以是企业（B2B），也可以是消费者（B2C）。为了确保采购成功，该类网站需要有产品管理、订购管理、订单管理、产品推荐、支付管理、收费管理、送发货管理、会员管理等基本功能。复杂的物品销售、网上购物型网站还需要建立积分管理系统、VIP管理系统、客户服务交流管理系统、商品销售分析系统以及与内部进销存（MIS，ERP）打交道的数据导入导出系统等。本类型网站可以开辟新的营销渠道、扩大市场，同时还可以接触最直接的消费者，获得第一手的产品市场反馈，有利于市场决策。

4. 教育科研机构网站

教育科研机构网站为满足各类教育需求，发布各类招考、就业、辅导信息，以便学生和家长获取教育信息、了解校园动态。科研机构网站可发布科研信息，为进行学术研究或学习的科研工作者、技术人员、学生等提供全面的信息和资料，连接各种学术网站，提供便捷的资源查询帮助。

5. 行业网站

行业网站是按分类的企业、商业等类型网站的综合门户网站。该类网站涵盖的工作类型多，信息量大，访问群体广，信息更新需要多个部门共同完成。行业网站有利于社会对本类企业的全面了解。行业网站的分类有：汽车汽配、商务贸易、建筑建材、工业制品、机械电子、服装服饰、农林牧渔、交通物流、食品饮料、环保绿化、冶金矿产、纺织皮革、印刷出版、化工能源、原材料、消费品、商务服务等。

6. 非营利组织网站

本类网站以服务社会、企业和公众为目的，而不是以营利为目的，网站的目标通常是支持或处理个人关心或者公众关注的议题或事件。非营利组织网站涉及的领域非常广，包括艺术、慈善、教育、政治、宗教、学术、环保，等等。

7. 政府网站

政府网站是基于互联网、政务内网等网络，利用计算机技术、网络通信技术等，为了方便公众、政府机构、其他用户互通信息，统一数据处理、共享文件资料而建立的网站系统。主要包括政府信息发布、网上办事、在线政民互动等功能。政府网站从专业领域角度分为政府门户网站和政府垂直网站或者政府专业网站；按物理保密角度分为内网网站和外网网站。

7.1.2 政府网站的基本情况

政府网站分为内网网站和外网网站，外网网站包括门户网站和专业网站。政府门户网站是政府履行职能、面向社会提供服务的官方网站，是政府实现政务信息公开、服务企业和社会公众、方便公众参与的重要渠道。政府网站的基本价值在于，以服务对象为中心，整合各种政务信息资源，使企业和公众更充分地享受电子政务带来的便利。① 相对而言，门户网站在公共服务方面发挥了更大的作用。因此，在 2003 年 1 月，国务院信息化工作办公室宣布，根据 WTO 要求及国内发展需要，我国已把建设电子政务作为转变政府职能、改善政府服务和提高工作透明度的重要手段，按照“十五”期间全国电子政务建设指导意见，将进一步加快建设政务平台，整合信息资源，统一平台，统一标准，电子政务建设工作将主要围绕“两网一站四库十二金”重点展开，其中“一站”就是政府门户网站。

2004 年，中央政府门户网站建设立项获得国家有关部门审批通过，一期建设工程全面启动，这标志着我国电子政务建设跨上了一个新台阶。中央各部门门户网站建设水平不断提高，涌现出了不少应用典型，比如商务部门户网站每天的点击次数已经超过 300 万次。另据多家机构调查显示，很多地方政府在政府门户网站的建设与应用方面取得了比较大的进步，比如北京、上海、广州等城市的门户网站建设已经从简单的信息发布向提供各类业务服务升级，不仅实现了部分业务部门之间信息资源的互联互通，而且开始办理网上审批、网上申报、在线互动等事务，将门户网站作为密切政府与公众关系的新突破口。总体看，中国政府网站建设的速度相当快，覆盖的部门越来越多，为企业和公众提供服务的种类和质量都有很大提高。

根据《国务院办公厅关于做好中央政府门户网站内容保障工作的意见》（国办发[2005] 31 号)，中央政府门户网站内容主要来源于国务院办公厅和地方政府网站、部门网站，采取网上抓取、信息报送、网站链接、栏目共建等方式保障。网上抓取指由内容采

① 参见王立华：《电子政务概论》，149 页，西安，西安交通大学出版社，2011。

集系统按照设定的地址定时从地方政府网站、部门网站自动抓取，将各网站已公布的信息导入中央政府门户网站的相应栏目。信息报送指各地区、各部门通过网站信息报送系统，将拟发布的信息提交中央政府门户网站相应栏目信息数据库供选用。网站链接包括主页链接和栏目链接。主页链接将地方政府网站、部门网站的主页与中央政府门户网站链接，方便用户访问；栏目链接将地方政府网站、部门网站中的重要栏目及其内容与中央政府门户网站的相应栏目直接链接，方便用户查询。栏目共建指对于热点专题类和内容相对独立的栏目，由中央政府门户网站与各有关单位合作共建。

并不是所有的政府网站都可以称为门户网站，也不是所有政府部门都有能力建设门户网站。门户网站是相对专业网站或者垂直网站而言的概念，是一个跨部门、跨职能和跨专业的一站式综合政府网站，一般由各级政府办公厅（室）等部门来负责，而并不由某个职能部门来管理，所有业务和内容均按照有关规定进行协作和获取。政府门户网站建设是政府网站建设最重要的内容，因为政府门户网站是各级政府的窗口，代表了政府的形象，是直接面向其他组织、企业、社会公众进行政务公开、公共服务和社会管理的平台。

我国不仅拥有产生显著社会效益的优秀政府网站，也有停留于简单信息发布（名片型）的网站，甚至还存在长年不更新的现象，个体之间的差异化与网站的特色化并存，特色化也说明网站整体发展还不成熟。从总体分析，我国政府网站发展呈现“非均衡”的特征，具体表现在不同地区和层级发展水平的差距、网站管理体系的差异、运营环境的优劣、网站供给能力与用户需求的矛盾、政府在现实世界和网络世界的地位与影响力等多个方面。

虽然各级政府网站发展水平有所差异，但都在促进行政效率的不断提高、社会管理和公共服务水平不断提升，政府网站正逐步成为信息公开和提供公共服务的“第一平台”。经过十多年的建设，我国政府门户网站已经取得了长足发展，网站数量基本能满足需要，初步实现了信息公开、在线办事和公众参与三大功能定位；基础运行保障较为到位；政府网站的外部运行环境得到明显改善；特色网站大量涌现；领导重视程度和社会认知度得到提升，公众和企业需求被大大激发，技术与服务供给进一步增加；政府网站的角色和价值越来越受到重视，发展和应用的动力得到不断强化，管理和服务思路进一步明晰。

同时，我国政府网站的发展也呈现特有的趋势：不断强化政府网站内容的实用性、规范性和有效性的建设；进一步提高政府网站的资源整合度，建成一个和谐的“生态群”为公众提供一站式服务；大力推进新技术应用以提升政府网站功能；政民共建模式成为网站发展的方向；基于创新给用户带来具有针对性、个性化的服务，使用户对政府的服务产生归属感；行业、地域网站（群）评估成为促使服务落实的重要抓手；对政府网站的服务内容与能力提出新的期待。①

7.1.3 建设政府网站的意义

1. 政府网站是创建阳光型政府的必要措施

积极推进政务公开，创建透明型政府，是我国电子政务建设的一项重要目标，也是贯

① 参见杨冰之：《地方政府网站发展回顾与“十二五”展望》，载《中国电子政务发展报告（2011）》，北京，社会科学文献出版社，2011。

彻和落实《行政许可法》、《政府信息公开条例》等法律规章的重要举措。政府网站是实现政务信息公开的重要窗口，各级政府通过政府网站发布政务信息，特别是行政事项办理程序及结果等公示性政务信息和财政、采购、人事任免等关键性政务信息，在做好行政管理和服务工作的同时保障公众的知情权，接受公众监督。

2. 政府网站是打造服务型政府的关键环节

从 20 世纪 70 年代中后期开始，西方国家掀起了轰轰烈烈的政府改革。在这场新兴的政府改革过程中，新的服务型政府理念浮出水面。服务型政府是满足社会公共需求、提供充足优质公共产品与公共服务的现代政府。我国政府明确提出了创建服务型政府的要求，公共服务同样成为我国电子政务建设的重要内容，并且随着政府职能转变的不断深化，公共服务在电子政务中的地位逐步提升。随着政府公共服务的增加，“政府往往会将解决问题的各种网络编制在一起，然后将服务供应推向各个社会组织”①。公众面对复杂多样的办事表格和流程，往往十分困惑。以政府网站为平台面向公众和企业提供一站式公共服务，方便用户办事，提高政府办事效率和服务质量，增强用户满意度。从全球电子政务发展趋势看，通过建立政府网站面向企业和社会公众提供服务是电子政务的最大价值所在。

3. 政府网站是营造和谐政府的重要手段

电子政务应当服务于民主政治建设需要。在互联网普及的地方，政府网站已逐步成为政府与公众之间重要的交流渠道，使得公众大范围参与政府决策成为可能。通过政府网站，政府能够加强与公众沟通，就公共政策的制定征求民意，让更多的人参政议政、建言献策。因此，发展政府网站，保障公民的参与权，是营造民主、和谐政府的重要手段。

7.1.4 政府网站的主要功能

“以人为本”、建设“透明、服务、民主”的政府是我国政府职能转变的发展趋势，不断地加强政府网站建设，勤于创新，始终坚持“政务信息公开、在线办事和公众参与”的三大功能定位，既是一切政府网站工作的出发点和落脚点，也是构建政府网站绩效评估指标框架的理论基础。

1. 政务信息公开

政府网站的基本功能是公开政府信息，应按照《政府信息公开条例》要求，建立政务公开栏目，主动发布各类政务信息，及时处理申请公开事项，保证社会公众对政府工作的知情权。

电子政务出现以前，政务公开借助于传统媒介如报纸、广播、电视等，但传统媒介受时间与空间的限制，不能以连续存在的方式进行政务公开，而且公众只能被动接受，没有丰富的渠道反馈自己的意见和建议，影响范围局限在本地。电子政务彻底改变了传统的政务公开模式，它以网络为工具进行政务信息资源的收集、传播、贮存，并将信息与公民共享。凭借压倒性的优势，政府门户网站已经逐渐成为政府发布政务信息的主要平台。

---

① ［美］斯蒂芬·戈德史密斯、威廉·埃格斯：《网络化治理：公共部门的新形态》，17 页，北京，北京大学出版社，2008。

在政府门户网站建设中，应遵循方便、为民、全面、透明的指导思想，力求在网站的互动应用、信息内容的组织方式等方面有突破和创新。凡能够公开的政务信息都公开上网，如政府部门所有审批事项，各类与百姓生活息息相关的政策方针、办事指南，政府机构信息及公务员基本情况等，都尽可能地放在网站供民众查阅。最重要的是，网站要尽可能地加大政务信息公开力度，使非涉密政务内容透明最大化，让公众来监督政府公务员的行政能力，评议他们的作风。通过建立政府门户网站，推行政务公开，可以推动“阳光工程”的实施，促进政府部门廉政建设。

2. 在线办事

在线办事是政府网站最重要的功能，也是推行电子政务根本目的所在。政府网站的在线办事功能，是指通过政府网站整合政府各部门以及社会各种服务资源，完成社会公众日常生活及企业经营决策活动实际事项的功能。通过政府网站提供办事指南即全面及时公布政府为民服务的服务项目和每一个服务项目的办理程序、依据和办理时限、收费标准以及投诉程序和渠道等等，保证广大社会公众对政府工作的监督权；受理公众业务，即解决社会公众“足不出户”在网上就可以办理自己想要办的事和了解办理的结果，充分享受政府提供的优质服务和生活便利，随时了解在不同时期和不同情况下自己的权利和义务。

政府网站面向公众开展网上办事的过程需要逐渐经历从初级、中级再到高级三个阶段。这与政府职能转变的程度、各职能部门信息化的水平、网站办事的能力等密切相关。在初级阶段，政府机关一般从办事指南入手，将办事内容、依据、要求、流程以及需要注意的问题等对外发布。在中级阶段，政府机关一般是将用户需要填写的表格放到网上，用户将表格下载后填写好，再带着打印好的表格到有关部门办理。此阶段，政府办事效率的提高主要体现在发放表单和用户到政府办事窗口前排队等候的过程中的人力和时间的减少上。在高级阶段，用户进入网站后，可以直接在网上填写表格、提出申请、提交相关材料并上传到规定地方，等候职能部门上门考察，在规定期限内办理完毕，结果将按照用户选择的方式在网上公布或以电子邮件形式回复给用户。由于用户提交的数据直接以数字形式进入政府办公网络，所以数据可为政府多个部门和工作人员所共享。如果事情办理涉及多个政府部门且工作不存在因果关系，可以并行处理。

理想的政府门户网站的在线办事功能需要构建一站式服务窗口和一体化处理平台。一站式政府网站强调政府网站要面向不同类型的用户群，提供全生命周期应用主题的信息和服务，最大范围地整合服务资源。一体化处理平台要求政府网站能够就任意一个具体事项提供不同深度的服务，从办事指南、表格下载、在线咨询、在线查询，直到在线申报。一个事项办理过程中的不同阶段的服务功能都能在政府网站上得到体现，可以极大提高用户的办事效率。

无论是一站式服务窗口还是一体化处理平台都需要“整合政府”。“整合政府”这一概念是在新加坡 2006 年新电子政务战略“iGov2010”中提出的，与之相近的另一个概念“一体化政府”（whole of government）在澳大利亚、加拿大的相关文件中也有所提及。“整合政府”是一个跨越组织界限、协同地向公众提供信息、充分理解用户需求并智能化地向公众提供服务的政府。这一理念代表了电子政务公共服务发展的高级境界。在服务的前台，公众获得的是“整合服务”，即公众可以通过统一的渠道和界面获得公共服务；在服务的后台，服务的提供是跨越部门界限的，是能够协同办公的。因而，“整合政府”是在实现了政府互联以及服务集成之后的新超越。“整合政府”这一理念的提出，标志着以新加坡为代表的电子政务领先国家的电子政务建设重点正在从前台向后台转移。

3. 公众参与

公众参与是政府网站的重要功能之一。完善公众参与功能，是扩大民主、保障公众参与权、表达权和监督权的重要手段，体现了我国的“权为民所用、情为民所系、利为民所谋”的执政理念。公众参与有助于政府提高政策制定质量，有利于建设民主型社会。

目前，公众参与的渠道包括领导信箱、民意征集、留言板、网上信访、网上直播、在线调查、咨询投诉、在线访谈和公众论坛等。政府网站公众参与类栏目有咨询投诉、实时交流和民意征集。

咨询投诉类栏目包括领导信箱、网上咨询、网上信访和留言板等。领导信箱是在政府网站上设立的一个专用信箱，主要用来收集公众提出的意见或建议，为广大公众提供一个与领导直接沟通的平台；网上咨询是在政府网站上设立咨询入口，公众可以就自己关心和疑惑的问题通过咨询窗口向政府相关部门进行咨询；网上信访指在网上公开接受公众网上诉求，为政府各部门处理事项、群众反映和查询办理情况提供便利，减少群众越级上访和往返奔波；留言板的互动性不够强，但可作为政府和公众互动交流的一种补充方式。

实时交流类栏目包括在线访谈和网上直播等。在线访谈栏目是传统领导接待日的一种衍生，可以使公众针对相关主题与嘉宾进行实时的沟通交流，并可将以往访谈资料整理后发布在网站上供公众查阅浏览，使公众能够深入了解政府工作的职能、方式、方法，了解政府的新政策、新思路、新举措，充分行使其参政议政的权利，对政府工作进行监督；网上直播是利用当今业已成熟的网络平台，通过图片、文字的形式将公众关心的重大会议实时、准确地发布给社会公众，并配以后期的视频、音频等全方位报道会议进展情况。实时交流类栏目整体上呈现出互动效果好、参与广度大等特点。

民意征集类栏目包括民意征集、网上调查、公众论坛、网上听证、网上评议等。通过在政府网站上设置民意征集栏，政府可以向社会公众征集意见和建议，了解公众需求。网上调查可以帮助政府宣传政策，获取民众的理解和支持，掌握民众对政府行为的支持程度，并依托其自动统计和相关的分析功能，充分保证调查工作的客观性和广泛性，为政府下一步工作提供民意上的参考。公众论坛可以加强党和政府同人民群众的沟通和交流，真实掌握基层的实际情况，及时了解民众的冷暖疾苦及思想情绪，传达政府的信息，解读方针政策及重要举措。网上听证是政府部门在实行听证制度的基础上，将听证会放在网上，便于更多的公民参与到政府决策中，是听证会的一种拓展方式。网上评议是纪检监察工作适应时代发展需要的一种崭新模式，通过网上评议的开展，政府工作可以与优化经济建设环境相结合，与转变政府职能、理顺关系相结合，与为民办实事、纠正不正之风、规范政府行为相结合。民意征集呈现出一个议题众人参与、参与者各抒己见、讨论强度大等特点。

4. 促进文化建设和宣传招商

政府网站不仅是政府形象的展示，也是政府机关所在国家和地方形象的展示。尤其对于那些从未与该国、该地区接触过的网络用户，政府网站的内容、文字、图片、风格对该国、该地的第一印象，也是了解该国、该地区风土人情的信息来源之一。因此，政府网站也是传播国家、民族、地方文化和传统的重要载体。政府不断致力于为社会生产力和国民经济的发展提供多方面的条件，政府协调、推动经济发展的责任也越来越重大，政府网站应当成为互联网上联系贸易双方的信息桥梁。一方面，通过在政府网站上介绍、推广本国或本地资源，在一定程度上有助于招商引资；另一方面，政府网站还可根据本地经济的特点，为本地企业和经营者提供贸易伙伴的资料。

5. 电子采购和网上招投标

政府采购电子化是提升政府采购管理水平，实现科学化、精细化管理的重要手段，是政府采购行为公开、透明的重要措施，是从源头上预防和治理腐败的重要举措，是政府采购的发展方向。政府采购电子化融合了电子政务和电子商务两大前沿领域，是以信息化促现代化的制高点和切入点。

《电子商务发展“十一五”规划》提出：建设政府采购电子商务试点工程。加强政府采购电子商务平台建设，逐步实现政府采购全流程电子化。切实发挥政府在电子商务应用中的示范和带动作用。《国务院办公厅关于进一步加强政府采购管理工作的意见》(国办发[2009] 35号) 指出：“坚持体系建设，进一步推进政府采购电子化。”中纪委、监察部在《建立健全惩治和预防腐败体系2008—2012年工作规划》中提出：研究制定电子化招标投标办法，逐步构建统一的招标投标信息平台，实现信息资源公开、共享。可见，我国把政府采购电子化提升为政府采购行为公开、透明的重要手段，将其作为从源头上预防和治理腐败的重要措施。2012年国务院第五次廉政工作会议提出，建设全国统一的电子化政府采购管理交易平台、实现政府采购业务全流程电子化操作是我国廉政重点工作之一。

7.2 政府网站建设

政府门户网站建设是包括政府门户网站设计、开发、日常运维和日常管理的一系列过程。

7.2.1 政府网站的建设步骤

根据电子政务规划和实施要求，政府网站建设可分为以下几个阶段：

1. 确定政府网站定位

要根据电子政务规划规定的网站服务对象而确定建设目标是内网网站还是外网网站，然后进一步根据政府职能确定建设门户网站还是专业网站。办公厅等综合职能的政府部门应当开发门户网站，专业职能部门应当开发专业网站。

2. 确定政府网站主题

政府网站主题是指要根据国情和各地区各部门经济、政治、文化、体育等发展情况，结合本地区、本部门特色，确定政府网站的主要内容和表达理念。

3. 确定政府网站风格

网站风格指站点的整体形象给浏览者的综合感受，是抽象、整体的形象，包括站点的

CI（标志、色彩、字体、标语）、版面布局、浏览方式、交互性、文字、语气、内容价值、存在意义、站点荣誉等诸多因素，如网易平易近人，迪斯尼生动活泼，IBM 专业严肃。据调查，中央部委网站设计风格千篇一律，省级网站设计风格多彩多样，市级政府网站不管是设计风格还是内容更有特点。普遍认为，虽然政府网站讲求严肃、庄重和规范，但千篇一律的网站风格势必影响政府网站的吸引力。政府网站作为宣传和反映政府形象和文化的重要窗口，网页设计显得极为重要。①

4. 选择政府网站域名和网名

域名是网站在互联网上的名字，是在互联网上相互联络的网络地址，要严格执行政府网站域名规范。国外政府网站域名一般以“gov＋国家代码”结尾。根据《国务院办公厅关于加强政府网站建设和管理工作的意见》（国办发［2006］104 号）要求，我国政府网站英文域名要以“gov. cn”结尾，中文域名要以“cn”结尾，并与本行政机关的合法名称或简称相适应。由事业单位、社会团体等单位负责的网站，所申请的域名一般以“org”和“com”结尾。各单位政府网站应按上述规定采用规范域名，可向 CNNIC 指定的注册服务机构重新申请注册域名，并完成域名启用工作。我国为防止域名重复和引起歧义，便于浏览者识记，对于中央政府各部委网站，建议统一以单位全拼的首字母作中缀；对于地方政府网站，建议统一以行政区划简称的全拼作中缀。

2008 年 10 月，中央机构编制委员会办公室成立了“政务和公益机构域名注册管理中心”，并开通了首批政务和公益机构域名，以推动使用专用中文域名。设立专用中文域名可有效防止政务部门和公益机构的域名被仿冒，防止政务部门和公益机构的域名与公司企业及个人的域名相似或混淆，还有利于规范中国政务部门和公益机构网上名称，有利于提高政务部门和公益机构网站访问的安全性，维护其合法权益。同时，设立专用中文域名为社会公众获取信息服务提供了准确、便捷的渠道。截至目前，已有 90％以上的中央和国家机关报送了专用中文域名，地方报送工作也在积极开展。

政府网站的网名是指政府对其负责的政府网站在互联网上的命名。网名由政府部门自行决定，无相关规定和规范。我国各级政府门户网站的名称比较混乱，以省这一级为例，其命名方式粗略估计有十余种，如××省人民政府门户网站、××政务网、××在线，等等。建议各级政府门户网站参照中央人民政府门户网站的命名方法，统一命名为××省人民政府门户网站，有利于推进政府门户网站的标准化和规范化，形成统一严谨、层次分明的政府门户网站体系。

5. 进行政府网站形象设计

设计网站徽标（Logo）。徽标可以是中文、英文字母，也可以是符号、图案等。徽标的设计创意应当来自政府机关的单位名称、工作职能和文化特色，有独特的创意，构思精巧，简洁明快，有强烈的视觉冲击力和整体美感，有较强的思想性、艺术性、时代感，可以成为代表政府网站的品牌象征。如有的政府网站直接用国徽、党徽、团徽，体现政府部门的权威与庄重；有的政府网站用网站的英文域名作标志，采用不同的字体、字母的变

① 参见付汉：《中央部委网站设计风格几乎“千篇一律”》，见 http://cio. it168. com/a/2007 - 07 - 12/200707120957828_2. shtml，2007-07-12。

形、字母的组合，这是最常用和最简单的方式。网站徽标要考虑应用于多种媒体或网站的其他语言版本的需要，以及放大或缩小时的视觉和印刷效果。

设计政府网站色彩。网站给人的第一印象来自视觉冲击，不同的色彩搭配产生不同的效果，并可能影响到访问者的情绪。

设计网站宣传语。宣传语是网站的精神、主题与中心，或者是网站的目标，用一句话或一个词来高度概括。用富有气势的话或词语来概括网站可以收到比较好的结果。一般以政府机关的部训、局训、部风、局风、工作原则、工作目标、服务口号、服务要求等作为宣传词。

6. 选择建网语言、工具、操作系统、数据库和中间件

建网语言和工具比较专业化，涉及开发成本、开发难度、运维费用和网站可持续发展。如以外包方式建设网站，应该提前在招标公告中注明用何种语言进行开发，否则难以比较方案的优劣。如果是自行开发，应该选择成本较低、上手较快、运维方便的语言和工具。根据网站性能和安全的需要，选择合适的操作系统、数据库和中间件，要响应国家政策，支持国产软件，一般政府网站选用国产的操作系统、数据库和中间件为佳，采用开源软件也是很好的选择，这样不仅大量节省开发运维成本，还可确保安全方面自主可控。如无特殊需求，政府网站尽量避免采用国外商业软件。

7. 确定网站页面布局

页面设计要求庄重典雅、简洁紧凑、风格统一，体现政府网站为民、便民的服务宗旨和以公众为中心的办站理念。网页布局是网站给浏览者的第一印象，决定着网站的可看性。确定网站布局要注意以下三点：

栏目与板块编排。网站的题材确定后，要将收集到的资料内容作一个合理编排。如将最吸引人的内容放在最突出的位置或者在版面分布上占优势地位。栏目的实质为一个网站的大纲索引，索引应该将网站的主题明确显示出来。

分类和组合。按照公众对政府管理和服务的需求，理清不同层级政府的业务流，逐步对政府信息和服务进行分类与组合。网站主要内容及服务功能的分类设计，需要以当前政府工作重点为切入点，以关键政务流程描述为重点，区分服务对象，将公众需求和各级政府的服务提供方式结合起来考虑，同时，配以服务方式创新。在科学梳理关键政务流程的基础上制定政府门户网站的信息和服务分类编码标准，方便公众按照入口类型进行信息检索，也可借此带动政府网站服务能力的提高。以中国政府网为例，网站主板块按照公众类别分类，如公众、企事业单位、外籍人士、公务员等，每一板块根据信息分类和服务分类，细分为系列分支内容。每一类型的公众可以方便快速找到所需类别的信息和服务栏目。以某省门户网站为例，首页按“公民、企业、投资者、旅游者、公务员”用户对象分类，实现个性化、精确化的网页浏览和查询需求。

目录结构与链接结构。网站的目录是指建立网站时创建的目录。目录结构的好坏，对浏览者并没有太大的感觉，但对于站点本身的维护、以后内容的扩充和移植有重要影响。

8. 政府网站的内容选择

政府网站的内容要体现出政府网站的特点，突出政府网站的窗口功能、信息发布与公共服务的平台功能、办事服务大厅功能、整合政府网上资源的门户功能、汇集信息的港口

功能、政民互动和网上社区功能。以地方门户网站为例，一般设置“地方介绍、政务公开、政策指南、在线办事、互动交流、公共服务、网站导航大全”等内容的栏目。

9. 选择网站发布空间

政府网站在网站程序和网页开发编写完成和网站内容充实后，下一步应该是确定网站空间放在哪里。根据政府的规章制度要求、运行经费情况、安全保密要求、运维力量情况等各种因素综合考虑，网站发布可采用虚拟主机、服务器托管、专线接入等方式。经费充足、有独立的符合标准的机房，可采用专线接入的方式；经费紧张可考虑虚拟主机方式，租用有关服务部门的空间，但必须考虑安全和运维是否方便；服务器托管界于以上两者之间，是目前中小政府机关普遍采用的方式，在地方一般将服务器托管到政府信息中心。

10. 制定政府网站日常管理制度

政府网站管理最重要的任务是根据国家有关法律法规，结合本单位实际情况，建立健全规章制度，并做好贯彻落实。政府网站日常规章制度包括人员岗位分工管理、网站内容报送审核和发布管理、网站应用系统的需求整理与开发升级管理、网站安全管理、网站绩效管理、网站经费预算与执行管理、网站运维和使用培训管理等。

11. 政府网站域名备案

根据国家法律法规，网站的所有者需要向国家有关部门申请备案，主要有 ICP 备案和公安局备案。网站备案成功后即可正常访问。公安局备案一般按照各地公安机关指定的地点和方式进行。网站备案的目的是为了防止在网上从事非法网站经营活动，打击不良互联网信息的传播。根据《非经营性互联网信息服务备案管理办法》，提供非经营性互联网信息服务应当办理备案，自主备案不收费。从事互联网信息服务的企事业单位，须取得互联网信息服务增值电信业务经营许可证或办理备案手续。

12. 政府网站信息安全评估

信息安全风险评估通过运用科学的方去和手段综合分析系统在保密性、完整性、可用性等方面所面临的威胁，发现系统安全的主要问题和矛盾，有针对性地采取防范和整改措施，从而最大限度地控制和化解安全威胁。信息安全风险评估结果是信息系统划分等级和实施等级保护措施的依据，贯穿于信息系统生命周期的各个阶段，在规划、设计、实施、运行及废弃阶段均应进行风险评估工作。国家对事关国计民生的基础信息网络和三级以上重要信息系统信息安全风险评估服务实行许可制度，信息安全监管部门应依据国家有关规定和标准加强对风险评估服务活动的监督管理。

13. 政府网站信息安全等级保护

信息安全等级保护是发达国家保护关键信息基础设施、保障信息安全的通行做法，也是我国多年来信息安全工作经验的总结。信息安全等级保护制度是国家信息安全保障工作的基本制度、基本策略和基本方法，是促进信息化健康发展、维护国家安全、社会秩序和公共利益的根本保障。2007 年我国出台了《信息安全等级保护管理办法》后，信息安全等级保护成为政府网站信息安全管理的有效方式。我国规定要实行信息安全等级保护，重点保护基础信息网络和关系国家安全、经济命脉、社会稳定等方面的重要信息系统。为组织各单位、各部门开展信息安全等级保护工作，公安部根据法律授权，会同国家保密局、国家密码管理局和原国务院信息化工作办公室组织开展了基础调查、等级保护试点、信息系统定级备案、安全建设整改等重要工作，出台了一系列政策文件，构成了信息安全等级保护政策体系，为指导各地区、各部门开展等级保护工作提供了政策保障。同时，在国内有关部门、专家、企业的共同努力下，公安部和标准化工作部门组织制定了信息安全等级保护工作需要的一系列标准，形成了信息安全等级保护标准体系，为开展信息安全等级保护工作提供了标准保障。

7.2.2 政府网站界面设计要点

政府网站页面设计要科学布局、重点突出，页面层级要合理规划、深度适中，栏目划分要清晰合理、避免歧义，便于公众快捷获取所需内容。设计风格要美观大方、简洁庄重，体现政府网站共性与地方、部门特色的统一。首页显著位置应标注本行政机关的合法名称，并可根据需要设计网站标志图案。

《国务院办公厅关于加强政府网站建设和管理工作的意见》（国办发［2006］104号）要求不断改进网站展示形式。我国一些政府门户网站在网页设计方面还存在着诸多问题，如整体创意不足、页面布局不活、色彩搭配不当、字体运用不佳、导航设计不全、名称格式不一、域名没有统一等。政府门户网站的网页特别是主页起着呈现传达信息、与用户交互和提供帮助导航的重要功能，设计应遵循以下原则：内容决定形式，网页设计必须服务于网站内容的呈现，要考虑浏览者获取信息的速度和舒适度；整体协调一致，网页设计的各个环节包括色彩、布局、文字、图片等，要围绕既定的创意和风格展开；服从技术需要，网页设计受技术制约的程度非常明显，如网页的宽度受限于显示器分辨率的大小、网页色彩的选取范围应在网络安全色中、网页中图片和动画的设计必须严格控制其大小和数量等。①

1. 整体创意与风格

网页的创意与风格是围绕主题和内容对网页色彩、布局、动画、图片、文字等页面元素统一进行个性化设计而形成的整体视觉效果和艺术特点。政府网站应着力反映政府的执政理念、发展策略和远景规划等深层次内容。创意设计应抓住历史沿革、地域文化、民族特色等个性化特点，选取标志性的图片、有象征意义的色彩、隽永深刻的文字和恰当的布局，按照视觉规律进行艺术加工，设计出完整一致的视觉形象，并长期沿用，不断强化浏览者的记忆，久而久之就会深入人心，印象深刻，成为独特的“网络形象代表”。

2. 页面色彩与色调

和谐的色彩色调能提高信息获取速度，比字形和字体的变化更能提高理解的准确度。政府网站网页在色彩色调方面容易出现的问题有：色彩使用过多，造成色彩杂乱相互冲突，色彩观感矛盾，主色调不明确；文字、图片、动画等要素的色彩处理不一致，整体效果不佳，割裂网页色彩的整体感；网页色调过于鲜艳，色彩对比过于强烈，视觉跳跃过于明显，引起浏览者视觉疲劳和注意力分散；文字颜色和背景色对比不明显，降低阅读效率。政府网站的色彩色调设计要尽量做到“稳重不夸张、大气不局促、素雅不浓烈、协调

① 参见袁艺、林生：《政府门户网站网页设计的要点解析》，载《信息化建设》，2009（1）。

不跳跃”。能体现网站形象和延伸内涵的标准色彩要用于网站的标志、标题、主菜单和主色块，给人以整体统一的感觉，其他色彩作为点缀和衬托，绝不能喧宾夺主。一个网站的标准色彩不超过三种，太多则让人眼花缭乱。适合于政府网站标准色彩的颜色主要有红/蓝色、黄/橙色、绿/白色三大系列色。

3. 栏目布局与版式

栏目布局与版式设计是运用版面设计原理，合理配置与秩序化网页视觉元素的过程，目的是实现信息传递的清晰化、合理化、人性化，并考虑视觉形态的美化，使浏览者在获取信息的同时获得审美感受。栏目布局与版式设计同传统平面媒体的版式设计非常相似，实质就是在有限的屏幕空间内将特定的视听多媒体元素进行合理的编辑和安排。政府网站网页在布局与版式方面容易过于方正、刚硬和死板，缺少设计灵感和艺术美感，如采用直线和方块元素的多，采用曲线和不规则形状元素的少；采用对称性设计的多，采用非对称性设计的少；采用常规布局的多，突破常规布局的少。布局与版式设计应注意以下方面：

版式线条。网页中文字、标题、图片等会在页面上组合形成各种线条和形状。正确处理和搭配好线条和形状，可以增强页面的艺术魅力。直线条的艺术效果是流畅、挺拔、规矩、整齐，有轮有廓。直线和矩形在页面上的重复组合可以呈现井井有条、泾渭分明的视觉效果，一般应用于比较庄重、严肃的页面。曲线条的艺术效果是流动、活跃，具有动感。曲线和弧形在页面上的重复组合可以呈现流畅、轻快、富有活力的视觉效果，一般用于表现青春、活泼的主题。政府网站网页设计如果能以直为主、曲直结合，就可丰富页面的表现力和内涵，显得庄重而不刻板、威严又不冷漠。

栏目布局。网页布局有“国”字型、拐角型、标题正文型、左右框架型、上下框架型、综合框架型、封面型、Flash型、变化型等多种形式。政府网站主页一般采用“国”字型布局，即最上面是网站标题图，接下来是网站主体内容，左右分列两小条内容，中间是主要部分，与左右一起罗列到底，最下面是网站的制作单位、联系方式、版权声明等。这是一种适合政府网站的常规布局，也是一种安全保守的布局，便于呈现大量信息、便于设计实现，但使用实在过多，没有任何新鲜感，如果能在此基础上，适当加以错位或非对称的布局变化，页面会显得更灵活和生动。

页面尺寸。从页面宽度来看，基于800×600分辨率宽度来设计网页已经过时，在17寸以上宽屏显示器已经普及的今天，仍采用这一宽度会在屏幕左右留下较大空白，显得小气和局促，窄小的页面也不利于呈现丰富的信息。因此，网页宽度应以1 024×768分辨率为设计标准。也可以此分辨率为基准，采用自适应屏幕宽度设计，在各种分辨率条件下都能取得较好的效果。从页面长度来看，我国政府网站主页绝大部分采用多页式结构。多页式主页应避免为使主页内容显得丰富而将二级页面的内容提到主页上来，使得页面长度超过三屏导致过分冗长。单页式主页一般为导航型门户网站采用，注意导航系统的设计，力求周全便捷，避免给用户进一步获取信息带来困难。

构图比例。黄金分割比例在自然界中随处可见，在建筑、广告、工业设计中被作为最完美的比例标准。黄金分割比例大约为0.618，可以不精确地表示为3：5（或5：8、8：13……）。黄金分割寓变化于整齐之中，过于强调整齐的形体容易流于呆板单调，变化过多的形体又显得散漫杂乱。黄金分割律中，左右两边长度是不等和变化的，但又符合一定的规律，从这个角度看又是整齐的。在网页的构图中若能有意识地运用黄金分割和视觉中心点来配置页面元素，将大大增强页面的美感，减少构图比例失调。

留白处理。留白是写意国画中常用的艺术手法，能缓和画面的紧张及复杂度，唤起联想，利于组织严密和突出主题、加强对比，达到画面的均衡。著名画家齐白石的《虾趣》是留白处理的佳作。留白同样也适用于网站的布局设计和图片设计。在给人强烈印象的构成要素的周围留下空白，能扩大和提高视觉效果，有利于视线流动，破除沉闷感。有的政府网站页面为突出信息量，"寸土必争"、饱满拥挤，给人堵得慌的感觉，这就是留白处理不当的后果。

视觉流程。视觉流程是一个由总体感知、局部感知到最后印象三个感知阶段组成的心理认知过程。人的视线在一个平面上的流动具有比较固定的认知模式，即从左到右、自上而下、由左上沿着弧线向右下方自然流动。在打开页面后，如果没有明确目的，浏览者一般会首先快速浏览整个页面，形成初步印象，然后视线会被可视性最强或感兴趣的对象所吸引，并促成点击。在网页设计中，应该遵循"阅读最省力"的原则，注意视觉流程规律，视觉流速应合理，视线导向应明确，有意识地引导浏览者视线按流程顺序轻松、省力、愉悦地阅读。依据此原理，网页布局和版式设计应将重大新闻和图片栏目等重要信息布置在页面靠左上方位置，并依栏目重要程度由上向下、由左至右排列。

4. 媒体设计与运用

媒体设计与运用不当，网站在标题图的设计上难以脱离"国徽＋政府名称＋域名＋拼音"的窠臼，有的甚至完全模仿中央人民政府门户网站依葫芦画瓢；有的网站使用类似新浪、搜狐等门户网站常见的飘浮广告条，不符合政府门户网站庄重严肃的气氛；有的网站动画和图片使用过多过滥，造成浏览者晃眼和不适，效果适得其反。随着网络多媒体技术的进步，图形、图像、动画、视频、声音等多媒体元素的运用，网页由静到动、由无声到有声，极大地丰富了网页的表现力，多媒体的设计运用与表现效果成为网页设计要考虑的重要因素。

声音运用。政府网站一般很少使用背景音乐，因为不断重复播放的背景音乐会使浏览者产生听觉疲劳。网页中插入音乐文件，会影响网页打开速度。因此，除了在重大节日或重大事件中确实需要运用音乐来烘托页面效果外，政府网站平时一般不应在网页中使用背景音乐。

图片设计。图片包括图形和图像，二者通常结合使用，在标题图、Logo 等图片中既有经过处理的图像，也有手工或软件绘制的图形。图片具有极强的信息导视作用，也能强化视觉效果、营造网页气氛和活泼版面。政府网页要紧密围绕主题选取具有独特性和排他性的名胜古迹、风光民俗、代表人物、动植物品种等典型素材，采用富有创意的处理手法，运用协调的色彩色调，确定合适的尺寸大小，精心设定页面位置，突出表现鲜明的地区特色。还应严格控制图片的容量，通常应将每个图片的容量控制在 40KB 以下，每个网页的所有图片文件大小合计以不超过 200KB 为宜。

动画设计。动画是网页设计元素中最生动、活跃的因素，具有较强亲和力。据统计，动画对浏览者的吸引力是图片的三倍。网页动画通常采用 flash 格式，在政府网页设计中，应注意不要片面追求炫酷效果，而应突出和表现主题，不能和页面其他元素脱节；应动静结合，富于节奏，画面变化不能过于强烈刺激，以免引起视觉疲劳；动画数量不能太多，占用版面不能太大，以免喧宾夺主，影响信息呈现和网页打开速度。

5. 文字字体与字号

文字是政府网页的主体。文字字体与字号选择应给人以清晰的视觉印象，避免页面繁杂零乱，使人易读易懂。这方面的问题主要有：文字字体使用过多，颜色变化过多；文字粗细、对齐方式不一致；文字风格与页面内容不符，与主题冲突等。受网站特点的限制和视觉心理的要求，政府网页字体和字号有较为固定和规范的模式，个性化创造的空间并不大。

文字的字体。政府网站同一页面上使用的字体种类一般不应超过四种。鉴于浏览者电脑中可能没有特殊字体，网页字体应使用兼容的或系统默认的缺省字体，如黑体、宋体、仿宋及隶书等。如果确实需要其他非常用字体，可将字体图形化后作为图片插入网页中使用。正文文字一般选择宋体，文章标题一般选择宋体加粗或黑体。标题图中的文字字体选择比较灵活，可以是标准字体，也可以是设计的创意字体。除了加粗外，一般不宜采用斜体、加下划线等字体效果。如有港台和国外浏览者，还应建立繁体版和英文版，其字体设置应充分考虑这些浏览者的阅读习惯。

文字的字号及间距。适当的行距会引导浏览者的目光，行距过宽会影响文字阅读的延续性，行距过窄会造成文字拥挤，在阅读时发生跳行错误。政府网站正文文字一般采用9磅的字号。文字行距、间距通常取网页设计软件的默认值，其中正文的行距以接近字体尺寸大小为宜，文字大小与行距最合适的比例为10：12。为适应不同用户的偏好和视力状况，网页顶部最好设有可切换字体大小的图片按钮。

文字的排列。政府网站以呈现信息为主，网页文字版式通常较为固定，一般根据文字内容多少分栏编排到固定、适合的板块中，用板块将文字加以统一。如双栏、三栏，甚至多栏的编排形式。通常使用横排文字，竖排文字空间感和速度感较强，在网页设计中可以根据需要少量使用。也可将文字图形化后斜排。网页正文的文字排列方式包括两端对齐、居中、左对齐或右对齐、绕图排列等，通常采用左对齐这种比较符合阅读习惯的排列形式。

文字的色彩。合理的文字色彩设置，能够吸引浏览者的注意，使文字更加突出醒目。政府网站文字使用色彩种类不宜过多，最好不要超过三种；色彩的纯度不宜过高，文字的色彩与背景色明度对比不宜过强；文字色彩应和网页中的图片、动画等媒体的色彩协调一致，使整个页面色彩和谐统一；强调文字一般用红色，慎用绿色、蓝色等其他色彩来突出显示标题或重要信息。

6. 网络导航与改版

为浏览者提供信息资源导航服务是政府门户网站的基本功能之一。在站外导航上，要及时对导航系统的链接进行检查，去掉死链接和过时内容，添加新网址，保持导航系统的活力和有效性。为便于浏览者形象直观地定位本地区下属行政区政府门户网站，最好采用地图式导航，即点击地图相应位置即可快速进入当地政府门户网站。在站内导航上，应遵循“三次点击规则”，即在主页上没有任何一条信息需要点击次数超过三次，确保浏览者能在最短的时间内找到所需信息。

网站改版是网站建设中的一项经常性工作。网站界面长期不更新会显得陈旧和缺乏活力，更新太快则很难形成自己的风格，容易破坏浏览者原有的阅读习惯。网站界面应当在使用过程中不断完善，进行一些小的调整和修改。当网站界面已经不能满足需要时，再进行一次大的改版。改版时应当在旧版基础上进行，保留优秀设计因素和VI设计，使网站界面具有历史传承性，最好不要改头换面式地改版。

7. 其他考虑

政府网站必须兼顾所有公民的需求。《2012年联合国电子政务调查报告：面向公众的电子政务》指出，考虑到世界超过18%的人口都有不同程度的身体缺陷，有些国家提出了创新的能力建设项目来满足这些弱势群体的特殊需求。残障人士在接入和使用电子政务时有着极大的障碍，视觉障碍人士可能难以辨认使用小字体或特定颜色组合的网页，网页上的音频或视频内容对于听觉障碍人士来说无法使用。运动障碍人士可能需要网站设立特别的专栏，这样他们才能在不使用定位设备时获得导航。

如果在电子政务规划和实施过程中对残障人士的需要未能给予足够关注，会使残障人士这一弱势群体处于更加不利的处境。信息通信技术能力建设项目对于残障人士来说非常重要，但并不是唯一的解决之策。给网页图像加上标签以便读屏软件查找、为视觉障碍人士提供有声验证码、设计一些带有图形化界面或触觉输入的装置等对技术进行简单微调，可以有效缩小视觉、听觉障碍人士及有其他缺陷的人所面临的数字鸿沟。

通过以下三个问题，《联合国2012年电子政务调查报告》评估了残障人士所面临的数字鸿沟：网站是否提供手语视频？网站是否提供使用扬声器或耳机的网站内容朗读服务？网站的设计是否允许更改字体、字体大小、字体颜色及背景颜色？结果显示，只有七个国家在国家政府网站上提供了手语视频，在数字能力方面居于领先地位：加拿大、奥地利、芬兰、法国、葡萄牙、瑞典和英国。

7.2.3 政府网站的一站式服务

《2012年联合国电子政务调查报告：面向公众的电子政务》采用了一个特殊的指数，即评估一国是否按照一站式站点的要求整合自己的门户网站。澳大利亚政府是最早采用一站式站点的政府。其门户网站为公民提供了许多交互式服务，从提供出生证明，到在选民名册上进行登记。在该网站上获取服务有三种途径：按服务类型（付账、申请经费等）、按生活事件（分娩等）和按地点（政府机构或部门的办公地点等）。现在，一站式站点是大多数发达国家采用的标准模式和发展趋势，奥地利、比利时、日本和新加坡这样的发达国家都已采用。政府网站风格、内容、界面各异，但一定要体现一站式服务。通过一站式服务，政府在互联网上统一了“大门”，政府在政府门户网站这个互联网大门处恭迎所辖行政区域乃至全国各地的公众来办事，通过服务导向指引和各类办事服务整合，为公众和企业提供便利。

多数公众并不熟悉政府机构设置和部门具体职能，难以找到所需的信息和服务，需要提供服务指引和服务导读功能。政府门户网站的服务功能重点放在服务导向指引方面，适当提供重要服务。在服务分类和流程描述的基础上，不断完善各类服务的指引指南和答疑解读、服务功能类聚和服务入出口汇聚。政府门户网站不能仅仅停留在对现有政府部门机构的网上信息和服务进行主页网站链接、栏目共建和入库检索，需要逐步改变按照政府机构进行栏目和内容设计，完善导引指南服务。政府门户网站提供的重要服务，不同于政府部门提供的部门服务，主要集中在为数不多的跨部门协同服务和重大服务协调。

在一站式导引办事服务的设计过程中，需要区分不同层级政府的特点。中央政府重在导向指引性服务，科学分类各地方、各部门的网上办事服务，提供有效的“深度链接”，方便公众和企业检索各级政府。地方政府在保证本级政府服务导引的同时提供地方性的重要服务，组织政府部门提供适合本地区公众需求的网上办事服务。要避免政府网上办事服务变成网上“踢皮球”式的服务，保证各级政府网上办事服务的有效性。

公众通过政府门户网站的一站式导引功能，可以进入政府的所有部门，可以访问或者检索到各级政府提供的政务信息和服务项目。尤其是对于跨部门的政务服务项目，公众只需要一次性地提交办事材料，门户网站之间可以协同办理，替公众省掉纵横交错的官僚结构带来的各种成本支出，最终通过一个出口让公众了解办理进度，并将最终结果反馈给公众。公众无须知道服务项目办理过程中的具体经办官员和机构，这样就可减少腐败，提高办事效率。

政府门户网站的一站式导引服务功能，也决定了门户网站在电子政务建设中的龙头地位。没有各种电子政务服务应用系统的支撑，就不可能为公众提供统一的便利的一站式服务。门户网站的一站式导引服务，自然会将公众的公共服务需求引入政府系统内部，从而推动各地方、各部门的电子政务应用系统的健康发展，全面加快电子政务总体进程。

7.3　政府网站管理

7.3.1　政府网站的制度管理

我国根据《国务院办公厅关于做好中央政府门户网站内容保障工作的意见》（国办发［2005］31 号）、《国务院办公厅关于加强政府网站建设和管理工作的意见》（国办发［2006］104 号）和《国务院办公厅关于进一步加强政府网站管理工作的通知》（国办函［2011］40 号）等要求，政府网站首先应建立健全规章制度，并做好贯彻落实。政府网站日常各种规章制度包括人员岗位分工管理、网站内容报送审核和发布管理、网站应用系统的需求整理与开发升级管理、网站安全管理、网站绩效管理、网站经费预算与执行管理、网站运维和使用培训管理等。在建立健全日常规章制度基础上，政府网站还要建立岗位责任制，将日常管理工作明确到人、到岗，责任到人、到岗，防止责任不清，相互推诿，敷衍塞责。

7.3.2　政府网站的组织管理

政府门户网站的建设和管理不仅涉及信息技术的应用和系统创新，而且跨越多个政府部门。网站建设和管理的协调工作量大，甚至在未来的发展过程中还会涉及政府改革、机构设置、业务重组、流程再造等体制层面的问题。需要将高层领导的政府制度创新职能和管理建设职能区分开，将流程梳理和机构协调功能和系统技术协调功能区分开，将核心政务管理、非稳态政务管理和支撑政务管理分开，将系统需求分析职能和系统建设运维职能分开，将电子政务建设和管理职能和项目过程管理职能分开，将临时授权和长期授权分开，将协调职能和领导职能分开，将机构变动和知识积累分开，防止一些高度抽象的词义模糊的管理用词混淆网站管理的既定安排。我国政府网站由政府设置专门机构进行管理运维，并由政府机关一把手主管。

7.3.3 政府网站的内容管理

2011年中国政府网站绩效评估结果显示，虽然政府和政府部门网站开通率有了较大提升，但79.45%的部委网站、87.5%的省级网站、91.5%的地市网站、92.44%的区县网站以及90.8%的国家级开发区网站都存在信息和服务失效、无法使用的问题，网民对政府网站的不满意率仍高达83.75%。更有甚者，有的政务网站开“天窗”，有的“仅一张超大仿真图”，有的刊登商业广告，有的弹出涉黄网站链接，有的“领导悬浮照”…… 南京市民郝先生想登录南京市白下区住房和建设局的网站查询一些信息，结果登录之后发现除了领导名字，网站上一片空白。白下区住房和建设局表示是因为没有什么东西可发。有记者随后调查发现，不少网站信息更新慢，过多的纯粹形式主义的部门网站浪费了大量财力人力物力，影响政府形象，也导致绩效考核实施的困难，根本没有多少存在的价值。①

政府网站的建设重在内容，网上信息要及时更新并体现权威性、准确性、全面性和严肃性。政府网站要及时公布国家重大决策、法律法规和规范性文件，实施政务公开；增进政府与公众的沟通交流，接受公众监督；充分发挥网站的功能和作用，积极开展网上公共服务。政府网站内容保障工作要遵循的原则有：合力共建，资源共享；及时准确，公开透明；强化服务，便民利民。

政府网站内容管理制度，包括政务信息的采集、编审、分类、共享、发布、检索、服务等环节，重点在于完善信息采集制度。信息内容采集主要依靠各级政府，要逐步建立在政府部门间合理的信息采集分工负责和相互协作制度，明确主要采集部门和协作维护部门；同时适当放宽采集权限，允许和鼓励非政府机构和社会公众在一定范围内进行信息采集，为政府网站服务。在网络信任空间逐步发展到一定水平以后，对于网上公众提供的信息内容，可以经过验证确定为网站信息来源。逐步完善信息报送、信息抓取、深度链接、栏目共建、主子网站等信息采集方式，依靠业务处室稳妥推行政务信息上网的分布式审核机制，扩大政务信息的来源，并科学编排政务新闻。

政府网站要高度重视网站内容的审核管理。政府机关各单位发布信息须设置严格流程和手续，政府机关办公厅（室）是信息审核主管部门，各单位领导最终负责所有信息的审

① 参见《“空白”官网是电子政务各自为政下的蛋》，见 http://review.jschina.com.cn/system/2012/06/01/013463332.shtml，2012-06-01。

核把关。政府网站要及时更新信息，不断提高信息和服务质量，要建立规范的信息采集、审核和发布制度，分级管理，严格把关，未经审核的信息不得上网发布，严格防止涉密信息上网。

《国务院办公厅关于进一步加强政府网站管理工作的通知》（国办函［2011］40 号）要求各地区、各部门进一步提高认识，把办好网站放在政府工作的重要位置。要按照谁主管谁负责、谁运行谁负责的原则，强化管理和责任，确保网站管理工作落实到人，做到不办则已，办则有人管、能管好。对于委托其他单位运行维护的政府网站，主管单位要加强检查指导，做好内容保障工作，确保网站管理不缺位。通知特别提倡领导同志读网，以检查政府网站的运行情况，及时做出优化升级的决策，还可以了解民情民意，通过在线栏目实现政民互动。

7.3.4　政府网站的经费管理

政府网站运维费用逐步纳入各级政府的经常性支出管理。在建设期，政府网站建设费用通常是纳入项目支出。项目支出的特点是一事一支出，支出不能超出预算金额，使用范围必须在项目规定内容中。进入常态化的运行维护阶段后，内容保障、软件升级、后台整合和版面调整任务比较繁重，需要较为稳定的工作经费支持，可列入经常性支出的行政管理支出子项或者单独申请日常运维项目经费。

7.3.5　政府网站的运维管理

政府网站的运维管理是指在网络的基础设施建设完成之后，采用相关的管理方法，对运行环境（包括物理网络、软硬件环境等）、业务系统等进行维护管理。政府网站管理单位要建立网站链接审批制度，严格审核把关；运行维护单位要定期检查链接的有效性，发现链接错误，要及时查明原因，加以更正。网站管理和运行维护单位要建立值班读网制度，安排值班人员每日登录网站读网，检查网站运行和页面显示是否正常，特别要认真审看重要稿件和重要信息，及时发现和纠正错情。要不断完善政府网站防攻击、防篡改、防病毒等安全防护措施，做好日常巡检和监测，发现问题或出现突发情况要及时妥善处理。对于缺乏技术保障力量的政府网站，上级政府、部门和主管单位要主动协调有关方面提供技术支持，帮助其做好网站的安全防范工作。政府网站运行维护单位要按照信息安全等级保护的要求，定期对网站进行安全检查，及时消除隐患。

7.3.6　政府网站的其他管理

政府网站还要抓好评估、监控、安全、备份等其他各项管理。按照国办函［2011］40 号文件要求，各地区、各部门要对政府网站管理工作开展经常性的督促检查，并使之制度化、常态化，及时发现并妥善解决存在的问题，重点检查以下内容：网站页面能否正常访问，各栏目及其子栏目内容是否及时更新，信息发布审核和保密审查机制是否健全，网站提供的各项服务和互动功能是否正常，网站链接是否经过管理单位审核把关和存在错链和断链，网站安全防范工作是否到位和是否采取了备份、防攻击、防篡改、防病毒等安全防护措施并制订了应急处置预案，网站管理单位和运行维护单位职责是否明确。对检查清理中发现的问题要及时整改，确保上网信息准确、真实，不发生泄密问题，确保公众能够及时获取政府信息、获得便利的在线服务，确保链接正确有效、网站安全平稳运行。对确实无力管好的网站或栏目，要果断予以关闭。

本章小结

政府网站建设是电子政务规划后实施的第一步，建设完成后要对政府网站进行科学管理。

关键术语

电子政务　　政府网站　　网站建设　　网站管理

复习思考题

1. 政府网站的主要作用是什么？
2. 政府网站建设的步骤是什么？
3. 如何对政府网站进行管理？

案例分析

美国政府网站一站式服务

“美国政府网站”（USA. gov）是一站式服务或者叫一体化服务的典范。它设计得当，起始界面上有大致分类的信息，方便那些不清楚自己所找内容在哪里的公民使用。随着分类的具体化，公民最终能够几乎毫不费力地找到所需的项目或服务。在这个过程中，每个页面上都会有“热门话题”、“焦点关注”以及其他显示潜在相关内容的文本框来帮助用户。如果不能通过浏览找到自己想要的信息，公民还可以利用一个综合、详细且可搜索的常见问题库。仍然解决不了的话，他们可以利用高级搜索功能，搜索几十个联邦政府、州政府以及市政府网站的内容。该网站整合美国联邦政府的所有服务项目，建立了一个结构清晰、操作便捷的电子政府。

在设计上，USA. gov充分体现了“实用”和“简洁就是美”的特点，以白底黑字为主，配合少量的国旗红和国旗蓝，文字不多、布局宽松，让人一目了然。

在首页的四个分类导航按钮中，“获得服务”被排在第一，旁边依次是“搜索话题”、“寻找政府机构”和“联系我们”。把鼠标放到任何一个导航按钮上，它的下方都会展开一系列分支内容，显示出更详细的服务信息分类。例如，“获得服务”的子菜单包括“申请护照”、“税款缴纳”、“个人资料替换”等。

它的搜索引擎功能强大，如果在你需要的内容没有找到，可以很方便地在主页上方醒目的搜索框内输入关键词，通过主题或者机构进行查找。

此外，页面上提供了“热门推荐”，最近的图片推荐有“日本地震及海啸”、“节约能源的博客”等，全部附上了相关链接。标题推荐列出了点击率最高的五个话题，“政府工作”排在第一。

页面下部有三个板块，“为您服务”子菜单设置了公民、商人、游客、军人等导航按钮，用户可根据自己的身份选择相应入口；“特色应用”用于下载税收等相关应用软件；“杂货与营养”则发布关于膳食和营养的信息。

除了应用和查询，网站还提供Facebook、手机、Twitter等链接，帮助用户与政府取得联系。事实上，USA. gov在2007年改名也是基于公众的信息反馈。网站公告称，“从公众那里得到的反馈信息，让我们了解到有必要将域名改为一个更容易理解和记忆的名称。USA. gov符合人们的第一反应——它描述了我们网站的特征。”

总体来看USA. gov简洁的首页看似文字量少，实则提供了全面而有条理的服务信息。它的人性化设计随处可见。比如网站还提供了美国联邦政府的服务热线统一电话1-800-333-4636，公民可在工作时间（东部时间）早8点至晚8点，拨打此电话与联邦政府沟通了解联邦政府为公民提供的业务内容、工作流程和相关服务。网站还提供了联系信箱、常见问题列表和类似Google界面的用户问题FAQ数据库搜索模块。

前总统布什的致辞也许能反映该网站的理念：“欢迎来到21世纪的美国政府，你可以通过鼠标访问这个新改善的政府网站，在此寻找你需要的服务、处理你的业务，并与你的政府取得联系。我们的目标是使政府更方便地接近每个美国人。你只要点击网站就能够迅速发现并处理业务，而不需要知道是哪个政府部门提供的服务。”

资料来源：《美国政府网站整合服务项目 建立操作便捷的电子政府》，载《人民日报》，2011-04-12。

请思考：美国政府网站的设计理念是什么？

小知识 »

美国《反欺诈法》保护政府权益

2011年10月，轰动一时的甲骨文公司美国政府采购案终于尘埃落定。甲骨文公司合同管理员保罗·弗拉塞拉于4年前状告甲骨文高价向政府销售软件，美国司法部随后介入此案，引起广泛关注。甲骨文公司将以和解方式支付约2亿美元给美国联邦总务署(GSA)。这个官司最终由美国政府依靠法律手段获得了胜诉，维护了政府利益。

2011年7月，美国司法部向弗吉尼亚州亚历山大联邦法庭提起诉讼，指控甲骨文公司在1998年到2006年之间以高于市场价销售给美国联邦总务署10.8亿美元的软件。当时，甲骨文向总务署作出了虚假的承诺，称其将向总务署提供与优惠商业客户相同的折扣。但实际上，甲骨文向商业客户提供最高92%的折扣，向总务署则仅提供了25%到40%的折扣。也就是说，此案例中，美国政府采购价格可能高出市场价格6.5～8.4倍。

本案的依据是美国《反欺诈法》(False Claims Act)，该法规定个人或公司发现有人欺诈美国政府财物，可以政府名义控告违法者，并在胜诉后分享一部分罚金。弗拉塞拉于2007年发起诉讼称，甲骨文公司高价向政府销售软件，该行为违反了《反欺诈法》，但遭到甲骨文否认。美国司法部随后介入此案。本次的和解金额是该法出台以来，达成的金额最大的一次。弗拉塞拉维护了国家和纳税人的利益，是国家的有功之臣。不可否认，他也获得了4 000万美元的国家奖励。

第8章

电子政务与政府流程管理

如果不改变思维模式，就无法解决我们用当前的思维模式所创建的问题。

——阿尔伯特·爱因斯坦

电子政务的目的是利用技术重塑政府与公民之间的关系，并将公民置于核心地位。

——戴维·维达诺①

重点问题

- 政府流程
- 政府流程再造
- 电子政务与政府流程的关系
- 通过电子政务实施政府流程再造
- 政府流程再造要点

1990年，美国麻省理工学院哈默教授提出了“流程再造”概念，被称为“第三次管理革命”。通过流程再造，“蓝色巨人”IBM公司每年节约开支80亿美元，波音公司飞机生产周期从13个月减至6个月。之后，美国又把流程再造理念引入政府管理，实施“政府再造”，引发了公共管理的巨大变革。我国佛山市在2000年启动了“政府上网工程”，在政务信息化建设过程中，佛山市利用电子政务手段，对政府已有的一些业务流程进行重组，开展一站式服务，市建设工程的审批时间由以前的245天缩短到45天。②

当前，由“管理型”政府向“服务型”政府转变是政府改革的重要目标之一。对于“服务型”政府而言，社会公众是政府的“客户”。中国加入世界贸易组织、推进社会主义市场经济体制建设，对政府转变职能、改进作风提出了新的要求。2004年7月实施的

① 转引自［美］道格拉斯·霍姆斯：《电子政务》，1页，北京，机械工业出版社，2003。

② 参见《佛山重组政府业务流程　电子政务提高办事效率》，载《佛山日报》，2004-06-08。

《行政许可法》，首次以法律的形式对各级政府规范行政许可和审批行为做出了明确规定，也对解决“重审批轻服务”、“以审代管”和审批程序烦琐、审批周期长等问题，提出了更高要求。现在，随着电子政务的发展和普及，建立电子化的政府管理体系，向全社会提供高效优质、规范透明和全方位的管理与服务，已经万事俱备。通过政府流程再造，不断提高公共服务质量和水平，打造服务型、效能型、法治型、责任型政府无疑是明智之举。

8.1 政府流程管理

流程管理是一种以规范化的业务流程为中心，以持续的提高组织业务绩效为目的的系统化方法。流程管理的本质目标是构造卓越的业务流程。流程管理对电子政务影响深远。传统的“科层制”和“职能制”的政府管理模式是建立在劳动分工理论和职能分工理论基础上的，它的弊端逐渐演变为公共服务效率的无形障碍。正是在这种背景下，流程管理作为一种全新的管理模式应运而生。作为一种管理理念和管理模式，流程管理是政府从粗放式管理走向精细化管理的重要标志。①

8.1.1 政府流程的基本概念

政府流程是指政府在实施管理和提供服务时，为实现行政目标、履行行政职能所进行的，能够体现政务活动规律的一系列活动步骤的集合。② 这一概念还可以进一步做出如下解释：

1. 政府流程是完成特定任务目标的一系列政务活动的集合

一个政府流程是一组相关的、结构化的活动集合，或者说是一系列事件的链条。这些活动集合或链条为特定的公众提供特定的服务或产品，这个流程有起点、终点，并且有目的。比如，某政府部门制定自己的工作规划，就是要确定一个规范有效的流程，充分体现该部门的职能使命，并使所有的公务员明白各自的工作范围。制定规划的起点是明了组织的内外部环境，终点是为部门和个人设定工作目标，并确定规范化的业务流程，目的是实现某种公共管理和服务。

2. 政府流程中的每个工作单元都有特定的工作任务、工作内容、工作方式

流程给出了什么人、在什么时间、什么条件下做什么事、如何做、做成什么样等一系列问题。一个大流程可以有几千个子流程，每个流程都有清晰可辨的输入和输出。比如，制定规划流程往往有子流程，这些子流程可以是了解政府机构的内外部环境，找出机构的目标和需要先期完成的子目标，制定战略计划和部门计划，设定部门和个人的目标。子流

① 参见张鹏翥：《电子政务》，86页，北京，电子工业出版社，2011。

② 参见王立华：《电子政务概论》，166页，西安，西安交通大学出版社，2011。

程与活动的区别在于子流程是若干活动的集合，而活动是在一定条件下再分解的操作或工作方式。

3. 政府流程中各工作单元在先后次序上具有确定性

流程是对工作规律的反映，这种反映首先就表现在工作单元间密切的时间联系方面。如果各个工作单元不需要讲究先来后到，不存在多种发展的可能性，也就是不需要在时间顺序方面进行择优选择，流程也就失去了存在的价值。这主要是因为政府流程是对政务内部各要素之间、各种政务之间内在联系的反映，实际上是对工作单元之间时间顺序确定性的反映。政府流程正是通过对工作单元之间时间顺序的规定反映并顺应客观规律，从而获得实际价值的。

8.1.2 政府流程的基本特点

政府流程实际上是在准确地描述着这样几个问题：一个政府管理过程的构成（什么活动、哪些任务、什么目的或者目标）；怎么做（活动规则、方法手段、步骤及顺序）；谁来做；做成什么样（标准）。①

政府流程具有一系列特殊的属性，了解这些特性有助于我们更好地掌握和顺应客观规律，充分发挥它的有利作用。政府流程最为重要的特点是：

1. 约束性

政府的行为必须符合国家利益，必须维护社会公众的合法权益，政府必须依法行政。因此，规定政府行为与过程的流程本身必然要受到来自社会诸多方面的约束，特别是来自法律、法规的约束。这种约束与企业和其他社会组织流程所受到的约束相比，强度和广度都要大许多。企业和其他社会组织的流程只要不与法律规定相违背即可，只要法律不禁止的，就是合法的；而政府的流程则不然，只要法律没有授权，就不能在流程中为自己创设权力规范，也不能给行政相对人创设义务责任规范，否则就构成违法。

2. 确定性

政府流程必须由政府机关或由立法机构制定，体现国家和政府机关的意志，不能是随意的，更不能是“约定俗成”的，而要有明确的规定，有书面的或其他确定的形式，也就是要成为“程序”。正是在这样的意义上，政府流程通常被称为政府管理程序或者行政程序。

这一特点的影响是：政府机关要明确而严密地规定流程；机关工作人员必须严格执行流程，接受其约束，违者将受到处罚。机关工作人员程序违法（即违反法定程序）或者流程不当（即在任意性流程中不适当地行使自由裁量权或违反次要程序）都要承担相应法律责任或者行政责任。

3. 稳定性

政府流程是对政府工作规律的反映，是政府意志的表示，它必须在相当长的时间范围

① 参见赵国俊：《电子政务教程（第二版）》，234 页，北京，中国人民大学出版社，2004。

内保持稳定有效，不得“朝令夕改”。这一特点的影响是：制定政府流程必须慎重，必须具备一定条件之后才能进行；不得轻易更改、废止。

4. 可操作性

政府流程必须明确、具体、可行。政府流程是用来“做”的，而不是仅仅给人“看”的。不明确、不具体、不可行的流程是做不起来的，这种流程往往比没有流程还要有害。这一特点的影响是：制定政府流程时必须遵循客观规律，使其合法、合理，行得通，确有效果；流程本身必须明晰具体，毫不含糊，能真正实行起来。

8.1.3 政府流程的基本种类

（1）依照其法定的效用，政府流程可分为强制性与选择性两种。强制性流程是指责任人在实施工作行为时不可以自主选择的流程，必须不折不扣地执行，不得增减改易。违者将构成违法，有关行为将被视为无效并被制裁。选择性流程即任意性流程，是在实施工作行为过程中具有一定选择余地的流程。机关可根据实际情况选择是否实施、在何种范围内实施。一经确定实施，有关工作人员必须执行。在实施过程中，若有不适当行使自由裁量权的行为，将构成程序不当。

（2）依照其效力范围，可分为内部流程与外部流程两种。内部流程是只涉及机关或系统内部的工作行为（处置内部事务）的流程。实施内部流程确有违法或不当时，只能通过上级机关解决，不能提出司法审查请求。外部流程是涉及机关或系统外部的工作行为（直接处置社会公共事务）的流程。

（3）依照工作行为的性质，可分为立法性、执法性、司法性流程三种。立法性流程是政府机关针对制定法规、规章和其他规范性文件而建立和实施的流程。执法性流程是政府机关针对法律、法规、规章和其他规范性文件的执行而建立和实施的流程。司法性流程是政府机关针对特定司法权的行使而建立和实施的流程。

（4）依照其精细的程度，可分为一般流程、作业流程、动作流程三种。一般流程是针对工作活动过程的环节构成而制定的流程，如系统流程、活动流程等。其主要特点是相对概括，大都只规范有关的关系、位置、次序、方向等。作业流程是针对工作活动过程中的各项操作而制定的流程，比一般流程精细。除一般流程规范的内容外，还涉及具体步骤、手续、方法、时间、距离、有关标准等。动作流程是针对工作活动中工作人员的有关动作制定的流程。这种流程最为精细，甚至要细致到操作者手、脚、眼的每一种变化。这种流程主要适用于体力劳动占较大比重的工作过程。

（5）依照工作内容性质，可分为文件流程、档案流程、会议流程、信访流程、基建管理流程、物材采购供应流程、服务流程等。

（6）依照各步骤运行的路线形式，可分为串联型、并联型、复合型三种流程。串联型又称连续型，是不同步骤依时间顺序直线递进的流程。并联型又称平行型，是可同时完成若干个步骤的流程。复合型又称平行连续型，是一部分步骤依时序递进，部分步骤同时完成的流程。

8.2　政府流程再造

从 20 世纪 80 年代开始，西方发达国家为迎接新技术革命和经济全球化的挑战，掀起了一场被称为“政府再造运动”的公共管理革命，其中一个非常重要的方面就是对政府工作流程进行梳理、规范、优化，即以“再造政府”或“重塑政府”为主要内容的公共管理范式改革运动。这种改革直接指向突破官僚制，创造具有创新惯性和质量持续改进的公共组织和公共体制，并且，将“企业流程再造”的思想引入政府部门，实施过程控制与结果导向并重的“政府流程再造”治理模式。实施政府流程再造，需要对公共管理事务进行重新定义，“再造”始终是主题。例如，劳伦斯・R・琼斯和弗雷德・汤普逊提供的新公共管理范式改革运动“5R”（Restructuring，Reengineering，Reinventing，Realigning，Rethinking，重构、重建、重塑、重组、重思）策略彰显了“再造”主题。拉塞尔・M・林登提出了“无缝隙组织”的改进方向：“让它的顾客感到有透明度、办事顺畅、毫不费力。在这种组织里，员工行使其全部职责，和最终的用户直接接触。”还有的学者认为，这种新公共管理改革具有三个典型特征：“精简——来自缩小政府规模的举措；重建——来自私人部门对重建组织过程和组织结构的努力；不断改进——来自质量运动。”①

“政府再造运动”有其深刻的历史和社会背景，大致可以归结为以下四个方面：一是社会历史形态的根本变化决定了政府形态的根本变化；二是经济全球化的大趋势要求一个脱胎换骨的新政府；三是信息技术革命为打造新的政府模式提供了强劲的动力和技术手段；四是政府职能膨胀引起的财政危机为“政府再造运动”提供了直接的动因。随着信息技术的不断革新，世界各国都在探索政府信息化的道路，希望借助信息科技提高政府服务效率与服务质量，并通过构建电子政府适应社会发展的需要。②

政府业务流程再造是指运用现代管理学思想、经济学的市场机制原理和现代化的信息技术，把政府部门的业务流程进行根本性的、彻底的重新思考与重新设计，以使政府的行为成本、公共物品与支出、服务质量、效能与效率具有可量化的苛刻标准，最终达到政府行为与业务流程的戏剧性改变。因此，政府流程再造基本理念是以业务流程为关注对象，并根据政府管理流程的特点进行具体应用。

政府流程再造是电子政务深入开展的必然要求。对现有政府形态的改造并不是简单地将政府职能移到网上实现，必须对政府的业务流程进行重新改造，对政府机构进行兼并重组，在信息技术手段的帮助之下简化政府与企业、与公众的互动，创建一个具有企业家精神的政府，从而降低政府运行成本，提高办事效率。

从目前发展来看，信息技术与政府再造的结合主要体现在：应用信息技术改变传统

---

① 丁云龙、王胜君、周玉丰：《面向多元目标指向的地方政府流程再造》，载《中国行政管理》，2011（2）。

② 参见《浅谈：以电子政务建设促进政府流程再造》，见 http://www. enet. com. cn/article/2007/0314/A200703144836 78. shtml，2007-03-14。

的、层级化的公共组织框架，建立网络型组织；改变政府运作流程，建立一个无缝隙的政府，即在任何时间和地点都可得到服务的政府；改变政府职能，实现服务型政府；改变政府的治理结构，从国家单独治理模式转变为国家与社会共同治理的“大社会小政府”模式；实现政府治理观念的变革，确立顾客与消费者导向的政府。

8.3 电子政务与政府流程的关系

8.3.1 政府业务流程再造是实施电子政务的基础

电子政务实施的基础是政府业务流程再造，其目的是提高行政效率、节约行政成本、增强政府透明度、减少或避免政府失灵、满足顾客（企业、公众、其他社会团体等）的需要，最终目标是要建设成一个“数字政府、虚拟政府”。这是将现实政府的机制、功能和行为进行根本性的整合和优化，使其成为一个具有“企业家精神”的、以顾客为导向的和服务性的大社会小政府，并能具有无缝隙性。这就涉及政府再造，即必须对国家资源进行统筹；必须对政府职能进行重新思考；必须对政府结构进行重新设计，在此基础上进行电子政府的构建。因此，在电子政务构建与实施中，必须遵循客观规律，把政府业务流程进行彻底的、根本性改革，最终通过网络实现政府电子化。

8.3.2 电子政务是实现政府流程再造的依托

电子政务是政府业务流程再造的一个重要内容和工具，本质上是政府流程再造。电子政务在促进政府行政的现代化、民主化、公开化、效率化方面起着十分重要的作用。现代信息技术和通信技术的发展，对政府管理理念、政府治理结构、政府程序和工作流程、政府政策制定、政府行政成本都产生了重大冲击，电子政务在促进政府反应力、提升政府沟通效率、提高决策质量和水平、人力精简和有效运用人力资源、节约政府开支与经费、扩大公民参与、创新政府服务等方面均显示出巨大的优势。因此，电子政府是借助信息技术来实现的政府再造，电子政府的构建与运作必须与政府再造相结合。

8.3.3 电子政务是实现政府流程再造的手段

政府流程再造是一项复杂的系统工程，不仅需要对原有流程进行科学设计，还需要将新的流程设计应用到电子政务系统。事实上，政府流程的改变，是电子政务需求最重要的变化，也造成了系统修改和升级的巨大工作量，如不做好电子政务规划和预算管理，往往会直接导致电子政务失败。因此，信息技术界开发了“将业务流程从应用系统中抽取出来”的工作流系统。用通用工具，至少是通用方法来支持业务过程，这样的想法在 20 世纪 70 年代就被一些倡导者提出来，如斯克普·安理斯和迈克·兹斯玛。兹斯玛于 1977 年在宾夕法尼亚州立大学完成了他的博士学位论文“办公过程的表示、定义及自动化”。在20世纪70年代安理斯和其他人一同在Xerox PARC从事“办公自动化系统”的开发。工作流管理系统具有图形化定义和修改工作流程和相关界面的功能，这就使工作流程结构更容易被修订和再造。1993年成立了工作流管理联盟（Workflow Management Coalition，WFMC）。此后，该组织颁布了一系列工作流产品标准，包括工作流参考模型、工作流术语表、工作流管理系统各部分间接口规格、工作流产品的互操作性标准等。这些举措加速了工作流技术的商品化。因此，工作流管理系统顺理成章地成为一种实现政府业务流程再造的理想工具。①

8.4 办公自动化与协同办公

办公自动化是将现代化办公和计算机网络功能结合起来的一种新型的办公方式。办公自动化没有统一的定义，凡是在传统的办公室中采用各种新技术、新机器、新设备从事办公业务，都属于办公自动化的领域。在行政机关中，大都把办公自动化叫做电子政务，企事业单位就大都叫OA，即办公自动化。通过实现办公自动化，或者说实现数字化办公，可以优化现有的管理组织结构，调整管理体制，在提高效率的基础上，增加协同办公能力，强化决策的一致性，最后实现提高决策效能的目的。办公自动化的高级阶段就是协同办公。

协同是指协调两个或者两个以上的不同资源或者个体，共同一致地完成某一目标的过程或能力。而所有有助于协同的软件都可以称作协同软件。协同OA、协同办公系统是基于OA并超越OA的概念，所以常叫协同OA。协同OA是利用网络、计算机、信息化提供给多人沟通、共享、协作一起办公的软件，是给办公人员提供方便、快捷、降低成本、提高效率的一款管理软件。协同办公系统站在政府管理全局的角度，讲究的是以网状沟通为技术目标、融入业务管理、为管理目标服务的协同。

8.4.1 协同办公

协同办公是利用网络、计算机、信息化，而提供给多人沟通、共享、协作一起办公的软件，给办公人员提供方便、快捷、降低成本，提高效率的在线办公系统。协同办公要以强大的表单工具和强大的工作流为引擎和工具，配合管理咨询来实现真正的协同，最主要的是要实现信息的协同、业务的协同和资源的协同，政府的各种资源，包括人、财、物、信息和流程组成了政府业务的基本要素，协同管理将这些资源整合在统一的平台上，因此真正意义的协同办公系统或者协同管理平台至少包括三个方面的协同：人、软件、信息资

① 参见［荷兰］Wi van der Aalst &Kees van Hee:《工作流管理——模型、方法和系统》，北京，清华大学出版社，2004。

源。任何系统缺少其一，都不能称为协同办公。

8.4.2 协同办公平台基本功能

协同办公平台实际上是协同应用软件的开发平台和运行支撑平台，同时为协同应用提供协同工具和协同引擎服务。协同办公平台必须具备三个基础功能：首先，协同办公平台是一个沟通平台。这里的沟通并不限于团队的信息传达或者通信，而要全面实现沟通过程的时效性、完整性和有效性。其次，协同办公平台是管理和协作的平台。协同办公平台必须能够实现团队协作，如项目管理、流程管理、事务管理等，这样才能做到随需应变、动态适应，实现柔性管理。再次，协同办公平台是知识中心和应用运行支持平台。人和行为的协同要以人为中心重新组织应用、数据、信息和知识。从某种程度上说，协同办公平台就是每个团队成员的随身办公室。同时，在此平台之上还要能够部署一些应用，如人事管理、ERP 系统等，开发各种协同化的应用——也就是具备协同特征的各类应用软件。

要实现前述协同办公平台必备的功能，就必须满足以下几个要求，也就是协同的基本特征：协同办公平台要支持完全的移动性，实现可以利用目前可以使用的一切网络资源；系统必须能实现跨地域、跨组织、跨系统、跨网络的互通性，相互独立的不同应用系统可以自然融合；必须具备动态适应能力，这是一种柔性管理能力，并且能够实现与刚性管理相结合。

协同办公管理功能包括个人事务、协同办公、信息中心、流程审批、知识管理、人事管理、行政管理、个性设置八大功能，可实现任务布置、任务催办、手机短信提醒、邮件收发、公告通知、考勤管理、工作日志、工作计划、绩效考核、会议管理、网络硬盘等。

8.4.3 协同办公系统的优势

（1）实现政府的规范化、流程化管理。通过订制流程，公开透明，减少人为因素，实现自动催办督办。

（2）提高工作效率。通过工作流系统，系统可以自动依据模板，生成工作文件，员工不用拿着各种文件、申请、单据在各部门之间跑来跑去，等候审批、签字、盖章，这些工作都可在网络上进行。

（3）节省运营成本。协同办公最主要的特点之一是实现无纸化办公，无纸化办公节约了大量的纸张及表格印刷费用。

（4）工作审批流程的规范，可减少不必要的矛盾和争议，通过标准化的流程，可为员工节省大量工作时间。

（5）完善的信息交流渠道可以大幅降低电话费及差旅费用。政府部门之间、人员之间沟通很方便，信息反馈畅通，为发挥每个人的智慧和积极性提供了舞台。

（6）协同办公平台的协同性可以彻底消除由于政府内部各业务系统相互独立、数据不一致、信息共享程度不高、管理分散、管理维护工作量大等因素形成的一个个“信息孤岛”、“资源孤岛”。

（7）实现知识管理，实现政府对其最重要资产——知识的高效管理、积累沉淀、传播、应用，摆脱人员流动造成的知识的流失。

（8）通过协同办公，所有审批流程都有据可查，加强了纪检监察技术手段，防治了贪污腐败。

8.5 如何通过电子政务实施政府流程再造

电子政务离不开流程再造，流程再造更离不开工作流系统。工作流系统是支撑政府流程再造的重要工具。同传统的信息系统相比，工作流系统更容易实现业务过程的改变，交换和合并任务、重新安排资源等都会更加容易。

8.5.1 分析现有政府流程的问题

政府部门应该在什么时候改变过程、资源分类或者资源管理呢？当工作流不能正常工作时，就要考虑这个问题。如果一个工作流不能正常工作，经常会观察到各种不同的征兆。这就好像人的健康出现问题时，会有头痛、恶心、咳嗽等典型症状，工作流也存在这样一系列典型的征兆，它表明某些地方存在瓶颈，阻塞了正常操作的进行。下面列出了一些典型的征兆：

1．过程中案例的数量太多

如果过程中存在大量的案例，就说明可能存在问题。大数量可能因为案例到来速度的变化很大，或者因为资源缺乏弹性，也可能因为过程包含了太多的需要连续执行的步骤。

2．和实际处理时间比较，完成时间过长

实际的案例处理时间，有时只占过程总时间的一小部分。这样的情况，就可能通过整体安排来缩短完成时间。

3．服务水平太低

一个工作流的服务水平，反映了一个组织在一定期限内完成案例的能力。如果完成时间波动很大，那么就会降低服务水平。实际上，准确的完成时间是无法保证的。如果出现非常严重的“供不应求”的情况，就说明服务水平低下（这种情况，一般是由于很长的等待时间，资源无力处理潜在的案例）。

为了警示这些问题，也为了量度工作流的性能，可引入性能指标，它表达了工作流某一特定方面的性能。通常，性能指标有下面两类：

（1）外部性能指标（面向案例）。外部性能指标聚焦在工作流环境所关注的一些方面。例如，平均完成时间和平均完成时间稳定性指标。这些指标还可根据案例的具体特性继续划分。

（2）内部性能指标（面向资源）。内部性能指标表明了需要在哪些方面进行努力，来提高外部性能，例如，资源利用率水平，单位资源负责案例数，在处理的案例的数量、回退的数量和周转量。周转量是案例通过工作流系统的速度，它等于一段时间（例如一个月）除以案例的平均完成时间；或者通过“一段时间内到来的平均案例数量”除以“在处理的平均案例数量”得到。

较差的外部性能会浪费很多的资金。比如一家银行，处理抵押申请时间太长，会流失大量的顾客。然而，良好的外部性能需要内部的努力，比如，想要缩短完成时间，可能需要加班或者额外的资源，这需要增加开销。每一个组织的目标都是尽量降低总的开销。仔细权衡低下的外部性能的代价（业务流失造成的损失）和改善业务需要增加的内部开销是非常必要的。然而，在很多情况下不用分配额外的资源也能够改善外部性能，可以通过对工作流重构，或者采用更好的分配策略来实现改善。

8.5.2 重新设计政府流程的指导方针

从很多政府流程再造经验中得到启发，有些规则（即最好的实践）可以供重新设计工作流程参考。这些规则关系到过程设计、资源分类和任务分配等。

1. 首先建立过程目标

当设计一个新的工作流程或者改变一个业已存在的工作流程时，至关重要的是考虑在更上层的计划安排中设计的过程起到一个什么样的作用。究竟为什么需要这个工作流程？通过考虑这一基本问题，可以定义一个新的工作流程，而不会被以前的一些假设引入歧途。

2. 定义过程的时候不要考虑现有资源

过程定义应该独立于人或者机器的潜能。如果在过程定义的时候考虑了给工作分配资源的问题，就存在着很大的风险，即得到的过程很可能不是最好的。应该首先列出需要哪些任务，这些任务的执行次序应该如何，此后才能把任务和资源结合起来。换句话说，在设计过程的时候，不要被传统的组织结构所拘束。整体上，可把重新设计工作流分为四个阶段：(1) What(设计什么)；(2) Why(为什么)；(3) How(怎样做)；(4) Who（谁来做)。

3. 可能让某人对一个案例的处理负责（案例管理员）

工作流程系统支持的过程可能非常复杂。一个顾客通常很难了解特定的案例的进展，所以，最好给每一个案例安排一个管理员。他可以作为复杂过程和顾客之间的缓冲器。案例管理员的行为直接面向顾客，他负责处理整个过程的细节，这样做给顾客提供了单点联系，也能够使案例管理员更投入地工作。注意：案例管理员只是负责案例本身，其他资源可以被用来实际地执行和案例相关的活动。

4. 考察每个任务存在的必要性

有时，添加的任务是出于安全性的考虑，例如，监控任务，这样的任务通常是为了克服前面的任务存在的问题而设定的权宜之计。同样的原因，迭代任务也需要认真地进行检查。简而言之，就是去掉那些没有用的任务。

5. 考虑任务规模

任务是一个工作的逻辑单元，通过把分离的任务合并为一个复杂的任务，能够降低预热时间，还能够提高它们的执行人对工作的投入程度。但是，任务不能太大，一个任务经常必须能够被不间断地完成，所以任务的大小必须适当。大的任务会抑制弹性，使工作不可能进行更高级的调度。

6. 过程越简单越好

复杂的过程定义会导致过程的不可管理，所以过程不要无谓地复杂。采用给任务增加智能的方法，通常可以简化过程。如果不可能避免一个复杂的过程，那么最重要的就是建立一个清晰的层次化结构。在对过程进行分解的时候，要确保把联系紧密的任务放在同一个子过程中；不同子过程间应该尽可能少地建立因果联系。理想状态是每个子过程只有一个入口和一个出口。当然，最关键的是要考虑到过程能够被执行工作的人理解。如果不这样做，得到的过程将非常难管理。

7. 仔细权衡是采用一个通用过程，还是采用一个过程的多个版本

不要为每个类型的案例定义单独的过程。尽量创建一个通用过程，它能够通过选择路由来区分案例的不同类型。当然也不要试图在一个过程里面操作两个完全不同类型的案例。如果过程把案例带进了多个可选择的子过程中，这时最好应用一些独立的子过程，其中每一个独立的子过程都对应于通用过程的一个版本。

8. 仔细权衡精化和泛化

将一个通用任务分割成两个或者两个以上的选择性任务有利有弊。优点是精化的任务可能更适合特定性质的资源，缺点是精化经常会降低过程的柔性和亲和性，也会由于工作的单调而降低工作动力。比起精化的方法，类选法更常被采用，就是通过对案例的分类来实现选择性处理。

9. 尽可能采用并行过程

经常考虑哪些任务可以并行处理，如果两个任务相互独立，就尽可能允许它们并行执行。最好不要总是采用顺序的执行，那样会导致很长的完成时间，并且资源的利用效率也很差。

10. 关注网络和分布式数据库最新进展所带来的新机遇

采用全新的过程结构，比如文档的计算机化会消除物理障碍，以前必须被顺序执行的任务现在就能够通过前面所述的工作流系统来并行处理了。

11. 把地理上散布的资源看成是集中的资源

工作流系统的引入弱化了不同地域组织之间的天然障碍，两个组织单元进行工作的交流变得更加容易。如果团队 A 的工作任务超常地多，而团队 B 工作任务不饱满，那么最好把工作从 A 传送给 B。把地域上散布的资源看成是集中的，这样能够把资源分配到有工作需要的地方。

12. 让资源尽量发挥自己的专长

如果让资源尽量发挥自己的专长，这样能够扬长避短。

13. 尽可能让资源连续地执行相似的工作

通过一个接一个执行相似的任务，可以降低预热时间，程序化工作的好处也能够得到发挥。

14. 尽量给将来留有余地

当给工作分配资源的时候，尽可能给将来的工作保持资源的弹性。

15. 尽可能让一个资源在同一个案例上工作

一个职员执行特定案例的若干连续任务的总处理时间，比多个职员执行的总处理时间短。之所以时间变短了，那是因为职员会更“习惯”于某个案例。①

8.6 通过电子政务实施政府流程再造要点

流程再造可以提高政府工作效率，科学规范政府工作流程，降低政府工作成本。但由于流程再造是一个比较复杂的系统工程，涉及了政府职能、范围、程序、人员、理念、习惯等各方面的变化，因此在流程再造中须注意以下方面：

8.6.1 注重电子政务建设中的观念再造

由于电子政务流程再造是一个新生事物，在发展的同时有很多问题亟须解决，首要的便是观念的再造。只要消除部门利益观念、本位主义观念，以人民利益和国家大局为重，电子政务流程再造并不困难。所有技术难题一般都可以解决，困难的是观念的转变。小到政府员工和公众的素质与心态必须转变，大到政府的职能和行为模式要重新定位，这就需要在电子政府建设过程中注重相关理念的更新以及强有力的宣传。

8.6.2 注重电子政务发展的体制条件

电子政务的体制条件，是指在推进电子政务的过程中，切不可将现有的政府管理、运作的框架简单地搬到网络上，或者按照传统政府管理方式，将电子手段加入其中。而要按照电子政务的要求，对现行的政府职能、组织以及业务流程进行必要的调整和改革，从而为电子政务的推进创造体制条件。从业务流程再造来看，要对传统业务流程进行彻底的改造，使政府管理和服务更加符合“简便、透明、高效”的要求。在此之前，首先，要建立统一的政府部门工作制度规范；其次，要对现行的业务办理和行政审批制度进行深化改革；再次，要制定电子政务流程再造的具体实施办法，提高政府办公流程的透明度；最后，要做好电子政务绩效评估，确保流程再造落到实处。

8.6.3 政府流程再造与政府改革同步进行

与国外相比较，我国行政体制具有自身的特点。我国现阶段正处于政治、经济体制改革的重要转型期，电子政务的建设既是挑战更是机遇。在转型期间，政府流程再造要按照

---

① 参见［荷兰］Wi van der Aalst &Kees van Hee:《工作流管理——模型、方法和系统》，68～72页，北京，清华大学出版社，2004。

党和国家的方针政策，以先进的行政管理理念，以适度超前、政策为导向，结合政府改革的需要，建设节约型、服务型、透明型电子政务系统。

8.6.4 固定流和任意流模式

根据长期研究和实践的总结，我国政府工作流程一般分为两种模式：固定流和任意流。固定流是指在电子政务系统中设置相应的岗位，然后设计工作任务在不同岗位之间办理的既定流转过程，任务在发起人至后续经办人之间均按既定流程流转。任意流是由发起人发起，主动选择下一步审批人审批，审批后再选择下一步审批人，没有固定的流转要求，一般由当前审批人员自定义下一位审批人。比如，一个简单的签报公文审批的固定流程是：经办人草拟，副处长审核，处长审核，分管领导审核，领导审核。通过工作流工具可将此流程完全固定，可规范工作行为，防止越级办事。但实际工作中，常常发现有领导不在岗，甚至在流转中领导认为流程不合理，需要马上调整等若干难以通过技术解决的问题。因此，在电子政务里有部分系统采用了任意流模式，即电子政务系统不设置固定的工作流程，而由当事人自己选择下一步受理人员。该系统本质上是一种邮件系统，在技术实现上非常容易，成本较低。这种模式的好处是：流程灵活，随时可调整，尤其适合领导分工复杂、级次不清、人员出差较多的情况。但这种方式的缺点也很明显，任意流失去了通过信息技术杜绝人为干预办事流程的作用，不能实现工作时限的督办，难以对工作行为进行有效规范。

目前，我国各级政府采用固定流的办公流程与采用任意流的办公流程都同时有大量应用，也都有成功模式。政府部门可以根据本单位的实际情况选择适合的工作流模式。一般来说，规模较大、级别较高、跨部门、人员多、职能复杂的政府部门适合固定流模式，小规模、基层、人员少、职能简单的政府部门适合任意流模式。也有政府部门将两种方式进行结合，在任意流的基础上，加入人工智能学习功能，让系统记忆工作人员操作习惯，从而形成相对简单、非强制的推荐流程。

8.6.5 建立新的政府绩效考评标准

基于政府再造的电子政府构建势必提高政府的办事效率，增强政府的竞争力，降低政府成本。因此，必须有新的绩效考评标准与之相适应。在实际工作中，政府绩效受政府管理方式的制约，如自由裁员权过大、现有的约束标准不明确等，这些都是政府再造的对象，力求在电子政府建设中能够避免这些问题的再次出现。

8.6.6 准确选择需要再造的政府业务流程

政府业务流程再造在取得成功的同时，政府也要承担巨大的风险。如 20 世纪 90 年代美国的企业业务流程再造有 1/3 没有成功。政府业务流程再造和企业业务流程再造一样，不是一件轻易可以取得成功的事情。更何况企业业务流程再造有着众多成功的可资借鉴的案例，而我国政府业务流程再造却没有任何成功经验可参考。因此，政府流程再造选择的视点应在目前机能障碍深刻的流程基础上。一般而言应从政府所面临的危机、问题出发，考虑政府的承受能力和能够承担的风险，优先选择简单的、易于获得成功的业务流程。否则，将会导致电子政府建设的失败。

8.6.7 有组织、人才、技术的保证

进行政府业务流程再造至少需要两方面人员：专家委员会和应用小组。专家委员会由政府部门高层领导、专家、第三方咨询监理机构、政府内部骨干人员等组成，负责制定政府业务流程再造的总体战略，监督再造的进度，把握再造的方向。在这一点上，政府机构应该尽快建立信息主管制度，并形成整体协调机制。应用小组由实际推行政府流程再造的成员组成，包括政府领导、政府经办人员、技术开发人员、测试人员等。进行业务流程再造需要复合型人才，他们不仅要熟练掌握业务工作，而且还要了解技术，并能顾全大局，树立执政为民的理念，有团队精神，善于协作，对工作任务有强烈的责任感和进取心。此外，政府流程再造应当基于架构先进、成熟度高、实施成本较低、易于更新改造、便于升级维护的技术方案，在经深入调研和论证之后，再确定相应的技术。

电子政务的流程再造是一项巨大的系统工程，其复杂程度随着政府改革的深入更加明显地凸显出来，也使得其面临很大的风险。结合业务流程再造的理念，应当从政府最基本、最简单的流程入手，先易后难，从浅入深，突破部门利益，树立以民为本、大局为重、效益为先的意识，对其进行分析和优化重组。政府流程再造的积极作用会随着电子政务应用的进一步推广而得到体现。当然由于中国国情的复杂性、多样性、特殊性，政府流程再造的实施受宏观环境、体制机制、制度法规、人员素质、技术手段等多种因素的制约，有一定的局限性，特别是面临更深层次的政府再造问题尚难以解决，也决定了电子政务流程再造的任重道远。

本章小结

政府流程再造是政府改革的重要内容之一，通过运用电子政务手段尤其是电子政务协同办公的理念，可以有效实施政府流程再造。

关键术语

电子政务　　政府流程　　流程再造　　协同办公

复习思考题

1. 政府流程分为几类?

2. 什么是政府流程再造?
3. 如何实施政府流程再造?
4. 政府流程再造的要点是什么?

案例分析

日本的网上行政审批流程再造

20 世纪 60 年代以后，日本政府开始了大规模的行政审批制度改革。行政审批制度改革先后经历了 7 次，审批程序得到不断简化和规范。2000 年 3 月，日本政府正式启动了“电子政府工程”，这项工程的主要内容就是通过互联网等网络系统办理各种申请、申报、审批手续。作为电子政府发展较好的国家之一，日本网上行政审批流程再造也取得了实质性进展。

日本政府预备在 2003 年内全部电子政府服务项目在互联网上实现。到 2005 年，日本各级政府对于企业和公众申请的电子政务项目，从开始申请之时算起，应在 24 小时之内办结。同时电子政府的手续费将降低 30%，此项目标写入了 2003 年 6 月修订的“电子日本”战略计划之中，以推动日本电子政务的进一步发展和完善。与电子政府手续 24 小时办结同步推进的是：到 2005 年将实现各种申请政务服务的步骤都可集中在一个相关部委（省厅）的门户站点中所设置的电子政府窗口中办理，实现复杂政务项目的跨部委审批，真正实现所有政务项目的一站式服务。

日本政府深刻认识到，科学界定审批流程的范围是网上审批流程再造的起点。因此，日本政府规定，向下审批的范围是“行政机关经过当事人的申请，依法准予其从事某项事务或活动的具体行政行为”，并且这种行政行为是双方的法律行为，行政管理相对人对行政审批不服的可以提起行政复议或行政诉讼。同时，在日本，行政机关的审批、许可、批准、登记、核准、同意、认可和初审等外部行政行为均视为行政审批，以上是行政审批的法律界定，改造行政审批流程要做到，不应属于行政审批的要撤销，有些原属于行政审批的项目要在法律条件下尽量简化审批程序，有些重要的行政审批事项要坚决保留。要做到依法而行，合理有效地改革行政审批制度，提高行政效率，促进经济发展。

网上审批是政府多部门跨网络协作的综合性运用，要实现一站式网上审批，使公众只需到任一相关职能部门的对外审批窗口或者是政府部门的门户网站上相关政府部门职能板块就可办理相关审批，必须要合理划分和界定各级政府及部门之间的事项分工，理顺职能配置。因此，日本政府在网上审批流程再造中明确指出凡是政府职能交叉、重复的，只要是不涉及法律、法规的变动，这类行政审批按权责一致的原则应划给与其职能最相近、最匹配的一个行政部门。

从发达国家和地区的网上行政审批流程再造的实践来看，大多采取的是渐进方式，没有统一的改革步骤，也没有统一的要求。这样虽然没有轰动性的效果，但是消极效应也比较小，积极效应发挥得比较好，改革成果比较容易巩固。因此，在中国进行网上行政审批流程再造的过程中不能仅仅考虑短期的轰动效应，应该从长远的发展来看，尽可能控制消极效应，发挥积极效应。更为重要的是，网上行政审批流程再造本身是一项系统工程，它牵涉到审批业务性质、网络技术、各部门之间的利益协调等，仅仅从审批协作的角度看就可以分为独立、并联、串联和混合审批四种模式，每种模式的流程总体规划、具体设计等都各具特色，如此浩大的流程再造工程想一蹴而就是不可能的。因此，分阶段、分重点、分步骤、分地区循序渐进，有条不紊地开展网上行政审批流程再造，是网上进行行政审批取得成功的必由之路。

资料来源：魏琼：《国外和港台地区政府网上行政审批流程再造的启示》，载《电子政务》，2010（9）。

请思考：日本电子政务流程再造特点是什么？

小知识

IT界曾经错误的预见

1. 1899年美国国家专利局主管查理·迪尤尔自信地说："世界上能发明的东西都已经被发明了。"

2. 1943年IBM董事长托马斯·沃森曾经这么说过："我认为全球大概只需要五台计算机就足够了。"

3. "未来的计算机也许只有1.5吨重"，1949年美国《大众机械学》期刊在预测科学进步时这么指出。

4. "我已经走过了这个国家的每个角落，并且和那里最优秀的人进行过交流，我敢说人们对计算机处理数据的热情不会超过一年。"1957年普伦蒂斯霍尔主管商业书籍的编辑指出。

5. 1968年IBM高性能计算机系统事业部的工程师在评论微型芯片的时候这么："这个……有什么好处呢？"

6. "没有理由认为每个人都会在家中使用计算机。"1977年DEC公司创始人、董事会主席奥尔森就这么认为。

7. 1980年，微软公司在开发DOS的时候曾经这么认为："DOS只能管理1MB的空间，因为我们无法想象还有什么应用软件会需要更多的内存。"

8. 比尔·盖茨在1981年开发DOS系统时说："640KB应该对任何人都够用了。"

9. 微软在1992年又一次发表类似的论断："Windows NT能够管理2GB的物理内存，我们无法想象还有什么应用软件会需要更大的空间。"

第 9 章

电子政务与政务信息资源管理

信息是当今时代的氧气。它可以穿越布满弯钩的高墙，也可以流出充满了电的边界。

——罗纳德·里根

网络的价值等于上网人数的平方，而且信息的更新速度极快，达到每 18 个月翻一番。基于这个形势，电子政务的发展在全球都将是一个趋势，信息的落后将导致一个国家从文明的顶端走向滑落。

——艾伯特·戈尔

重点问题

- 政务信息资源
- 政务信息资源规划
- 政务信息资源建设
- 政务信息资源开发与利用
- 政务信息资源整合与共享

江泽民同志曾经指出："材料、能源和信息，是现代社会发展的三大资源。信息技术的迅猛发展，使信息资源的重要性日益突出。随着经济的发展和社会的进步，信息资源的这种重要性将更加突出。资源短缺是全球经济发展必须面对的一个重大问题。要保持我国经济持续快速健康发展，必须把开发利用信息资源摆在重要战略位置。"① 信息对社会权力机制、政府工作机制等方面影响巨大而深远，约翰·奈斯比特在《大趋势》中指出："新的权力来源不是少数人手中的金钱，而是多数人手中的信息。"② 2011 年 12 月 12 日，

---

① 《胡启立著〈中国信息化探索与实践〉 江泽民作序》，见 http://www.china.com.cn/chinese/TEC-c/90893.htm，2000-12-27。

② ［美］约翰·奈斯比特：《大趋势》，5 页，北京，中华工商联合出版社，2009。

工业和信息化部印发《国家电子政务“十二五”规划》，明确强化政务信息资源开发利用，是我国电子政务的发展方向和应用重点之一，要求建设高质量政务信息资源，加强政务信息资源管理。“9·11”事件使人们意识到信息资源管理是何等重要。在世贸大厦的废墟中，至今深埋着800多家公司和机构的重要数据。这其中最为世人所关注的，当属金融界巨头摩根士丹利公司。这家执金融业牛耳的公司，在世贸大厦租有25层办公室，惨剧发生时，有2 000多名员工正在楼内办公。随着大厦的轰然倒塌，无数人认为摩根士丹利公司将成为这一恐怖事件的殉葬品之一。然而，正当大家为此扼腕痛惜时，该公司竟然奇迹般地宣布，全球营业部第二天可以照常工作。因为摩根士丹利公司有完善的信息资源管理机制，建设了数据备份和远程容灾系统，保护了重要的数据。信息资源管理挽救了摩根士丹利公司，同时也在一定程度上挽救了全球的金融业。① 纵观整个“9·11”事件，蒙受毁灭性打击的1 000多家公司中，做了异地容灾备份的，很快就在其他地方恢复了办公；而没有做容灾备份的，有的当时就消失了，有的逐渐倒闭和消亡。据统计，至少有一半以上的没有做容灾备份的公司，在经过这场灾难后完全垮掉了。②

9.1 政务信息资源

早在20世纪70年代末80年代初美国就产生了信息资源管理的新概念。美国信息资源管理专家霍顿和马钱德是信息资源管理理论的奠基人、权威的研究者和实践者。威廉·德雷尔在1985年出版了《数据管理》一书，论述了信息资源管理的基础标准。20世纪90年代初，信息资源管理在理论研究和实践方面都已经走向成熟。控制论的创始人美国科学家诺伯特·维纳首次将信息与物质、能量相提并论。美国哈佛大学的研究小组提出了著名的资源三角形：没有物质，什么也不存在；没有能量，什么也不会发生；没有信息，任何事物都没有意义。当今社会，信息资源已成为重要战略资源，它同材料、能源一起成为推动社会发展的支柱。加强信息资源的管理，使政府及时、准确地收集、掌握信息和开发、利用信息，从而改善公共管理和提高服务水平。近十几年来，政府信息资源管理又与如火如荼的电子政务产生了极为密切的关联，它是电子政务的组成部分和重要保障，甚至可以说，没有科学高效的政府信息资源管理，就没有成功的电子政务。对于数量如此庞大、极具权威性和社会影响力的信息资源，任何国家都不会轻视放任。美国政府认为，政府信息是一种有重要价值的国家资源，对政府信息进行管理是确保政府有效运转、保持经济健康发展的重要手段。澳大利亚政府也认为，政府信息是一种重要的资源，是需要实行战略管理的国家财产，应从整体、全盘的角度考虑政府信息管理问题。③

---

① 参见董唯元、王明宝：《从“9·11”事件看企业容灾》，见 http://blog.sina.com.cn/s/blog_6106cb650100r410.html，2011-05-22。

② 参见《浅析美国企业的容灾备份》，见 http://www.ixpub.net/thread-2714885-1-1.html，2010-08-26。

③ 参见冯惠玲：《政府信息资源管理》，1页，北京，中国人民大学出版社，2006。

9.1.1 政务信息资源的含义

政务信息资源是对政府管理过程中所涉及的一切文件、资料、图表和数据等信息的总称。它涉及政府各项活动过程中所产生、获取、处理、存储、传输和使用的一切信息资源，贯穿于政府管理的全过程。随着社会的不断发展，政务信息资源对国家和民族的发展，对人们工作、生活至关重要，成为政府管理的重要战略资源。它的开发和利用是整个电子政务体系的核心内容。

政务信息资源是一个国家信息资源的主要组成部分。从数量看，政府信息资源占到全社会信息资源总量的80%左右；从地位看，它在一个国家政治、经济、科技、军事、文化领域中具有重要的战略价值；从作用看，它是政府部门、企事业单位、公众个人社会经济活动以及信息内容产业发展普遍需要、不可或缺的重要资源。信息资源与自然资源、物质资源相比，具有以下几个特点：(1) 共享性。能够重复使用，其价值在使用中得到体现。(2) 信息资源的利用具有很强的目标导向，不同的信息在不同的用户中体现不同的价值。(3) 具有整合性。人们对其检索和利用，不受时间、空间、语言、地域和行业的制约。(4) 它是社会财富，任何人无权全部或永久买下信息的使用权。(5) 具有流动性。它是商品，可以被销售、贸易和交换。

9.1.2 政务信息资源的内容

政务信息资源数据量大、涉及面广。从行政层面看，我国的行政单位除上百个中央一级单位外，还包括省级34个、地级333个、县级2 858个。据估计，我国公共机构数量超过200万个。从组织层面看，有党委、人大、政府和政协四大机构领导的纵向组织。从职能层面看，有政府的政治职能、社会职能、经济职能、文化职能体系下的各职能机关。因其背景不同、基础不一，因此政务信息资源的管理模式，就要因地制宜、具体问题具体分析。中央政府的成功管理模式不一定适用于地方政府或特区政府，前一个时期的成功管理模式也不能适用于另一时期。

政务信息资源的内容涉及以下方面：

(1) 政府决策信息。包括国家和地方的政策、法律法规、决策咨询意见、战略发展报告和总体布局等信息。

(2) 为社会各界服务的信息。如国际国内重大政治新闻、经济运行分析、热点透视、社情动态、税收征管、统计报表、市场供求信息、预测信息、金融财经信息、科技与人才信息等。

(3) 反馈信息。主要包括来自各行各业、各基层广大群众和各学科专家学者的批评、意见、建议和来自经济和社会发展过程中出现的新情况、新问题、新动向等。

(4) 政府间交流信息。如各职能部门的工作精神、各种公文、会议情况、总结报告、记录数据、办公档案、机关行政管理信息、工作经验、驻外办事处工作信息等。①

---

① 参见杨兴凯：《电子政务》，119页，北京，机械工业出版社，2009。

9.1.3 政务信息资源的特点

（1）公共性。从经济学意义上讲，政务信息资源是公共财产。作为一种重要的国家资源，政府信息在所有权方面具有全社会所有的公共属性。这使得政务信息资源具有更加充分的可共享性，使政务信息资源对经济社会发展具有战略价值。

（2）综合性。政府管理着全社会众多事务，管辖范围广、工作门类多，几乎涉及了人类社会的各个领域。因此，政务信息资源涉及面广，综合性非常强。这一特点使政务信息资源能够更加全面、准确和深入地反映社会事物的面貌，具有更强的普遍价值。

（3）权威性。政府部门具有高度的权威性、严肃性，受到法律、法规的严格约束，其所发布和使用的信息的权威性和可信度通常会高于其他信息资源。

（4）目的性。政府信息具有很明确的目的性，或者为政府决策服务，或者为各部门、各行业的发展服务，或者为社会公众服务。

（5）时效性。政府所承担的职能、政府管理所涉及事务的重要性质、政府管理对效率效能的追求，决定了政府信息有更加强烈的时效性。也就是说，这些信息资源有效的时间限度更加确定、更加精准、更加讲求敏捷有效的及时提供。

（6）机密性。政务信息资源有相当一部分涉及国家重大的方针政策、政府活动、工作部署和社会动态等机密性信息。虽然政府信息机构拥有信息资源总量的80%，但大部分列入保密范围内部使用，对外开放服务仅占10%左右，面向社会和公众服务不足。①

9.1.4 政务信息资源的分级和分类

为科学有效地开发利用政务信息资源，应该对政务信息资源按公开程度进行分级，以及按一定标准进行分类。

1. 政务信息资源的分级

以公开的程度作为分级的标准，政务信息资源可以分为四级：

（1）完全公开的信息：是最开放的信息，可传到面向公众的因特网上。

（2）跨系统（部门）共享信息：指在特定部门之间相互共享和流通的信息。

（3）系统（部门）内部共享的信息，如内部会议纪要等。这类信息一般可在某一系统或部门的内部网上流通。

（4）针对性开放信息：只对特定个体开放的信息。这类信息一般有很高的密级规定，保密程度要求特别高、传播范围极其有限，一般不放入各种类型的网络（包括局域网），以防被截取或篡改。

2. 政务信息资源的分类

政务信息资源分类是进行信息交换和实现信息资源共享的重要前提，是实现政府管理工作现代化的必要条件。

---

① 参加乌家培、周起凤：《中国信息服务业的发展及其对策》，载《中国信息导报》，1994（11）。

（1）按政务信息资源的内容可分为：1）政治信息资源：党政机关发出的各种文件、决策、执行信息以及接受的各种反馈信息。2）经济信息资源：政府经济职能所表现出的各种经济发展的信息。3）社会信息资源：在进行社会事务管理的过程中生成的，产生于政府外部，但与政府密切联系并直接影响的社会信息。

（2）根据政府信息的组织机构来源可分为上级信息、平行信息、内部信息。

（3）根据信息交流主体不同可分为政府对政府之间的信息流、政府对企业之间的信息流和政府对居民之间的信息流。

（4）根据政府职能可分为服务信息和反馈信息。

政务信息资源的划分还有很多种，如按信息运行状态可分为连续性信息、间隔性信息、常规性信息和突发性信息；按信息表现形式可分为语音信息、文字信息、数据信息、图形图像信息等。在对政务信息资源管理和整合的过程中，可以根据具体的需要，选择合适的划分方法。根据不同的划分方法，将信息资源进行归类、整理、存储，方便对信息资源的管理和应用。

9.2　政务信息资源管理

政务信息资源管理是指与政务信息资源开发和利用有关的规划、预算、组织、指导、培训和控制活动，是围绕政务信息资源实施全面管理的一种管理思想和管理模式。它以政务信息资源的开发利用为核心、以信息技术为基础、以信息政策法规为保障、以信息素质的培养为关键，贯穿于信息收集、整理、存储、发布、服务等全过程，内容包括信息网络、应用系统、信息的采集和发布及相关的管理体制、程序、实施模式与项目管理。

9.2.1　政务信息资源管理特点

（1）复杂性。政务信息资源管理目标比较复杂多样，包括：为政府决策提供支持，实现政府职能；传递政治、军事、科技、经济、文化、思想的信息；提高政府效率；树立政府形象，提高政府透明度，促进廉政建设。

（2）灵活性。政务信息资源的管理模式比较灵活，要充分利用信息化手段，因地制宜、具体问题具体分析。

（3）多维性。政务信息资源的管理手段包括行政手段、法律、市场手段等。随着信息技术的发展，各种通信、网络等技术手段越来越多地被采用。

9.2.2　政务信息资源管理的内容

（1）政务信息资源规划管理，指对由政府产生的和由政府自己收集、处理、传输、发布、存储、使用的信息进行有规划的建设。具体说，政务信息资源内容管理的主要任务就是对各类政务信息资源建设进行科学规划、合理布局，力求全面改善信息资源的种类、规模以及质量。

（2）政务信息资源技术管理，指对信息的技术基础设施建设以及技术应用系统建设进行管理，这是实现政务信息资源开发利用现代化的关键。具体涉及政府信息基础设施建设管理、政府应用系统管理、信息安全管理、数据容灾备份管理等。

（3）政务信息资源经济管理，指对信息资源建设投入与产出的管理。在政府信息技术基础设施建设中，由于政府信息化项目所涉及金额大，因此要求对政府信息化项目的投资计划、投资总额进行严格审核，对项目内容严格把关，对项目产出效益严格监控。

（4）政务信息资源组织管理，指设计一种组织结构，使参与政务信息资源开发与利用活动的人员明确自己在活动中的位置，了解自己在相互协调的系统中的作用，自觉地为实现政务信息资源开发管理的目标有效工作。

政务信息资源开发管理的主要责任者应该是机构的一把手，其主要职责是：对本机构的信息资源管理负首要责任，并确保正确执行国家制定的信息政策、原则、方针、标准、法规和规则。然后应该规定有一个专职部门制定本机构的信息资源开发利用计划和信息工作步骤，监督、评价和定期检查本机构的政务信息资源开发与利用活动是否符合国家的政策，并对本机构信息采集、处理、发布、传播与分析利用工作以及信息系统建设与维护工作组织实施。此外，通过各种方法和途径对所有参与政务信息资源开发与利用活动的人员进行教育、培训，也是一项重要任务。

（5）政府人员信息能力开发管理。政府公务员是政府信息内容的开发者和利用者，也是政务信息资源的载体。要提高他们的信息素质、信息意识和信息能力，同时培养一支具有现代科学知识和掌握信息技术的复合型政府信息化人才队伍。

（6）政府信息体制建设管理。包括建立非营利使用信息制度、建立信息任务外托制度，积极引导发展信息服务业；建立健全政府内部信息交换机制，如信息收集分工负责制度，内部信息交换制度，政府信息采集、处理、维护制度，政府信息公开制度等。

（7）政务信息资源开发法律、法规管理。制定有关信息公开与信息安全的法律和政策，既要注重政府机密信息的保密使用，又能将属于公用的信息开发出来让社会共享。

9.2.3 政务信息资源管理策略

（1）提高信息管理意识。政务信息资源管理水平表面上体现为技术层面，实际上更多地取决于意识和认识。

（2）理顺信息资源管理体制。通过明确政务信息资源管理机构及相关职能、权限，理顺政务信息资源管理体制，尤其要明确信息资源管理的决策体制和执行机制。

（3）制定信息管理政策法规。包括制定统一的政务信息资源管理规定；通过采集许可制度，实现政务信息资源的集约化、一次性采集；通过制定政府信息公开法，保障宪法赋予公民的知情权、监督权等权利；以无偿服务为原则，实现政府部门间信息交换和共享。还要从管理办法和技术手段两方面予以重视，强化防范和管理，保证政府信息网络系统的安全。

（4）改进信息管理方式。政务信息资源必须以现代信息技术为手段和工具，加快信息资源采集、加工、传递与服务的效率。借助互联网技术建立与整合覆盖政务信息资源各个部门和机构的信息服务网络平台，为政务信息资源管理提供新的途径和手段；通过加快教育、科技、文化、城市及社区的信息化建设，作为信息资源交流的中介和传播的窗口；加强社会各个领域的政务信息资源库建设，以资源应用为主题整合政务信息资源，形成信息资源目录系统，提供面向公众的信息资源导航、检索与服务。

(5) 强化信息素质培养。通过岗位培训进修学习等方法，使政府工作人员掌握相关信息技术，提高信息服务的能力；提高公众信息素质，增强他们的信息需求意识和信息技能，提高信息资源利用的效率和价值。

9.3 政务信息资源规划与建设

政务信息资源规划与建设是政务信息资源规划管理的基础性工作，只有做好基础性工作，才能做好政务信息资源规划、开发和利用、共享和整合，发挥政务信息资源的作用。

9.3.1 政务信息资源规划的意义

政务信息资源规划是信息系统顶层设计的主要内容。政务信息资源规划是指对政务信息资源描述、采集、处理、存储、管理、定位、访问、重组与再加工等生命周期全过程的全面规划。政务信息资源规划的核心是运用先进的信息工程和数据管理理论与方法，通过总体数据规划，打好数据资源管理的基础，促进实现集成化的应用开发。政务信息资源规划的目的是对信息资源的建设与开发利用过程进行科学设计与协调，对信息资源的分布与配置进行合理布局，降低信息资源冗余度，使政府信息采集、处理、存储和发布的费用减至最小，最大限度地增加政务信息资源的有用性，提高政府工作效能。

长期以来，我国电子政务建设由于缺乏统一的规划和统一的数据标准，政府门户网站建设和一些业务应用系统的分散开发、条块部署，各种应用系统所形成的“信息孤岛”比比皆是，政府部门各自为政、独立建设、重复投资等问题时有发生，政务信息资源开发利用能力比较薄弱，严重阻碍了电子政务发展。国家档案局2006年组织的一项调查显示，中央和国家机关、中央企业有近80%的单位采用了办公自动化或电子政务系统，产生各种类型电子文件近2亿件，成为各项工作真实记录的重要组成部分。这些电子文件种类复杂、格式多样，已经高达数十种；操作系统、自行开发的应用系统多种多样，也有几十种；电子文件管理的责任部门不统一，将近50%由档案部门管理，其余的由信息技术部门、文件管理部门、业务部门或者几个部门共同管理。由此带来的电子文件运行管理中出现的安全保管、长久流传、共享利用等难题，直接影响到国家数字记忆的保存和电子政务效能的发挥。[①] 究其原因，一方面是由于政府信息化发展的阶段性，加上人们追求“实用

① 参见《国家档案局局长：电子文件、档案管理需统一标准》，见 http://it.sohu.com/20070427/n249748930.shtml，2007-04-27。

快上”的目标，很难统一考虑数据标准或信息共享问题；往往围绕单项业务开发、引进孤立的应用程序，导致“信息孤岛”不断产生。另一方面是由于在信息化建设中存在着认识上的误区，重硬轻软、重网络轻数据、条块分割、信息私有的狭隘观念，阻碍了数据资源的开发和共享。我国许多政府部门的数据库混乱状况与其先进的网络计算机环境极不相称，造成系统投资的极大浪费。

因此，政务信息资源规划具有重要意义。

（1）有利于解决政府内外信息资源整合共享问题。由于缺乏对政务信息资源开发和利用的总体规划，各政府部门的信息系统盲目建设、重复投资，使信息资源的开发处于一种无序状态。同时，因为政府内部和外部相互之间没有密切的配合和沟通，无法整合已积累的信息资源，因而容易出现大量重复投资的现象，造就大量新的“信息孤岛”。只有全面认识政务信息资源规划，合理配置人、财、物等有限的资源为政府信息化服务，才能消除重复建设和“信息孤岛”现象。

（2）有利于优化政府资源配置。政府信息资源规划的过程需要通过运用技术手段和经济、规章制度等方式对信息资源进行全面的优化配置，这样必然会使传统纵向为主的信息交流方式转变为横向为主的信息交流，从而使弹性化的、整合的、扁平式行政组织结构成为发展趋势。

（3）有利于促进政府职能转变。完善的政务信息资源规划将改变传统政务模式，规范和优化政府业务流程，促使行政思维、行政措施、行政管理方式以及行政制度等方面的优化调整，从而为建立行政规范、运转协调、公正透明、廉洁高效的行政管理体制，为转变政府职能创造条件。

（4）有利于规范政务信息资源管理。政务信息资源产生于政府活动的各个环节和部门，其存在和分布是多行业、多部门和多地域的。目前国内政务信息资源的标准有《电子政务标准化指南》和电子政务标准的试用通知，但在政府信息化的实施过程中，各地区、各部门因为建设规划标准不统一带来了一系列技术接口的问题，以及信息安全与信息公开等问题，政务信息资源规划将为规范政务信息资源管理的标准提供依据。

9.3.2 政务信息资源规划的内容

从信息需求角度看，政务信息资源规划分为政务信息资源库规划、公共基础信息资源库规划和市场信息资源库规划。政务信息资源库规划是规划各级政府机关业已形成的文件、档案。公共基础信息资源库规划是规划人口、法人单位、空间地理、自然资源、宏观经济、文化等基础信息资源库。市场信息资源库规划以企业生产、经营、管理、研究开发等主要业务信息需求为主的市场信息资源库。从技术方法角度来看，政务信息资源规划包括：一是建立信息资源管理基础标准；二是建立政务信息资源规划实施方案；三是完成需求分析和系统建模方法；四是制订工作进度计划。

9.3.3 政务信息资源建设的内容

1. 基础数据库建设

数据库建设是政务信息资源建设的重点。在政务信息资源中，最重要的数据库是基础数据库，主要包括人口数据库、法人单位基础数据库、自然资源与空间地理数据库、宏观经济社会发展基础数据库、文化信息资源数据库、政府文献数据库、各类社会经济动态数据库以及决策信息（各类方案、政策建议、问题研究报告等）数据库等。

基础数据库对电子政务环境下的政府管理具有重要的支撑作用。我国已经建成人口数据库、法人单位基础数据库等基础数据库，自然资源、空间地理数据库也在建设中。国家要以有效的制度保障已经建成的若干基础信息数据库的建设具有持续性，确保数据库日常运行的有效性，确保数据资源能得到维护及更新。应加快在建基础数据库的进度，明确各方面的职责分工，使其中的资源尽快投入开发利用，尽快产生效果。同时，应当对重要的政府文献数据库、部门主流业务数据库、跨部门协同业务数据库、各类社会经济动态数据库以及决策信息数据库等尽快做出规划，尽快组织实施。

2. 政府领域、专业和专题数据库建设

政务信息资源建设不但要重视基础数据库的建设，还应加强支持相关领域不同政府部门间业务协同的领域数据库、专业数据库、专题数据库的建设。例如，公安系统“全国出入境人员/证件信息资源库”已累计存储出入境查验记录和证照数据几十亿条，“全国机动车/驾驶员信息资源库”已存储数亿辆机动车的数据、数亿条驾驶员数据。民政部从 2005 年初全面启动“中国自然灾害灾情数据库”的建设，旨在通过调查、收集、整理新中国成立以来自然灾害灾情和救灾数据，为国家自然灾害评估、灾害应急响应以及减灾防灾的计划和决策提供服务，该数据库的数据来源除了民政部门外，还包括水利、国土资据、地震和气象等部门的自然灾害相关数据以及社会经济数据。特别需要强调的是，支持相关领域不同政府部门的领域数据库建设尤其需要引起高度重视。我国非常有必要按照转变职能、权责一致、改进管理、强化服务、提高效能的要求，优先重点推动社会信用、食品药品监管、环境保护、应急管理、综合治税等重要领域数据库的建设，为这些领域的政府信息共享提供基本条件。

3. 政务信息资源目录体系和信息资源交换体系建设

政务信息资源目录体系是具体实现政府信息共享和服务的一种基础性手段。采用规范的政务数据和政务分类表、主题词表，运用可扩展标记语言以及资源描述框架，对政务信息资源进行组织，可以方便地根据应用需要，按行业、部门、地域、应用主题和其他使用目的“变换”出政务信息资源的各种目录。借助成体系的目录，可以对政务信息资源进行识别、导航和定位，以支持包括社会公众在内的所有用户方便快捷地检索、获取和使用政务信息资源。

政务信息资源交换体系是一个实体的资源传输交换系统，由信息交换协议、相关标准以及信息交换平台构成。完成信息资源交换体系建设任务，需要重点解决好几个方面的问题：一是建立政务信息资源交换与管理的组织机构，从中央到地方都应设置政务信息资源管理中心，负责政务信息资源总体规划，以及实施具体管理活动；二是制定相关政策及交换规则，界定政府各部门与职能相关的信息资源管理范畴，明确各部门信息资源开发、管理和发布的权限，界定政府内部、保密、公共、行业、公益、增值等信息资源的范畴；三是建立信息交换与共享的管理手段与机制，逐步形成政府公开信息资源的联合编目制度；四是制定和实施政府对外服务的信息资源交换制度、共享机制等。

4. 政务信息资源标准化建设

政务信息资源标准化涉及信息标准的编制、发布与实施的整个过程，是政务信息资源管理的重要内容，也是政务信息资源开发利用的基础和保证。政务信息资源标准化建设的内容主要包括标准化技术、标准化设施、标准化术语及标准化管理过程四个方面。①

9.4 政务信息资源开发与利用

政府在做好网络发展规划、加强网络应用管理的同时，都要注意处理好信息网络建设中“路”、“车”、“货”的辩证关系，使三者真正健康、协调发展。任何国家建设信息基础设施的直接目的，都是为了使全社会能够快速有效地获取、使用信息资源，利用信息创造财富，实现经济增长和知识创新。因此，各国都认识到信息资源的开发和利用，提供快捷、丰富的网上信息服务是建设信息高速公路的关键。比如，澳大利亚明确规定：政府在信息高速公路发展方面主要扮演三个角色：一是提供政策领导和政策方向；二是形成一个灵活的管理环境；三是政府对于网上服务的利用。

9.4.1 政务信息资源开发利用概述

政务信息资源开发利用是指对政务信息资源进行采集、加工、存储后，通过整理、汇总、统计、检索，提供给相关组织和个人，以满足其信息需求的过程。信息资源的价值和效用只有通过开发利用才能体现。政务信息资源开发和利用相辅相成、互相促进。开发是利用的前提，利用为开发提供动力和方向。任何开发行为的最终目标都能够在其利用过程中产生社会价值和经济效益。

对政务信息资源的开发利用主要有以下好处：

(1) 政务信息资源开发利用使政府决策行为更加透明，政府和公众减少了因为相互博弈而花费的不必要的资源或费用，可以把资源和费用投入更有意义的活动中去，从而提高社会整体的绩效水平。

(2) 政府在对政务信息资源进行开发利用时，从发展全局出发，发布有关活动信息，在一定程度上将克服个人决策的局限性，使政府的决策同全社会的利益一致起来。

(3) 政务信息资源开发利用向公众和企业提供为其活动所必需的信息，大大改善其信息收集和处理的效率，提高个人和企业的效率。

(4) 政务信息资源开发利用可以在一定程度上改变信息不对称状况，促进社会公平。

9.4.2 我国政务信息资源开发利用现状

2002 年 8 月，中共中央办公厅、国务院办公厅转发的《国家信息化领导小组关于我国

① 参见李绪蓉、徐焕良：《政务信息资源开发与管理》，43～46 页，北京，北京大学出版社，2006。

电子政务建设指导意见》指出，我国电子政务建设仍处于初始阶段，存在一些问题，其中包括信息资源开发利用滞后，互联互通不畅，共享程度低。2006 年 3 月，《国家电子政务总体框架》提出构建国家电子政务总体框架的要求，要以政务信息资源开发利用为主线，建立信息共享和业务协同机制；政府通过整合和共享信息资源，满足经济社会发展的需要。2006 年 3 月，中共中央办公厅、国务院办公厅印发《2006—2020 年国家信息化发展战略》指出，信息资源日益成为重要生产要素、无形资产和社会财富，有效管理、合理开发和利用政务信息资源对促进政府职能转变、提高行政效率、增强监管和服务能力、推动全社会信息化持续健康发展具有重要意义。《国家电子政务“十二五”规划》提出：国家电子政务统筹规划和顶层设计亟待加强，需要着力改变应用发展水平不高和政务信息资源开发利用不足等现状，争取解决行业与地方间条块矛盾突出、信息共享和业务协同难以推进等问题，要加大政务信息资源开发、利用和管理力度，大力推动信息共享和业务协同，突出建设集约化、应用平台化、服务整体化，进一步提高电子政务的经济和社会效益。

目前，我国政务信息资源的开发利用主要集中在两个领域：一是与其业务流程相关的信息资源开发利用，如“金”字系列工程积累了大量的信息资源；二是在公共服务领域对社会提供信息资源服务。政府部门信息资源开发以各类政府管理信息系统和网络为技术基础，逐步发展，提供了大量的适应国民经济和社会发展需要的信息产品及服务。

我国政府部门掌握社会信息资源 80%有价值的信息、3 000 多个数据库，但大部分都没有得到充分利用，亟须采取有效手段让这部分库“活”起来，进入社会，产生增值。各省有关部门对省内政务信息资源开发利用通过网络手段做了一定的工作，但在全国范围内还未形成政务信息资源开发利用态势，缺乏行之有效的组织和办法。究其原因，一方面是一些政府部门对于把自己的信息拿出来共享的意识还不够强，有些政府部门的部门利益意识又太重，不愿将信息共享，这就亟须我国信息主管部门对其进行组织和引导；另一方面，政府部门信息资源的开发利用缺乏灵活的机制和政策，长期以来政府信息部门的大量建设资金投入硬件设备中，缺乏信息录入、信息更新、信息深加工的专项资金和技术，更缺乏把这种信息资源进行加工后产生增值的手段。电子政务的有效开展必须以充足的政务信息资源为前提，这样才能解决政府信息化过程中“路多车少、有车无货”等问题。

分析我国政务信息资源开发现状，目前存在的问题主要有：缺乏统一的信息资源管理协调机构；政务信息资源共享性差；信息资源的开发、利用、管理方面的法规滞后；政务信息资源开发利用水平缺乏有效的评价指标体系和方法。

9.4.3　我国政务信息资源开发利用策略

我国在发展信息高速公路时，政府一方面要尽量为社会公众和企业提供有效、及时、充足的信息，发挥信息服务先锋的作用；另一方面要利用政策导向，促进信息资源的有效开发和利用。

1. 制定相应的政务信息资源开发利用政策法规

制定尽可能完善的政务信息资源开发利用政策法规，可以为开发利用信息资源提供大环境。对政府信息公开化原则、开发信息资源的组织机构及职责、政府信息的发布和政府信息的保密、政务信息资源共享的地位、原则和保障措施等，要用法律加以明确规定，以保证在安全保密范围之外的政务信息资源的公开利用。政府除了承担公开政务信息资源的重任，还应规范市场化运行，包括制定相应的政策措施和管理办法，扶持多元化信息服务主体，维护信息服务竞争秩序，监管信息服务效果，尤其是加强对资源开发利用过程中不正当行为的监督，保证信息的客观性、准确性，防止信息加工中的污染，保护公民隐私，防止信息资源的网络化共享造成对信息主体权益的侵犯和利益的损害。

2. 加强对政务信息资源开发利用的组织与领导

政务信息资源开发利用必须实行“一把手”工程，加强协调，实施统一的、强有力的领导。从执行层面来看，加快转变政府信息部门的职能职责，建立更加专业化的组织机构。

3. 加强政府信息资源数据中心建设

在政府信息资源方面，做好顶层设计，实行数据集中管理成为越来越多国家的共识。① 数据集中管理依靠建设数据中心。数据中心是现代信息资源的主要存储方式。目前，以政府公文和政务信息为主要内容的办公业务资源数据库已普遍建成，国务院一些部门各自建成了业务数据库。“十五”期间，我国部署了人口、法人单位、自然资源和空间地理以及宏观经济四个数据库建设工作。政务信息资源库建设实行政府自建和市场集成的联合建设道路，最终要建成集成、统一、共享的数据中心。数据中心建设中必须坚持统一规划、统一标准、全网共享的原则，对于每一个系统应做到统一设计、分别建设；对原有的数据库进行改造，增加新内容，对单位已有的数据库进行规范化和标准化，建成统一的服务于办公业务网的数据中心，建设政务信息资源库的目录体系，建设支持政府决策工作的国民经济综合数据库、社会和历史数据库、自然资源数据库。现在许多地方都在整合数据中心建设，避免分散建设，减少重复投资，利用云计算、虚拟化等技术，可以降低成本、提高使用率。

4. 加强信息内容的审核和信息服务工作

加大信息资源开发利用的重点，是在科学发展观的指导下做好共享信息和公开信息的开发工作。一要加强信息内容的审核。按照相应的规定确定信息审查标准，以区分和筛选政务信息资源安全信息和不安全信息、内部信息和公众信息，把握好保密与公开的原则。二要拓展政府信息的深度与广度。开发好政府信息的内容，才能保证政府及时、客观、准确地向公众公开信息，保证信息资源服务于社会和公众。

5. 积极促进政府有关信息资源的网上公开和利用

政府是一个国家最大的信息资源汇集地，自然也就成为一个社会中信息量最大的拥有者。政府信息资源开发和利用的程度，反映了一国信息化、网络化发展的水平和状况。在我国，由于各种原因，长期以来信息的收集、流动、利用等都是政府的事，体现出信息自我服务和内部使用的功能。如 1996 年我国运行的 1 038 个大型数据库中，80%以上控制在政府部门手中。这些信息资源没有被社会利用，造成了严重的资源浪费，阻碍了信息产业的发展。为此，应把政府拥有的信息资源按照政务公开的原则在网上公开，让社会公众和

① 参见冯惠玲、钱毅：《关于电子文件管理顶层设计的若干设想》，载《中国档案》，2007 (4)。

企业共享。近年来，我国各政府网站发布了大量的政务信息用于社会共享，政府部门和地方政府还出台了促进政务信息公开的管理办法和规定。

6. 大力开发公共性和基础性信息资源

要积极开发传统文献信息和电子信息，发掘现有的资源潜力，推动经济建设发展。各级政府部门要积极为信息资源开发和网络建设提供有利的环境和条件，使之与国家信息网络基础设施建设相协调，以利于信息共享。当前要面向应用与实际需求，重点抓好宏观经济决策、工农业生产、科技教育、社会生活等领域的信息资源开发，积极发展面向经济建设主战场的信息服务业，包括丰富国家信息网的信息库内容，提高数据库数量与容量，逐步形成几个具有竞争力的数据库产业基地，以此带动我国数据库产业的整体发展；引导网络供应商积极开拓电子邮件、远程教育、远程医疗、会议电视、电子广告、电子购物、家庭娱乐、视频点播等新服务；加快科学技术、教育、农业、市场行情等领域的信息化进程；大力推广、应用现代信息技术，不断提高信息开发能力和服务效益，尤其是促进企业对网络信息利用的效益，提高市场竞争力；大力发展网上中文信息资源，在与国际互联网保持一致的同时，实现网上信息的中文化和本地化。

7. 保护信息资源知识产权

信息资源的开发利用，需要投入大量的资金和不断创新。单靠政府的力量难以持久发展。必须建立一种能够激励企业、个人和其他社会组织参与信息资源开发利用的动力机制。美国政府在实施国家信息基础设施行动计划的同时，确定了“重点建设数据库，促进信息资源开发和利用”的发展战略，制定了一系列推动信息资源开发利用的政策立法，强化对信息资源产品知识产权的保护，通过政策立法引导其他行业和民间对信息资源开发利用的参与及投资。日本政府也曾出台有关振兴本国数据库产业的优惠政策、数据库著作权保护政策等。澳大利亚政府强调政府通过政策导向和保护知识产权的立法，为国内民间企业投资软件信息资源开发利用提供良好氛围与环境，以实现国家的社会、经济和文化目标。我国目前还缺乏具体的、有力度的国家支持和保护政策，数据库产品盗版和不正当竞争的现象时有发生；与其他行业共享同一税收政策，忽视了信息资源产品靠技术和智力增值、有形成本抵扣甚少的特性，不能有效激励开发部门的积极性及社会参与和投资，难以保证科技电子信息资源的开发利用稳定有序发展。因此，我国政府应以优惠政策重点扶持一些国内具有一定专业化、规模化的服务提供商，使其成为我国网络信息资源开发利用的重要支柱；鼓励社会参与和投资开发公共信息资源；制定保护信息知识产权的法规；努力培育公平竞争的软件开发市场，并促进积极的信息交流，调动开发商和投资商的积极性。

9.5　政务信息资源整合与共享

9.5.1　政务信息资源整合

政务信息资源整合是指各级政府部门、企事业单位、社会公众等多个主体相互合作，共同参与政务信息资源的建设，共同拥有政务信息资源获取权与获取条件，将分散于政府各部门和社会上的政务信息资源进行集成整合。一方面是资源共建，另一方面是资源共享。主管部门为了促进信息资源共享，对信息资源进行统一规划和管理，制定信息资源的统一标准。共享使得各种信息资源通过特定的平台相互交流和使用。资源整合的过程实际上是要通过共建，更好地实现资源共享。

政务信息资源整合的意义主要有：实现最大限度的资源共享，消除“信息孤岛”；提高政务信息资源的利用效率，实现信息的增值服务；有效解决政务信息资源分散性与用户信息需求综合性的矛盾。

9.5.2 政务信息资源整合的内容

政务信息资源整合是全社会共同参与政务信息资源建设，共同分享政务信息资源的过程。而从信息工程角度看政务信息资源整合的内容，按照它们在信息系统中不同的作用和地位，可以将整合分为以下几类：

1. 数据整合

数据整合主要用来实现不同系统的数据交流与共享。数据整合是进行下一步整合的基础。数据整合对数据进行标识并编成目录，确定元数据模型。只有建立统一的模型后，数据才能在数据库系统中分布和共享。数据整合采用的主要数据处理技术有数据复制、数据聚合和接口整合。

2. 应用整合

应用整合是电子政务信息整合的关键。一是提供一个开放式的整合框架，使所有纳入整合的应用系统能够通过统一的技术框架进行快速整合；二是提供一套规范的访问接口，使得遵循规范的应用系统能够方便地整合起来；三是提供一个统一门户实现应用整合，使得用户能进行统一的单点登录和应用漫游。

3. 内容整合

内容整合是电子政务信息整合的外衣。一是在信息发布和权限管理问题上，要保证向用户发布的信息是能够符合和满足用户需求的，并且是在有效权限控制基础上的最大限度的信息共享；二是在信息内容深度上，要保证对有限的信息进行基于知识管理基础上的深度知识挖掘，以提供更多、更有价值的有效信息；三是在信息检索方面，要建立一个共享平台上的跨系统搜索引擎，最大限度地缓解“二次数字鸿沟”问题；四是在信息展示问题上，需要将信息发布和展示与门户网站整合进行有机结合，使得用户能够通过门户网站方便快捷地获取所需信息内容。

4. 门户网站整合

门户网站整合是电子政务信息整合的门面。可以将信息门户网站与应用门户网站集成起来，提供一站式整合服务。无论是政府部门工作人员、企事业单位或是社会组织与社会公众都可以在任何时候、任何地点通过进入一个政府网站即可获取所需的任何信息和服务。政府门户网站建设本身也可作为电子政务信息资源整合的有效途径。

5. 流程整合

流程整合是电子政务信息整合的核心。“流程整合”中的“流程”二字指的是政务流程，“流程整合”即是说在开展前面四种整合的基础上，对政府机构的政务流程进行再造，根据电子政务所倡导的信息公开、互联互通的原则，利用信息技术，重新对业务流程进行分析、梳理、重组，将以往传统的职能管理改为面向业务流程的管理，重构和优化政府工作的全过程。政府业务流程整合的前提是要分析信息技术发展对业务流程的影响，对流程进行重新组合和更新再造，而不是利用信息技术处理现有的业务流程；要对传统工作模式、工作方法和工作手段进行全面革新，而非简单地将现有业务、办公、办事程序原封不动地搬上计算机。也就是说，流程整合、流程再造必须与政府职能调整、机构改革相结合。

9.5.3　政务信息资源共享的内涵

政务信息资源共享是在一定的政策体制、激励措施和安全保障的基础上，在政府内部、政府与外部之间共同使用政务信息资源的一种机制，目的是提高公共管理和公共服务水平。政务信息资源共享从需求和内容上可划分为四个层次，由低到高依次如下：

1. 政府各职能部门之间的资源共享

这是政务信息资源共享的基础部分，主要内容是政府数据如何在各职能部门之间合理分布，避免重复采集、重复存放和重复加工；各职能部门如何方便地访问和获取公共数据以及其需要的其他职能部门的专有数据。目的是提高政府内部的效率，加强各职能部门之间的合作，通过整合各职能部门分散的数据库、信息系统、信息基础设施，开展协同式网上办公，为企业和公众提供“一体化”的政府信息服务打下良好基础。

2. 不同层级政府之间的资源共享

主要内容是下级政府如何方便地访问上级政府的信息，以及上级政府如何访问、获取和分析下级政府的信息。目的是加强上下级政府的沟通，为领导提供决策支持。

3. 国家权力机关与政府之间的资源共享

主要内容是国家权力机关如何实时地访问政府数据，并做相应的分析。目的是实现国家权力机关对政府的动态监督，变事后惩处为事先预防，建设“阳光”政府，有效遏制腐败。

4. 政府与企业之间和政府与公民之间的资源共享

主要内容是政务公开，让企业和公众能方便地通过网络获取自己所需要的政府信息。目的是为企业和公众提供优质、便捷的信息服务。

政务信息资源共享在不同需求层次的内容和目的各不相同，在实践中根据不同层次的需求制定合理的目标和策略，更需要一定的政策保障和经济激励措施，否则政务信息资源共享在实践中难以实现。

9.5.4　政务信息资源共享的意义

政务信息资源共享是信息公开、信息服务、信息交换、信息协同的关键，具有特别重要的意义。

1. 改善政府内部工作效率

政务信息资源共享是政府部门之间开展协同办公的需要，能提高政府管理效率。协同办公是各业务相关职能部门间进行流水线型的交互合作的工作模式。政务信息资源共享是实现协同办公模式的基础，只有在政务信息资源共享条件下，政府各职能部门才能有效实现协同办公。如美国政府机构间信息共享的缺失曾严重阻碍对进出口商品的统计和管理，而进出口数据库实现了美国进出口商品的流水作业。

2. 增强经济效益

政务信息资源共享是构建节约型社会的需要，能带来良好的经济效益。首先，政务信息资源共享能实现政府公共数据的统一采集、统一加工、统一维护和共同使用，降低信息资源重复采集、重复存放等带来的成本；其次，同一数据的单次采集、共同使用使得由于数据不一致带来的管理漏洞所造成的损失减少；最后，政务信息资源共享能带动信息基础设施、信息系统的整合，使得服务器等设备减少，节约大量资金。如我国电子口岸建立了公共数据中心，使得海关及有关部门的进出口业务数据实现全面共享，使跨部门交叉稽查成为可能，有效减少了走私等带来的经济损失。

3. 提高公共服务水平

政务信息资源共享是为公众提供一体化电子服务的需要，能带来良好的社会效益。电子政务的重要目标之一就是为公众提供一站式电子服务。政务信息资源共享能够为建立一体化的电子政务打下坚实基础，为公众提供便捷、优质、无缝隙的公共服务，从而有效提高政府为企业和公众服务的效率。

4. 提高政府决策能力

政务信息资源共享是政府正确决策、整体规划的需要，能有效提高政府的决策水平。首先，政府资源共享能为政府做出快速、有效决策提供充分、集成的信息储备；其次，政务信息资源共享为政府决策支持系统的建立提供基础框架，为知识挖掘和知识管理打下坚实基础。

9.5.5 政务信息资源共享机制

政务信息资源共享机制的建立是推进政务信息资源共享的政策保障，必须采取有效措施来建立政务信息资源共享的良好机制和政策环境。

1. 建立统一的政务信息资源共享领导机制

政务信息资源共享需要不同职能部门之间的合作与协调，要求建立能够直接指导和协调职能部门之间开展资源共享的领导机制。公共数据的共享几乎牵扯到所有的职能部门，具有全局性和战略性，只有建立统一的领导体制和管理体制，才能形成公共数据的“统一规划、统一采集、统一加工、共同使用”的共享机制。为此，有专家建议设立由中央到地方的各级政务信息资源管理委员会。政务信息资源管理委员会可由各职能部门的信息主管组成，其行政级别要高于同级政府的其他各职能部门，以确保能够顺利开展工作。①

2. 制定“一体化”的电子政务战略规划

政务信息资源共享的目的就是实现政府职能部门间的协同办公，为公众提供一站式服务。这就必然要求各职能部门的信息基础设施和信息系统能够互联互通。部门信息基础设

① 参见魏吉华、王新才：《我国政府信息资源开发利用策略探讨》，载《电子政务》，2007（1）。

施和信息系统的异构性则难以互联，这就需要制定一体化的电子政务战略规划，对它们进行整合，打造一个一体化的电子政务架构体系。可见一体化电子政务战略规划是政务信息资源共享实现的基础，各国政府都在积极推行这一战略。

3. 建立政务信息资源共享的经济激励机制

拥有数据的政府职能部门在将自己的信息资源与其他部门共享的过程中，要付出更多的代价，包括人力、财力的耗费，特别当信息共享的支持工作变为一项长期的业务时，将使该部门背上沉重的负担。如果没有很好的成本补偿措施，任何单位都无法长久支持这项额外的负担。为此，可从几个方面下手：(1) 建立相应的经济补偿机制，对有重大意义和效益的资源共享给予鼓励。(2) 通过信息资源共建推动共享。需要共享某种信息资源的各方通过协商，按照统一的标准和一定的分工，合作共建信息资源，然后再共享。(3) 实施政务信息资源共享评价工程，一则可了解信息资源共享的现状，二则可评比各职能部门的信息资源共享工作。这样可以让积极推动政务信息资源共享的职能部门受到嘉奖和鼓励，以此调动所有职能部门推进资源共享的积极性。

9.5.6 政务信息资源目录体系和交换体系

政务信息资源目录体系和交换体系是支持跨政府部门的信息资源整合和共享的重要手段，是实现政府部门间信息资源共享与业务协同的基础，是提高政府工作效率、提高监管与服务水平的重要措施。

政务信息资源目录体系和交换体系的概念，最初来源于我国的政府文件。2002 年、2004 年、2006 年我国发布的《国家电子政务总体框架》，都提出了“建设政务信息资源目录体系与交换体系”的要求。其中，2004 年发布的文件明确指出要“依托统一的电子政务网络平台和信息安全基础设施，建设政务信息资源目录体系和交换体系，支持信息共享和业务协同”。《国家电子政务总体框架》明确指出：到 2010 年，我国将建成覆盖全国的电子政务信息资源目录体系与交换体系。在这些文件指导下，国家电子政务标准化总体组于 2005 年逐步发布了《政务信息资源目录体系》、《政务信息资源交换体系》等系列标准；天津、上海、北京、内蒙古等地分别开展了目录体系与交换体系原型试点和建设试点，全国范围内的政务信息资源目录与交换体系建设工作正逐步展开。

1. 政务信息资源目录体系

政务信息资源目录体系是按照统一的标准规范，对分散在各级政府部门、各领域、各地区的政务信息资源进行整合和组织，形成逻辑上集中、物理上分散、可统一管理和服务的政务信息资源目录，为使用者提供统一的政务信息资源发现和定位服务，实现政府部门间信息资源共享交换和信息服务的政务信息资源管理体系。

政务信息资源目录一般由政务信息资源分类目录和信息资源目录组成。政务信息资源分类目录由按不同应用主题建立的信息分类体系组成。政务信息资源目录有基础信息目录、部门信息资源目录、应用共享信息资源目录等，通常由描述信息资源的名称、主题、摘要或数据元素、分类、来源、提供部门等元数据组成。

2. 政务信息资源交换体系

政务信息资源交换体系是依托国家电子政务网络和电子政务信息安全基础设施，为跨部门、跨地域政务信息资源交换与共享提供的电子政务信息服务基础设施。根据国家电子政务标准化总体组制定的我国政府部门《政务信息资源交换体系》，政务信息资源交换体系结构由服务模式、交换平台、信息资源、技术标准和管理机制组成。不同服务模式的业务应用通过调用交换平台提供的交换服务，实现对信息资源的访问和操作，技术标准和管理机制为政务信息资源的交换和共享提供技术及管理的保障。参与交换的各类信息包括以下各项：

（1）业务信息库：各政府部门业务应用系统的信息库。

（2）交换信息库：各政府部门之间为实现信息交换而建立的临时信息库。

（3）基础信息库：人口基础信息库、法人单位基础信息库、自然资源和空间地理基础信息库、宏观经济数据库等。

（4）共享主题库：基于各类业务应用主题而设计的共享信息库。

（5）决策支持库：提高辅助决策和分析信息的共享信息库。

政务信息资源目录体系和交换体系的构建过程是对信息资源进行编目和分类的一体化过程，同时也是依托技术构建信息资源管理体系的过程。在建成目录体系和交换体系的同时，在政府机构范围内，将形成内部信息资源的管理架构，在特定的区域范围内，将形成跨部门信息资源共享和交换的体系。总体来讲，政务信息资源目录体系和交换体系既是一套体现各种政务资源内在关联的有机整体，也是一套实现信息资源共享和服务的工具，同时还是一套为信息资源检索、定位和共享的应用服务体系。

9.6 政务信息资源与大数据

“大数据”这个术语最早期的引用可追溯到阿帕奇组织（apache.org）的开源项目Nutch。从狭义上讲，大数据是指无法在一定时间内用常规软件工具对其内容进行抓取、管理和处理的大量数据集合；从广义上讲，是从各种类型的海量信息中快速获得有价值信息的能力，人类思维和决策的方式及方法将进入更高层次，有了大数据的这种能力，人类才能真正从“自动”走向“智慧”。

随着信息技术特别是信息通信技术的发展，互联网、Web2.0、社交网络、物联网、移动互联网、云计算等相继进入人们的日常工作和生活中，全球数据信息量呈指数式爆炸增长之势。美国IDC数据中心的研究结果表明，2008年全球产生的数据量为0.49ZB，2009年的数据量为0.8ZB，2010年增长为1.2ZB，2011年的数量更是高达1.82ZB，相当于全球每人产生200GB以上的数据。而截至2012年，人类生产的所有印刷材料的数据量是200PB，全人类历史上说过的所有话的数据量大约是5EB。[①] IBM的研究称，整个人类文明所获得的全部数据中，有90%是过去两年内产生的。而到了2020年，全世界所产生的数据规模将达到今天的44倍。如今，人在每分每秒产生的数据（包括位置、状态，见闻、言论等）都能够被数字化并进入互联网，各类传感器可以应用到各个领域收集我们所

① 参见《大数据时代降临》，见http://today.banyuetan.org/jrt/120922/70953.shtml，2012-09-22。

需的数据，甚至能植入人体，新的互联网址协议 IPv6 可以标识如家用电器、远程照相机、汽车、传感器等，甚至可以细微到大海里的一粒沙子，数据库巨人吉姆·格雷（Jim Gray）预测，到 2047 年现实世界人、事、物的所有信息都将上网。前所未有的巨量数据信息正在聚集，人类将步入大数据时代。

在日常运营中生成、累积的用户网络行为数据的规模是如此庞大，以至于不能用 G 或 T 来衡量，大数据的起始计量单位至少是 P（1 000 个 T）、E（100 万个 T）或 Z（10 亿个 T）。对于大数据，高德纳咨询公司给出了这样的定义。大数据是需要新处理模式才能具有更强的决策力、洞察发现力和流程优化能力的海量、高增长率与多样化的信息资产。同时，大数据不仅用来描述大量的数据，还涵盖了处理数据的速度。

在电子政务建设应用中，各国政府发现政府日积月累的大量信息资源的利用率不高，政府对海量、复杂的数据的应用能力不足，因此，提高大数据管理应用能力对推进电子政务至关重要。2012 年 3 月，美国政府发布了《大数据研究和发展倡议》，此项带有 2 亿美元推动资金的倡议，旨在通过推动和改善与大数据相关的收集、组织和分析工具及技术，从海量和复杂的数据集中获取知识，提升洞察分析能力。美国将大数据作为国家级的战略，其在经济社会发展中的重要地位可见一斑。2010 年 7 月，联合国发布了《大数据促发展：挑战与机遇》白皮书，指出大数据对于全世界是一个历史性的机遇，可以利用大数据造福人类。联合国全球脉动（Global Pulse）项目就是对社交网络中数据进行分析，预测某地区的失业、疾病爆发等情况。正如李开复曾提到“大数据就是金矿”[①]，我国应加强对电子政务相关的大数据进行分析研究，通过对大量政务信息资源的数据挖掘、分析和处理，可提升政府管理和服务水平。

本章小结

政务信息资源是国家的重要战略资源，对其进行开发和利用是整个电子政务体系的核心内容。通过加强对政务信息资源的开发与利用，实现政务信息资源的整合与共享。

关键术语

电子政务　　政务信息资源管理　　政务信息资源规划　　政务信息资源开发利用　　政务信息资源整合共享　大数据

复习思考题

1. 什么是政务信息资源？
2. 如何对政务信息资源进行规划与建设？
3. 如何对政务信息资源进行开发与利用？

---

① 《李开复：大数据就是金矿　先到者为王》，见 http://cloud.zol.com.cn/334/3342985.html，2012-11-14。

4. 如何对政务信息资源进行整合与共享？

案例分析

美国政府信息资源管理

美国政府把信息资源定义为信息本身和相关资源（如人员、设备、资金、信息技术）两个方面。信息资源管理则定义为：为完成政府机构职责而进行的信息资源管理过程。

美国政府对政府信息的作用和意义有着十分清楚的认识，认为政府信息是一种重要的战略资源，是国家资产。政府信息是保证政府公开性、管理政府运行、保持经济健康发展的手段，也是具有市场价值的商品。政府信息资源管理的目标是使政府信息资源得到充分利用，保证各个政府机构有效履行各自的职责。

美国政府信息资源管理的重点有三个方面：信息网络、应用系统、信息收集和发布。经过几十年的发展，美国政府信息资源管理的法律法规、组织体制、工作内容和程序、实施模式及项目管理、采购政策和方式均已趋向成熟。

政府信息网络

美国政府信息网络（电信网络）基本上是在公共电信网络上的虚拟专网（除国防部和军方有部分线路自有）。在联邦政府，这样的虚拟专网目前主要是各个政府机构各自分散建设的，政府信息技术服务委员会（一个由政府部门代表和企业、学术界人士组成的跨部门咨询组织），正在提议在已有的网络基础上，建成统一的联邦政府信息网络，或称政府电信基础设施。

在州政府一级，大部分已经规划或实施了统一的连接州政府各个机构及公立学校、图书馆的网络，如得克萨斯州的政府专用虚拟网：TEX-AN 已经发展了三代，1999 年开始设计和建设第四代。指导得州政府电信网络建设的是州电信战略规划，其目的是为州政府部门电信网络确定一个框架，在一个统一的电信网络上实现多媒体通信。该网络的主要功能有：向公众提供政府信息和服务，提供获取教育资源的平台；对政府机构提供基本网络服务，满足政府机构建立全州网络的需要；网络信息和服务集中化，便于政府信息交流，提供开放的互联界面。

政府专用虚拟网在技术上，已经采用或正在转向 Intranet 技术；在运行模式上，主要委托电信公司或系统集成公司建设和维护。如正在建设中的最大的联邦政府网络——财政部通信网络服务系统，由 TRW 公司总承包，全国有 64 个节点、数千个接入点，预计项目费用 11 亿多美元，建成后每年仅通信费就达 4 亿多美元。

应用系统

美国政府机构的应用系统已经跨过机构内部结构化程度较高的业务应用阶段（即我们所称的办公自动化系统和管理信息系统），走向更加复杂的机构内外结合的业务领域，成为政府机构履行职责的必要组成部分。

例如，美国全国各地及在加拿大、墨西哥工作的美国公民，都可以通过财政部的收入和税务报告系统（STAWRS）申报自己的收入、缴个人所得税。财政部的国际贸易数据系统（ITDS）连接着 80 多个与国际贸易有关的政府机构，收集并处理数据；国防部的旅行（出差）系统，以国防部的NIPRnet为基础，连接公共电信网络和旅行机构的服务系统，为所有美国军人提供从出差审批到旅行车（机）票、旅馆预订、费用领取和报销等全过程服务。

上述这些应用，也称为政府电子商务。从这几个例子可以看出美国政府信息技术应用的深度和广度，也可以看到，所有的应用都紧紧围绕政府部门的业务工作，使这些工作做得更好、更快、更省钱。

政府信息的收集、获取和保存

美国设有国家统计局，并有统计法。数百个联邦政府机构具有信息收集、统计、调查的职能，由行政管理和预算局根据《文书削减法》和《联邦政府信息资源管理》赋予的职责进行协调。

在这数百个机构中，比较重要的有：普查局，负责10年一次的人口普查、5年一次的经济普查；经济分析局，负责经济统计，每年的国民生产总值以5年一次的普查为基础，通过抽样调查得出；劳工统计中心，负责就业方面的统计；教育统计中心，负责教育方面的统计；医疗保健统计中心，负责医疗保健方面的统计。

政府机构所有信息（除医疗保健信息）收集必须报行政管理和预算局批准，医疗保健的信息收集报卫生与公众服务部的一个专门委员会审批。每次信息收集申报必须提前60天在《联邦公告》上通报，在这60天内，任何人都有权对此发表意见和评论。向行政管理和预算局申报时，必须将《联邦公告》上征集的全部意见一起报告。批准后的信息收集有一个统一的信息收集代码，没有这个代码的信息收集就不是合法的收集，企业和公民有权不填报。

从1996年开始，根据《文书削减法》的要求，行政管理和预算局每年编制年度信息收集预算，但信息收集预算并不是规定每个联邦政府机构或整个联邦政府信息收集在本财政年度中花多少钱，而是规定每个政府机构信息收集以小时计的负担。

1996财政年度，联邦政府信息收集的负担是68亿小时，1997年是69亿小时，1998年是70亿小时，约折合350万人的年工作量，联邦政府是美国最大的信息收集者、生产者、发布者这个结论在这里得到了佐证。根据美国政府信息收集的工作量和覆盖的范围看，美国政府的管理和决策比中国政府拥有更多的信息，中国政府在机构改革和职能转变后，要使管理和决策更加有效，在信息收集和信息共享方面必须进行重大改革。

有趣的是，1995年修订的《文书削减法》要求1996年削减负担10%，1997和1998年度削减5%，但实际上却增加了，增加的原因是新修改的法律对财政部收集的信息有了新的要求。还有一个十分有意思的数据是：财政部1998年信息收集负担达到57亿小时，占全部联邦政府信息收集总量的80%，而包括普查局在内的商务部只有1 400万小时，只占联邦政府信息收集总量的0.2%。除开财政部，也只占1%。

美国政府的信息发布由各个机构根据《信息自由法》和《文书削减法》的规定进行，凡是赋予信息收集代码的信息，除法律规定不能公开的以外，一律向社会发布。许多政府机构设置了信息解密办公室，根据法律规定，及时将原来定为机密的信息解密。目前，获取政府信息的主要渠道依然是向相应的政府机构索取印刷品。由于美国所有的联邦政府机构已经建立Web站点，通过因特网获取信息的比重在不断增加，1995年的《文书削减法》又规定建立“政府信息分布索引系统”，为信息的获取提供了一个方便的途径。

美国联邦政府信息收集、统计调查有以下几个特点：第一，保证政府各个部门履行其职责需要，每年进行数百种信息收集，通过统一协调，避免重复浪费。所有的统计调查资料免费（不收成本费）在政府部门内共享，绝大部分（除列为机密的）向全社会免费提供。第二，协调部门和统计实施部门分开，保证信息收集的有效性和信息共享的实现。第三，联邦政府机构除有一定的人员从事统计调查外，大部分的信息收集委托信息服务机构进行。

管理体制

对政府信息资源管理，美国政府已经形成比较完整的组织体系和工作程序。联邦政府信息资源管理的主管部门是行政管理和预算局。所有联邦政府机构，都设立了直接向部门主要领导报告的首席信息官，设有专门的办事机构，如财政部有信息技术政策和管理办公室等机构作为财政部信息主管的办事机构。成立了联邦政府信息主管协会，承担联邦政府机构间在信息资源管理、预算等方面的协调工作。根据《文书工作缩减法》和《联邦政府信息资源管理》的要求，各个部门必须制定本部门的《信息资源管理战略规划》，而且每年滚动进行。信息资源管理战略规划主要包括网络建设规划、信息收集规划、重要信息系统规划等内容，提出每年和五年的目标及对资源（包括资金）的要求。

美国的政治体制决定了每个州有很强的独立性，有独立的立法权，对税收、经济发展政策等方面都可以自己制定法律，并不要求和联邦法规一致。政府机构的设置也不要求与联邦政府一致。美国的地方政府（市、县、教区等）与州政府的关系同州政府与联邦政府的关系一样，具有很强的独立性。在信息资源管理方面，州政府有两种设置：有的设立信息资源管理部，如得州、明尼苏达州等；有的设置州信息主管，在信息主管下设一个或几个管理机构，如加利福尼亚州、新泽西州等。

得州的信息资源管理部有100多人，其主要职责为：信息收集、发布和保存的管理，重要信息项目管理，州政府电信网络规划，制定相关标准，解决政府信息技术应用中重大技术问题，如2000年问题等。其管理应用除州政府机构外，扩大到教育、医疗保健等由州财政支持的部门，其他州的规模和职责也大同小异。

美国的地方政府（local government）的划分与我国的差别较大，大的如纽约市，小的如几百人的教区，都属于这个范畴。这些地方政府在信息资源管理方面，基本上同州政府一样，设有专门的管理机构，用《信息资源管理战略规划》来指导本地区的相关工作。

法律法规体系

联邦政府信息资源管理相关的主要法律法规有三个：关于信息获取和发布的《信息自由法》、关于信息收集的《文书削减法》、关于协调联邦政府各机构信息活动的行政管理和预算局A-130文件《联邦政府信息资源管理》；1998年10月制定了《文书销毁法》，计划在五年内消灭文书工作，但根据与一些联邦政府官员和专家的讨论，他们对此法的评价不高，因为有部分工作很难电子化；还有如《隐私法》、《计算机信息系统安全法》、《档案法》、《联邦储藏图书馆法》等也是重要的法律文件。各州均制定了类似信息资源管理法的法规。

资料来源：杨学山：《透析美国政府信息资源管理》，载《中国计算机报》，2010-08-30。

请思考：美国政府信息资源管理的特点是什么？

小知识

资源三角形

美国哈佛大学的研究小组提出了著名的资源三角形理论：没有物质，什么也不存在；没有能量，什么也不会发生；没有信息，任何事物都没有意义。物质、能量、信息共同构成现实世界的三大要素。物质、能量与信息也是一切客观事物的三个基本方面。信息同物质、能量是密不可分、紧密相关的。没有物质和能量，就不存在事物及其运动，运动状态和规律也就无从谈起，当然也就不会有运动状态和规律的表征的信息，这是信息对物质和能量的依赖性。但是，具有知识秉性的信息，作为事物及其运动状态和规律的表征的信息，可以脱离原来的物质、能量而相对独立地被人们摄取、传递、加工和处理。

第 10 章

电子政务与政务公开

推进政府信息公开，是人民政府的本质要求，是建设法治政府和服务政府的重要内容，是加强反腐倡廉建设的重要举措。

——马凯[1]

在人民不掌握信息或是无法获得信息的情形下，所谓人民的政府只不过是一场闹剧或悲剧的序幕；也许两者并存。知识永远统治无知；有意自己当家作主的人民，必须用知识的力量装备自己。

——麦迪逊

重点问题

- 政务公开
- 电子政务对政务公开的影响
- 我国政务公开历程
- 如何推进政务公开

10.1　政务公开

根据《2012 年联合国电子政务调查报告：面向公众的电子政务》，联合国 193 个成员国当中有 90 个国家（47%）制定了政府信息公开的法律，有 55 个国家（28%）没有对政府信息公开立法，有 22 个国家（11%）仅仅在宪法中有关于政府信息公开的条款，有 26

① 参见《国务院召开 2012 年全国政府信息公开工作电视电话会议》，见 http://news.xinhuanet.com/politics/2012-05/24/c_112030724.htm，2012-05-24。

个国家（13%）有相关的立法草案。实现政务公开，是保障公众知情权、发展民主政治的必要途径，对于推进政府管理体制和方式改革、完善民主政治制度、增强政府执政能力等都具有重要意义。列宁曾经说："没有公开性而谈民主制是很可笑的，并且这种公开性还要不仅限于对本组织的成员。"①

我国政务公开经历了一个漫长的实践进程，对政务公开的理论研究从 20 世纪末才逐渐被重视。随着政务公开工作的全面推进，政务公开已成为我国民主制度的有机组成部分，同时也成为我国从事政治学、法学、公共管理学研究的专家学者越来越关注的领域。

2008 年 5 月 1 日，《中华人民共和国政府信息公开条例》正式施行。根据调查显示，各单位的整体信息公开程度在提高，年报内容不断丰富，监督与救济机制不断完善，基层信息公开指导与推进不断加强。但也存在一些问题，如年报统一与规范化欠缺，年报性质含糊、实践混乱等。2012 年 2 月 20 日，中国社会科学院发布的 2012 年《法治蓝皮书》指出：国务院 59 个部委透明度及格的仅有 6 个，及格部门数量比上年减少 2 个；在调研的 26 个省级政府中，仅 9 地政府透明度及格；地方 43 个城市透明度及格的有 12 个，比上年及格城市数下降 1 个。蓝皮书指出，目前政府信息公开标准亟待细化。政府信息公开应注重公开效果，既要明确公开重点，满足公众对政府信息公开的需求，更要保障政府信息方便公众获取、能让公众看懂。然而一些政府网站运行状况不理想的情况依旧严重。蓝皮书显示，有的政府门户网站、所属部门网站，某些栏目不能打开，网站信息链接无效的比例较高；有的网站运行和政府信息公开情况时好时坏等。所有这些使得政府花费大量人力物力建设的一些网站、开展的政府信息公开工作流于形式。②

10.1.1　政务公开的概念

政务公开有两层含义，从内容上看，狭义指政府信息的公开，广义指政府管理、服务、决策、执行等政务活动的过程和结果的公开。政府信息的公开是政务公开的重要部分。从主体看，广义的政务公开，是指除属于国家规定保密以外的立法司法部门、政党、社会团体以及其他各种公共组织负责的党务、行政事务、社会公共事务等都要向社会和群众公开。我国当前比较普遍和广泛的村务公开、检务公开、审务公开、警务公开、厂务公开等都可以涵盖进来。狭义的政务公开的"政务"，是指行政事务，政务公开仅限于政府机关的范围及与行政管理密切相关的事项，尤其与民众切身利益密切相关的事务。③

政务公开主要的要求是使政府的工作内容公开化，对于政府筹划或正准备进行的各项工作如城市建设、道路规划、医疗保健措施、事务处理等分类进行公开，并对各项工作内容及进程予以公开，任何公民都可以通过特定途径，如政务公开栏、政务公开网络等进行查询、监督。总之，政务公开就是让权力在阳光下运行，用制度管人、用制度管事，使国

---

① 《列宁全集》，中文 2 版，第 6 卷，131 页，北京，人民出版社，1986。
② 参见《59 部委透明度及格率仅一成　部分指标有退步》，载《21 世纪经济报道》，2012-02-21。
③ 参见胡仙芝：《历史回顾与未来展望：中国政务公开与政府治理》，载《政治学研究》，2008（6）。

家机关信息公开，行政权力公开透明运行。

10.1.2 我国政务公开溯源

政务公开是公民实现对政府监督的必要途径。早在50多年前，毛泽东就说过“只有让人民来监督政府，政府才不敢松懈。只有人人起来负责，才不会人亡政息。”① 我国现行宪法第四十一条规定：“中华人民共和国公民对于任何国家机关和国家工作人员，有提出批评和建议的权利；对于任何国家机关和国家工作人员的违法失职行为，有向有关国家机关提出申诉、控告或者检举的权利，但是不得捏造或者歪曲事实进行诬告陷害。”政务公开在我国的实践，是从村务公开开始的。经过建国半个多世纪以来尤其是改革开放30多年来的发展，政务公开经历了一个从村到乡镇，并逐步扩大到县、省和中央政府部门的过程，目前已成为全国各级政府一项法定的日常工作任务，成为政府治理的基本工具和基本方式。我国推行政务公开的历史，基本上可以分为以下三个基本阶段：

1. 改革开放初期农村经济体制改革推进村务公开、催生基层民主的阶段

20世纪80年代初，随着农村家庭联产承包责任制的实行，原来公社、生产队的管理组织形式已经解体，广西壮族自治区的宜山县合寨大队的果作村等6个生产队自发成立了由村民实现自我管理、自我教育、自我服务的农村基层群众性自治组织。1987年11月，我国通过了《中华人民共和国村民委员会组织法（试行）》，1998年11月4日通过了正式的《中华人民共和国村民委员会组织法》，农村居民的民主选举、民主决策、民主管理、民主监督的自治形式得到了法律保证。作为村民自治基础要件的村务公开工程也在全国各地得到了推行和发展。

对于在广大农村推行村务公开的工作，早在1991年中央就进行了有关部署。1991年，中共中央与国务院在有关农业和农村工作的决定中提出建立村务公开制度；1998年颁布的《中华人民共和国村民委员会组织法》明确了实现村务公开的五项内容；1998年中共中央办公厅、国务院办公厅联合发布《关于在农村普遍实行村务公开与民主管理制度的通知》，要求在全国农村基层组织推行村务公开。此后，中纪委、农业部和民政部等部门都分别把推行村务公开当作一项重要工作，予以重视。自此，村务公开在全国农村政治生活中成为一项基本制度和工作。

有学者认为，村务公开牵出了乡镇政务公开，是我国政务公开的最早起源，其成功实践也为各级政府的政务公开提供了很好的经验。② 我国有些地方的乡镇及县一级政府的政务公开就是在村务公开的工作促动下开展起来的，并称之为“以村带镇”的政务公开机制。“以村带镇”是指在村里实施村务公开的同时，把乡镇政务公开的内容在村里一并公开，做到政务公开和村务公开同时进行。

2. 乡镇政府推行政务公开和部分地方政府对政务公开的探索阶段

20世纪90年代后期，在村务公开和村民自治取得较好效果的情况下，乡镇作为基层

---

① 转引自朱洸：《毛泽东与黄炎培话“周期率”》，载《光明日报》，1993-01-20。

② 参见《广西河池市村民自治与农村和谐社会建设研究》，见 http://www.chinareform.org.cn/area/west/Report/201007/t20100708_33213.htm，2006-06-16。

政权的政治载体，政务公开的任务被提上了日程。与此同时，一些地方政府也做出了关于政务公开和阳光政府的尝试。2000 年 12 月，中共中央办公厅、国务院办公厅发出《关于在全国乡镇政权机关全面推行政务公开制度的通知》（中办发［2000］25 号），对乡（镇）政务公开做出部署，对县（市）级以上政务公开提出了要求。根据中纪委的部署和要求，乡镇推行政务公开的重点是：群众最关心、反映最强烈的问题；影响本地区经济发展和社会稳定的问题；行政工作中容易滋生腐败的问题。各地要根据这个原则来确定公开的重点事项、重点部门和重点岗位。乡镇政务公开的特点主要有：乡镇政务公开的内容比较集中，主要以财务情况、经济事项为重点，目的是为了解决好廉政问题，改进党政机关施政方式和工作作风，密切党群、干群关系，促进经济和社会的稳定和发展。乡镇政务公开的动力具有自上而下的特点和典型的行政特征。

在改革开放的历史进程中，地方政府在不断创新的浪潮中，在市场经济竞争和地方政府治理逐步改进的背景下，一些地方政府为了配合经济发展的特定目标，为优化环境和加强治理，开始自觉地推行政务公开，在阳光政府的路子上摸索前进。1988 年，河北省藁城市在全国首创公开办事制度、公开办事结果，接受群众监督。接着，河北省海兴县借鉴藁城市的经验，并对公开的内容和形式进行了规范。中纪委专门就藁城市、海兴县的经验发了通报，并进行推广。20 世纪 90 年代后，一些县和市乃至一些国家职能部门相继进行了政务公开以及相关制度的探索，如山东烟台的服务承诺制、辽宁鞍山的“马上就办”、江苏苏州的财务公开制、辽宁沈阳的办事大厅“一条龙”服务制，以及公安系统的警务公开、检察系统的检务公开、人事部门的任前公示、财政部门的财务公开等，都为我国政务公开的全面推行打下了较好的基础和条件。

1996 年中纪委明确提出要实行政务公开制度。党的十五大、十六大也对推行政务公开提出了明确要求。十五大报告指出，“城乡基层政权机关和基层群众性自治组织，都要健全民主选举制度，实行政务和财务公开”。党的十六大明确要求“认真推行政务公开制度”。

中纪委先后多次在全会上对政务公开工作做出部署，并在 2000 年 7 月召开的全国乡镇政务公开经验交流电视电话会议上，对乡镇政务公开工作做出了全面部署，提出了具体要求。

2000 年 12 月，中共中央办公厅、国务院办公厅下发《关于在全国乡镇政权机关全面推行政务公开制度的通知》，明确了在乡（镇）推行政务公开的一系列重大问题，并对县（市）政务公开提出要求。

2003 年 6 月，中纪委等 9 个部门成立了全国政务公开领导小组，何勇同志任组长。

2004 年 3 月，国务院印发《全面推进依法行政实施纲要》（国发［2004］10 号），把行政决策、行政管理和政府信息的公开作为推进依法行政的重要内容。2005 年 1 月，党中央印发《建立健全教育、制度、监督并重的惩治和预防腐败体系实施纲要》（中发［2005］3 号），明确提出“健全政务公开、厂务公开、村务公开制度”。2005 年 3 月，《中共中央办公厅、国务院办公厅关于进一步推行政务公开的意见》正式印发全国执行。

2005 年 3 月 24 日，中共中央办公厅、国务院办公厅发布《关于进一步推行政务公开的意见》指出，推行政务公开是实践“三个代表”重要思想，坚持立党为公、执政为民，加强党的执政能力建设的具体体现，是坚持和发展社会主义民主，建设社会主义政治文明、构建社会主义和谐社会的必然要求，是落实依法治国基本方略、推进依法行政、建设法治政府的重要举措，是建立健全惩治和预防腐败体系，形成行为规范、运转协调、公正透明、廉洁高效的行政管理体制的重要内容。《关于进一步推行政务公开的意见》把政务公开的意义提高到了加强党的执政能力建设的高度。

2005年，河北省以省商务厅、省国土资源厅、邯郸市政府为试点，推进行政权力公开透明运行改革，依法清理行政权力项目，公开政务运作流程。行政权力清理工作过后，诞生了中国首份市长权力清单。这份清单表明，河北省邯郸市市长的行政权力有92项，并不像人们通常认为的“全市大小事，什么都可以管”。被认为政务公开中最难的行政权力运行公开开始破冰，中国市长的行政权力第一次有了明晰的边界。

2005年12月28日，国务院部分部门和部分省（市）政务公开工作汇报会召开。中纪委常委、秘书长、全国政务公开领导小组副组长干以胜指出，明年全国政务公开工作的整体思路是：深入贯彻十六大和十六届三中、四中、五中全会精神，以权力清理为基础，以载体建设为依托，以编制目录和制度建设为着力点，不断增强政务公开的针对性和实效性，努力提高政务公开的规范化、制度化水平，进一步落实责任，扎实工作，确保《关于进一步推行政务公开的意见》落到实处。

2006年6月14日，我国召开部分地区和部门推进行政权力公开透明运行、深化政务公开工作座谈会。中共中央书记处书记、中央纪委副书记、全国政务公开领导小组组长何勇出席并讲话指出，深入推行政务公开，是推进社会主义经济建设、政治建设、文化建设、社会建设全面发展的重要保证，是加强党的执政能力建设、全面贯彻落实科学发展观、构建社会主义和谐社会的必然要求，也是广大人民群众的迫切需要和殷切希望。要紧紧围绕人民群众普遍关心、涉及人民群众切身利益的热点难点问题，坚持严格依法、积极稳妥、注重实效的原则，结合行政审批制度改革、行政管理体制改革和政府职能转变，积极推进行政权力公开透明运行，不断把政务公开工作引向深入。

总体而言，当时地方政府的政务公开有如下特点：

首先，该阶段的地方政务公开主要以办事公开为主，主要是办事程序、规则和依据的公开，目的是为企业和公民办事提供方便，这也为政务公开的广泛推行提供了社会支持和动力。有的地方进行了财务公开的探索，有的还探索了收支两条线和国库统一支付制度，这些对于防治腐败和加强廉政建设起到了较好的作用。有的部门则以权力制约为主线，加强了对组织、人事和重大决策的公开力度，如人事决策的组织公示制度、岗位公布和服务承诺制度以及重大事项的公示咨询制度等，这些都为政务公开的推进积累了很好的经验。

其次，在组织机构上，这个过程体现为政务公开的载体逐渐走向了专门化的趋势——也就是以一站式、一门式等以集中的行政许可为主要特色的行政服务机构的发展与崛起。据2005年不完全统计，全国县以上规模集中的行政审批服务机构近3 300家。到2007年10月，全国地市级以下政府建立的行政许可服务中心由2005年的3 300多家增至4 500多家。有1 002个行政服务中心的独立网站，其内容相关的网页达到了11 590 205页。①

---

① 参见《第二届全国行政服务创新论坛在天津召开》，见 http://my.dl.gov.cn/rss_info.jsp?diid=402B010008056，2008-01-04。

虽然这个阶段的政务公开发展比较迅速，但毕竟处于发展过程之中。从总体来看，还存在一些问题：政务公开未纳入国家立法，缺乏持续有效的权威支持，未成为基本的政治制度；缺乏文化上的认可和心理意识上的支撑，未成为民主主体自身的内在需求；权威结构严重畸形——高度集权于个别领导、缺乏法治等问题还不同程度地存在着。这个阶段的政务公开还表现出局部性、非均衡性和不稳定性等特点。①

3. 政务公开立法的新阶段

政务公开制度是公民权利发展的产物，在“民可使由之，不可使知之”的封建愚民政策下，政府信息公开是无法实现的。随着改革开放和政治民主化建设的发展，政府信息公开制度成为人们实现知情权的重要手段，其中政务公开、警务公开等是人们耳熟能详的制度。然而，这些制度的设计是零散的、不系统的。直至 2003 年 1 月 1 日，广州市政府在全国率先实施的《广州市政府信息公开规定》，对政府信息公开制度首次做出系统的规定。随后，2004 年 4 月 1 日深圳市正式施行《深圳市政府信息网上公开办法》，2004 年 5 月 1 日上海市正式施行《上海市政府信息公开规定》，2004 年 7 月 1 日湖北省正式施行《湖北省政府信息公开规定》，2005 年 10 月 1 日北京市正式施行《北京市政府信息网上公开试行办法》。这些地方政府规章的出台和实施为制定全国政府信息公开的法律规范提供了立法和实践上的经验与参考。

2007 年 4 月 5 日，温家宝总理签署了国务院第 492 号令，公布了《中华人民共和国政府信息公开条例》，并规定自 2008 年 5 月 1 日起施行。《条例》从总则、公开的范围、公开的方式和程序、公开的监督和保障等各个方面对政府的信息公开做了基本规范，为在全国范围内推行政府信息公开工作提供了准绳和依据。《条例》的公布，标志着我国政务公开进入了一个全国推行、全面深入、并且实现了法制化、制度化、经常化的全新阶段，这一阶段有如下特点：

(1) 政务公开的责任主体开始实体化、全面化。根据规定，所有的行政机关都成为政府信息的主体，也就是政府信息公开的义务主体。在主要责任主体方面，《条例》把国务院办公厅及各级人民政府办公厅定为信息公开工作的主管机构，还要求设立专门机构负责这项工作。

(2) 明确政府信息公开的内容和范围，并扩展了相关内容。《条例》确定“以公开为原则，以不公开为例外”的基本原则，并规定行政机关对符合下列基本要求之一的政府信息应当主动公开：涉及公民、法人或者其他组织切身利益的；需要社会公众广泛知晓或者参与的；反映本行政机关机构设置、职能、办事程序等情况的；其他依照法律、法规和国家有关规定应当主动公开的。显然，这些规定对于原先仅以“办事公开”为基本内容的公开范围有了更大的扩展。此外，还增加了申请需要公开的相关事项。

(3) 公开的方式和公开的程序走向制度化和规范化。《条例》规定，每年的政务公开主管机构都要编制政务信息公开指南、政府信息公开目录、公开年度报告，实际上已经将政务公开工作作为一个制度化的行政管理内容，政府信息公开成为政府向社会和公众提供的一种公共服务和公共物品。《条例》对政务公开的制度和类型也做了较为明确的规定。

① 参见胡仙芝：《历史回顾与未来展望：中国政务公开与政府治理》，载《政治学研究》，2008 (6)。

(4) 政务公开中政府与社会公众的互动逐步强化。自《条例》明确了信息公开的义务主体并规定了依申请公开的具体程序之后，公民的知情权得到了保障，公民、法人等可以根据需要向有关部门申请可以公开的内容，政务公开由政府单方面的公开开始走向政府部门与社会互动的一种信息交换机制。

2007 年 9 月，全国政务公开领导小组办公室的职能整体划入国家预防腐败局。

截至 2009 年 12 月，60 多个中央国家机关先后制定 400 多项推进政务公开的制度规定，16 个省（区、市）公布了地方性法规或规章，明确了公开的内容、形式、程序、标准，以及考核、评价、责任追究等具体要求，形成了相对完整的制度体系，提高了政务公开工作的科学化、制度化、规范化水平。

2010 年 3 月 26 日，何勇在全国政务公开领导小组第十次会议上的讲话中指出：2006 年以来，结合电子政务的应用，我国政务公开工作取得明显成效。大多数省（区、市）不同程度地开展对行政权力的梳理，编制详细的职权目录，绘制权力运行流程图，并向社会公开。有的依托电子政务网络载体，建设行政权力网上公开透明运行公共平台，做到权力行使全程留痕、有迹可查；有的制定行政权力自由裁量的基准，对行政执法、行政处罚等群众反映较多的自由裁量权进行规范和消减，最大限度地减少权力行使的随意性；有的结合建设电子监察系统，查找权力运行的廉政风险点，对权力行使进行全方位的监督。

2011 年 8 月，中共中央办公厅、国务院办公厅印发的《关于深化政务公开加强政务服务的意见》指出，政务公开存在的问题包括：有的重形式轻内容，有的公开内容不全面、程序不规范，有的不能妥善处理信息公开与保守秘密的关系，政府信息共享机制不够健全。要求各级政府以改革创新精神深化政务公开工作。还指出，要加强信息化建设，推广电信网、广电网、互联网等现代科技手段在政务服务中的应用，提高政务服务信息化水平。将服务中心信息化纳入当地电子政务建设总体规划，充分利用现有电子政务资源，逐步实现网上办理审批、缴费、咨询、办证、监督以及联网核查等事项。规范技术标准，推动不同层级服务中心之间实现网络互联互通、信息共享和业务协同。重视和加强政府网站建设，完善门户网站功能，扩大网上办事范围，及时充实和更新信息发布内容，凡是不涉密的文件要通过政府门户网站公开发布。

2011 年 9 月 13 日，国务院办公厅转发全国政务公开领导小组《关于开展依托电子政务平台加强县级政府政务公开和政务服务试点工作意见的通知》[国办函［2011］99 号]，提出在全国选择 100 个县（市、区）开展试点工作，用 1 年左右时间，建立和完善统一的电子政务平台，充分利用平台全面、准确发布政府信息公开事项，实时、规范办理主要行政职权和便民服务事项，并实现电子监察全覆盖，为在全国全面推行奠定基础、积累经验。

2012 年 4 月 29 日，国务院办公厅关于转发全国政务公开领导小组《2012 年全国政务公开和政务服务工作要点的通知》，提出进一步拓展政务公开领域和内容，扎实推进政务公开制度建设，不断完善政务服务体系，为我国经济社会又好又快发展服务。该通知指出，将推进行政权力公开透明运行与加强廉政风险防控紧密结合起来，还将推进工程建设诚信体系建设，主动公开建筑市场参与主体信用信息和市场监管信息，切实把公开透明原则贯彻于工程建设项目的规划、审批、实施及监管等各个环节；指出要重点抓好 100 个试点县（市、区）的分类指导和总结评估，通过分片召开试点工作座谈会和组织评估验收。

实践表明，中国的政务公开是一个自下而上、由点到面、由浅入深的渐进过程，内容、内涵不断丰富，范围不断扩大，形式由静态向动态不断拓展。特别是注意了与行政管理体制改革的结合，对于促进行政管理体制改革具有重要作用。

10.1.3　政务公开的原则

借鉴世界各国政务公开的基本原则，结合我国的实际情况，并参考了近年来有关学者对此问题的看法，我国政务公开应确立以下基本原则：

1. 权利原则

权利原则是指获得政府信息是公民、法人和社会组织的权利，公开和提供政府信息是政府有关部门的义务。确定权利原则的依据在于人民主权、知情权、表达权。

（1）人民主权。我国现行宪法第 2 条第 1 款规定，“中华人民共和国的一切权力属于人民”。人民主权是相对于君主主权而言的。既然我国的主权在民，人民是国家真正的主人，政府和国家工作人员是人民的公仆，那么人民有权利知道与政府机关有关的信息以及政府机关所掌握的信息、政府机关有义务提供信息就是理所当然的事情。

（2）知情权。知情权是一项基本人权。人权是指作为一个人应该享有的权利。1791 年美国宪法的 10 条修正案（又称《权利法案》）和 1791 年的法国宪法是最早确认基本人权原则的资产阶级宪法。此后，世界各国不管是资本主义国家还是社会主义国家都纷纷将基本人权写入宪法。现在世界上已有不少国家将公民获得政府信息的权利作为基本人权载入了宪法。虽然我国现行宪法中未明确将知情权写入宪法，但这并不表明我国不承认这项基本人权，恰恰相反，依据我国的国家性质和宪法确认的其他人权，我们可以得出知情权是我国公民基本人权的结论。联合国的一些法律文件确认了知情权这项基本人权，联合国 1946 年通过的第 59（1）号决议规定：“信息自由是一项基本人权，也是联合国追求的所有自由的基石。”1948 年的《世界人权宣言》第 19 条规定：“人人有权享有主张和发表意见的自由；此项权利包括持有主张而不受干涉的自由，和通过任何媒介和不论国界寻求、接受和传递消息和思想的自由。”1966 年通过的联合国《公民权利和政治权利国际公约》第 19 条第 2 款规定定：“人人有自由发表意见的权利；此项权利包括寻求、接受和传递各种消息如思想的自由，而不论国界，也不论口头的、书写的、印刷的、采取艺术形式的，或通过他所选择的任何其他媒介。”一些区域性法律文件中也有不少关于获得政府信息的规定，如 1956 年签订的《欧洲人权公约》。一些单行的国际条约也规定了知情权，如 1992 年的《里约环境与发展宣言》。

（3）其他权利，包括表达自由权和监督权。许多国家的宪法中都规定了表达自由，认为表达自由是通过各种方式发表、传递自己的意见、思想、观点的自由。我国宪法第 35 条规定：“中华人民共和国公民有言论、出版、集会、结社、游行、示威的自由。”明确规定了我国公民的表达自由权。《世界人权宣言》、《公民权利和政治权利国际公约》、《欧洲人权公约》以及《非洲人权和民族权宪章》中都将表达自由权与知情权连在一起规定，这是因为表达自由权与知情权有着紧密联系。如果政府信息被严密封锁，公民没有信息来源，那么公民根本就无法表达对有关事情的思想、观点，表达自由就失去了意义。我国宪法还明确公民享有监督权，政府信息公开是公民实现监督权的前提，如果政府信息不公开，公民连政府的情况都不知道，监督就会成为空谈。

2. 公开原则

公开原则是指政府信息以公开为原则、以不公开为例外，政府信息中除了法律规定不公开的内容，其他的内容都应该公开。这里最关键的问题是哪些内容不公开，即不公开的范围有多大。一方面我们要保障公民获得政府信息的权利，不能借口“保密”而无限扩大保密的范围；另一方面我们也不能不考虑“保密”的问题，必须平衡“公开”与“保密’的关系。平衡“公开”与“保密”的关系需遵循以下原则：

（1）遵守宪法。在现实生活中，公民行使其合法权利时与其他公民的合法权利、集体的权利甚至国家的权力或者利益相冲突的情况时有发生，同样公民行使知情权的过程中也会与其他权利、权力，例如隐私权、商业秘密受保护的权利、国家保密权等发生冲突。我国宪法第五十一条规定：“中华人民共和国公民在行使自由和权利的时候，不得损害国家的、社会的、集体的利益和其他公民的合法的自由和权利。”这条规定是我们处理“权利冲突”的基本原则，也是处理政府信息的“公开”与“保密”之间关系的基本原则。美国宪法第一修正案中有一段规定：“国会不得制定任何法律……剥夺言论或新闻出版自由。”《独立宣言》的起草者托马斯·杰斐逊于1786年指出：“我们的自由取决于新闻出版自由，限制这项自由即会失去这项自由。”美国宪法第一修正案于1791年被纳入美国宪法。宪法的前10条修正案被统称为《权利法案》。美国政府曾经多次破坏新闻自由，不同程度遭到公众的谴责和法院的压力。比如，1971年，美国政府以“国家机密”为由，要求《纽约时报》等媒体停止刊发同越战有关的“五角大楼文件”，被媒体拒绝。经美国最高法院裁定，媒体有权继续刊发“五角大楼文件”。布莱克大法官说，“新闻界的重大责任是防止政府的任何一个部门欺骗民众”。2005年，《新闻周刊》报道美军亵渎《古兰经》事件，后迫于美国政府压力，收回相关报道。事后美军调查报告显示《新闻周刊》报道属实。

（2）严格限制有权规定免除公开的政府信息的主体。应该严格限定只有较高层次的国家机关才有权规定哪些政府信息可以免除公开，如果每级政府都有权自己规定哪些信息应该公开、哪些信息应该保密，那么政府信息公开法就会变成政府信息不公开法。①

（3）有限免除公开。免除公开的政府信息应该是明确规定的、有限的，而不应该是规定模糊、可以无限扩大的。《中华人民共和国政府信息公开条例》规定：行政机关不得公开涉及国家秘密、商业秘密、个人隐私的政府信息。但是，经权利人同意公开或者行政机关认为不公开可能对公共利益造成重大影响的涉及商业秘密、个人隐私的政府信息，可以予以公开。美国《信息自由法》第二条明确规定了九项政府免除公开义务的信息：1）国防和外交政策的某些文件。2）机关内部人员的规则和习惯。3）其他法律明确不得公开的信息。4）贸易秘密和商业或金融信息。5）机关内部和机关之间的备忘录。6）公开后会明显地不正当侵犯公民隐私权的人事、医疗档案或类似的个人信息。7）执行法律的某些记录和信息。8）金融管理部门为控制金融机构而使用的信息。9）关于油井的地质的和地

① 参见齐爱民：《电子化政府与政府信息公开法研究》，137～146页，武汉，武汉大学出版社，2008。

球物质的信息。

3. 平等原则

平等原则指公民、法人和其他组织都享有平等获取政府信息的权利，与信息相关的当事人可以申请获取政府信息，其他人也可以申请获取。这是由政府信息是一种公共资源的特性决定的。政府信息是政府应当向人们提供的一种公共产品，应当平等供人们查阅利用。大多数国家所谓的“平等原则”指本国公民之间在获取政府信息权利上是平等的，但也有少数国家的政府信息公开法律如美国、日本等国使用了“任何人”的提法。

4. 及时原则

及时原则指政府不仅应当公开信息而且应该在最短的时间内及时公开，不得无故拖延，从而使信息发挥其最大的社会效益。信息具有很强的时效性，只在有限的时间内信息才是有利用价值、有效用的，超出一定期限其价值急剧下降，甚至毫无价值。为了让政府信息能够迅速被人们知晓、掌握，必须注意两个时间，一是从政府拥有信息到政府公布信息这段时间，二是从政府公布信息到民众接收到信息这段时间。要让民众更快、更迅速获得信息，必须尽可能缩短这两个时间。要缩短第一个时间需要我们严格规定公布的期限，即严格规定政府拥有信息到公布信息的时间，这个时间越短，民众就越能迅速获得信息。要缩短第二个时间要求我们选择更好的信息传播途径，比如选择电子政务网站、政务微博等，及时将信息传递给广大民众。

有的国家在一些具体事项的公布上规定了明确的期限，例如意大利宪法规定，法律自批准之日起 1 个月内由共和国总统公布。《中华人民共和国立法法》第 52 条规定法律签署公布后，“及时”在全国人民代表大会常务委员会公报和在全国范围内发行的报纸上刊登；第 62 条规定行政法规签署公布后，“及时”在国务院公报和全国范围内发行的报纸上刊登。2003 年 5 月 12 日国务院公布的《突发公共卫生事件应急条例》对突发事件的报告与信息发布的时限作了明确规定，它规定有下列情况之一的省、自治区、直辖市人民政府应当在接到报告 1 小时内，向国务院卫生行政主管部门报告：

（1）发生或者可能发生传染病爆发、流行的。

（2）发生或者发现不明原因的群体性疾病的。

（3）发生传染病菌种、毒种丢失的。

（4）发生或者可能发生重大食物和职业中毒事件的。

5. 便民原则

便民原则指政府公开的信息应能够让人们很容易、方便地获得和利用。

（1）获取信息费用低，甚至免费使用。政府文件不适用版权保护是当今世界上大多数国家的做法。美国 1976 年的《版权法》规定，版权保护不适用于美国联邦政府的任何文件，政府不得以保护版权的名义，垄断政府信息，限制政府信息的开发利用和流动。《中华人民共和国著作权法》第 5 条第 1 款也规定，著作权保护不适用于“法律、法规、国家机关的决议、决定、命令和其他具有立法、行政、司法性质的文件，及其官方正式译文”。

（2）节约时间，查找方便，能迅速获取信息。

（3）使用自由，不受时间、空间的限制，能为不同人群所接受。

（4）信息相对集中，内容全面。

基本上能够达到这些要求的方式是电子政务。互联网的优点非常突出：一是前期投入之后的运行和使用费用非常低廉；二是信息传递迅速、方便，传播范围大；三是人们可以根据各自的需要选择打印成书面材料的信息，而且网上的信息非常容易储存和查阅，并易于传播给其他人。随着政务微博等方便快捷的电子政务形式的发展，政府上网的成本越来越低，政务公开越来越方便，越来越贴近公众。

6. 依法原则

依法原则包括内容合法和程序合法。内容合法指政务公开每项内容要有法律和政策的依据。程序合法指政务公开的范围、途径必须有法可依。

7. 真实原则

真实原则要求既要把政府的政务活动向广大公众公开，让群众知情和监督，同时也要加强机关内部的监督和约束机制，保证公开内容的真实、公正和可信。但在特殊情况下，出于国家安全等保密问题，政府可以“撒谎”。美国《信息自由法》承认三种“撒谎”情况：妨碍执法程序的文件；泄露刑事程序中的秘密信息来源的文件；联邦调查局关于间谍、反间谍和国际恐怖主义的文件。

8. 实效原则

实效原则强调既要科学合理地划分行政管理权限，建立既有分工又有合作的行政机关内部管理体系，又要灵活多样地设计行政程序，保障工作效率。

9. 救济原则

任何权利都有可能受到侵害，那么任何权利都应该得到救济，知情权也不例外。知情权的“权利救济原则”指任何人的知情权受到侵害都有权依据法定程序获得救济，国家有责任和义务规定这种权利得到救济的方式和程序。

10.1.4 政务公开与政府信息公开的关系

通常认为，政府信息公开是政务公开的一部分。但严格来说，政务公开与政府信息公开是两个既相互区别又相互联系的概念，正确理解其内在关系，有助于深刻认识政务公开相关问题。

(1) 适用主体不同。政务公开的主体包括人大、检察院、法院、民主党派、社会团体组织等，范围非常广泛；政府信息公开的主体只包括三类：行政机关、法律和法规授权的具有管理公共事务职能的组织和与群众利益密切相关的公共企事业单位（如水、电、气等）。

(2) 公开目的不同。政务公开的主要目的是加强对权力的监督，密切党群干群关系；政府信息公开的目的是提高政府透明度，促进依法行政，保障公民权利，发挥信息服务于生产生活和经济社会活动的作用。

(3) 公开内容不同。政务公开既包括对社会公众的公开，也包括对机关内部的公开，既包括结果的公开，也包括一些办事过程的公开。如 1976 年美国通过《会议公开法》，确立了合议制行政机关的会议公开制度：合议制行政机关举行的一切会议，除可以免除公开举行的会议以外，都可以允许公众和新闻记者观察。美国规定，对于通信委员会、证券交易委员会、核管理委员会、联邦贸易委员会等合议制行政机关会议，除 10 种例外情况外，都应当公开举行。而政府信息公开的主要内容是制度、规定、报表、流程等结果性质的公共信息。

（4）主管部门不同。我国政府信息公开主管机构是国务院办公厅，政务公开主管机构主要是中纪委（监察部）全国政务公开领导小组。

（5）方式不同。政务是指国家机关的日常工作，有些适宜公开，有些不适宜公开，因此政务公开是有选择性的，不告知是机关的权利，是机关内部的事务；告知也限于一定的范围，只是为了接受社会监督。政府信息公开，是指政府将一些告知性的信息（应当告知全体公民或有权利知道的群体）公开发布，这是强制性的，一定要告知，不告知则违法。政府信息公开包括两种方式：政府主动公开或依申请公开。《中华人民共和国政府信息公开条例》对主动公开的信息做了详细规定，对依申请公开的信息要建立申请的受理和处理机制，为公民提供信息公开服务；对不能公开的信息，告知申请人原因。依申请公开的信息，政府只对申请者公开，一般不向其他人公开，此种情况下公开的信息只面对特定人而不是面向不特定的公众。主动公开是指政府部门采取一定的方式，将依据《政府信息公开条例》应该公开的信息以一定方式公之于众，公开的对象是不特定的公众，这种公开途径也就是“公布”。

虽然政务公开与政府信息公开存在一定联系和区别，但大多数情况下都认同政府信息公开基本等同于政务公开，或者认为政务公开包括政府信息公开。

10.2　电子政务对政务公开的影响

一个社会信息公开及其有序化的程度，反映了这个社会经济发展和民主政治建设的水平。[①] 随着信息技术的发展，电子政务的应用对政务公开有重要的促进作用，充分表现在有利于完善政务公开体制机制、创新政务公开方式、拓宽政务公开渠道、提高政务公开效率、提升政务公开质量等方面。电子政务网站已成为信息公开第一平台。2012 年 4 月，国务院办公厅印发《2012 年政府信息公开重点工作安排》（国办发［2012］26 号）提出要进一步加强政府网站等公开渠道建设，各地区、各部门要切实加强政府网站管理，逐级督促检查，充分发挥政府网站信息公开第一平台作用。凡属于需要社会公众广泛知晓的政府信息，要及时在政府网站公布；对财政预算决算、保障性住房等方面的信息，要集中展示，方便公众查阅。

10.2.1　电子政务有利于完善政务公开体制机制

由于政务公开体制机制还不够完善，随着政务公开的深入推进，也面临一些新情况新问题，如公开的程序不够规范，标准比较欠缺，公开内容不全面，监督考核机制不完善等，也需要制定新的规范加以解决。[②] 如中央国家机关按照权力“取得要有据、配置要

---

① 参见魏永征：《中国内地的信息公开制度》，载《中国法学》，2001（6）。

② 参见芦垚、靳玉婷等：《重在权力制约　中央再次发力政务公开》，载《华声在线》，2011-08-20。

科学、运行要公开、行使要依法、监督要到位”的要求，着力推进行政权力公开透明运行，切实加强对行政权力的监督制约。国家发改委、财政部、农业部、工商总局等部门狠抓清权确权，逐项编制权力目录，绘制权力运行流程图，并在政府门户网站上公开权力事项、工作规则、流程图等。据统计，截至2009年国家发改委共梳理出行政执法事项80余项，取消行政审批事项6项，调整审批事项6项。财政部共梳理出权力事项822项。农业部先后分四批取消行政审批事项23项，改变管理方式4项，下放管理层级2项，合并同类审批3项。工商总局在清权确权的基础上，排查各个环节存在的廉政风险点，制定有针对性的、具体的、可操作的防范措施，提升了监管执法效能和廉洁从政水平。①

10.2.2 电子政务创新政务公开手段和方式

美国开国元勋托马斯·杰斐逊认为：政府的基础，源于民意。因此，首先应该做的，就是使民意正确。为免使人民失误，有必要通过报纸，向人民提供有关政府活动的充分情报。传统方式下，人民只能通过纸质的报纸、杂志、宣传物等获取政务公开信息，成本高、时效差，难以满足人民的需要。电子政务应用信息技术，可以解决传统方式存在的问题。如商务部门户网站开发了政府信息公开查询系统、申请在线提交系统、在线征求意见栏目、公众留言互动栏目、政府信息公开热线、司局长访谈和商务专题访谈等栏目，已经成为包含341个子站的网站群，日均信息更新量5 000余条，日均访问量7 500万人次。2011年，对全国43个较大的市食品安全信息的公开情况调研发现，所有被调研地方的食品药品监督管理局及负责餐饮服务监管的部门均开设了网站；绝大多数地方的监管部门能够在网站提供本部门的内设机构和职责简介，仅2家未提供上述信息；41家地方食品药品监督管理局网站公开了用于接受监督的电话或者电子邮件，40家地方食品药品监督管理局网站提供了相应的法律法规及其他规范性文件，40家地方监管部门公布了对餐饮服务的监督检查信息。② 政府信息上网使得人们可以自由使用政府信息，不受时间、空间的限制，可以在任何时间任何地方上网获取政府信息。不仅如此，有些国家政府网站设置了残疾人接口和外国语言接口，残疾人和外国人也能自由获取政府信息。

10.2.3 电子政务提高政务公开效率

电子政务可规范政府流程，提高公开效率。截至2009年，农业部共受理行政许可申请30余万件，按时办结率保持100%，行政审批信息的主动公开率、按时公开率也保持100%。农业部等部门还扎实推行网上审批，开设行政许可专栏，设立电子显示屏，开通

① 参见《四川省人民政府关于进一步加强政务服务中心建设的意见》，见 http://www.sc.gov.cn/sczb/lmfl/szfwj/200811/t20081119_439955.shtml，2008-10-22。

② 参见李林：《法治蓝皮书——中国法治发展报告 No.10（2012）》，北京，社会科学文献出版社，2012。

行政审批综合办公网上申请系统、行政许可电子监察系统和行政许可网上投诉举报系统，实行在线受理、网上审批，主动接受社会监督。四川省应用行政审批电子监察系统，对各部门责任岗位、服务窗口和审批事项办理进行全程监督。将行政审批退件纳入行政审批电子监察系统，特别是对同一申请人办理同一事项作两次以上退件处理的，要重点跟踪，防止权力寻租；坚决杜绝行政审批中的"吃、拿、卡、要"行为，努力使此类投诉为零。对不履行或不正确履行职责、影响审批效率、贻误审批工作以及利用备案、核准等形式搞变相审批的，坚决依照有关规定严肃追究主要负责人、分管负责人和直接责任人的责任。通过电子政务，强化行政审批监督，将行政审批流程中逐环节逐岗位确定的责任人、办理时限纳入电子监察，实现在网上直接生成问责。①

10.2.4　电子政务提升政务公开质量

广泛应用电子政务技术可提升政务公开的质量。如民政部、水利部等部门在汶川大地震抗震救灾期间，以人民群众最关心的事项为政务公开的重点，通过举办新闻发布会、组织媒体集中采访报道、政府门户网站公布权威消息等形式，及时向民众传递有关抗震救灾进展、救灾款物管理使用、重要险情等，较好地满足了社会各界的知情要求。财政部以预算公开为重点，积极推进财政预算信息特别是政府预算、部门预算、预算执行以及财政转移支付信息的主动公开工作，初步建立了财政预算信息披露制度。2008 年以来，财政部门户网站主动公开的财政信息达 17 万多条，编制财政信息公开目录 1.5 万多条。卫生部大力推进部务公开，重点公开医疗服务价格和药品、耗材价格，推行住院费用一日清单制度，使患者明明白白交费；在媒体上公示区域内各医疗机构的单病种质量状况、平均住院日等医疗质量指标，督促医疗机构提高医疗服务质量，初步解决了医患信息不对称的问题。

10.2.5　电子政务降低政务公开行政成本

推行电子政务，一方面符合建设节约型政府的要求，另一方面为人民群众提供了方便，减少了开支。传统方式下，政府机关花费大量人力物力财力，出版印制相关的政务公开报表报告、宣传材料，运输包装也消耗大量经费支出；人民群众需要上门办事，常常跑断腿、说破嘴。通过电子政务，可上网获取、查阅政府信息，相对于购买书籍、订阅杂志来说，费用降低了很多。政府网站提供的信息能够上网免费获取，节约时间，查找方便、迅速。上海市每个影响面较大的法律法规的公开，需要印制 12 万份放到公共的售报亭免费发给市民。② 在传统的纸介媒体下，政府公开需要巨大的成本。通过电子政务方式进行政务公开，成本大为降低，可以取得相同效果。

---

① 参见《四川省"电子眼"速行政拖沓　网上直接生成问责》，载《成都日报》，2008-11-24。

② 参见《关于政府信息公开立法》，见 http://review.jcrb.com.cn/ournews/asp/readnews.asp? id=27641，2001-03-16。

10.3 如何通过电子政务促进政务公开

10.3.1 完善制度建设，健全体制机制

信息公开的法律法规对于政务公开的推行有着非常重要的作用，我国以《政府信息公开条例》的颁布施行为契机，不断加强制度建设，健全体制机制，建立和完善政府信息公开办法，制定一系列规章制度，初步形成政务公开工作的制度体系，在条件成熟的基础上实现政府信息公开的人大立法，提高立法层级，加强法律效力，以更大的权威来推进政务公开。[①] 重点要加强非常态下应急管理中的信息公开制度和虚拟世界中的信息公开真实性管理研究，制定出相关的规则和实施细则，建立健全政府信息发布协调机制，有效解决应急事件的隐瞒不报和谎报等现象，解决虚拟世界中的非真实信息的制造和传播问题。

10.3.2 创新权力运行方式，推进行政权力公开透明运行

由于部门利益和个人利益的存在，权力公开透明是一件难度非常大的工作。在体制机制和管理手段基本到位的前提下，要依托电子政务新的技术手段，在政府网站上公开权力事项、工作规则、流程图等，便于社会各界了解和监督。按照《关于深化政务公开加强政务服务的意见》，在推进行政权力公开透明运行中，要强调和注重过程公开，强化对权力运行的制约；加强行政机关内部事务公开，要求梳理行政机关内部职权依据和运行流程，加强对关键岗位和重点环节权力运行的制约和监督。

政务公开借助电子政务手段，一方面通过政府流程再造，优化现有流程，减少政务公开的环节，加大政务公开的透明度；另一方面，通过互联网和内网，实现对政务公开相关内容全方位、全流程、全天候的公开透明，确保通过电子政务的新特性，实现政务公开的目的和效果。如为贯彻落实中共中央办公厅、国务院办公厅印发的《关于开展工程建设领域突出问题专项治理工作的意见》，按照国资委关于《工程建设领域突出问题专项治理工作实施方案》的部署，2009 年 10 月 12 日工业和信息化部会同有关部门制定了《推进工程建设领域项目信息公开和诚信体系建设工作指导意见》，明确建设项目信息公开和诚信体系建设的要求，建立项目信息公开目录和工程建设领域信用信息共享目录，制定相关标准和程序，初步形成统一的项目信息公开平台，推动工程建设领域信用信息共享，建立健全保障制度，积极推进工程项目建设公开透明，逐步建立互联互通的工程建设领域诚信体系。2012 年 3 月 26 日，温家宝同志在国务院召开的第五次廉政工作会议中提出，要重点抓好的工作之一就是建设全国统一的电子化政府采购管理交易平台。温家宝同志指出：要

---

① 参见胡仙芝：《历史回顾与未来展望：中国政务公开与政府治理》，载《政治学研究》，2008 (6)。

完善采购预算、招标投标、专家评审、供应商管理等制度。加快建设全国统一的电子化政府采购管理交易平台，实现政府采购业务全流程电子化操作。全国统一的电子政务应用平台可以最大限度消除当前政府信息孤岛现象，整合政务信息资源，实现政务信息高度共享，提高政务公开规范化、准确化水平。通过统一的电子化平台，政府部门可以实现实时监督管理、协同合作，公众可以方便地与监管和执行部门沟通，提高政务公开效率；同时，还对防止电子政务重复建设、规范政务公开行为、完善诚信体系建设、更好地发挥政务公开的廉政功能有重要意义。

10.3.3 创新审批方式，推进行政审批制度改革

政务公开与行政审批密不可分，只有实现充分的政务公开，公众才能了解行政审批的要求和流程，才能有效监督。

要努力将政务公开与行政审批制度改革结合起来，不断改革现场审批方式，建立网上审批平台，促进行政审批制度改革向纵深发展。通过电子政务创新审批方式，可优化工作流程，改善服务质量，提高服务效率，降低行政成本。

要把深化政务公开与加强政务服务紧密结合，从根本上转变政府官员的观念，把服务作为工作理念。

要提高审批效率，提升审批质量，必须要做好政务公开基础工作。如把政务公开与行政审批制度改革结合起来，开展网上电子审批、一个窗口集中办理和一站式服务等。规范和发展各级各类行政服务中心，对与企业、社会和人民群众密切相关的行政管理事项，尽可能纳入行政服务中心办理。在行政审批事前环节，通过电子政务网站向社会公布审批单位联系方式、审批标准、审批时限要求等，提前告知公众需做好相关的准备工作，减少不必要的重复劳动；在行政审批事中环节，政府部门应通过电子政务网站提供网上申报审批功能。公众可通过互联网直接在网上进行申请，方便群众，减少交通、差旅等费用，电子政务网站应提供自动检验功能，对公众提交的申请可以自动核对或者人工核对，并明确提示和提醒，帮助公众完成有关事项的申请，防止无意义的重复劳动；电子政务网站还应在系统中明确提示，所有行政审批事项的时限，告知公众等待的时间。如政府部门未按规定的审批时限完成相关审批任务，则应在绩效考核中进行相应处理。电子政务网站在审批完成后，还应做到将审批结果公开、透明。对审批的事项进行公示，同时设置质疑期，由公众进行监督，如有问题，可及时纠正错误；对审批结果的原因，也必须及时、准确、完整、详细地告知公众，确保公众对相关审批事项的知情权，以便于公众及时修改相关资料，确保今后的审批事项顺利完成。

通过电子政务创新审批方式，加大了社会监督，有利于加强行政问责机制，有利于防治贪污腐败。温家宝同志指出：公开透明，让权力在阳光下运行，是现代政府的重要特征。无论是规范权力运行、方便群众监督、有效防治腐败，还是提供高效便民服务，政务公开都是十分有效的措施。政府的绝大多数政务信息都与人民群众的利益密切相关。进一步推进政务公开，就是要让人民群众更好地了解政府运行、更广泛地参与政府管理、更直接地监督政府行为。

10.3.4 把握公开重点，不断提高政务公开的质量和水平

行政机关要结合本部门、本单位、本系统的特点，以关系群众切身利益的重要事项和本部门的核心权力为重点，不断丰富政务公开的内容，确保政务公开的准确、实时，提升政府公信力。根据民间机构连续对美国政府的公信力进行的调查研究，美国民调的基本事实是，政府公信力从20世纪60年代开始一直处于下降趋势。虽然就连续的年份来看，两年之间的下降或许并不明显，而且并不总是每年都在下降。但是从几十年的长期来看，下降趋势明显，下降幅度惊人。比如，许多公众认为，政治家不是为公众服务，而是为自己谋取私利。美国政客属于最不能相信的团体之一。1964年民调显示有3/4的美国公众信任美国联邦政府，而1995年民调显示只有1/4美国公众信任美国联邦政府。所有类别的公众都对政府信任下降。政府公信力的流失，不限于那些愤世嫉俗的人之中，而是普遍地存在于黑人和白人、男性和女性、穷人和富人之中。不仅美国政府的公信力下降，加拿大、英国、意大利、西班牙、荷兰、挪威、瑞典等也在下降。

政府公信力下降成为一种全球性现象。政府公信力下降的原因很多，与政务公开不及时、不准确密切相关。[①] 2009年5月，《华尔街日报》通过调查发现美国国会议员许多开支有“公款消费”之嫌，这一消息被披露后在美国社会引起很大反响。为加强社会监督，防止公款消费，提升政府形象，美国众议院于同年6月开始在网上公示开支。国会两院还把有关网上公示开支的条款写入正在审议中的国会开支法案，以法律形式固定下来。参议院在互联网上公示包括工作人员工资、差旅费和办公费在内的参议院开支。参议院此举的主要倡导者、俄克拉何马州联邦参议员科伯恩说，这样做是为了让公众了解议员们如何花纳税人的钱，并对议员们的开支进行监督。“如果民众看到有什么可疑之处，可以进行问责”[②]。

通过电子政务的应用，尤其政府网站、政务微博等的快速发展，为公众提供了政务公开更加准确、及时的渠道，提升了政务公开的质量和水平。我国目前政务公开的热点和重点当属“三公”经费，即公务接待、公务车辆购置及运行费、因公出国（境）费。“三公”经费的公开，不仅直接触及政府信息公开的核心，而且可以在一定程度上推动政府反腐倡廉，进而推动政府工作机制的完善。将信息公开与政府日常工作紧密结合，可以有效提高政府工作效率和效能，促进政府各项管理工作的精细化和科学化。通过信息公开服务公众社会生活，满足公众知情权，营造公平的市场环境，服务经济社会发展。信息公开通过构建政府和公众的互动平台，畅通了公众参政议政的途径和渠道。但是，我国“三公”经费的公布仍然存在很大问题。据报道，2011年5月4日国务院要求中央部门公开年度出国（境）费、车辆购置及运行费、公务接待费支出情况，地方比照中央公开经费。截至2012年5月，当年已快过一半，有91个中央部门公布了2012年预算，仍然有7个部门没有公

---

① 参见《美国人民为什么不相信政府》，见 http://talk.163.com/05/0926/16/1UJCJQ6900301JAK.html，2005-09-26。

② 《美国参院将在网上公示开支　以防公款消费》，见 http://www.echinagov.com/gov/zxzx/2009/7/8/76364.shtml，2009-07-08。

开。尤其是最受公众关注的“三公”经费仍然没有单独列出，整体性数据罗列在一起，还是显得粗略，科目公布较为宽泛笼统，具体的支出结构、去向无从知晓。公众对“三公”经费公开情况的第一反应依旧是“看不懂”。[①] 2012 年 6 月，国务院常务会议通过了《机关事务管理条例》，条例指出：各级人民政府应当依照国家有关政府信息公开的规定，建立健全机关运行经费公开制度，定期公布“三公”经费的预算和决算情况。条例的出台将有力推动政府机关的政务公开，规范信息公开内容，保障电子政务的顺利发展。

本章小结

政务公开要求政府工作内容公开化，和政府信息公开有联系也有区别。电子政务可以促进政务公开。

关键术语

电子政务　　政务公开　　政府信息公开　　监督

复习思考题

1. 什么是政务公开?
2. 我国政务公开的特点是什么?
3. 政务公开和政府信息公开的主要区别是什么?
4. 如何通过电子政务促进政务公开?

案例分析

美国公民如何查政府账本：精细到一支铅笔

在电子政务发展得比较成熟的国家，公民查阅政府财政预算已是稀松平常的事。在美国，从联邦政府到州政府、再到下一级的地方政府，其预算报告都可以在网站上进行下载。即使是完全不具备相关知识的人，也能便捷地查询政府预算情况。比如，一个得克萨斯州（以下简称“得州”）的公民，可以通过三个不同的渠道，查到自己的钱政府打算怎么花、又是怎么花出去的。

方法一：议会官方网站——查预算的首选

(1) 预算文档：体积小巧，专业直观。

1949 年之前，得州并没有一套有效的预算系统，从而招致得州人民不满。于是一个叫做“议会预算局”(LBB) 的机构应运而生，而它的官方网站（预算查询系统），自然是

---

① 参见《91 个部门公布 2012 年预算　三公经费被藏起来》，见 http://news.sina.com.cn/o/2012-05-04/054424365780.shtml，2012-05-04。

得州公民查看预算的首选。

得州预算局的网站上每年会公布预算报告。和美国许多州一样，预算报告一般都是PDF格式的，体积非常小巧，最多也就1M～2M，内容却非常丰富和专业。饼状图、柱状图的运用让人感觉更为直观。而在各种表格中，往往都有和上一财年甚至于上几个财年的数据对比。

得州预算报告的PDF封面，在得州预算局网站上能轻易下载

以2008—2009年度得州政府的预算报告为例，主要由以下几个部分组成：本次预算的基本说明；本财年的总预算，以及在教育、公众服务等大项的支出比例；本年度和上一个年度各个项目上与上一年度开支的比较；政府一般性收入在预算中的支出比例；专项收入资金的预算情况，此表格和上一表格相同。

(2) 预算内容：资料全面，分类明晰。

在得州预算局的网站上，可以方便地查到从2001年开始一直到现在所有的政府预算，如此浩瀚的资料，它是怎么做到的呢？答案就在一个叫做“得州预算资源”（TBS）的系统里。这个系统专门负责向公众提供预算查询的服务。

TBS提供两种分类的查询路径：一是按政府职能部门进行划分。根据统计，从位于休斯敦的第一法院到青年委员会，一共有226个部门，这些部门的财务预算资料在TBS系统上完全公开。二是根据预算报告条款进行查询。预算一般会被分作十部分，如公共安全和刑事司法、商务及经济发展等。

(3) 用户体验："傻瓜系统"，界面友好。

TBS 系统的界面朴实无华，用起来却十分方便，类似于大学图书馆的检索系统。例如想查看医药局 2008—2009 年度的预算，就可通过"政府职能部门查询方式"来操作。在年限处选择"2008—2009"，部门类选择"医药局"，资料类型选择"预算资金来源"。点完"确认"之后，一个全新的页面大概 5 秒钟后生成。

"两年间，得州医药局的预算开支一共是 8 224 959 美元，在这些预算中，有 99.8%是来源于政府的一般性收入。"一目了然。另外，假如重新选择"资金用途"，在页面中，就可以看到用于监管、许可、协作、电子政务等方面的预算分别是多少。总之，只要会用搜索工具，使用在线系统便毫无障碍。要是不会也没关系，系统界面上的帮助按钮会教网友们怎么查询、打印、下载。

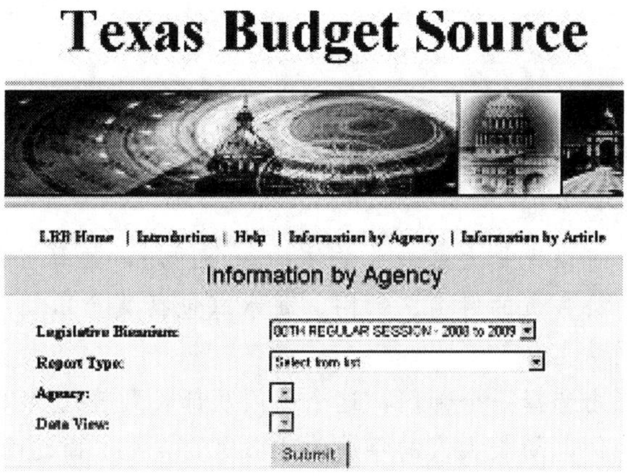

网站检索界面简单、实用

方法二：得州预算资源网——民间网站的监督

(1) 纳税人最好的朋友——得州预算资源网。

议会预算局的网站虽然专业、全面，可也稍显"严肃"，且很多的财政术语让人头疼，这时候一个叫做"得州预算资源网"的网站就派上了用场。

这个网站是由"得州公众政策基金会"所创建。在网站的欢迎界面上写着一些很有意思的话：从得州议会通过的州预算，到您身处的地方政府、学校、街区预算，"得州预算资源网"就是纳税人最好的朋友，一站式服务，提供最重要的信息。这是您的钱！您就应该知道它是怎么花出去的！

(2) 精确到秒的政府开销计算器。

打开资源网页面，让人印象最为深刻的就是右上侧不断增加的数字，这个叫做"开销计算器"的工具下面写着——"得州政府花您的钱有多快呢?"这个精确到小数点的庞大数字每秒钟都在持续增长，跳得飞快。事实上这个计算器仅仅是根据这个财年得州政府的预算计算而成，例如 2008—2009 财年得州政府预算是 1 678 亿美元，如此换算下来，每秒钟政府就要花掉纳税人 2 664 美元。而到了 2009—2010 财年，政府每秒钟会多花纳税人 226.49 美元。这些网站精心呈现的数字，旨在提醒大家，政府每秒钟要花我们这么多钱，所以有何理由不关心预算呢。

得州预算资源网的政府开销计算器，重点旨在强调人们的纳税人意识

(3) 公务员工资轻松查询。

公职人员的收入，可以说是大家最为关注的一个问题，预算资源网给出了一个链接，可以搜索到所有的得州公务员的姓名、部门、薪水（包括奖金），17.5 万名公务员的“底细”就这么被晒在了网站上。

只需用鼠标随意点击选择一个部门，这个部门从部长到普通员工的工资数额就会立刻出现。还是以医药局为例，局长大人的年薪为 108 907 美元，而这个部门薪水最低的职工则是调研员 JOHN PLASEK，薪水仅为 4 929 美元。

在这个网页上留言的网友很多，还有公务员上来抱怨说，我和同伴们任劳任怨，我们的工资还没有普通的公司雇员多呢，言语间充满委屈。也有人质疑公务员的工资如此被“晒”出来，是否有侵犯隐私权的嫌疑，但更多网友的评论相当犀利：“人们有权利知道那些拿了公众的钱，却不为其办事的人的工资”。

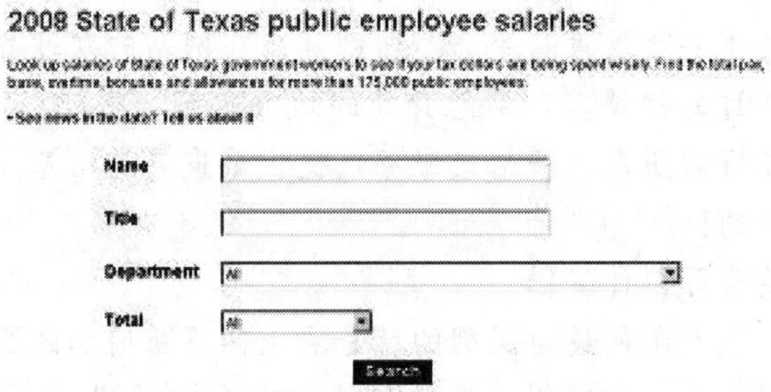

在此界面，可以查询到得州所有公务员的工资

方法三：得州政府之窗——专查政府如何花钱

(1) 精细到一支铅笔的花销。

预算过程的公开透明只是一方面，政府是否按照预算来花钱，也需要监督。在得州还有一个官方政务网站，名为“得州政府之窗”，在这个网站上，则可以实打实地看到钱是

怎么被花出去的。

在该网上有这样的一个页面，主题是“您的钱去了哪里”。其使用说明分别针对公民、企业、政府三个层面。“对公民的使用说明”里是这么写的：“这里可以找到您的税款到底是怎么样为得州政府所用的。想要最详细的信息，可以点击‘购买搜索’，包括买铅笔这样的信息这里都可以找到。同时，您也可以使用‘机构搜索’工具来查看得州各个部门是怎么花钱的。”而对企业的，则是告诉它们可以在哪里看到政府采购信息和流程。

(2) 智能化搜索，省心省力。

“购买搜索”这个系统也非常智能化，比如我对2009年度公众医疗服务部门的怎么花钱很感兴趣，我就可以选择这个部门，系统在5秒之后自动生成此部门在这一财年所采购的物品，最便宜的是价值0.68美元的砂带，而最昂贵的是包括计算机、打印机在内的一些办公耗材，总价值是17 771.02美元，绝对都精确到小数点后两位。点开链接之后还能够看到具体都是什么都买了什么物件，细致到电脑主板。当然，我们假如对此有什么意见，都可以通过该网站的反馈直接发送。

此外，在得州政府之窗这个网站上，还有一个页面，里面有全美其他各州的财政预算报告，而且基本上链接一点都可以查到三五年内的信息。从这些信息当中，得州公民很自然地就可以将本州的预算和别州进行比较，看看到底满意不满意。

资料来源：《美国公民如何查政府账本》，见 http://news.163.com/special/00012Q9L/zhengfuyusuan091026.html，2009-10-26。

请思考：1. 美国政务公开的特点是什么？

2. 美国政务公开是如何与电子政务相结合的？

小知识

权力运行流程图

权力运行流程图是针对具体的职权，进行反腐倡廉和对腐败行为进行风险防控的重要创新方式。具体做法是通过图表方式，明晰某项职权的工作流程、办理主体、办理条件、承办岗位、办理时限、监督制约环节、相关人员的权利、投诉举报途径和方式等。

第 11 章

电子政务与网络舆情

深入推进政务公开，创造条件让人民群众监督政府。

加快建设国家电子政务网，推进政务诚信。

——温家宝

对于追求社会舆论一律的政治而言，为什么掌控新闻媒体是重要的。历史上所有强权政治都是在自觉不自觉地遵行此例：以媒体制舆论，以舆论制民心。

——安德鲁·查德威克[①]

重点问题

- 网络舆情
- 互联网政治
- 如何应对网络谣言
- 如何应对网络群体性事件
- 政务微博

胡锦涛同志指出：要高度重视互联网等新型传媒对社会舆论的影响，加快建立法律规范、行政监管、行业自律、技术保障相结合的管理体制，加强互联网宣传队伍建设，形成网上正面舆论的强势。当今是网络社交媒体迅速崛起的时代，通过使用移动技术等方式，这些社交媒体还会继续迅速发展。在美国，社交媒体在 2011 年取得了里程碑式的发展，2/3 的成年网民（65%）正在使用社交网站，这就意味着一半的成年人（50%）使用社交网站。在波兰、英国及韩国，至少有近一半的成年公民使用社交网站。[②] 根据 CNNIC 发

① 参见［英］安德鲁·查德威克等：《互联网政治学：国家、公民与新传播技术》，5 页，北京，华夏出版社，2010。

② 参见联合国经济和社会事务部：《2012 年联合国电子政务调查报告：面向公众的电子政务》，北京，国家行政学院出版社，2012。

布的数据，截至2012年12月底，中国网民数量达到5.64亿，互联网普及率为42.1%。3.09亿网民在使用微博，2.75亿网民使用社交网站，网民规模居世界第一位。中国国家互联网信息办公室原主任王晨指出，有一半以上的中国网民通过社交网络沟通交流，分享信息。①

互联网呈现出膨胀性、爆炸性的发展，网络技术日新月异，网民表现异常活跃，网络信息汹涌澎湃，网络群体性事件不断出现。网络舆情形成迅速，对社会影响巨大。随着因特网在全球范围内的飞速发展，网络媒体已被公认为是继报纸、广播、电视之后的“第四媒体”，网络成为反映社会舆情的主要载体之一。网络舆情表达快捷、信息多元、方便互动，具备传统媒体无法比拟的优势。同时新媒体的交互性带来了充分的即时交流和网络互动，以往传播格局中泾渭分明的传者和受者的界限逐渐模糊，任何个人皆可成为信息发布者的时代得以实现。尤其是近两年来微博的异军突起，改变了中国社会的舆论传播格局和生成、演变机制，重塑了中国社会的舆论生态。②

11.1　网络舆情

在我国，党和政府历来高度重视网络舆情。胡锦涛总书记在2007年中共中央政治局第三十八次集体学习时讲话指出：能否积极利用和有效管理互联网，关系到国家文化信息安全和国家长治久安，关系到中国特色社会主义事业的全局。党的十七届四中全会通过的《中共中央关于加强和改进新形势下党的建设若干重大问题的决定》明确指出，要“注重分析网络舆情”，“健全网络信息收集和处理机制”。2011年2月19日，胡总书记在省部级主要领导干部社会管理及其创新专题研讨班开班式讲话中指出，要“进一步加强和完善信息网络管理，提高对虚拟社会的管理水平，健全网上舆论引导机制”。中共中央政治局常委、中央纪委书记贺国强在2012年4月23日加强基层党风廉政建设座谈会上指出，加强对反腐倡廉舆情特别是网络信息的收集、研判和处置，形成监督合力、增强监督实效。

11.1.1　网络舆情的概念

网络舆情的“舆情”一词最早出现在《旧唐书》中，唐昭宗在乾宁四年（公元897年）的一封诏书中称：“朕采于群议，询彼舆情，有冀小康，遂登大用。”③ 此后，“舆情”一词在我国历史文献中出现的频率逐渐增加。在《四库全书》中，“舆情”一词共出现了一千一百余次，分散在经、史、子、集各部中。在我国古代，“舆”本谓车厢，因即指车。《说文解字・车部》：“舆，车舆也”。《周礼・考工记・舆人》：“舆人为车。“舆人”即为造

① 参见《中国社交网络的发展引人注目》，见 http://tech.sina.com.cn/i/2011-09-29/15286129216.shtml，2011-09-29。

② 参见周滨：《微博问政与舆情应对》，3～20页，北京，人民出版社，2012。

③ （后晋）刘昫等：《旧唐书》，4585页，北京，中华书局，1975。

车工人。”到春秋末期，“舆”逐渐演化为轿子，“舆人”也被赋予抬轿子的人的意思，并逐渐涵盖了车夫、差役、小官吏和随车士卒等下层的普通大众的意思。到了汉代，历史文献中的“舆人”，与“刍荛”、“庶人”一样，成为普通百姓的代名词。舆情就是舆人的情况，历史上“舆情”一词的出现和广泛使用，说明我国历史上的执政者已开始关注民意人心，并把“执政需要得民心”作为一条基本执政经验。① 天津社会科学院舆情研究所王来华研究员在国内最早对舆情进行系统性定义，认为“舆情是指在一定的社会空间内，围绕中介性社会事项的发生、发展和变化，作为主体的民众对作为客体的国家管理者产生和持有的社会政治态度”②。更为广义地讲，舆情就是社情民意，是指社会各阶层民众对社会存在和发展所持有的情绪、态度、看法、意见和行为倾向。③

网络舆情是通过互联网传播的，公众对现实生活中某些热点、焦点问题所持的有较强影响力、倾向性的言论和观点，主要通过BBS、博客、新闻跟帖、转帖等实现并加以强化。因此，网络舆情可以定义为：由于各种事件的刺激而产生的，通过互联网传播的，人们对于该事件的所有认知、态度、情感和行为倾向的集合。或者说，网络舆情是指在一定的社会空间内，通过网络围绕中介性社会事件的发生、发展和变化，民众对公共问题和社会管理者产生和持有的社会政治态度、信念和价值观。它是较多民众关于社会中各种现象、问题所表达的信念、态度、意见和情绪等表现的总和。

舆情和舆论存在一定区别。国内普遍认为，舆论是多数人的共同意见，即需要持有某种认知、态度、情感和行为倾向的人数达到一定的量。舆情是人们的认知、态度、情感和行为倾向的原初表露，不需要得到多数人认同，是多种不同意见的集合。当舆情产生聚集时就可能向舆论转化，因而舆情是一个比舆论包含内容更为宽泛的概念。对舆情的管控就是要使舆情不转化为舆论或转化为良性舆论。④

11.1.2 网络舆情的特点

西方国家网络应用的前三名排序一般为电子商务、即时通信、信息，而我国则是信息、游戏、电子商务，这反映了西方国家网民和中国网民对于网络的不同需求。西方国家网民主要把网络作为实用工具，我国网民则将网络视为重要的舆论平台。在我国，网络已日益成为舆论生成的策源地、舆论传播的集散地、舆论交锋的主阵地。

1. 丰富繁杂——内容形式多样

表现为话题多样性、内容载体丰富（新闻跟帖、论坛帖子、即时通信、博客、维基及逐渐兴起的移动传媒等）、表现形式多样（图文信息、影像视听资料等）。

2. 互动性强——政民及时互动

一是表现为反映现实、反作用于现实和与现实同步互动；二是公众之间、政府与公众可通过网络，及时快速反馈，相互表达意见。

---

① 参见姜胜洪：《网络舆情的内涵及主要特点》，载《理论界》，2010 (3)。

② 王来华：《舆情研究概论——理论、方法和现实热点》，32页，天津，天津社会科学院出版社，2003年。

③ 参见中共中央宣传部舆情信息局编著：《舆情信息工作概论》，6页，北京，学习出版社，2006。

④ 参见王国华等：《解码网络舆情》，1~2页，武汉，华中科技大学出版社，2011。

3. 感染性——公众较情绪化

一是主观性较强，多出于直觉；二是容易引起从众心理。

4. 总体可控性——可多方引导

一是网络具有内在稳定机制。网络中的“意见领袖”、“网络共同体”、“网络意见环境”以及潜伏着的“网络评论员”等都具有对网络舆情起到控制和引导作用的可能；二是技术可控性。网络技术的发展为网络舆情的监控和分析提供了可能，通过这些技术，可以有效减少不良网络舆情，达到管控目的。

5. 非主流性——个性化强

大多数网民上网很少主动留言、发帖，主要是浏览各类信息。但网络空间也存在一些参与意识较强、相对稳定的群体，包括两类人：一类是对自己生活现状不满意的人，网络成为他们发泄不满、宣泄情绪的平台；一类是有一定的思想能力和文字水平的人，热衷于评点各类热点问题，批判意识较强，有的已逐步成为网络空间的“意见领袖”，他们的网络参与行为更具自觉性和主动性。有的人为了标新立异、吸引眼球，往往在表达思想观点时标榜“独立思考”，刻意与主流意识形态保持距离，有的甚至以嘲讽、戏谑、解构主流意识形态为能事。显然，这两类人都不能代表主流社会，也不能反映社会主流舆论。一方面，社会主流人群的网络参与度偏低；另一方面，积极参与网络舆论的人群又无法反映社会主流舆论。这就决定了网络舆论的基本立场、思想观点、价值取向以及表达方式，在总体上呈现明显的非主流特点。①

6. 负面性——批评的多，肯定的少

网络舆论不乏赞扬真善美、鞭挞假恶丑的声音，而且往往以更强烈甚至是极端的方式呈现这种道义力量。特别是在涉及国家利益、民族尊严等重大事件和重大自然灾害面前，网络舆论能够迅速激发出众志成城、守望相助、同仇敌忾、共御外侮的舆论声势和爱国热情。总体而言，网上各种舆论交锋，常常是负面舆论压倒正面舆论。原因在于：一是负面新闻、负面事件、负面话题具有天然的吸引力，容易诱发人们的好奇本能，引发人们探究讨论，而且一般情况下人们发表批评性意见要比发表肯定性意见的动力更强。由于言论尺度较传统媒体宽松，网络媒体常常通过大量登载、炒作各种负面新闻来吸引眼球，提高网站点击率，这是网络舆论负面性特征形成的基础。二是由参与制造网络舆论的人群自身因素所致，一些现实境遇不佳的网络舆论参与者对社会有负面情绪、负面心态，往往戴着“有色眼镜”观察社会、解读现实，在网上自由发表各种批评意见成为他们发泄不满的主要方式；而另一类网络舆论参与者则往往把批评作为展示自己“独立思考”能力的主要形式，甚至“为批评而批评”，这是负面性特征形成的重要原因。三是负面舆论一旦形成，就会自行强化。由于肯定性意见没有得到充分展示，加上大多数网民选择沉默，就造成了批评性意见一边倒的态势。这种负面舆论又形成一种压力，进一步削弱了网民发表肯定性意见的意愿和勇气，使得正面舆论更加式微。

7. 非理性——情绪宣泄多，理性思考少

网络舆论通常比较感性化、情绪化、简单化，具有明显的非理性色彩。网民作判断、

① 参见《网络舆论：民意的“自由市场”?》，载《人民日报（海外版）》，2011-09-02。

下结论，往往仅凭个人好恶和直观感受。一是因为网络舆论参与的门槛低，为那些在现实生活中缺少有效表达渠道的人群提供了一个便捷通道，并日益成为弱势群体、边缘人群的情绪宣泄平台。二是因为网络舆论变动速度很快，从发酵、升温到大规模扩散可在短时间内完成，人们几乎来不及冷静思考、深入分析就仓促发表意见。此外，也与网民年轻化有关。根据2012年7月CNNIC发布的《第30次中国互联网络发展状况统计报告》，我国网民中有82.3%为40岁以下的年轻人。年轻人有高度的参与热情和强烈的表达意愿，是网络舆论活跃的主体，他们往往激情有余、理性不足。

8. 从众性——“马太效应”

“先入为主”、“先声夺人”是舆论传播的一般规律，网络舆论尤其如此。一个事件发生后，最早出现的观点和意见往往具有很强的导向性，会给后来的讨论定下基调和方向。人们常常倾向于相信这些“先声”，容易认同它的价值判断，附和它的意见主张。法国心理学家勒庞认为，在某种特定的条件下，一群人会表现出非常不同于组成这一群体的个人所具有的特点，他们的感情和思想全都会转到同一个方向，他们自觉的个性消失了，形成一种集体心理。网络舆论的这种从众性和跟风效应尤其明显。特别值得注意的是，由议题设置者和先导性意见促成的网络舆论，通常会在短时间内急速传导，形成一种强大的舆论声势。而那些持不同意见者要么不屑于发表意见，要么发表不同意见后很快就会受到议题设置者和支持者的狂轰滥炸。在这种极不对称的舆论场效应下，情绪极端者不断受到鼓励，理性、温和的声音不断遭到打压，网络舆论因此形成了强者愈强、弱者愈弱的“马太效应”。

9. 扩散性——“雪球效应”

当一个事件和议题产生后，网络舆论会如同滚雪球般不断衍生、聚合、裂变、扩散，传播的速度、波及的广度及影响的力度几乎呈几何级数增长。网络舆论的扩散是多层次、多侧面的。从传播路径看，网络舆论可以由一个论坛、组群向其他论坛、组群扩散，也可以由境内网站向境外网站扩散，还可以由网络媒体向传统媒体扩散。从传播区域看，网络舆论可以使一个地方性议题扩散为全国性议题甚至更广，使得地方议题全国化、国内议题国际化。从传播走向看，网络舆论常常由小及大、由点及面，从议题本身所涉及的领域迅速向其他领域蔓延，使得对个别现象、个别案例的关注，变成更广领域、更深层次的讨论，直至上升到整个社会和国家制度层面。网络舆论的扩散性，一方面使这种舆论具备了一定的社会动员能力，另一方面也容易产生负面效应：一是随着一种舆论快速度、大范围、高强度地扩散，其基本信息的真实性越来越没有人去质疑；二是随着某一热点的关注度不断上升，网民会自觉不自觉地出现认知夸大的倾向，导致集体性的认知失真、反应过度；三是一些个案容易被借题发挥、肆意炒作，以求舆论压力。

10. 逆反性——挑战权威

网络舆论经常呈现对正统思想观念、主流意识形态的逆反心理，表现出反传统、反主流、反权威的价值取向。这种心态的极端表现，是对政府政策、官方言论、主流观点、社会精英、富裕人群统统持怀疑态度、怀排斥心理，宁信其错，不信其对，宁信其坏，不信其好。

11. 有组织性——“意见领袖”与“网络推手”

网络舆论一般是自发形成的，但也越来越呈现出有组织性的一面。与传统媒体相比，网络具有便捷、高效、操作成本低等特点，可以用较短的时间、较小的成本和较高的效率制造舆论热点，掀起舆论风潮，这就催生了“网络推手”这一特殊的网络群体。他们通晓网络操作规则，谙熟大众接受心理，通过设置议题、制造热点，操控网上舆论。

12. 虚拟性——与现实生活的反差

许多人在网上发表意见时信马由缰、毫无顾忌，与现实生活中的自己形成强烈反差，他们在网上发表的言论在现实生活中既不可能去说，更不可能去做。网络空间的虚拟性，造成网民网络人格与现实人格某种程度的分裂，也可能造成网络舆论与真实民意的反差。

11.1.3 网络舆情的现状

由于互联网具有虚拟性、隐蔽性、发散性、渗透性和随意性等特点，越来越多的网民乐意通过这种渠道来表达观点、传播思想。

1. 网络舆情影响力积聚放大，影响日渐深入

首先，网络成为公民表达民意的重要渠道，也成为政府了解社情民意的重要窗口，网络舆情推动了公共决策协商模式的确立。其次，网络舆情影响公共管理的政策议程，促进政策法律法规的完善。如佘祥林案的网络热议，推动了死刑案件审判程序的改革；上海钓鱼执法事件，带来对“钓鱼执法”的明文禁止；“开胸验肺”事件推动了卫生部新版尘肺病诊断标准的发布与实施。

2. 微博打破网络传播格局

网络舆情事件正由间隙性转成集体性井喷的态势，不仅使得网络舆论力量继续成为社会关注的焦点，更使得网络舆情逐渐向复杂态势演化。“关注就是力量”，“围观改变中国”，这正是对当下中国语境下微博效应的经典描述。在江西宜黄强拆事件中，钟如九在微博空间中的泣血呼救，奇迹般地改写了整个事件的走向。正因为如此，社会公众对微博给予了很高的褒奖与期待，并认为微博制造的“围观”力量助推了社会的大步前行。①

据上海交通大学舆情研究实验室 2010 年底发布的《2010 中国微博年度报告》显示，2010 年微博已成为继网络论坛、博客、跟帖之后最强大的网络舆论载体，也是网友在需要发布信息时的第一选择。从河南考生被落榜事件，到江西宜黄拆迁事件、“李刚门”等，微博都发挥了重要作用。2011 年 7 月，中国传媒大学网络舆情研究所发布的《2011 上半年中国网络舆情指数年度报告》认为，微博已超过论坛，由 2010 年的第三大舆情源头上升为第二大舆情源头，仅次于新闻媒体报道。同时，中国舆论的重心迅速向微博转移，网民爆料的首选媒体更多转向微博。此前论坛、博客和新闻跟帖作为最主要的网络舆论载体的格局已被打破。

目前，国内正在形成一种新的舆论形成机制，即微博率先报道，传统媒体不断跟进，

---

① 参见张涛甫：《微博革命》，见 http://www.newmediastudy.org/? cat=7，2011-03-10。

通过议题互动，共同掀起舆论高潮。微博不仅改变了信息传播方式，更重要的是或许将颠覆公共事件被“加工”后才告知公众的状况。

3. 密切关注网民诉求

网络媒体自由和开放的特点，为网民在网络上表达愿望或诉求提供了快速便捷的平台和渠道。由于参与到这个平台和渠道中的网民所属群体不同、地位不同和经历不同，他们关注的焦点和议论的角度也不同。当前，我国网民关心的问题主要为国家层面和社会层面的问题，国家层面的问题包括祖国统一、民族尊严、西藏问题、新疆问题、台湾问题、中美关系、中日关系、南海问题等，社会层面的问题包括安全生产、食品药品安全、社会道德和诚信问题、收入差距、公权力的形象、拆迁问题、公民上访等。

一是对以政府为代表的公权力进行舆论监督。主要表现为通过施加影响解决涉及切身利益的公共问题。中国社会科学院 2011 年 7 月 12 日发布的《中国新媒体发展报告(2011)》指出，通过对中国 210 起重大舆论事件的研究，网络舆论在近七成（67%）的事件中起到了推动政府解决问题的正面积极作用。

二是对造成负面影响的社会公共事件进行问责。这类诉求在自然灾害、人为事故、公共安全、生化危机等突发事件中最为常见，表现为借助新媒体聚集舆论压力，迫使相关事件负责人担负法律和道义责任，如甬温线动车追尾恶性事故要求问责的舆论。

三是对特定或者不特定的事件进行情绪宣泄。这类诉求主要是发生在各种网络“群体”像 QQ 群、博客圈、微博群等，表现为就某一话题或事件表扬、批评、质疑等方面。

四是社会特殊群体的权益维护。

4. 网络舆情引导得到加强

随着有关各方对网络舆论力量真切体验的加深，网络舆情引导方面已经出现了一些积极的因素：政府、企业和其他主体对网络舆情的反应周期大大缩短；具有专业背景的意见领袖陆续在微博发声，提升了话语品质；高校、媒体、专业机构等的研究和重视，加深了对网络信息传播规律的认识；政府及其负责人开设政务微博，尝试以平等姿态与网民对话。当然，网络舆情引导还有不尽如人意的地方，比如部分管理者舆情应对能力和手段不足，采取封、堵、删方法处置危机的情况时有发生。如何以目前对新媒体的有限认知去处置未来舆论引导面临的无限可能性，需要摒弃管制与对抗的思维模式，尊重和遵循网络传播规律，顺势而为以“合作”求共存。

11.1.4 网络舆情的生成与传播

为更好地发挥新媒体在舆论传播过程中的积极作用，有效规避消极影响，就必须对网络舆论生成与传播规律有清醒的认识。网络舆论的生成发酵机制基本遵循以下规律：传统媒体报道或网友爆料→网友讨论（新闻跟帖、论坛发帖等）→形成网络舆论压力（意见领袖发挥突出作用）→媒体跟进呼应网络议题，挖掘新的事实（新老媒体互动）→政府应对→再掀波澜（假设出现应对不当）→政府解决问题和官员问责→网友注意力转移→网络舆论消散。

11.1.5　网络舆情的传播载体

1. BBS

BBS，即 Bulletin Board System（电子公告板）或者 Bulletin Board Service（公告板服务），是互联网上的一种电子信息服务系统。用户在 BBS 站点上可以发布信息、聊天等，主要围绕话题或事件展开讨论。中国现在大约有 130 万个 BBS，包括：以中央媒体为依托的“BBS 国家队”，如强国社区等；新浪、搜狐、腾讯等商业门户网站的 BBS，每天这些网站的访问量都上亿，很多人会在上面爆料和讨论问题，近年发生的很多事件多是从网易的 BBS 发端的；非门户网站、单独存在的独立 BBS，如天涯社区、凯迪社区、猫扑网、中华网等；比较特殊的论坛形态，如百度贴吧和豆瓣的讨论组等。

2. 新闻跟帖

新闻跟帖是最草根化和最中国化的一种载体。草根化是指没有门槛，用户想跟帖就跟帖；中国化是指国外基本没有这种新闻跟帖的形式。网易提出的“无跟帖不新闻”的概念，将一条新闻受不受关注的标准定义为回复数量的多少，而不取决于版面和时段。实名制在一定程度上影响了网民的跟帖数量。

3. 博客和个人网站

如果说前两种载体是“大众茶馆”的话，那么博客和个人网站就是“私家客厅”，也就是说主人是发表言论的主体，大家可围观可参与但不能喧宾夺主，带有更强的个人烙印。博客很容易在短时间内形成聚焦。

4. 微博

微博是基于用户关系的信息分享传播以及获取的平台，通过 140 个字符把用户个人的所见、所闻、所感随时随地发到网络上，非常便捷。

5. 网民留言与网络社群

网民留言是一种新兴的官民互动载体，人民网最早在 2006 年开通留言板，胡锦涛总书记 2008 年做客人民网后掀起了网络留言的高潮，留言板成为非常强势的新兴载体。网络社群是年轻人喜欢的网络载体，如校内网、开心网、QQ 群等。目前 QQ 群大概有 5 000 多万个，人人网大概有 1.2 亿用户，开心网有 8 000 万用户，其成员之间往往存在着现实关系，使得传播的内容具有更强的真实性，在形成多对多传播的同时又有一定的隐蔽性。

6. 博客微视频

当前网民有一个无图无真实的共识，配上图片和视频会大大地提升可信度，导致视频网站发展非常快。与此同时，随着各种拍照设备的拍摄能力不断提高，很多突发事件都很容易被拍下来发到网上去。

7. 新闻聚合

RSS 新闻聚合是一种描述和同步网站内容的功能。网络用户可以在客户端借助支持 RSS 的聚合工具软件，在不打开网站内容页面的情况下阅读支持 RSS 输出的网站内容。

8. 微信

微信是一款通过手机网络快速发送文字、语音、图片和视频，支持多人群聊的移动客户端社交聊天软件。用户可以通过微信与其他用户进行形式和内容上更加丰富的联系。腾讯公司于2011年1月21日推出微信后，截至2013年初，用户数量已迅速增长至3亿以上。部分政府部门已开通微信服务，今后微信将成为政务信息发布的重要平台。

11.1.6 网络舆情的有效应对

针对复杂多变的网络舆情的发展，要提高对网络舆情的分析和应对能力，及时准确把握社会舆情动态，科学引导网络舆论，优化社会治理环境。2012年4月，国务院办公厅印发《2012年政府信息公开重点工作安排》（国办发［2012］26号）指出：要加强舆情引导工作。一些方面的政府信息如食品安全信息、环境保护信息等，涉及面广，社会关注度高，公开前，要对公开后的社会反应进行预判，做好应对预案；公开后，要跟踪舆情，主动引导，对易于引发炒作的情形，要及时发布正面信息，正确引导舆论。

1. 完善网络舆情应对的基础条件

一是强大的组织保证和物质、技术支持。如北京市、上海市专门成立网络宣传管理办公室，与各大互联网站建立紧密的联系、沟通机制，通过网络编辑业务培训和资格认证制度，提高网络舆情管理队伍的素质。基于云计算平台，开发全国统一的网络舆情监测系统，以服务的方式为各级政府部门提供高效率、低成本的网络舆情监测服务。

二是制定一套较为成熟的网络舆情日常监测制度。以上海“8·15”网络涉日舆情为例，其一，预案内容包括通知上海所有新闻网站，对相关消息不做头条、不开专题、不开设新闻留言板、不在论坛中讨论。其二，加大监看力度，遇有相关敏感信息及时专报；及时编制相关新闻网上传播情况及舆情态势专报；监看中如发现网站及其论坛上有过激言论或负面信息，立即删除并报告；传统主流媒体评论部做好素材与引导文章准备工作等。

三是遇到重大突发事件，能够在短时间内调动和整合各种力量形成联动，产生危机应对的合力。

四是危机事件后的有效评估。包括危机情况，采取措施，对下一阶段走向的研判，对前一阶段应对的总结、反思与建议等内容。如果有好的评估机制，每经历一次危机就是对管理部门应对网络舆情危机能力的提升。

2. 完善网络舆情联动应急机制

网络舆情联动应急机制包括监测、预警、应对三个工作环节，在实际运作中既有先后顺序，也有交叉混合，每个环节在逐步向后推进的过程中不断融合、互动。网络舆情联动应急机制的监测是常规工作和基础工作，耗费精力最多；当监测发现有可能产生负面影响的舆情时就开始进入预警阶段；就发生概率而言，网络舆情联动应急机制的应对环节发生几率最小，只有当现实的危机发生后才开始进入应对程序。

网络舆情联动应急机制要求制定详细而周密的网络舆情危机阶梯预案，尽快实现网络立法，强化网络“把关人”，加强技术在网络舆情引导控制中的作用（包括对IP地址的监测、跟踪、封杀；网管的全天候值班监测，对负面消息进行及时清除；运用智能型软件进行敏感词组的自动过滤；对论坛发帖的延时审查及发布；对国外敏感网站浏览限制；部分重要论坛实行实名认证制度等）。

3. 网络舆情的应对技巧与方法

据媒体报道，中共中央外宣办负责人在处理突发事件的一次讲话中强调，处理突发事件时必须改变对互联网的“不理、不用、不管”的状态，要提倡尽早讲、持续讲、准确讲和反复讲的工作方法。①

综合网络舆情应对工作实践经验，主要有以下方法：一是积极、妥善面对网络舆情；二是及时抓住先机回应网络疑问；三是速报事实，慎报原因，谨慎定性，既不失语也不要妄语；四是发展本地论坛；五是善于运用责任“切割”方法；六是发展盟友，促进不同表达。

11.2 网络舆情与互联网政治

早期的网络社会研究者将网络社会描述为绝对自由的社会，认为网络社会的本质是没有政府干预的空间，认为“网络空间造就了现实空间绝对不允许的一种社会，即自由而不混乱，有管理而无政府，有共识而无特权的社会”②。随着互联网的发展及相关研究的深入，人们逐渐发现“网络是一种社会控制工具”。一方面，技术手段的进步使得对互联网的控制成为可能；另一方面，政府目标的强制性渗透导致了信息独裁。③ 因而互联网空间也逐步成为政治的管理内容，对互联网政治的研究逐渐得到重视。

11.2.1 互联网政治概况

互联网政治与网络政治是同一概念。早在 1998 年，戴维·罗斯考夫就指出：新时代的现实政治就是网络政治，国家不再是唯一的行为者，同时原实力可以被信息力所抵消或加强。戴维·波利艾在《网络政治的崛起：互联网是如何改变国际政治与外交的》中用了“netpolitik”表示网络政治，认为网络政治是“一种力图利用互联网的强大力量来塑造政治、文化、价值观和个人身份的外交形式”。欧洲学者则喜欢用信息政治一词来表示基于积极的国际信息交流以及自由且无偏见的信息流动的公共外交新时代。网络政治还有其他的一些类似称呼，如虚拟政治、在线政治等。④

网络政治是信息网络技术对真实世界政治的影响，反映了两个过程的结合：一是围绕“何时何地何人如何得到何物”问题的人类政治交往过程，二是虚拟空间的形成过程。迈克尔·马戈利斯和戴维·雷斯尼克认为：“网络上的政治就是通常的政治。”⑤

互联网政治的研究包括两方面的内容：一是互联网本身的政治学，研究重点是梳理互

① 参见单学刚：《学会应对网络舆论》，载《刊授党校》，2011 (9)。

② 《网络空间的警世预言》，见 http://tech. sina. com. cn/i/2004-11-17/1823460958. shtml，2004-11-17。

③ 参见蔡文之：《国外网络社会研究的新突破——观点评述及对中国的借鉴》，载《社会科学》，2007 (11)。

④ 参见蔡翠红：《国际关系中的网络政治及其治理困境》，载《世界经济与政治》，2011 (5)。

⑤ 转引自［英］安德鲁·查德威克等：《互联网政治学：国家、公民与新传播技术》，21 页，北京，华夏出版社，2010。

联网产生与发展过程中的政治因素，以及因互联网发展而形成的内部政治，如互联网技术演进与融合中的技术格式争论、关键技术的政治推动、技术应用程序的最后敲定、现有技术霸权地位的确定、互联网的全球管理、互联网全球管理中的权力争夺等。二是互联网的政治应用，研究重点是互联网这种技术形态诞生以来的政治化使用，以及由此带来的对现实政治的影响，如电子民主、电子动员、电子竞选、政务系统、互联网监视、互联网监管与控制、数字鸿沟引发的政治落差、互联网的地缘政治等。

11.2.2 互联网对政治的影响

政治学研究的核心是权力。互联网对政治的影响体现为网络政治学的八个关键主题：去中介化、参与、社区、全球化、后工业化、理性化、治理与自由主义。[①]

1. 互联网推动政治活动减少中介化

20 世纪 90 年代中期，美国《连线》杂志预言：互联网将会消除社会、经济和政治进程的所有中介形式。较低的成本建立起来的新闻在线网站，将会终结传统媒体报纸、电视和广播的主导优势。在线政治共同体的联合将会逐渐削弱传统的政治中介，如政党、利益集团、立法机关和行政当局。历史上第一次有人认为互联网技术将会成为积极的网络社会的联系纽带，并取代此前被精英政治的把关人控制的决策过程的正式程序。但至今没有证据表明互联网造成了权力扩散。现有的政治掮客经常能够通过互联网巩固其既有地位，成功削减新的竞争对手出现。例如，在威权国家中，他们认识到了信息自由流动会有助于民主传播从而攻击其现有体制，因此，他们就像利用限制使用电信设备或关闭网络空间的手段一样，利用内容过滤和网站封锁技术等手段来抵消互联网的新作用。

2. 互联网推动公众参与政治

网上竞选可以缓解公民的政治冷漠并提高参与度。从成本效益来分析，传统的投票方式不符合经济性，而从政府的角度来检视选举活动，社会资源与社会成本的花费也是太高。此外，选举投票率持续下降亦是许多国家面临的共同课题。网络投票这种新的政治参与模式已在许多国家试行推广。有人预言，人们将会慢慢惯于使用网络投票，就像人民也很习惯在网络上交易一样。2000 年美国亚利桑那州民主党总统初选是首次结合传统投票与网络投票的政治选举。英国于 2002 年在利物浦选区采用短信与在线投票，在圣阿蒙选区间采用触控式网络投票。2003 年，瑞士日内瓦试行网络投票，并计划十年内将网络投票用于联邦选举。美国国防部研制出网络投票系统，选举当天因事不能参加投票的选民，可通过网络参加投票，这样的做法不仅使在国外服役的美国军人及平民能够参加投票，更重要的是还有利于在选举中反映选民的意志。网络投票可免除舟车劳顿，更可吸引以往投票率较低的年轻人以及在家和出远门的选民。美国亚利桑那州 2000 年施行网络投票之后，投票率高达 93%，18～20 岁的投票人口大幅增加。[②] 通过对 2000 年美国全国大选数据的调查，发现互联网的使用令选民数量增加了 12 个百分点，这个数据还是在控制了人口统

---

① 参见［英］安德鲁·查德威克等：《互联网政治学：国家、公民与新传播技术》，21 页，北京，华夏出版社，2010。

② 参见黄朝盟、谢丽秋：《网路投票的优势及挑战》，见 http://old.npf.org.tw/PUBLICATION/CL/093/CL-R-093-003.htm。

计变量之后得到的数据。①

3. 互联网推动全球化

预言家们说，对于真正的全球化来说，网络创设的“距离消亡”条件，使得24小时的市场在地理上越来越不重要。② 按照这种观点，政府无法阻止跨越边界的信息流动和资本流动。相反，如果想在世界经济中获得繁荣，政府必须有所改变。互联网减少了物理的空间限制。在网络空间上，边界和地理虽然依然存在，但比现实物理世界中对人类行为的限制弱了许多。这为具有颠覆企图的政治行动开启了新的可能性，正如强势者控制物理空间一样，网络可以重置“地理通道”。③

4. 互联网自由主义影响巨大

自由主义作为互联网的默认意识形态曾经引起激烈争论。1996年，美国人约翰·佩里·巴洛在《网络空间的独立宣言》中大胆提出：“工业世界的政府们，你们这些令人生厌的铁血巨人们，我来自网络世界——一个崭新的心灵家园。作为未来的代言人，我代表未来，要求过去的你们别管我们。在我们这里，你们并不受欢迎。在我们聚集的地方，你们没有主权。我们没有选举产生的政府，也不可能有这样的政府。我们宣布，我们正在建造的全球社会空间，将自然独立于你们试图强加给我们的专制……我们正在创造一个新世界，人人都可以进入这个世界，而不必考虑由种族、经济力、武力、出生地而来的特权或偏见。我们正在创造一个新世界，人人、处处可以表达他或她的信仰，无论这种信仰是多么古怪，而不再害怕被强制沉默或强制一律。”④

网络自由主义推动了网络政治泡沫即建立在自由主义意识形态基础上对通过网络技术组织实施各项活动的政治影响力的乐观估计，认为单独依靠互联网技术，借助传播特定的意识形态、价值观，借由非政府组织策划实施“和平”的社会抗争运动，就能实现政权更迭，推动民主的扩散。2011年经历了“阿拉伯之春”、“伦敦之夏”、“华尔街之秋”，以社交网络为代表的网络新应用展现了巨大的组织、动员能力，被认为是一种全新的政治力量。但随着时间的流逝，网络政治泡沫在迅速消散。⑤

理解网络政治泡沫的发展，有三个重要的角度：从意识形态角度来说，自由主义意识形态以苏联解体为契机，迅速占据国际社会意识形态舞台；1995年美国国防部出台《互联网战略评估》秘密报告，强调互联网在情报搜集、反情报搜集、推动民主观念扩散、实施心理战方面所具有的战略价值。从技术手段和网络基础设施扩散来说，进入21世纪，Web 2.0技术和应用的大量涌现，为实现网络政治提供了技术支撑。从传播角度来看，网络政治效用深入人心，来自传统媒体与新媒体的互动炒作。

网络作为一种新兴的信息传播和交换媒介，已经发展成为一种普遍的社会交流载体和社会联系形式。由于人进入网络后成为“电子人”，其社会心理意识和思维行为方式会发生不同程度的变异，由“电子人”组成的虚拟“网络社区”必然具有独特的形态和特点，

---

① 参见［英］安德鲁·查德威克等：《互联网政治学：国家、公民与新传播技术》，206～232页，北京，华夏出版社，2010。

②③ 参见上书，35页。

④ 转引自沈逸：《网络自由主义政治泡沫的幻灭》，载《环球时报》，2011（12）。

⑤ 参见沈逸：《网络自由主义政治泡沫的幻灭》，载《环球时报》，2011（12）。

这就决定了在“网络社区”特殊环境中生成并发展起来的“网络民主”自然也会表现出特殊性，并以各种形式对民主政治发展产生不同程度的影响。

5. 互联网对政治的负面影响

亨廷顿在《变化社会中的政治秩序》中指出，政治参与/政治制度化＝政治动乱，即当政治制度化还不够成熟时，失去控制的政治参与必然导致政治动乱。从主体、内容及形式三个层面来看，目前的网络民主还只是一种不健全的有限民主，并表现为一定的负面影响：“网络民主”有其相对性甚至是破坏性、欺骗性的一面。由于网络信息的不均衡性，进入“网络社区”的“电子人群”的政治判断和评价就会发生偏差；“网络社区”中经常蔓延的“情绪式民主”又使“网络民主”具有很大的破坏性，国家决策一旦为大众情绪左右，就会产生不利的后果，从而损坏国家的整体利益。①

11.2.3 政府如何正确引导和促进“网络民主”

互联网已经成为中国公民政治参与的重要途径，并给当今的公民政治参与带来了深刻的变化，使得公民的政治参与焕发出前所未有的活力。网络政治参与既有可能有助于维持政治秩序的稳定，也有可能严重危及现有的政治秩序。但是网络自身只不过是一种技术和工具，制度的变革才是关键。进一步加强和完善公民网络政治参与制度，推进中国政治民主化的进程才是当务之急。客观地说，“网络民主”较传统民主具有一定的优越性，但同时也具有有限性、破坏性。从未来发展看，“网络民主”要成为一种有效、有序、有形的民主形式还有一个相当长的过程，而且还是一个艰难的过程。因此，如何引导“网络民主”发展的方向和进程就显得尤为重要。

1. 积极推行“电子政府”建设，主导“网络民主”发展方向与进程

从发展趋势和发展潜力来看，随着网络社会化程度的进一步加深，“网络民主”所标志的直接民主形式作用的范围必然会持续扩大，作用程度也会日益提高，这符合民主发展的方向。而从“网络民主”的特性来看，其作用的性质和方向呈现一定程度的非正向性，因此必须加强对“网络民主”建设的引导，通过“电子政府”建设去整合、主导“网络民主”发展。首先，要加快“电子政府”的网络信息平台建设，为建立政府与公众制度化互动机制提供前提。正视并满足公众参与民主和行政过程的愿望和需求，为政务公开和依法执政创造条件。其次，实行政务公开，建立制度化信息交流机制，促进决策的科学化、民主化和依法执政。将公民参与纳入决策全过程，从决策目的、决策目标的设定、决策方案的选择到决策的执行过程、结果状况等都要广泛吸收公众参与，反映公众愿望和要求。同时为公众实现民主决策和当家作主提供途径。还可以主导舆论导向，有效消除公众非理性民主、情绪式民主带来的消极后果。

2. 加强政府网站建设和主流网络媒体培植，占领“网络舆论”阵地

随着网络技术的发展，网络在信息发布和传播中的地位愈发不可替代，人们对网络的依赖性也越来越强，而且由于网络边界的无限性、模糊性，世界范围内的信息掺杂在一

① 参见王钊冀：《试析“网络民主”对民主政治发展的影响》，载《中共云南省委党校学报》，2005（1）。

起，鱼目混珠，真假难辨，当然也包括一些敌意的、不健康的信息和宣传，直接威胁到我国的政治安全和社会稳定。面对这样一个趋势和状况，我们必须采取应急对策，加强政府网站建设，培养自己的主流媒体，改善宣传方式和手段，扩大宣传范围和影响，来主导“网络舆论”和社会舆论，为经济建设及政治文明建设创造安定的政治社会环境。

3. 加强政府对互联网的治理，保证网络健康发展

由于“网络社区”的无边界性、渗透性、隐匿性、失控性，“电子人”屏蔽了其社会身份后其网络意识和行为发生了一定的变异，法律规制力和道德约束力大大弱化，网络信息发布和传播在一定程度上也失去了控制。因此一些恶意信息、虚假信息、垃圾信息在网络中肆意泛滥，网络上的一些违法犯罪行为屡屡发生，各种掩盖事实真相，丑化、诽谤、攻击政府的谣言也大行其道，必然损害网络民主的健康发展，有必要采取法律和行政手段，对网络进行科学的规制。网络治理和网络管制有明显的区别，网络治理更强调的是双方的互动和协调配合，而网络管制只需要政府强制企业或者个人执行命令。联合国前秘书长安南在2004年互联网治理全球论坛上指出，为了管理、促进和保护互联网在我们生活中的存在，要求我们具有的创造力绝不少于那些创造了互联网的人。网络治理的核心问题主要集中在网络秩序与网络道德的维持、网络犯罪的惩治与预防、国家的网络主权维护等几个方面。①

4. 加快网络道德建设和网络立法进程，建立网络法治秩序

言论自由是自由的基本内容，也是民主的基本前提。而民主和自由都存在着来自自身的悖论，民主和自由的实现不可避免地要以对自由和民主的某种限定为条件，因而民主和自由不可能无限发展，只能是有限的、相对的。将这样一种关于自由和民主的价值理念内化为网络道德的基本要求，增强“网络社区”的道德约束和“电子人”的个人约束，强化网络行为的责任意识，以防止和抑制“网络民主”的负面甚至破坏性效应。

同时，加快网络立法，构建互联网法治体系。网络空间是一个与物理空间不相同的新空间，原有的法律规则在网络空间完全不适用，在原有的法律法规基础上，针对网络空间的特点完善法律体系，十分必要。近年来我国制定的《中华人民共和国统计法》、《中华人民共和国档案法》、《中华人民共和国测绘法》、《中华人民共和国国家安全法》、《中华人民共和国保守国家秘密法》、《中华人民共和国著作权法》、《中华人民共和国反不正当竞争法》等都在各自领域内对信息活动的局部问题作出了法律回应，新《中华人民共和国刑法》及相关的一些法律法规也加入了制裁计算机犯罪的条款，新的《中华人民共和国合同法》在一定程度上涉及电子合同和电子商务的法律问题。信息立法也取得了可喜进展，先后颁布了《中华人民共和国计算机信息网络国际联网管理暂行规定》、《计算机信息网络国际联网安全保护管理办法》、《计算机病毒防治管理办法》，为我国信息化建设奠定了基础。但总体来说，我国目前并没有规制互联网的统一法律。因此必须加快网络立法进程，构建互联网法治机制，保障互联网安全，保护人民的言论自由和其他权利，促进交易以及信息产业的健康发展，有效打击计算机犯罪，公正救济在互联网上遭受侵害的权利，保证“网络民主”的健康发展，为促进民主政治发展创造条件和途径。

① 参见何精华：《网络空间的政府治理——电子治理前沿问题研究》，上海，上海社会科学院出版社，2006。

11.3 网络舆情与谣言传播

网络是虚拟社会，但虚拟社会与现实社会密不可分，直接关系现实社会的和谐稳定。网络谣言把谎言包装成“事实”，将猜测翻转成“存在”，在网上兴风作浪，扰乱人心，如果任其横行，将严重扰乱社会秩序，影响社会稳定，危害社会诚信。

11.3.1 网络谣言

网络谣言可理解为通过网络传播的未经官方证实或已经被官方辟谣的信息。[①] 各种形式的网络谣言是世界各国政府面临的共同问题。在打击网络谣言方面，各国的立场是一致的：严厉打击，决不手软。在这方面，各国依据本国实际，不断探索、大胆实践。总体来讲，各国打击网络谣言行动大致可以分为以下几类：政府主导型、行业协会主导型与社会公众主导型。新加坡的互联网普及率很高。网络的盛行带来了很多便利，也带来了网络谣言等社会问题。如何监控网络谣言，防患于未然，成为政府的一大关注点。1996 年，新加坡广播管理局被相关法规授权管理网络信息。2003 年，根据修改的互联网相关法规，新加坡媒体发展管理局接替广播管理局，履行网络信息管理的职能。该局鼓励网络行业建立自己的评判标准。如果发现网络谣言，该局会适时查处，严重造谣的还会被以诽谤罪起诉。2010 年 5 月 7 日，美国皮尤研究中心发布的一项调查表明，有 32%的美国青少年曾经有过被人在网上散播谣言、未经允许公布私人电子邮件、收到威胁性信息、未经允许上载令人难堪照片等欺凌和骚扰的经历。为有效管理互联网，美国国会及政府各部门先后通过了《联邦禁止利用计算机犯罪法》、《计算机犯罪法》、《通信正当行为法》、《儿童互联网保护法》等约 130 项相关法律、法规，对包括谣言在内的网络传播内容加以规制。美国各州、市也相继通过相关法规。纽约已通过立法惩治散布有关银行金融状况谣言的行为。2012 年 1 月 1 日，美国加利福尼亚州正式生效的一项新法规定，校方有权将利用互联网散布谣言等“欺凌行为”的学生予以停学或开除。在英国，谣言治理是整个社会危机管理的一部分。英国在社区设立公民咨询局，主要职责就是向民众答疑解惑，对社会问题正本清源。公民咨询局是政府免费提供法律咨询的机构，工作人员大多是来自社会不同领域的、具有专业知识的志愿者。公民咨询局与政府、议会等各方面联系密切，因此能保证在提供咨询时具有权威性。同时，民众通过公民咨询局，还能更直接找到相关部门，提高民众与有关部门的沟通效率，扩大知情权。英国的实践证明，谣言控制中心或咨询中心在社会动荡、自然灾害等危机时刻能及时把真实信息传播出去，从而达到社区和谐、社会稳定的作用。在一些特殊历史时期，为确保社会稳定，北爱尔兰还曾发起过“反谣言、反恐吓”运动。2011 年 9 月 30 日，法国各地数百名中学生冲上街头，抗议教育部门取消一个月的假

---

① 参见王国华等：《解码网络舆情》，264 页，武汉，华中科技大学出版社，2011。

期。法国教育部门表示从未作过这样的决定。原来，只是教育部会议上，曾有人提出将学校假期缩短 15 天，结果被讹传并导致抗议活动。针对各种谣言，法国一些网民和记者自发成立了“停止传谣”等辟谣网站。“停止传谣”网站的主页上写着：“本网旨在利用网络提供真实信息，替代那些口耳相传的虚假信息。请速将您认为是谣言的信息告知我们，如果核实确为谣传，本网即会刊登。”韩国《电子通信基本法》规定，以危害公共利益为目的，利用电子通信设备公然散播虚假信息的人，将被处以 5 年以下有期徒刑，并缴纳5 000 万韩元（1 美元约合 1 138 韩元）以下罚款。

11.3.2　网络谣言的扩散机制

网络谣言的扩散主要源于以下原因：

1. 基于网络谣言自身的视角

谣言本质上是未经证实的信息，信息不充分是其滋生的土壤。信息不充分表现在很多层面，这里主要是指官方信息发布的滞后、缺位等，网络谣言大多在这种环境下产生与流传。网络谣言的价值性首先体现在满足公众处于信息不对称状态下所产生的对于信息的饥渴需求，即谣言提供的信息有利于公众缓解信息缺乏引起的紧张不安心理。在经过断言、重复和传染等手段后，谣言会以滚雪球的方式不断扩散和完善，其追随者也成几何级数增长。

2. 互联网自身属性：匿名、自由开放、传播迅速①

互联网自身具有匿名、开放、公平、传播迅速等特性，造谣者只需找到合适的“作案地点”——人气较旺的社区、网站，即可利用它在短时间内广泛散布谣言。

3. 数量众多的“易感人群”

谣言之所以能够迅速传播开去，很大一部分原因在于造谣者抓住了部分网民猎奇心理、仇官情绪乃至低级趣味，投其所好，制造敏感话题，网民受其蛊惑，不自觉地成了谣言的传载者。首先，造谣者巧妙地编织谎言，三分真七分假，无限夸大有“传播价值”的细节，网民难以辨别真假。其次，这种现象也说明在某些领域（如政府信息公开等）透明度不够，容易让网民产生误会。最后，部分网民对一些领域专业知识（如感染艾滋病毒的食物等）不甚了解，权威部门信息滞后、模糊甚至缺失。

4. 别有用心的谣言制造者

利用网络传播谣言，违法成本低。谣言制造者为达到泄一己之私愤、牟取不正当利益等目的，在互联网上恶意散播谣言，挑起网民公愤、扰乱社会治安、引发民众恐慌。

5. 部分互联网企业责任缺失

网络媒体作为开放的传播系统，信息流动性更大、更快，为追求时效性，往往忽略传统媒体层层把关、严格管控的审查流程。部分网站监管不力，不经查证即引用、转载谣言信息；部分网站为利益驱动，一心赚取点击率，明知谣言是陷阱仍肆意转载；部分网站编辑职业素养缺失，审查不力，把关不严，无形之间充当了网络谣言的幕后推手。

---

① 参见 http://www.qstheory.cn/special/2011dd/2011wlyy/。

6. 传统媒体的不当判断

当前，网络媒体迅速发展挤占了传统媒体的生存空间，甚至出现传统媒体被网络谣言牵着鼻子走的情况。在网络谣言传播期，大众媒体（尤其是知名媒体）的介入使得谣言变得具有公信力，一些不接触网络的受众也因此接收到谣言，一些原本对网络谣言持有疑虑的受众也可能因为传统媒体的介入而放松警惕。

7. 相关法律法规不够完善

互联网发展日新月异，监管部门对于互联网的规范总是滞后的。监管部门管理上存在漏洞，就会给不法分子以可乘之机。

11.3.3 网络谣言的政府对策

可以通过以下方面的工作和努力，来减少和防止网络谣言。

1. 加强主流文化建设

有学者认为，谣言与语言同时诞生。从这个意义上看，谣言是社会生活中不可避免的现象。然而，网络谣言虽然是一种文化现象，但其本质是腐朽的、低级的、破坏性的文化，而不是健康的、大众的、良性的文化。当主流文化比较占据优势的时候，谣言就会自生自灭；当主流文化处于不均衡的状态时，谣言就会泛滥。加强主流文化建设，要倡导政府诚信行政，诚信开展公共服务；要求政府官员说实话，说真话。用正气压倒邪气，用实实在在的言行粉碎一个个的谣言。时间长了，造谣者没有市场，谣言也就没人相信。

2. 提高政府公信力

及时发布政府及公共事务、突发事件信息，用正确的信息抵制谣言。当前，各地各部门在加强网站建设上动作很大，但是在维护网站上跟进不平衡。尤其是以信息技术为支撑、以网络管理为平台整合政府职能资源，形成及时发现问题、及时履行职能解决问题、及时回复问题的机制很不够。有的职能部门甚至对焦点问题、热点问题、敏感问题顺其自然，不处理不回复，漠视网民关怀，导致官方无声，谣言横流。因此，在政府大量公共管理事物、公务活动中，制度性的及时发布政务信息，及时回复网民问题，是防控谣言的重要手段。

3. 完善公民网络行为法律制度

网络的虚拟性及相关法律创立的滞后性，刺激了一些网络谣言的制造者、传播者的侥幸心理。网络谣言的制造者、传播者穿上马甲，就如入无人之境，肆意制造谎言，混淆视听，误导网民，祸害网络。因此，在网络谣言发展到网络“核武器”的时代，在保护公民言论自由的前提下，厘清言论自由与造谣中伤的界限、言论自由与侵犯他人隐私的界限、虚拟空间与现实生活法律责任的界限，完善法律对网络谣言民事、行政、刑事等配套的规范，非常必要，非常紧迫。

4. 加强互联网技术应用管理创新

网络的虚拟性增加了网络谣言防控的难度，也是防控、治理网络谣言的瓶颈所在。互联网技术领域要加快开发创新力度，建立网络谣言监测形成机制、筛选确认制度、破坏评估制度、整合相关职能机构调查处理制度、处理后反馈制度，形成及时发现网络谣言、及时处置网络谣言、及时辟谣机制，对网络谣言内容本身及时正本清源，对网络谣言的发布者、传播者的处理及时公布于众，接受社会监督。要加强对网站的管理创新，完善网站行业自律制度，提高网站自我教育、自我管理、自我服务的能力，提高网站识别、管理、惩戒网络谣言的能力和水平，在网民中开展诚信发言、抵制谣言等互动活动。

5. 提高公民防谣能力

在社会转轨时期，深入开展社会主义公民道德建设，全面提升公民素养，强化公民的责任意识、担当意识、自律意识，尤为重要。从我做起，人人自律，才能从根本上抵制、防控网络谣言的泛滥。提高网民自律意识，增强网民辨谣能力，遵守网络秩序，消除谣言赖以生存的市场。面对海量信息，普通网民一方面要提高防谣意识，增强辨谣能力。质疑不实信息，理性看待偏颇言论，及时求证权威网站。另一方面要提高自身素质，自觉遵守网络秩序，不被造谣者利用，不做谣言的传播者，让谣言止于智者。没有参与者，谣言就会失去市场。

6. 当事人要积极回应，揭露真相

网络谣言的受害者应第一时间站出来阻止谣言进一步扩散，还广大网民一个真相。更重要的是，受害人要勇于拿起法律武器，维护自身权益。只有真相才能终止谣言扩散。

7. 互联网企业要遵守行业规范，提高网站从业人员的职业素养

大型网站、社区是网络谣言的滋生地，网站管理者应加强监督，完善管理、审查机制，严把帖文、博客审查关，从源头处拦截谣言；对网站从业者而言，不仅要精进职业技能，更要提高职业道德修养，多质疑，勤查证，不让谣言从手中溜过。

8. 政府部门要加强监督，建立健全管理机制，完善相关法律法规

治理“网络谣言”要取得长效，还有赖于监督部门不断建立健全管理机制，完善法律法规，根据谣言不同危害和性质，对造谣者和传谣者采取不同的法律制裁，让他们意识到，藏匿在网络中肆意妄为是行不通的。

9. 有关部门要做好信息公开，及时应对，增强社会透明度

政府部门应及时、迅速公开权威信息，让真相传播比谣言传播更快，消除人们的疑虑和恐慌。更重要的是，权威部门信息公开机制要贯穿于平时，取得公众的长期信任，让谣言止于公开。

10. 做好正确的舆论引导

网络舆论是社会舆论与网络技术结合的产物，建设先进文化，必须正确看待网络舆论，传统媒体应主动介入网媒，研究新媒体时代的传播特性。发挥传统媒体的资源优势和社会公信力，运用事实，及时有效引导舆论走向。①

11.4 网络群体性事件

网络群体性事件是网络社会经常遭遇的一种危机，可以在很短时间内让大量群众对政

① 参见 http://www.qstheory.cn/special/2011dd/2011wlyy/wlyy1/。

府及官员的看法发生根本性的改变。如果处置失当，可能形成现实社会中的群体性事件。如何对其进行治理，将是网络时代社会治理的一项重要任务。

11.4.1 网络群体性事件的概念

网络群体性事件，广义上看，泛指在互联网上有较多网民参与讨论并产生一定社会影响的事件；狭义上看，特指在一定社会背景下形成的网民群体为了共同的利益或其他相关目的，利用网络进行串联、组织、呼应，乃至可能或已经影响社会政治稳定的群体性非正常事件。目前，网群事件主要发源于一些全国性的、访问和在线人数密集的论坛、社区以及博客。传播方式主要是论坛、博客发帖，然后帖子通过被其他论坛博客转载，或者通过即时聊天、电子邮件等方式传播，由此引起其他网民的关注，引发大规模的响应。①

11.4.2 网络群体性事件的特点

有关专家对近年来发生的十多起国内外“群体性事件”分析后发现，网群事件主要有以下特点：一是事件发生日趋增多且传播迅速，跟风现象严重，影响力更加广泛；二是重大社会公共问题已成为网群事件关注的热点；三是网络民意得到了各级政府的日益重视；四是网络规范与制度还不完善，对网群事件监管存在空白；五是匿名性较高、煽动性较强；六是互动频繁、虚实交互性增强。虽然社会群体性事件在法源上还未形成一个从权利的设置、组成到行使、保护、规范的完整体系，但还是有法律法规进行规范限制的。但在网络上，若有集群行为，则不受这些法律法规的限制。②

11.4.3 网络群体性事件的应对

网络群体性事件的突发性、复杂性、隐匿性和弱规范性等特征，对网络治理形成了多元挑战。

一是应建立快速反应机制，坚持多管齐下的应对之策。必须第一时间调查处理、第一时间发布正确的权威消息，在信息公开上必须与谣言赛跑。

二是建立政府信息公开机制。合理利用新媒体，做到信息的透明化、快速化、及时化，不给小道消息和谣言蔓延与传播的机会，使大众能够通过正面渠道获得对其所关心社会问题的第一手资料。

三是建立舆论互动机制。对于网络舆情的发展采取堵塞言论的方法没有任何效果。因此，只有在网上主动和网民加强互动，主动占领舆论的话语权，积极引导、科学判断、理智分析并及时做出预警，才能避免网络群体性事件的发展。

四是建立信息的反馈机制和沟通机制。网络群体性事件的爆发过程一般可分为酝酿

---

① 参见周滨：《微博问政与舆情应对》，171页，北京，人民出版社，2012。

② 参见李苏楠：《网络群体性事件的应对》，载《中国党政干部论坛》，2010（4）。

期、准备期、爆发期。要充分发挥门户网站的作用，重视政府网站的留言板和论坛的作用，积极主动地和群众进行在线交流，让积压在群众心中的具有普遍性的矛盾拿到网上形成碰撞，从而有利于促进问题的广泛讨论和解决。

五是充分发挥社会组织的作用，健全协商机制。网络群体性事件的预防不仅要靠政府，更要依靠广泛存在的社会组织，即非政府、非营利性的社团组织。

六是完善责任追究机制。网络舆情的大爆发通常与网民的正义感相关联，很多网络舆情的传播都是基于义愤或对社会不公现象的痛恨。无论是为了维护正义原则的有效性还是保证社会的持续稳定，整个社会都必须求助于制度的保障，必须通过一定的惩罚机制来惩治非正义行为，以便社会正义原则持续有效。因此，惩治突发性公共事件的相关责任人本质上就是维护社会公平、舒缓义愤心理、实现社会稳定的必然要求。只有情、理、法的有效统一，网络群体性事件才能最快得到平息。

七是建立网络新闻发言人和网络评论员制度。网络时代的政府创新，必然要求建立专职与兼职、常任与临时相结合的网络新闻发言人和评论员制度，也意味着政府必须定期举办网络沟通交流会或新闻发布会。在网络群体性事件发生之时，第一时间在网络社区发布相关权威信息，对网络舆情进行有针对性的回应和引导，掌握网络群体性事件的主动权。同时，加强网上舆论阵地建设，提高网络舆情引导水平，讲求引导艺术，使之成为常态化的长效机制。这既是政府信息公开制度的创新与完善，也是快速平息负面舆情、恢复网上网下秩序的必然要求。

11.5　政务微博

2010 年，曾被誉为中国“微博元年”。微博客异军突起成为备受瞩目的舆论新阵地。对“网络问政”日益重视的政府机构和领导干部丝毫不落伍，第一时间进驻微博，尝试网络干群互动新模式。时至今日，党政机构和领导干部微博已覆盖从中央到地方多个行政层级以及众多职能部门，政府机构与领导干部开微博已然成为一种风潮与趋势。2009 年下半年，湖南桃源县官方微博“桃源网”出炉，成为中国最早开通微博的政府部门。紧接着云南省委宣传部的官方微博“微博云南”面世。随后，以“平安肇庆”、“平安北京”为代表的全国各地的公安微博，以及各级党政领导的微博如雨后春笋般开通。原云南省委宣传部副部长、现云南红河州州委常委、宣传部部长伍皓（其微博：@伍皓红河微语），被称为“第一个实名开通微博的政府官员”，粉丝数高达 60 万。

11.5.1　政务微博的概念

微博即微博客（micro blog）的简称，是一个基于用户关系的信息分享、传播以及获取平台，用户可以通过 Web、Wap 以及各种客户端组建个人社区，以 140 字左右的文字更新信息实现即时分享。相对于强调版面布置的博客来说，微博的内容只由简单的只言片语组成，对用户的技术要求门槛不高。

11.5.2 政务微博的特点

据复旦大学舆情与传播研究实验室统计，截至 2011 年 3 月 20 日，全国范围共有实名认证的政务机构微博 1 708 个，政府官员微博 720 个。从行政区划的分布情况看，中国大陆已开通政务微博的地区涉及北京、上海、天津、重庆 4 个直辖市、28 个省（自治区）。[①] 从政府职能部门分布情况看，全国政务机构微博以政府系统为主，有 1 671 个，占总比例 97%；党委系统微博次之，为 35 个，约占总比 3%；政协、纪委各 1 个，人大没有微博账号。此外，官员微博的比例与机构微博情况比较相似，其中，政府系统的官员微博 616 个，占总比 80%，党委系统的官员微博 85 个，占总比 11%，人大代表及政协委员微博各占总比 4%，纪委委员微博占总比 1%。从微博运营商的情况来看，全国政务机构在新浪微博的注册数最多，为 1 050 个，占总比 86%；腾讯微博注册数次之，为 176 个，占总比 14%；人民微博的注册数为 4 个，占总比不到 1%。而政府官员的微博注册情况与此相似，新浪微博注册数为 594 个，占总比 85%；腾讯微博注册数为 67 个，占总比 10%；人民微博注册数为 33 个，占总比 5%。

2012 年 7 月，人民网舆情监测室联合新浪微博共同发布《2012 上半年新浪政务微博报告》。人民网舆情监测室研究发现，政务微博呈现出及时回应民情、公开辟谣、征求民意等新态势。至此，我国政务微博发展已进入务实应用新阶段。2012 年是政务微博发展突飞猛进的一年。报告显示，通过新浪微博认证的各领域政府机构及官员微博已达 45 021 家，较去年年底增长近 150%。其中，政府机构微博为 25 866 家，党政官员微博为 19 155 个；省部级以上政府机构微博 58 个（2011 年底 35 个），省部级以上政府官员微博 30 个（2011 年底 14 个）；厅局级以上政府机构微博 1 154 个（2011 年底 429 个），厅局级以上官员微博 331 个（2011 年底 268 个）。

总体上看，我国政务微博的主要特点有：

（1）机构微博的数量多于官员微博，南方地区发展政务微博的意识更强。

（2）公安微博所占比例最高、服务性最强，党政机关、交通部门亦成亮点。

（3）官员微博的行政级别分布呈金字塔形，县处级官员微博的规模最大，高层官员更易成意见领袖。

11.5.3 政务微博的主要问题

通过对 2011 年度热点微博舆情案例的分析发现，政务微博开设与运用中的问题分布在微博运营的各个流程环节中。

（1）思想落后和知识陈旧。据监测，有的政务微博成了“僵尸微博”，有的被指为

① 参见上海市社会科学创新研究基地（复旦大学）舆情与传播研究实验室：《中国政务微博研究报告》，载《新闻记者》，2011（6）。

“作秀”。

(2) 微博命名、认证和定位存在混乱模糊现象。很多政务微博名称随意性大，标识体系不统一，认证也需要规范程序和统一合理规划。有的机关微博层次结构单一，遇到突发事件常常“以一当百”，信息发布或“辟谣”也没有效果，没有为事件调查和响应预留必要的缓冲地带。很多政务微博分不清工作职务、私人身份与机构职能等的区别，身份紊乱，定位模糊，容易给外界造成错误判断。政务微博也常陷入盲目跟风和过度炒作的陷阱，应勤勉低调。

(3) 运营维护方面，粗糙简单的作风容易激化矛盾。政务微博平台和资源分散，对网民诉求敷衍，对负面言论采取封堵、拉黑，甚至威胁恐吓手段，严重挫伤公信力。有的政务微博干脆直接关闭评论和私信功能，陷入形式主义。

(4) 言辞不当，常常“祸从口出”。语言文风问题是政务微博最常见、也是最严重的问题。2011年度有很多政务微博“雷语”、“悍语”和“官话套话”的新闻，常常引起消极反馈。碎片化的信息，也易引起误解。微博最宝贵的价值在于积极引导网上问题网下解决，因此，政务微博一方面应该体悟群众疾苦与要求，防止变“亲和力”为“油腔滑调”；另一方面也要实事求是，防止偏听偏信、妄下结论和过度承诺。

(5) 制度和组织保障缺失，不利于微博“公媒体”的长远发展。

11.5.4 政府如何加强政务微博的管理

2011年有迹象表明，越来越多中央和地方政务机构注意到在政务微博发展方面需要“建章立制”；另一个显著的变化是“网上问题需要网下解决”，提升政务新媒体解决实际问题的能力。人民网舆情监测室2011年3月底曾发布“党政机构和官员微博使用的七点建议”，包括坦诚面对网民的质疑和批评，慎重处理网民对现实问题的诉求，积极面对网络举报，提升与网民沟通的技巧，在突发事件中用好微博，处理好个人和公职身份间的关系，及时删除色情、暴力和广告帖文等。①

从政务微博发展和舆情走势来看，这些建议依然适用。面对新形势、新问题，还要注意：

(1) 明确政务微博的定位，建立健全相关制度。

(2) 制定使用指南，借鉴国外经验，建立快速处理与反馈机制。如英国政府早在2009年就发布了《政府部门Twitter使用指南》。

(3) 组建多层次的政务微博梯队和组合，明确划分职责范围，构建政务公共关系微博群，并建立突发事件专门微博账户，加强突发公共事件信息传播交流；“点线面”结合，形成科学的体系与突发舆情应对的缓冲带，高效联动，进行集群化统一协调管理。

(4) 强化认证机制，统一政府微博标识。

(5) 提倡“经营微博”的理念，建立“微博推广”专职团队，纳入绩效考核。

(6) 加强系统培训，提升广大党员干部和公务人员的新媒体技巧和媒介素养，以更加

---

① 参见《2011年新浪政务微博报告》，见 http://wenku.baidu.com/view/6e86a07b5acfa1c7aa00ccc8.html。

开放、自信和积极的心态迎接互联网的挑战。

11.5.5 领导干部如何有效使用政务微博

领导干部要紧跟社会发展的步伐，以认真学习的态度切实提高自身的微博运用能力与素养，从而提高自身服务群众的水平和执政能力。

1. 微博时代领导干部应有角色意识

首先，正确区分领导干部微博与其他微博的不同，广大网友更注重的是领导干部的身份和富有官方色彩的特征，避免发布与自身身份存在价值观和公权职能相矛盾的个性化观点，特别要注意不能挑战基本的社会常识、政治伦理底线。其次，理智对待和引导微博的交流。再次，微博交流必须把尊重放在第一位，引导融洽和谐的交流与互动氛围。

2. 领导干部要着重培养微博问政的能力和自信

一是树立强烈的群众观。二是树立正确的政绩观。三是树立务实的创新观，充分利用好网络的丰富资源，使微博问政成为一种工作常态，做到了解民情全天候、沟通民意多角度。

3. 领导干部如何说好微博之语

领导干部开微博的最大意义，在于用一种新的语言建立与群众沟通感情的桥梁和纽带。一是言辞不能空洞。二是必须有些实实在在的道理。三是应当大方包容地进行沟通，不能压制网友言论。

4. 加强微博的日常管理

一是定期更新微博内容。二是操作要请慎。三是做好实名开微博的准备。四是加强微博的日常维护。

5. 提升与网友沟通的技巧

一是诚实守信。二是公平原则。三是谨慎发表意见。四是改变官方话语体系。五是避免与网友激烈争辩。

6. 正确处理网民的诉求

微博不可能取代信访，这既不符合现行相关规定，也不具备可操作性。应努力引导网民通过现实中正常的渠道解决问题。应积极面对网络举报，引导举报人通过网上或网下其他正常途径进行举报。

7. 在突发事件中用好微博

出现突发事件必定产生谣言，要善于把微博当成辟谣利器，充分利用微博传播速度快、范围广的优势，让谣言没有生存和发酵的空间。

11.6 政务微信

2011 年，随着微信的迅速普及，部分政府部门也将微信应用于公共服务等领域。政府部门使用微信主要有两个方面：一是开通政务微信公众平台，二是对网络微信进行舆情监测。政府部门开通微信体现了政府部门的高效、亲民、公开、人性等积极正面的形象。由于微信是针对特定网络用户、不公开的信息渠道，对它的舆情监测要依赖软件供应商、电信等部门，存在技术难点高、法律空白等问题。

11.6.1　政务微信的概念

政务微信是指政府部门利用微信，通过开通微信公众平台、微信群等方式实现公共信息服务的信息化新手段。微信公众号是平台服务商面向政府、名人、媒体、企业等机构推出的合作推广业务。利用微信公众号可将品牌推广给上亿的微信用户，减少宣传成本，提高知名度，打造更具影响力的形象。微信公众平台主要有实时交流、消息发送和素材管理。用户对自己的“粉丝”分组管理、实时交流都可以在这个界面完成。微信群偏向于小范围的内部交流和沟通，有人数限制，因此不太适合广泛应用于政务公共服务领域。

11.6.2　政务微信的特点

微信的互动性、实时性强。微博更偏向传统网络信息发布，微信则是真正的对话。其他网络媒体如 BBS、博客、微博等信息量大，有些信息很容易湮没在海量的信息中，难以发挥作用。政务微信可以实现点对点的实时沟通，是非常有效的政民沟通工具，而且微信更注重保护当事人的隐私，在有的政府部门如公安报警方面的网上服务更贴心，效果更好。

微信的渠道特殊，社交圈相对封闭。由于微信用户大多是通过手机联系人、QQ 好友等方式相互关注，具备相对的可信度，以人际关系和组织传播特征形成网上的圈子化部落，容易制造共同的网络舆论场。

微信曝光率较低。其他网络媒体一般可通过搜索引擎直接搜索，信息的曝光率几乎是 100%，但微信只在圈子的手机上传播，公开曝光率相对较低，难以监测。

微信针对性强，关注行为有效。相对其他网络媒体，微信可以说不是媒体工具，而是交友工具，主要功能以圈子内亲情沟通为主。

微信使用方便。随着信息技术的更新换代、3G 手机的大量普及，群众喜好通过新兴的移动网络进行沟通交流。据报道，在网络上使用微博的用户基本上都比较年轻。而年纪在 40 岁以上的很多市民都很少利用微博来获得信息和进行互动，他们更多地会选择利用手机微信这样的渠道。①

11.6.3　政务微信的主要使用方法

1. 创建和推送

每个公务员、每个政府机构都可以通过微信公众平台创建自己的公众账号，然后向关

① 参见桂良：《市民可通过微信与公安互动》，载《信息时报》，2012-10-17。

注者们推送消息，模式跟微博类似，而且申请的中文名称是可以重复的，不用担心被别人抢注了自己的微信公众号。用户在注册完成后，会得到一个二维码图片，然后发给别人，或者在一些公共场合显示。当关注数超过500，就可以申请认证的公众账号。

2. 订阅和传播

政府微信通过发布公众号的二维码图片，让微信用户随手扫描订阅；还可以用常规的添加方法，即搜索公众账号的名称，或是在微信的公众账号推荐中查询。

3. 消息推送和阅读

微信公众账号可以通过后台的用户分组和地域控制，实现精准的消息推送。普通的公众账号，可以群发文字、图片、语音三个类别的内容。

11.6.4 政务微信的主要效果

政务微信作为新兴信息交互平台，与政府网站、政务微博的建设和应用有机结合，可充分利用其传播舆情、沟通便捷、使用方便等特点，有效拓展政府信息公开渠道，进一步促进新时期政府信息公开工作，更重要的是它的精准性、交互性，提高了政务服务工作水平。由于微信可发送语音、文字、表情、图片、视频、地理位置等各种信息，在用户体验上已远胜于传统的短信和彩信。此外，微信通过社会化传播功能，还可以方便快捷地实现用户在线报警、求助、咨询、问询、投诉等功能。

11.6.5 政府部门如何用好政务微信

政府部门要很好地利用微信这一有效手段，主要应注意以下方面：

（1）转变思想观念，牢固树立服务型政府的理念，提升公共服务意识，防止“作秀”。

（2）加强有关微信制度建设，将政务微信工作作为一项政务公开的长期政治任务来抓。

（3）规范微信号码的命名、认证，明确微信的工作定位，树立网络公信力，防止出现“微信微信，只能微微信”的现象。

（4）加强网络运营维护，安排专人在线及时发布消息，快速响应，提高微信的公共服务效率和水平。

（5）认真应对突发事件，加强网络应急管理，加强微信舆情监测和应对。

（6）做好微信公众平台认证。鉴于微信公众平台代表了政府部门的网络形象，为了确保信息真实、准确，防止非法用户假冒政府部门，政府部门应主动申请微信认证。

本章小结 »

网络舆情是由于各种事件的刺激而产生的，通过互联网传播的，人们对于该事件的所有认知、态度、情感和行为倾向的集合。网络舆情通过多种载体进行传播。善加应对和应用网络政治、网络谣言、网络群体性事件、政务微博等。

关键术语

电子政务　网络舆情　网络政治　网络民主　网络谣言　网络群体性事件
政务微博

复习思考题

1. 什么是网络舆情?
2. 如何有效应对网络舆情?
3. 如何理解网络政治?
4. 如何引导和推广网络民主?
5. 如何应对网络民主?
6. 如何处理网络群体性事件?
7. 如何有效利用政务微博?

案例分析

美国政府运用微博等社会化媒体的主要做法

2011年2月16日，隶属于美国国务院的外宣喉舌“美国之音”(VOA)宣布将全面终止中文广播节目，只继续保留中文网站。有外媒评价此举意味着美国政府对中国广播时代终结，同时表明美国政府对外宣传策略的全面转型：以Twitter、Facebook等社交媒体为代表的互联网平台，正成为越来越重要的传播渠道。

2011年，在中东、北非地区发生的“茉莉花革命”蔓延的背后，Google、Twitter、Facebook的推波助澜甚至主动涉入已显露无遗。有专业人士甚至已经将中东、北非地区的乱象归因于“Facebook革命”，考虑到美国政府曾经在伊朗国内示威游行中公开要求Twitter延迟服务器维修，帮助伊朗民众传递消息。公众有理由相信，社交媒体在这一波中东、北非政权颠覆浪潮中的所作所为，背后有美国政府间接、直接推动的因素。

事实上，美国各级政府机构对社交媒体的运用极为活跃、频繁。在影响力最广泛的Twitter平台上，仅仅以联邦政府机构名义开设的Twitter账号已经超过500个。一些核心政府机构甚至同时开设多个账号。其中较为典型的是美国国务院，除了英文账号之外，还开通西班牙语、阿拉伯语、波斯语等账号，诸如@MeiGguoCanKao之类中文微博背后也都有美国国务院的影子。在地方政府层面，以各种公共部门和附属机构开设的账号，准确数量已无法统计。同时，各级政府机关还会针对某些突发事件、灾情设立临时账号。

观察、评价美国政府对社交媒体的运用，不能忽略的前提是美国政府2009年5月开始推行的“政府开放令”(Open Government Directive)。在开放令中，美国行政管理和预算局鼓励各政府部门采用Twitter和其他社交媒体，以提高政府部门间的协调性，增强政策透明度，并鼓励市民参与部门决策过程。开放令依据的是美国总统奥巴马2009年1月

21日签署的备忘录《透明与开放的政府》。在具体使用中，联邦政府以及各级地方政府呈现出以下五个明显特征：

(1) 政府机构对于微博等社交媒体的全面涉入是"开放式政府"整体战略的一部分。事实上，自奥巴马上台之后，美国政府开始大力推行所谓"开放式政府行动"，倡导"透明"、"参与"和"协作"的政府理念。而新媒体正成为推动这项行动纲领的重要手段，这不仅包括各类统计数据库的开放，政府项目进展追踪，还体现在奥巴马政府对于具有高度互动性的社交媒体的重视，前述联邦政府各部门的Twitter账户和Facebook专页都在该战略的指导下运作。

(2) Twitter等微博平台被优先用来发布紧急消息。对于诸如"卡特里娜飓风"、"墨西哥湾石油生态危机"等突发天灾人祸，民众往往被要求在Twitter上关注相关政府机构(比如联邦紧急事务管理局)。根据《时代周刊》的预测，当政府意识到Twitter可以成为公众沟通的最佳方式后，甚至会强制要求Twitter参与某些项目，以迅速向民众发布紧急通知。事实上，美国政府在这方面已有先例。早在20世纪60年代，联邦政府就曾建立通过广播和电视通知公众的紧急广播系统。

(3) 政府在使用Twitter等微博账户中，围绕具体事务而非具体部门来灵活展开。每当有突发性公共事件发生之后，相关政府部门会独自或相互协调开设针对性的账户，专门负责发布该事件的最新进展并与受影响的民众互动联络。例如，在墨西哥湾石油泄漏事件之后，相关公共部门及时开设@Gulf Oil Spill、@Gulf Oil Cleanup等账户，及时跟踪相关进展。这种方式甚至被用来处理某些刑事案件。

(4) 以专人轮流值班制度来维护政务微博，并在账户签名档位置予以公开。以美国国务院为例，该机构以多种语言开设了众多账户，在其基本账户@State Dept的签名档位置，即固定显示当日的值班人员。此举不仅可以落实账户维护人员的发言责任，其更大的好处在于通过"人格化"的手段改善了政府机构账户冷冰冰的属性，拉近其与大众之间的心理距离，从而有效提升社会大众与之进行对话的欲望，对话与瞬时反馈又恰恰构成微博区别于其他媒体的显著特质。

(5) 因地制宜，积极利用美国国内及国外的微博平台"为我服务"。前文提到美国政府对于微博的参与主要落实在Twitter上，实际上在不同地区美国政府及其派出机构一直积极利用当地最有影响的微博平台。这一点在中国内地也体现得很明显。由于Twitter和Facebook等全球最有影响的社交平台在内地无法访问，新浪微博就成为最有价值的替代品。目前，在新浪微博平台上，美国领事馆、美中交流机构、文化教育基金会以及部分外交官等都已经开通官方账户，在发布本职工作相关信息的同时，也积极和民众沟通互动。

资料来源：《他山之石：美国政府运用微博等社会化媒体的主要做法》，见 http://www.newmediastudy.org。

请思考：美国政府如何有效利用社会化媒体？

小知识 »

微博限制为140字的原因

Twitter是国外的一个社交网络及微博客服务的网站。它利用无线网络、有线网络、通信技术进行即时通信，是微博客的典型应用。Twitter 在创建之初，让用户通过手机短信更新自己的动态，那时并未对字数有任何限制。由于一条英文短信最多可以传输 160 个字节（包括字母、空格、标点符号），1 个英文字母恰好也是 1 个字节，所以用户们发现，当短信超过 160 个字符时，将被编成多个短信顺序发送，造成短信费用增加。因此运营 Twitter 的 Obvious 公司决定将每次发送的字节数限定为 140 个，好为手机预留出系统字符（如"/"、"@"等符号和 ID）所占用的空间。把字数限制在 140 个字节，还能带来更好的用户体验。不然，用户将不得不在屏幕上阅读两条以上相对不完整的信息。中国早期微博包括饭否、叽歪、滔滔、嘀咕、做啥等，都在学习照搬 Twitter。因此，国内微博地址开头都用"t."代表 Twitter 一样，也平移了"140 法则"。因此，中国微博大多数限制为 140 字。

第 12 章

电子政务与安全保密

无知者无畏，在安全方面人们的信任程度和他们实际了解的情况成反比。

——罗杰·G·约翰斯顿

解决信息安全的最根本途径是采用自主可控的软件，这正是国家确立“核高基”专项、发展自主基础软件的理由。

——倪光南

重点问题

- 电子政务安全
- 电子政务安全策略
- 电子政务的等级保护管理
- 电子政务的保密管理
- 电子政务系统的应急预案

《国家信息化领导小组关于我国电子政务建设指导意见》指出：我国电子政务建设仍处于初始阶段，存在一些问题，其中包括安全存在隐患。意见要求，要正确处理发展与安全的关系，综合平衡成本和效益，一手抓电子政务建设，一手抓网络与信息安全，制定并完善电子政务网络与信息安全保障体系。根据我国信息安全保障工作的总体纲领《国家信息化领导小组关于加强信息安全保障工作的意见》（中办发［2003］27 号）的要求，我国要一手抓好信息化建设，一手抓好信息安全工作。信息时代，电子政务的保密工作越来越重要，要按照《计算机信息系统保密管理暂行规定》（国保发［1998］1 号）、中保委关于《加强计算机信息网络保密管理的通知》（中保委发［2002］4 号）和《关于加强党政机关计算机信息系统安全和保密管理的若干规定》（国保发［2007］5 号）等要求做好相关工作。

2009 年 7 月中旬，公安机关对全国政府网站进行了为期一个月的网站安全漏洞和被攻击情况抽样检测，经过对 23 000 多家抽取的政府网站检测发现，154 家政府网站遭到过网络攻击；经过对 6 000 余家政府网站检测显示，37%的政府网站存在网页安全漏洞，极易遭到网页篡改和网页挂马等攻击破坏。政府网站安全状况亟待改进，亟须采取措施消除安全隐患，加强安全保护。① 2011 年，我国遭受境外网络攻击持续增多，境外有近 4.7 万个 IP 地址作为木马或僵尸网络控制服务器，控制我国境内近 890 万台主机，比 2010 年控制主机数增长近 1 倍，其中美国以 9 500 多个 IP 地址控制我国境内近 885 万台主机，高居榜首。② 电子政务的安全与保密是电子政务的生命，是电子政务应用的基础和保障。

12.1 电子政务安全

电子政务安全是一个相对的概念，对于任何一个信息系统来说，从来就没有绝对的安全。电子政务安全的目标是要实现在一定条件下相对稳定的攻守平衡。我们要在现有条件下，以最少的投入、最小的代价，加强电子政务安全管理工作能力建设，提高安全管理水平，不断确保电子政务系统的安全可靠。

12.1.1 电子政务安全的概念

国际标准化组织对信息安全的定义是：在技术上和管理上为数据处理系统建立的安全保护，保护计算机硬件、软件和数据不因偶然和恶意的原因而遭到破坏、更改和泄露。

电子政务安全定义为：在电子政务系统的整个生命周期中，通过对电子政务系统的风险分析，制定并执行相应的安全保障策略，从技术、管理、工程和人员等方面提出安全保障要求，确保电子政务系统的保密性、完整性和可用性，降低安全风险到可接受的程度，从而保障电子政务系统实现组织机构使命的相关工作。

与电子政务安全有联系的概念还包括：

(1) 计算机安全。指计算机系统资源和信息资源不受自然和人为的威胁与损坏，如毁坏、替换、盗窃和丢失等。这些资源包括计算机设备、存储介质、软件和数据等。计算机安全的实施可通过限制被授权人员使用计算机系统的物理范围，利用专业软件将安全功能构造于计算机操作规程中等方法来实现。

(2) 网络安全。指网络系统的硬件、软件及其系统中的数据受到保护，不会因偶然的或恶意的原因而遭到破坏、更改和泄露，使系统能够连续可靠地正常运行，网络服务不中断。从广义说，凡涉及网络上信息的保密性、完整性、可用性、真实性和可控性的相关技

① 参见《去年中国网络安全事件大幅下降》，见 http://www.vsharing.com/k/net/2010-2/A629772.html，2010-02-04。

② 参见《2011 年中国互联网网络安全态势报告》，见 http://it.sohu.com/s2012/cncert/，2012-03-09。

术和理论都是网络安全所要研究的领域。既要从技术上防范外部非法用户的攻击，也要从管理上加强内部人为因素的管理。

(3) 信息安全。指保障信息的机密性、完整性、可用性、可控性和不可否认性等。机密性指保证信息不泄露给未经授权的人；完整性指防止信息被篡改，保证真实的信息从真实的信源无失真地到达真实的信宿；可用性指保证信息和信息系统确实为授权使用者所用，防止由于计算机病毒或其他人为因素造成系统拒绝服务，或为未经授权的人所用；可控性指对信息及信息系统实施安全监控管理；不可否认性指保证信息行为人不能否认自己的行为。

从本质上说，计算机安全和网络安全都是信息安全，只是它们的侧重点不同。计算机安全更关心信息的存储和处理方面的安全，网络安全更关心信息在网络传播过程中所涉及的各种安全问题。因此，信息安全既要考虑网络及网络传输中的所有安全问题，也要考虑计算机本身所固有的安全问题，如系统硬件、操作系统、应用软件和操作流程等。

随着云计算的实际应用与推广，电子政务信息安全面临新的挑战，特别是因云计算自身特点引发的新的信息安全问题不容小觑。据调查，81%美国网民对云计算安全缺乏信心。① 在传统计算模式下，使用者对数据的存储和计算拥有完全的控制权；云计算分为公有云、私有云、混合云三种模式。出于信息安全考虑，一般电子政务系统都采用私有云方式。因为在公有云计算模式下，使用者的数据与计算以及物理计算单元的管理完全依赖于服务提供商，使用者仅仅保留对虚拟机的控制，数据风险比较高。从政府部门使用者的角度看，保证存储数据和计算结果的安全性、私密性尤为重要。因此，电子政务中真正应用云计算服务尚少。由于云计算是一种能便捷、按需、由网络接入一个可定制的计算资源共享池的模式，它也被看作继个人计算机变革、互联网变革之后全球IT产业革命中的第三次变革，被世界各国电子政务界所倡导。云计算天然的开放透明性引发对云计算的安全保密管理的争论，也成为电子政务界的热门话题。

12.1.2 电子政务安全概况

随着网络技术的发展，电子政务安全的地位越来越重要。各国纷纷从战略、组织结构、军事、外交、科技等各个方面加强信息安全保障工作力度。在战略方面，发布网络安全战略、政策评估报告、推进计划等文件；在组织方面，通过设立网络安全协调机构、设立协调官，强化集中领导和综合协调；在军事方面，陆续成立网络战司令部，开展大规模攻防演练，招募网络战精英人才，加快军事网络和通信系统的升级改造；在外交方面，信息安全问题的国际交流与对话增多，美欧盟友之间网络协同攻防倾向愈加明显，信息安全成为国际多边或双边谈判的实质性内容；在科技方面，各国寻求走突破性跨越式发展路线推进技术创新，力求在科技发展上保持和占据优势地位。

1. 国外信息安全保障

1998年5月，克林顿政府发布第63号总统令《关键基础设施保护》。2000年1月，

① 参见《调查：81%美国网民对云计算安全缺乏信心》，见 http://cloud.51cto.com/art/201004/197159.htm，2010-04-28。

克林顿政府发布《信息系统保护国家计划V1.0》，提出了美国政府在21世纪初若干年的网络空间安全发展规划。2001年10月16日，布什政府意识到“9·11”之后信息安全的严峻性，发布第13231号行政令《信息时代的关键基础设施保护》，宣布成立总统关键基础设施保护委员会（PCIPB），代表政府全面负责国家的网络空间安全工作。2003年2月，在征求国民意见的基础上，发布《保护网络空间的国家战略》的正式版本，重点突出国家政府层面上的战略任务。2008年1月2日，美国发布国家安全第54号总统令、国土安全第23号总统令，建立了国家网络安全综合计划（CNCI）。CNCI计划建立三道防线：第一道防线，减少漏洞的隐患，预防入侵；第二道防线，全面应对各类威胁，增强反间能力，加强供应链安全来抵御各种威胁；第三道防线，强化未来安全环境，增强研究、开发和教育以及投资先进的技术来构建将来的环境。同时，CNCI还明确了12项任务，包括可信互联网连接（TIC）、网络入侵检测系统、网络入侵防护系统、科技研发、态势感知、网络反间、增强涉密安全、加强网络教育、“超越未来”技术研发、网络威慑战略、全球供应链风险管理机制、公私协作。

美国明确将关键基础设施作为其信息安全保障的重点。关键基础设施定义为关系到美国生死存亡的物理和虚拟的信息系统和资产，这些系统和资产的功能丧失或遭到破坏，会对国家安全、经济稳定、国家公众健康与安全产生严重影响。目前，美国的关键基础设施和主要资源部门包括：信息技术，电信，化学制品，商业设施，大坝，商用核反应堆、材料和废弃物，政府设施，交通系统，应急服务，邮政和货运服务，农业和食品，饮用水和废水处理系统，公共健康和医疗，能源，银行和金融，国家纪念碑和象征性标志，国防工业基地，关键制造业。

近年来，维基解密对美国电子政务安全影响极大。维基解密是一个文档泄露及分析网站，成立于2006年12月，目的是为了揭露政府及企业的腐败行为。“维基解密”网站2011年7月和10月曾分别公布9万多份阿富汗战争机密文件和近40万份伊拉克战争机密文件。前者将驻阿富汗美军滥杀平民的种种细节曝光，后者指出仅在2004年至2009年，伊拉克战争就造成10.9万人死亡，其中包括6.6万名平民。2011年11月28日，发生迄今外交史上最大规模的泄密事件，“维基解密”网站曝光逾25万份据称是美国国务院的机密文件，将诸多美国外交内幕和盘托出，事件引发的影响，被称为美国外交的“9·11”。据报道，虽然美国政府内部有很多人主张引用反间谍法起诉维基解密的创始人阿桑奇，但如果真的这样做会很牵强，也未必能够如愿。因为美国的宪法强调要保护言论自由，单靠反间谍法已经不能够打击维基解密和类似的行为。因此，美国正在制定新法律，以打击泄密行为，维护美国的国家安全。

美国联邦政府负责信息安全保障工作的最高官员是网络安全协调官，负责领导白宫网络安全办公室，制定和发布国家信息安全政策，首任网络安全协调官霍华德·施密特被喻为“网络沙皇”。美国信息安全管理部门包括：国土安全部（DHS）、国家安全局（NSA）、国防部（DOD）、联邦调查局（FBI）、中央情报局（CIA）、国家标准技术研究所（NIST）六个机构，具体执行不同的分管职责。同时，美国重视公私机构的合作，包括国家基础设施顾问委员会（NIAC）、信息共享和分析中心（ISAC）、网络安全全国联盟（NCSA）等。

美军在全世界拥有逾1.5万个网络和700万台电脑设备。美国国防部报告称，五角大楼的网络每天遭遇数以百万计的试探，成功的侵入已导致数以千计的文档泄密。美军提出21世纪掌握制网络权与19世纪掌握制海权、20世纪掌握制空权一样具有决定意义。《2009年网络安全法》赋予美国总统“宣布网络安全紧急状态”的权力，允许“关闭或限制事关国家安全的重要信息网络”。美国在2009年建立世界上首个“网络战司令部”，力图实现网络部队的独立化与正规化。据防务专家乔尔·哈丁2010年的评估，美军网站部队人数应该在8.87万人左右，相当于7个101空降师。

英国早在2001年就秘密建立了隶属于军情六处的黑客部队，2009年出台了首个国家网络安全战略，成立网络安全办公室与网络安全中心，并把21世纪的网络安全与19世纪的海上安全相提并论。英国注重信息安全标准组织建设，重视将本国标准向海外推广，积极参与国际信息安全标准制定，其BSI7799标准已成为国际标准，并主导ISO/IEC 27000系列标准。英国在其信息安全保障工作中强调网络监控，规定警方和国家安全、税务等监察部门有权监控电子邮件和移动电话等系统，成为西方大国中唯一的政府可以要求网络用户交出加密资料密钥的国家。英国的关键基础设施包括：通信、应急服务（救护、消防、警察、营救等）、能源（电力、石油等）、金融、食品、政府和公共服务、公共安全、健康（医疗保健、公共卫生）、交通、水处理。

在立法方面，英国1984年制定《数据保护法》，1990年出台《反计算机滥用法》，1997年实施《电信诈骗法》，2000年出台《信息自由法》。在政策方面，1998年贸易和工业部发表《加强竞争力白皮书》，确定了英国建设信息社会的方式；2005年发表《信息保障管理框架》，作为信息安全保障战略。

俄罗斯分析人士认为，网络战是“第六代战争”，因此政府招徕大量网络精英，其反病毒技术处于世界前列。俄罗斯信息安全重点保护对象包括经济、国内和外交政策、科学和技术、国家信息和通信系统、国防、司法、灾难响应等。俄罗斯的信息安全管理机构包括俄罗斯联邦安全理事会、俄罗斯联邦安全局（国家安全管理机关、信息安全工作主管和执法机关）、俄罗斯技术和出口控制局、俄罗斯联邦保卫局、信息技术和通信部。俄罗斯制定了《俄罗斯国家安全纲要》，注重安全测评和实施信息安全分级管理。

韩国从2000年开始，每年把5%的国防预算用来“提高应对信息战的核心技术”，并加大培养和招收计算机专业人才的力度。

2005年4月25日，欧盟委员会发布的《“i2010”电子政务行动计划：加速欧洲电子政务，使所有人受益》，主要着眼于信息安全、全民参与、提高效率、执行电子采购和电子民主五大方面。

1991年，德国在内政部下建立信息安全局（BSI），负责处理与网络空间相关的所有问题。德国重视关键基础设施信息安全保障，1997年建立部际关键基础设施工作组，2005年出台《信息基础设施保护计划》和《关键基础设施保护的基线保护概念》，对国家网络空间安全进行了全面界定和评估。

2003年12月法国政府批准实施《强化信息系统安全国家计划》，提出四大目标：确保国家领导通信安全；确保政府信息通信安全；建立计算机反攻击能力；将法国信息系统安全纳入欧盟安全政策范围。2009年7月7日，法国成立国家级的网络和信息安全局，置于总理领导之下，隶属国防部。

各国电子政务具体的重点保护对象有所差异，但共同特点是将与国家安全、社会稳定和民生密切相关的关键基础设施作为信息安全保障的重点，所有国家最常被提到的关键部门都是现代化社会的核心部门，也是被破坏后可能造成极大规模灾害的部门。少数国家在中央政府设立机构专门负责处理网络信息安全问题，如美国，大多数国家信息安全管理职能由不同政府部门的多个机构和单位共同承担。上述国家在信息安全保障工作中的相同点有：将信息安全视为国家安全的重要组成部分；积极推动信息安全立法和标准规范建设；重视对基础网络和重要信息系统的监管和安全测评；普遍重视信息安全事件应急响应；普遍认识到公私合作伙伴关系的重要性，一方面政府加强管理力度，另一方面充分利用社会资源。

2. 我国信息安全保障发展情况

（1）启动阶段。2001 年至 2002 年是我国网络与信息安全事件频发且性质严重的时期，IP 电话通信技术被恶意滥用，数据走私和电话骚扰行为猖獗，互联网淫秽有害信息内容充斥。重要信息系统存在诸多安全隐患，卫星通信故障造成美元兑港元汇价异常，引发国内首例网络炒汇纠纷案；深交所因系统崩溃停市半天，造成直接经济损失，产生不良社会影响；北京首都国际机场信息系统出现故障，造成上百个航班延误，数万名旅客滞留；等等。这些频发事件改变了我国对信息安全状况的认识，信息安全问题不再是一个局部性和技术性的问题，而是一个跨领域、跨部门的综合性的安全问题，更是一个影响国计民生、关乎国家安全与社会稳定的现实问题。为此，2001 年，国家信息化领导小组重组，网络与信息安全协调小组成立，我国信息安全保障工作正式启动。

（2）展开与推进阶段。2003 年 7 月，国家信息化领导小组根据国家信息化发展的客观需求及网络与信息安全工作的现实需要，制定出台了《关于加强信息安全保障工作的意见》（中办发［2003］27 号），明确了“积极防御、综合防范”的国家安全保障工作方针，提出了加强信息安全保障工作的总体要求和主要原则，以及进一步提高信息安全保障工作能力和水平、维护公众利益和国家安全、促进信息化建设健康发展的具体意见。2003 年至 2005 年是我国信息安全保障体系建设深入推进阶段，信息化建设取得明显成效：基础信息网络初具规模，金融、税务、海关、能源、交通、国防等领域建成了一批重要信息系统，电子商务和电子政务快速发展，信息安全等级保护、信息安全风险评估、网络信任体系建设、信息安全产品认证认可工作、信息安全标准制定、信息安全监控和信息安全应急处理等工作均积极推进并取得明显进展。

（3）深化落实阶段。2006 年至今，国家信息安全保障体系建设取得实质性进展，并逐步进入高速发展的新阶段。信息安全法律法规、标准化和人才培养工作取得了新成果，信息安全基础设施和工程建设进一步完善，信息安全等级保护和风险评估取得了新进展，建设了一批信息安全基础设施，加强了互联网信息内容安全管理，为维护国家安全与社会稳定、保障和促进信息化建设健康发展发挥了重要作用。

12.1.3 电子政务安全工作目标

我国电子政务安全保障工作的基本思路是：以维护国家利益为根本出发点，服从和服务于政务工作发展和安全，适应国内改革开放不断深入的形势和全球信息化加速发展的趋势，坚持以人为本、全面协调可持续的科学发展观，突出保障重点，推动自主创新，实现跨越发展，走投入较少、效益较高的中国特色信息安全保障建设和发展之路，为国家发展和社会建设提供有力支撑。坚持用发展、改革和开放的办法解决面临的信息安全问题，从法律、管理、技术和人才等多方面入手，采取多种安全措施动员和组织全社会力量，共同构建电子政务安全保障体系。

根据以上思路，我国电子政务安全主要有以下工作目标：

（1）保障和促进电子政务发展；

（2）确保政务信息资源安全；

（3）保障电子政务基础设施安全；

（4）维护电子政务用户的合法权益；

（5）构建安全可信的电子政务网络信息传播秩序。

12.2 电子政务安全策略

电子政务的安全策略是实现电子政务安全可靠运行的重要保障。要实现良好的电子政务安全策略，首先要对电子政务的各种隐患进行深入彻底的分析，其次要根据这些隐患对症下药制定相应的措施，最后要形成科学、严格、系统的电子政务安全保障体系，从而确保电子政务的安全运行。我国电子政务安全管理总体策略是：国家主导、社会参与，全局治理、积极防御，等级保护、保障发展。

12.2.1 电子政务隐患分析

1. 自然风险

自然灾难对电子政务系统存在不同程度的威胁。典型的自然灾难包括地震、水灾、火灾、风灾等。其他电子设备产生的电磁波干扰，辅助保障用的空调、电力的中断或者异常也会影响电子政务的正常运行。

2. 技术风险

信息技术存在着漏洞和缺陷，如硬件设计缺陷和配套软件漏洞、基础软件系统漏洞、应用软件设计漏洞、系统配置漏洞等。信息系统的复杂性以及信息技术的高速发展和变化，使得信息系统的漏洞成为严重威胁信息系统安全的最大隐患。

3. 管理风险

管理风险主要由内部管理造成，如缺乏权限分配与监督制度、岗位分离制度，代码开发缺少审核机制，日常系统管理粗放，有关人员违规超权非正常操作，操作人员错误操作等。

4. 社会风险

社会风险主要指黑客网络攻击和恐怖活动等外部恶意行为。黑客网络攻击是外部人员利用网络存在的漏洞和安全缺陷对网络系统的硬件、软件及其系统中的数据进行的攻击。恐怖活动包括通过网络进行非正常恶意大量访问，造成网络中断或者故障等行为，也包括通过实施爆炸、伤害等各种方式对有关电子政务系统和人财物进行的破坏。

12.2.2　电子政务安全对策

我国已把确保电子政务安全作为电子政务的主要工作和研究方向。要实现电子政务安全，必须从国家宏观层面、行业层面和具体单位层面等各个方面，制定科学、全面的对策，并严格落实，确保实效。

1. 制定国家信息安全战略

信息安全要求国家从战略高度进行规划和管理，制定信息安全战略，为信息安全提供方向和指南。美国、俄罗斯、英国、德国、日本、印度等国都先后指定专门机构在政府的直接领导下，进行国家信息安全战略问题的专门研究。美国的《保护网络空间的国家战略》2003 年确定了在网络安全方面的三项总体战略目标和五项具体的优先目标。其中的三项总体战略目标是：阻止针对美国至关重要的基础设施的网络攻击；减少美国对网络攻击的脆弱性；在确实发生网络攻击时，使损害程度最小化、恢复时间最短化。五项优先目标是：（1）建立国家网络安全反应系统；（2）建立一项减少网络安全威胁和脆弱性的国家项目；（3）建立一项网络安全预警和培训的国家项目；（4）确保政府各部门的网络安全；（5）国家安全与国际网络安全合作。“9·11”事件前后的美国信息安全战略方面的转变明显，即从克林顿政府的“主张发展优先”逐渐变化为布什政府的“主张安全优先”，从讲“适度安全”到“先发制人”。我们可以借鉴发达国家的经验加快制定国家信息安全战略。

2. 制定与完善相关的法律法规

我国已有一些与信息安全相关的法律法规，但比较零散，应该尽早制定符合国情的《电子政务安全法》，内容包括对电子政务信息安全违法犯罪行为的惩处、电子政务安全的法律规范和标准以及电子政务信息安全监管体制等多方面规定。同时，应该对不同部门制定的法规和规章进行清理，尽量能在一部统一的法律中明确相互的职责。另外，电子政务信息安全立法要有更多的前瞻性。在制定法律时可以借鉴国际社会关于“技术中立”的主流思想，注意使法律符合技术的特殊要求，同时为技术的发展和完善预留空间。近年来由于维基解密大量泄密，美国试图关闭该网站，但在美国法律规定履行保密义务的主体是政府，新闻媒体的天职是传播信息。换言之，只要有新闻来源，媒体就有责任将其公之于众，美国政府只能够去追究泄密者的责任。因此维基解密平均每天贴出 30 份敏感文件，美国政府也无可奈何。

3. 统一信息安全管理机构

建立强有力的电子政务协调管理机构，可以统一协调与处理电子政务信息安全管理方面的政策与管理，解决多头管理、职责不清的弊端，提高行政效率。我国安全部、国家保密局、国家密码管理委员会、工业和信息化部、公安部、质检总局等分别履行各自的安全职能，维护国家信息安全。但要对我国电子政务安全进行统一规划和实施，还需要成立电子政务信息安全总协调机构。

4. 加强标准的制定和核心技术的研发

我国工业技术竞争力较弱，与研究开发能力不足有关，也与我国基础装备落后有关。据对我国 15 个工业行业的调查，关键技术的掌握和应用以及大中型企业普遍的技术水平，比国际先进水平落后 5～10 年以上，有的行业甚至落后 20～30 年。由于信息系统有关的标准和底层基础技术均由国外掌握，电子政务面临很大风险。但信息技术有可能实现跨越式发展，尤其是利用开源技术可以比较容易地实现自主创新，我们应该抓住机会，加紧制定我国的信息技术和相关管理标准，并采取有效措施提高核心技术的研发力度，从而提高竞争力。由于我国的市场份额已经在国际上达到很大比重，完全有可能将国家标准升级成为国际标准。国家应采取相应措施扶持和鼓励国产软件、硬件等信息产品，在政府部门积极推广使用自主创新的国产软硬件产品，尤其在事关国家信息安全的重要领域如军事、航空航天等部门积极应用，减少对进口产品的依赖。

5. 加强信息安全基础设施建设

信息安全基础设施是一种为信息系统应用主体和信息安全执法主体提供信息安全公共服务和支撑的社会基础设施，有利于促进信息应用业务的健康发展、信息安全技术和产品的标准化和可信度的提高、信息安全职能部门的监督和执法、全社会信息安全防护能力的增强、国家信息安全保障体系的建设。在信息安全基础设施建设过程中，应该按照效益的原则，做到低成本、高效益。有专家提出，由国家统一领导和组织信息安全基础设施建设。可先在发达城市和地区（包括军队）及重要部门组建安全基础设施网络，继而在全国普及。同时，应积极筹备成立国民经济数据备份中心。还要做好国内数字认证中心的发展和推广，方便实现数字认证中心的互信工作。①

6. 加大信息安全投入

我国各级政府对电子政务信息安全的投入普遍较少。许多电子政务系统建设中，通常采购少量信息安全软、硬件，所占的投入比率都非常少，更重要的是许多单位都缺乏信息安全的专门人才，不懂得如何使用信息安全软硬件，也没有采购信息安全专业服务，难以真正保障电子政务信息安全。因此，要加大对电子政务信息安全的投入，尤其是在资金、人力、培训等方面要加大投入。

12.2.3 电子政务安全管理

据有关部门统计，在所有的计算机安全事件中，约有 52%是人为因素造成的，25%由火灾、水灾等自然灾害引起，技术错误占 10%，组织内部人员作案占 10%，仅有 3%左右的安全事件是由外部不法人员的攻击造成的。简单归类，属于管理方面的原因比重高达 70%以上，而其中 95%的问题是可以通过科学的信息安全管理来避免的。②

---

① 参见《全国人大代表政协委员提交的有关信息化的议案、提案》，见 http://www.ccidreport.com/market/article/content/402/200303/40852.html，2003-03-18。

② 参见《信息安全管理体系及其构架》，见 http://www2.ccw.com.cn/01/0109/d/0109d08_1.asp，2001-01-09。

1. 电子政务安全管理体系

电子政务的安全管理可分为国家层面的安全管理（立法与制定标准）和电子政务系统使用单位的安全管理。从整体上看，电子政务安全管理需要建立下述管理体系：电子政务安全基础设施；电子政务技术保障体系；电子政务系统运行安全管理；社会服务体系。

2. 电子政务安全管理实施

电子政务的安全管理实施是指电子政务管理部门如何通过管理和技术手段实现电子政务的安全可靠。

（1）建立健全安全责任制度。

系统运行维护管理制度，包括设备管理维护制度、软件维护制度、用户管理制度、密钥管理制度、定期检查和监督制度，以及各种操作规程等。

计算机处理控制管理制度，包括编程流程和规范、程序软件和数据的管理、拷贝移植和存储介质的管理、文档日志的标准化及通信网络系统的管理。

文档资料管理制度，包括电子化和非电子化的各种凭证、单据、账簿、报表和文字资料管理制度。

操作和管理人员管理制度，包括岗位分工制度、权限划分制度、合法操作制度、异常情况报告制度、人员引进和调离制度、教育培训制度等。

机房安全管理制度，包括机房出入管理制度、身份认证制度、机房安全防范制度、机房卫生管理制度、机房运行操作管理制度等。

定期检查与监督制度，包括对系统安全运行的定期检查、对各项规章制度的落实情况的定期检查、对制度执行情况和人员工作情况的监督等。

此外，还有网络通信安全管理制度、病毒防治管理制度、安全等级保护制度、对外交流安全维护制度、对外合作制度等，也应根据实际情况列入制定和实施范围。

（2）加强电子政务系统的硬件管理。

电子政务系统的硬件安全管理是保护计算机和网络设备、设施免遭地震、水灾、火灾以及人为因素等的破坏，这是保证电子政务系统正常运行最基本的前提。

环境安全。电子政务系统的运行环境应按照国家有关标准设计建造，须具备消防报警、安全照明、不间断供电、温湿度控制、防盗报警等能力，以保护系统免受水、火、地震、静电、噪音、虫害等因素的危害。

设备安全。包括对设备进行定期管理和物理保护、设备的维护保养、设备的报废淘汰处理及重复利用、通信线缆和通信设备管理、防电磁信息的泄露、截获以及抗电磁干扰等，以及场外设备（包括移动设备和固定在工作场所之外的设备）的安全管理，如笔记本电脑的使用、通信设备和通信线路的装置安装要稳固牢靠，具有一定的对抗自然和人为因素破坏的能力等。

存储媒体安全。要求保障重要数据及其存储媒体不被破坏和不被窃取。因此，要加强对含有敏感信息的可移动载体（如磁盘、光盘、打印文件、存储卡等）的管理，防止被窃取；要建立信息存储程序，以保护信息免受未授权的泄露和滥用等。还应针对不同类型的载体采用不同的安全处置方法、审批程序、处置记录等措施。在使用加密锁等加密工具的部门，还要加强加密锁的管理，防止丢失、冒用等行为。

(3) 加强电子政务系统的软件管理。

电子政务系统的软件涉及操作系统、网络系统、设备驱动程序、数据库系统、应用软件系统等。软件系统的安全管理包含以下内容：

保护软件系统的完整性，防止软件丢失、被破坏、被篡改、被伪造。其管理涉及软件的选择和开发规程、软件安全保密测试、系统漏洞检测与修补、软件加密、防动态跟踪等方面。

保证软件的存储安全，包括保密存储、压缩存储、备份存储和系统恢复等重要措施。

保障软件的通信安全，包括软件的安全传输、加密传输、安全下载、完整下载、用户识别、审计与追踪等要素。

保障软件的使用安全，包括合法地使用和合理地使用、用户合法性的管理、授权访问、系统的访问控制、防止软件滥用、防止被窃取或被非法复制、不按规程操作等。

加强数字证书管理。数字认证是以密码技术为核心，通过数字证书和认证技术实现对网络传输的信息进行加密和解密、数字签名和身份验证，在电子政务、电子商务活动中起着重要的安全保障作用，是保障网络应用安全最有效的技术手段之一。

(4) 加强电子政务系统的网络运维安全管理。

电子政务的网络运维安全管理主要指为确保电子政务系统安全可靠而对网络拓扑结构、网络安全设备、内外网隔离设置等各方面进行的设计、实施、监督、运行、维护等管理。电子政务硬件设备规划设计时要充分考虑适用电子政务系统，确保安全可靠的网络拓扑结构。为确保安全，要配备适合的网络安全设备，比如防火墙、入侵防御、安全审计等设备。内外网隔离技术起源于美国，指通过软件和硬件配置手段，实现内网和外网信息联结的分离。内外网隔离通常分为逻辑隔离和物理隔离。逻辑隔离是指内部网不通过直接方式，而是采用网络安全设备和软件间接地连接公共网。物理隔离是指内部网不仅不直接也不能间接地连接外网。物理隔离是真正意义的隔离。国家保密局颁布实施的《计算机信息系统国际互联网保密管理规定》对国家机要部门使用互联网规定如下：涉及国家秘密的计算机信息系统，不得直接或间接地与国际互联网或其他公共信息网络相连接，必须实行物理隔离。物理隔离给电子政务带来了安全，但也增加了信息交换的人工工作量，牺牲了部分工作效率。做好电子政务系统的容灾备份工作，确保遇到重大灾害时的数据安全，在最短时间内恢复应用。

(5) 加强电子政务系统的网络安全测评管理。

为确保电子政务系统的安全，电子政务使用部门应主动实施对系统进行网络安全测评。只有做好平时的测评和演练，才能在黑客入侵、恶意攻击等关键时刻减少或者杜绝损失，确保系统安全。网络安全测评主要工作有：对网络设备、操作系统、网络及应用服务的漏洞进行扫描和分析；模拟黑客入侵和恶意攻击等情况的渗透测试；在系统遭到攻击和破坏的情况下，如何对网络入侵事件进行紧急响应，最短时间内解决问题，制定相应的应急预案；对服务器、网络设备的日常检查，包括病毒、木马、暗链等的检查。由于该项工作比较复杂，专业性强，最好采用自主测评和外包测评相结合的方式进行测试。

12.3　电子政务信息安全等级保护

《国家信息化领导小组关于加强信息安全保障工作的意见》（中办发［2003］27 号）明确要求我国信息安全保障工作实行等级保护制度，提出“抓紧建立信息安全等级保护制度，制定信息安全等级保护的管理办法和技术指南”。2004 年 9 月发布的《关于信息安全等级保护工作的实施意见》（公通字［2004］66 号）进一步强调了开展信息安全等级保护工作的重要意义，规定了实施信息安全等级保护制度的原则、内容、职责分工、基本要求和实施计划，部署了实施信息安全等级保护工作的操作办法。中办发［2003］27 号文件对信息安全等级保护做出了系统的描述——信息化发展的不同阶段和不同的信息系统有着不同的安全需求，必须从实际出发，综合平衡安全成本和风险，优化信息安全资源的配置，确保重点。要重点保护基础信息网络和关系国家安全、经济命脉、社会稳定等方面的重要信息系统。

电子政务信息安全等级保护是根据电子政务系统在国家安全、经济安全、社会稳定和保护公共利益等方面的重要程度，结合系统面临的风险、系统特定安全保护要求和成本开销等因素，将其划分成不同的安全保护等级，采取相应的安全保护措施，以保障信息和信息系统的安全。

电子政务等级保护工作分为管理层面和用户层面两个方面的工作。管理层面的主要工作是制定电子政务信息安全等级保护的管理办法、定级指南、基本安全要求、等级评估规范以及对电子政务等级保护工作的管理等。用户层面的主要工作是依据管理层的要求对电子政务系统进行定级，确定系统应采取的安全保障措施，进行系统安全设计与建设，以及运行监控与改进。

12.3.1　电子政务信息安全等级保护遵循的原则

1. 重点保护

电子政务等级保护要突出重点。对关系国家安全、经济命脉、社会稳定等方面的重要电子政务系统，应集中资源优先建设。

2. “谁主管谁负责、谁运营谁负责”

电子政务等级保护要求各主管部门和运营单位依照国家相关法规和标准，自主确定电子政务系统的安全等级并按照相关要求组织实施安全保障。

3. 分区域保护

根据各地区、各行业电子政务系统的重要程度、业务特点和不同发展水平，分类、分级、分阶段实施，通过划分不同的安全区域，实现不同强度的安全保护。

4. 同步建设

电子政务系统在新建、改建、扩建时应当同步建设信息安全设施，保证信息安全与信息化建设相适应。

5. 动态调整

由于信息与信息系统的应用类型、覆盖范围、外部环境等约束条件处于不断变化与发展之中，因此信息与信息系统的安全保护等级需要根据变化情况，适时重新确定，并相应调整对应的保护措施。

12.3.2 电子政务安全等级的层级划分

我国《关于信息安全等级保护工作的实施意见》中规定信息系统的安全等级从低到高依次包括自主保护级、指导保护级、监督保护级、强制保护级、专控保护级五个安全等级，针对电子政务系统，等级保护如表12—1所示。

表12—1 我国信息系统的安全等级

安全等级	等级名称	基本描述	安全保护要求
第一级	自主保护级	适用于一般的电子政务系统。系统遭到破坏后对政务机构履行其政务职能、机构财产、人员造成较小的负面影响。	参照国家标准自主进行保护。
第二级	指导保护级	适用于处理日常政务信息和提供一般政务服务的电子政务系统。系统遭到破坏后对政务机构履行其政务职能、机构财产、人员造成中等程度的负面影响。	在主管部门的指导下，按照国家标准自主进行保护。
第三级	监督保护级	适用于处理重要政务信息和提供重要政务服务的电子政务系统。系统遭到破坏后可能对政务机构履行其政务职能、机构财产、人员造成较大的负面影响，可能对国家安全造成一定程度的损害。	在主管部门的监督下，按国家标准严格落实各项保护措施进行保护。
第四级	强制保护级	适用于涉及国家安全、社会秩序、经济建设和公共利益的重要电子政务系统。系统遭到破坏后可能对政务机构履行其政务职能、机构财产、人员造成严重的负面影响，可能对国家安全造成较大损害。	在主管部门的强制监督和检查下，按国家标准严格落实各项措施进行保护。
第五级	专控保护级	适用于关系国家安全、社会秩序、经济建设和公共利益的核心系统。系统遭到破坏后对政务机构履行其政务职能、机构财产、人员造成极其严重的负面影响，对国家安全造成严重损害。	根据安全需求，由主管部门和运营单位对电子政务系统进行专门控制和保护。

12.3.3 电子政务等级保护的基本安全要求

电子政务等级保护基本安全要求是指对各等级电子政务系统的一般性要求，分为五个等级，对应于五个等级的电子政务系统。对特定电子政务系统的安全保护，以其相应等级的基本安全要求为基础，通过对安全措施的调整和定制，得到适用于该电子政务系统的安全保护措施。

1. 安全策略

安全策略是为了指导和规范电子政务信息安全工作而制定的安全方针、管理制度、规范标准、操作流程和记录模板等文档的总和。安全策略具有层次化的结构，包括整体安全策略、部门级安全策略、系统级安全策略等。

2. 安全组织

安全组织是为了保障电子政务信息安全而建立的组织体系，包括各级安全组织机构、岗位安全职责、人员安全管理、第三方安全管理、安全合作与沟通等。

3. 安全技术

安全技术是指保障电子政务信息安全的安全技术功能要求和安全技术保障要求，包括网络与通信安全、主机与平台安全、数据库安全、应用安全、数据安全、物理环境安全等。

4. 安全运行

安全运行是指为了保障电子政务系统运行过程中的安全而制定的安全运维要求，包括风险管理、配置和变更管理、信息系统工程安全管理、日常运行管理、技术资料安全、应急响应等方面。

12.3.4 电子政务等级保护工作的基本流程

电子政务建设运维部门，应根据以下流程，结合本单位实际情况，对电子政务系统实施等级保护工作。主要流程为：系统定级，系统备案，公安机关审核，公安机关颁发系统等级保护备案证书，分析安全需求，建设整改，等保测评。

12.3.5 电子政务等级保护的国产化要求

《信息安全等级保护管理办法》第二十一条规定：第三级以上信息系统应当选择使用符合以下条件的信息安全产品：（1）产品研制、生产单位是由中国公民、法人投资或者国家投资或者控股的，在中华人民共和国境内具有独立的法人资格；（2）产品的核心技术、关键部件具有我国自主知识产权。因此，第三级以上信息系统应当采用国产软硬件。

12.4 电子政务保密管理

电子政务系统分为涉密信息系统和非涉密信息系统，前者用于存储、处理和传输国家秘密信息，后者用于存储、处理和传输内部信息或公开信息。电子政务保密管理重点是涉密信息系统的管理，管理对象如涉密载体、涉密计算机、涉密软件、涉密网络等。

12.4.1 电子政务保密管理原则

1. 落实制度

凡向国际互联网站点提供或发布电子政务有关信息，必须经过保密审查批准。提供信息的单位应当按照一定的工作程序，健全上网信息保密审批制度。

2. 同步建设

《中共中央关于加强新形势下保密工作的决定》要求“涉及国家秘密的通信、办公自动化和计算机信息系统的建设，必须与保密设施的建设同步进行”。

3. 严格审批

《涉及国家秘密的信息系统审批管理规定》要求未经保密工作部门审批，涉密信息系统不得投入使用。

4. 注重防范

涉密信息系统保密防范能力的强弱，关系到国家秘密的安全，也是涉密信息系统建设成败的关键。

5. 规范管理

涉密系统的安全保密措施主要包括技术和管理两个方面，管理以技术为依托，技术靠管理来保障，二者相辅相成，缺一不可。涉及国家秘密的信息，包括在对外交往与合作中经审查、批准与境外特定对象合法交换的国家秘密信息，不得在电子政务非涉密信息系统上存储、处理和传输。任何单位和个人不得在电子邮件、网上论坛、即时通信和博客等公共信息媒体上发布、谈论和传播国家秘密信息。在使用互联网进行信息交流时，应当遵守国家有关保密规定，不得在互联网上传输、转发或抄送国家秘密信息。

6. 控制源头

严格防止涉及国家秘密的信息在电子政务非涉密信息系统上存储、处理和传输。建立信息上网公开发布前的保密审查制度。涉密信息不上网，上网信息不涉密。

7. 加强检查

对上网信息进行经常性检查。一旦发现国家秘密，要立即报告，查清来源，及时删除，并严肃处理泄密人员。各级保密工作部门负责本行政区域内电子政务非涉密信息系统以及互联网或其他公共信息网络的保密检查工作。

8. 明确责任

层层建立责任制，责任到人，做到“谁上网、谁负责”，对上网信息的保密审查要有专人负责，落实领导责任。保密工作部门要指导、督促有关单位建立责任制。

12.4.2 电子政务涉密信息系统分级保护概述

涉密信息系统分级保护是指涉密信息系统的建设使用单位按照“规范定密，准确定级；依据标准，同步建设；突出重点，确保核心；明确责任，加强监督”原则，根据分级保护管理办法和有关标准，对涉密信息系统分等级实施保护，各级保密工作部门根据涉密信息系统的保护等级实施监督管理，确保系统和信息安全。

1. 涉密信息系统分级

涉密信息系统根据涉密程度，按照秘密级、机密级、绝密级进行分级保护。应按照《中华人民共和国保密法》、《中华人民共和国保密法实施办法》和“保密范围”的规定，结合自身工作特点，根据涉密信息系统将要处理信息的最高密级确定系统的密级。确定密级必须准确，避免随意性。未列入国家秘密的范围但扩大知悉范围会对机关正常工作带来不利影响的秘密事项即工作秘密，与国家秘密可能存在交叉。对于集中处理工作秘密的信息系统，可参照秘密级信息系统保护的有关要求进行保护与管理。

2. 涉密信息系统管理要求

涉密信息系统的建设使用单位按照“谁主管、谁负责”的原则，负责本单位涉密信息系统分级保护工作的具体实施。要从人员管理、物理环境与设施管理、设备与介质管理、运行与开发管理和信息保密管理五个方面进行日常安全保密管理。

3. 涉密信息系统建设运维流程

系统定级→方案设计→工程施工→系统测评→系统审批→日常管理→测评与检查→系统废止。涉密系统不再使用时，建设使用单位应向保密工作部门备案。对需要报废的涉密设备和介质，应进行信息消除和载体销毁处理。

12.4.3　电子政务涉密信息系统分级保护划分要求

根据国家保密局《涉及国家秘密的信息系统分级保护技术要求》和《涉及国家秘密的信息系统分级保护管理规范》，从物理安全、信息安全、运行安全和安全保密管理等方面，针对不同级别的涉密信息系统有明确的分级保护措施，从技术要求和管理标准两个层面解决涉密信息系统的分级保护问题。涉密信息系统安全分级保护根据其涉密信息系统处理信息的最高密级，可以划分为秘密级、机密级和机密级（增强）、绝密级三个等级。

（1）秘密级：信息系统中包含有最高为秘密级的国家秘密，其防护水平不低于国家信息安全等级保护三级的要求，还必须符合分级保护的保密技术要求。

（2）机密级：信息系统中包含有最高为机密级的国家秘密，其防护水平不低于国家信息安全等级保护四级的要求，还必须符合分级保护的保密技术要求。属于下列情况之一的机密级信息系统应选择机密级（增强）的要求：

1）信息系统的使用单位为副省级以上的党政首脑机关，以及国防、外交、国家安全、军工等要害部门。

2）信息系统中的机密级信息含量较高或数量较多。

3）信息系统使用单位对信息系统的依赖程度较高。

（3）绝密级：信息系统中包含有最高为绝密级的国家秘密，其防护水平不低于国家信息安全等级保护五级的要求，还必须符合分级保护的保密技术要求。绝密级信息系统应限定在封闭的安全可控的独立建筑内，不能与城域网或广域网相连。

12.4.4　电子政务失泄密事件处置要求

根据失泄密信息系统发生泄密事件对国家安全和利益所造成的危害程度，采取不同的应急处理措施，以便及时上报查处、善后补救、消除隐患。失泄密事件处置原则：发现问题，及时上报；统一指挥，系统联动；快速反应，有效控制；重在预防，处置依法。

12.4.5 电子政务公开与保密的关系

政务信息实现网上公开后，最突出的问题就是涉密信息、敏感信息的违规上网以及系统数据的安全问题，具体表现为：从信息层面看，由于网络平台与公众信息的交互非常方便，很难确保信息的来源、去向、内容是否真实、是否会被泄露扩散等；从网络层面看，由于网络平台和各种协议的开放以及营运商、开发商之间的利益驱动，部分内部资料很容易被其他组织或个人利用；从应用层面看，由于网络应用的范围非常广泛，不管是外网还是内网，都在很大的范围内互联互通，如措施不力，就有可能将涉密文件外传；从设备层面看，由于设备的质量问题或储存介质如笔记本、移动硬盘等的不确定性，内部资料很容易给别有用心者可乘之机；从管理层面看，由于人员素质、规章制度、运行机制不到位以及信息公开的范围没有理顺等原因存在，同样也存在安全隐患。

公开与保密是一对矛盾的统一体，是同一事物的两个方面。保密工作做好了，可以推动公开工作的开展。公开工作做扎实了，就能有效防止信息泄密事件的发生。前者是义务，后者是责任。两者关系可这样理解：保守国家秘密需要将知悉秘密信息的人员控制在最小范围，政府信息公开则要最大限度地保障公民知情权。因此，《保密法》不仅在“总则”部分对保守秘密和信息公开的关系做出明确规定，也在其后几章中对如何把握好保密与公开之间的平衡，做到依法保密、依法公开、保放适度做出了具体规定。

1. 科学定密

定密是保密工作的源头性工作。只有先把密定准了，才能做到既保护国家信息安全，又促进政府信息公开和信息资源合理利用。当前我们的保密工作中，既存在定密过多、范围过宽、解密不及时的问题，也有该定不定、该保不保、高密低定的问题；既有该公开而不公开的问题，也有不该公开而公开的问题。

一是规范秘密事项范围。《保密法》第九条规定：“涉及国家安全和利益”，“泄露后可能损害国家在政治、经济、国防、外交等领域的安全和利益的”事项，“应当确定为国家秘密”；第十一条、第十五条、第十六条和第十九条规定：国家秘密的密级、保密期限和知悉范围会因为“维护国家安全和利益的需要”、“情况变化”以及工作需要等因素而调整变化，并完善了自行解密、提前解密和延长保密期限等内容，从源头上解决了国家秘密过多的问题。

二是规范定密权限。《保密法》第十三条规定：“确定国家秘密的密级，应当遵守定密权限。”“中央国家机关、省级机关及其授权的机关、单位可以确定绝密级、机密级和秘密级国家秘密；设区的市、自治州一级的机关及其授权的机关、单位可以确定机密级和秘密级国家秘密”，“下级机关、单位认为本机关、本单位产生的有关定密事项属于上级机关、单位的定密权限，应当先行采取保密措施，并立即报请上级机关、单位确定，或者提请有相应定密权限的业务主管部门或者保密行政管理部门确定”。第十二条规定：“机关、单位负责人及其指定的人员为定密责任人，负责机关、本单位的国家秘密确定、变更和解除工作。”这些规定为解决国家秘密事项定密过多、定密主体宽泛、责任不明确、程序不规范等问题提供了依据。

三是明确保密期限。为突出重点，保住核心，同时降低保密成本，防止“只标密级，不标期限”，导致“一密定终身”，促进信息公开，《保密法》第十五条规定：“国家秘密的保密期限，应当根据事项的性质和特点，按照维护国家安全和利益的需要，限定在必要的期限内；不能确定期限的，应当确定解密的条件”，“除另有规定外，绝密级不超过三十年，机密级不超过二十年，秘密级不超过十年”。

2. 及时解密

及时解密既能够保障公民的信息知情权，又可以节省保密资源，降低保密成本，提高管理效能。《保密法》第十九条规定了自行解密和审查解密两项制度：一是自动解密，即“国家秘密的保密期限已满的，自行解密”。二是审查解密，即“机关、单位应当定期审核所确定的国家秘密。对在保密期限内因保密事项范围调整不再作为国家秘密事项，或者公开后不会损害国家安全和利益，不需要继续保密的，应当及时解密；对需要延长保密期限的，应当在原保密期限届满前重新确定保密期限。提前解密或者延长保密期限的，由原定密机关、单位决定，也可以由其上级机关决定”。

12.4.6 等级保护与分级保护的关系

信息安全等级保护与涉密信息系统分级保护是既有联系又有区别的概念。信息安全等级保护重点保护的对象是涉及国计民生的重要信息系统和通信基础信息系统，而不论它是否涉密，主管部门都是公安部。涉密信息系统分级保护是国家信息安全等级保护的重要组成部分，是等级保护在涉密领域的具体体现。涉密信息系统分级保护的对象是所有涉及国家秘密的信息系统，重点是党政机关、军队和军工单位，由各级保密工作部门根据涉密信息系统的保护等级实施监督管理，确保系统和信息安全，确保国家秘密不被泄露，主管部门是国家保密局。

由于国家秘密信息与公开信息在内容和特性上有着明显的区别，所以涉密信息系统和公众信息系统在保障安全的原则、系统和方法等方面也有不同的要求。既不能用维护国家秘密信息安全的办法去维护国家公众信息安全，以至于影响信息的合理利用，阻碍信息化的发展；也不能用维护公众信息安全的办法来维护国家的秘密信息安全，以至于窃密、泄密事件的发生，危害国家的安全和利益，同样影响信息化的健康发展。

12.5 电子政务系统应急预案

为提高政府部门处置网络与信息安全突发公共事件的能力，形成科学、有效、反应迅速的应急工作机制，确保重要计算机信息系统的实体安全、运行安全和数据安全，最大限度减轻网络与信息安全突发公共事件的危害，政府部门应当制定电子政务系统应急预案。

12.5.1 电子政务系统应急预案编制依据

根据《中华人民共和国计算机信息系统安全保护条例》、《计算机病毒防治管理办法》

等有关法律法规规定，制定预案。

12.5.2 电子政务系统应急预案编制原则

1. 积极防御、预防为主

立足安全防护，加强预警，重点保护基础信息网络和关系国家安全、经济命脉、社会稳定的重要信息系统；从预防、监控、应急处理、应急保障和打击犯罪等环节，在法律、管理、技术、人才等方面，采取多种措施，充分发挥各方面的作用，全社会共同构筑网络与信息安全保障体系。

2. 以人为本、快速反应

把保障公共利益以及公民、法人和其他组织的合法权益的安全作为首要任务，及时采取措施，最大限度地避免公民财产遭受损失。在网络与信息安全突发公共事件发生时，要按照快速反应机制，及时获取充分而准确的信息，跟踪研判，果断决策，迅速处置，最大限度地减少危害和影响。

3. 明确责任、分级负责

按照“谁主管、谁负责，谁运营、谁负责”以及“条块结合、以条为主”的原则，建立和完善安全责任制、协调管理机制及联动工作机制。根据部门职能，各司其职，加强部门间、地区间的协调与配合，形成合力，共同履行应急处置工作的管理职责。

4. 依靠科学、平战结合

加强技术储备、规范应急处置措施与操作流程，定期进行预案演练，确保应急预案切实有效，实现网络与信息安全突发公共事件应急处置工作的科学化、程序化与规范化。

12.5.3 电子政务紧急事件分级管理

电子政务应急预案所指的网络与信息安全突发公共事件，是指政府或社会重要网络与信息系统突然遭受不可预知外力的破坏、毁损、故障，对国家、社会、公众造成或者可能造成重大危害，危及公共安全的紧急事件。

根据网络与信息安全突发公共事件的发生过程、性质和机理，网络与信息安全突发公共事件可划分为三类：自然灾害：指地震、雷电、火灾、洪水等灾害引起的网络与信息安全系统的损坏。事故灾难：指电力中断、网络损坏或是软件、硬件设备故障等引起的网络与信息安全系统的损坏。人为破坏：指人为破坏网络线路、通信设施，黑客攻击、病毒攻击、恐怖袭击等引起的网络与信息安全系统的损坏。

根据网络与信息安全突发公共事件的可控性、严重程度和影响范围，一般分为四级：

Ⅰ级（特别重大）：重要网络与信息安全系统发生全区性大规模瘫痪，事态发展超出区和区级主管部门的控制能力，对国家安全、社会秩序、经济建设和公共利益造成特别严重损害的突发公共事件。

Ⅱ级（重大）：重要网络与信息安全系统发生全区性瘫痪，对国家安全、社会秩序、经济建设和公共利益造成严重损害，需要跨部门、跨地区协同处置的突发公共事件。

Ⅲ级（较大）：某一区域的重要网络与信息安全系统瘫痪，对国家安全、社会秩序、经济建设和公共利益造成一定损害，但不需要跨部门、跨地区协同处置的突发公共事件。

Ⅳ级（一般）：重要的网络与信息安全系统受到一定程度的损坏，对公民、法人和其他组织的权益有一定影响，但不危害国家安全、社会秩序、经济建设和公共利益的突发公共事件。

国家有关法律法规另有明确规定的，按国家有关规定执行。

12.5.4 电子政务系统应急组织体系与职责

有关地区和部门应成立网络与信息安全应急协调领导小组负责网络与信息安全突发公共事件的应急信息通报与预警监测，组织有关专家成立网络与信息安全专家小组，建立社会应急支援体系。

12.5.5 电子政务系统应急主要工作

1. 日常预防预警

重要网络与信息系统的主管部门和运营单位要落实责任制，制定和建立本单位的信息通报制度、网络与信息安全报告制度，发现下列情况时应及时向有关部门报告：

（1）利用网络从事违法犯罪活动的情况。

（2）网络和信息系统通信或资源使用异常，网络和信息系统瘫痪、应用服务中断或数据篡改、丢失等情况。

（3）网络恐怖活动的嫌疑情况和预警信息。

（4）其他影响网络与信息安全的信息。

2. 预警处理与发布的应急响应

对于可能发生或已经发生的网络与信息安全突发公共事件，事发单位应立即采取措施控制事态，并在最短时间内进行风险评估，判定事件等级并在本系统发布预警。必要时应启动相应预案，同时向上级有关部门通报情况。有关部门接到报告后，应及时对信息作出判断，提出处理意见。对发生和可能发生Ⅰ、Ⅱ级的网络与信息安全突发公共事件时，应迅速召开协调领导小组会议，研究确定网络与信息安全突发公共事件的等级，决定启动预案，同时确定指挥人员。

对需要向社会发布预警的网络与信息安全突发公共事件，由协调领导小组授权协调领导小组办公室根据其可能造成的危害程度、紧急程度和发展态势，及时发布预警信息。预警信息分别用蓝色（一般）、黄色（较重）、橙色（严重）和红色（特别严重）来表示。预警信息应包括事件的类别、可能波及范围、可能危害程度、可能延续时间、提醒事宜和应采取的措施等。

各相关应急联动机构应根据发布的预警信息，做好相应的网络与信息安全应急保障准备工作。

3. 应急指挥

要迅速建立与现场指挥的通信联系，有条件的要开通视频通信。要抓紧收集相关信息，掌握现场处置工作状态，分析事件发展态势，研究提出处置方案，调集和配置应急处置所需的人、财、物等资源，统一指挥网络与信息安全应急处置工作。需要成立现场指挥部的，应立即在现场开设指挥部，现场指挥部要根据事件性质迅速组建各类应急工作组，开展应急处置工作。

4. 信息处理和发布

应对事件进行动态监测、评估，及时将事件的性质、危害程度和损失情况及处置工作等情况按政府紧急信息报送的有关规定，及时报上级有关部门，不得隐瞒、缓报、谎报。当网络与信息安全突发公共事件发生时，有关部门应及时做好信息发布工作，通过区内新闻单位发布网络与信息安全突发公共事件预警及应急处置的相关信息，通知社会各界做好应急准备及预防措施，增强公众对政府的信心。信息发布与新闻报道组织实施时，有关部门要制定具体的信息发布计划和措施，指定新闻发言人或专门负责媒体接待的人员，做好新闻媒体的接待与信息统一发布工作。有关部门要密切关注国内外关于网络与信息安全突发公共事件的新闻报道，及时采取措施，对媒体关于事件以及处置工作的不正确信息，进行澄清，纠正影响。必要时要开通咨询热线，接受群众咨询，释疑解惑，稳定人心。

本章小结

电子政务的安全与保密既有联系又有区别。要运用适当的策略保障电子政务的安全，还要加强电子政务的保密管理。要对电子政务进行等级保护，并建立电子政务系统应急预案。

关键术语

电子政务　安全管理　安全策略　保密管理　等级保护　应急预案

复习思考题

1. 电子政务系统如何确保安全?
2. 电子政务系统如何确保保密?
3. 电子政务安全与保密的关系是什么?
4. 如何进行电子政务的等级保护管理?
5. 如何制定电子政务应急预案?

案例分析

IBM“智慧地球”与云计算环境

案例一

工信部研究机构重估IBM“智慧地球”战略安全性

据《第一财经日报》记者报道，一位业内资深人士对《第一财经日报》透露，中国信息化建设正陷入新一轮概念炒作中，其中有些“炒作”则需要引起警惕。这些概念中，最引人注目的是 IBM 的“智慧地球”战略。该战略已在信息安全等领域引起国家有关方面的高度重视，部分专家甚至相关部委正在重估它在一些地方城市的部分项目建设。

4 月 9 日，工业和信息化部部长李毅中在出席 2010 年经贸形势报告会所作的《当前我国工业发展的若干重大问题》专题报告中曾指出，“智慧地球”就是通过在基础设施和制造业上大量设立传感器，捕捉运行过程中的各种信息，然后通过传感网，进入互联网，通过计算机分析处理发出智慧指令，再反馈回去，到传感器，到基础设施和制造业上，极大提高效率，产生更大的效益。美国试图用它的信息网络技术，小到控制一台计算机、一台发电机，大到控制一个行业，控制各国的经济。所以，对于外国这些新的理念和新的战略，我们既要有启迪，大力发展战略性新兴产业，也要提高警惕，不能受制于人。

“一些概念很华丽，但一轮一轮之后，最后吃亏的还是我们。”工信部一位内部人士对本报说。

“智慧地球”战略真正诞生于 2009 年 1 月 28 日。当天，美国工商业领袖举行了一次圆桌会议，IBM 首席执行官彭明盛向美国总统奥巴马抛出这一概念。该战略定义大致为：将感应器嵌入和装备到电网、铁路、建筑、大坝、油气管道等各种物体中，形成物物相连，然后通过超级计算机和云计算将其整合，实现社会与物理世界融合。奥巴马回应说，经济刺激资金将会投入宽带网络等新兴技术中去。于是这一概念大行其道，迅速上升为美国国家战略。

“这是一个很好的概念，也是理想的信息化图景。”中科院微电子研究所所长叶甜春对本报说。但他对这一概念之下的信息安全也表现出担心。

他强调，物物相连的信息，要通过云计算技术处理。谁能控制云计算，谁就能控制信息的“主权”。而云计算的基础则是服务器与存储技术，中国并不是这些领域的技术与市场掌控者。

“这不是简单的安全问题，而是一个信息主权的问题。”他强调，如果某些系统留有“后门”，对整个社会都将带来危险。

他表示，安全问题并非针对 IBM“智慧地球”战略，而是说各个国家未来信息化过程中都面临严峻挑战。

中科院虚拟经济与数据科学研究中心研究员刘锋直白地举例说，IBM“智慧地球”战略与美国国家战略挂钩，如果顺利介入涉及国家机密信息的领域，中国铁路、公路、电力、水利、油气管道、金融领域的动态信息将很可能被其获取，并可能进而被第三方利用。

本报记者获得了工信部软件与集成电路促进中心编撰的一份报告——《IBM“智慧地球”的认识和思考》。其中提到，当全世界互联成一个超级系统时，“系统安全性将直接关系到国家安全”。如果中国在建设“智慧地球”的过程中，不能坚持“自主可控”原则，国家风险将会凸显。

而另一位权威人士透露，中国政府机构与相关智囊人士已密切关注这一问题，有关“智慧地球”、物联网安全的数份报告，已送至国家有关方面，并得到高度关注。

IBM 作为世界上最成功的高科技企业之一，其倡导了一系列具有里程碑的理念，都是围绕推销IBM自己生产的软硬件产品和解决方案。但对中国来说，同样需要构筑“智慧中国”的战略研究，抢占理论研究与技术开发、应用的制高点。

重估“智慧地球”战略的安全性是一个方面，另外还有产业问题。《IBM“智慧地球”的认识和思考》这一报告中称，“智慧地球”概念是经过精心谋划、充分准备、周密部署后推出的。确实没有竞争对手可以在传感器网络、云计算、超级计算、软件服务化、数据整合与挖掘领域胜过IBM。

2009年2月，IBM为中国定义了“智慧地球”六大推广领域，即智慧电力、智慧医疗、智慧城市、智慧交通、智慧供应链、智慧银行。上述报告表示，IBM针对中国所定义的六大市场，均是资源丰富、资金充沛、关系国计民生的重点行业。“如果IBM凭借‘智慧地球’大规模获得了这方面的项目资源，我国将会被IBM高附加值产品消耗掉大量资金资源，严重削弱我国对本国企业的扶持力度，深刻影响我们经济刺激计划的实施效果。”

一年多来，IBM在中国的“智慧地球”战略推进有条不紊，并已中标多个重大项目工程。比如，沈阳、南京、广州、深圳等国内“智慧城市”的建设。此外，IBM还在济南等地设立了专门的项目团队。2008年10月，IBM甚至对青岛海信网络公司进行投资，以强化智能交通市场的布局。

工信部软件与集成电路促进中心副主任邱善勤表示，在信息化建设上，绝不能为了项目而项目，无论是“智慧地球”还是物联网，都应该关注具体应用。他认为，目前蜂拥上马的许多项目，透露出地方政府的盲目性。

国务院发展研究中心技术经济部研究员李广乾指出：“9·11”事件发生后，美国政府立即出台了《爱国者法案》，试图运用技术和法律手段去阻止或避免恐怖主义袭击再次在美国发生。对于该法案，人们关注最多的是银行金融与图书馆信息安全审查，但是它也将直接涉及大型互联网运营商客户的商业数据隐私问题。这个法案，对微软、IBM这样的企业制约实际上非常大，因为他们的商业客户也同样暴露在政府行动之中。作为客户，我在跟你签订服务商合同的时候你可以保证我的隐私，但是美国政府不会给你保证；进一步来说，如果我们的中国企业采用IBM的平台，那就只能受制于美国的《爱国者法案》。如果我们的商业活动可以被随时监控，商业数据随时可被调用，那么作为企业，你还有什么秘密可言？如果我们有很多重要的行业数据在微软、IBM这样的企业手上，那么潜在的风险就实在是太大了。

资料来源：http://www.howbuy.com/news/331542.html，2010-05-24。

案例二

IBM为美国空军设计和建立云计算环境

2010年2月，IBM宣布已和美国空军签下合约，将为其9个指挥中心、100座军事基地，和散居全球之70万军员所使用的USAF网络，设计和建立一个云端计算环境。

IBM的挑战不仅是开发一个能支持如此大型网络的云端计算，还必须达到美国政府和空军的严格安全标准。IBM将为这项计划，使用其研发单位IBM Research开发的先进网络安全技术。

美国空军作战整合负责人兼首席信息官威廉·劳德（William Lord）中将表示：“我们

的目标，是展示云计算如何能作为空军管理、监督和防卫内部网络信息流动的工具。我们仔细评估过 IBM 在商业云计算表现方面的专才，并要求他们开发一个架构，用来提升空军内部（计算）环境的表现，进而改善所有操作、分析和防卫功能。”

为完成这项任务，IBM 自己的研究员、软件工程师和网络安全专家，将与军方人员和政府机关合作，建立一个符合要求的安全网络。该公司将采用汇流计算（stream computing）分析，这是一种能让空军持续监看和分析所有网络资料，以寻找任何威胁或故障迹象的技术。

感应器将提供云计算网络运作状况的即时资料，协助空军立即反应网络攻击或其他问题。IBM 也将采用自主计算（autonomic computing）技术，让网络根据当下的需求，不断改变其性能和反应程度，无须依赖技术人员。

针对企业界的调查一再显示，安全是云计算给人的一大疑虑。网络安全也是本周美国政府的大事之一。美国国会众议院在 4 日通过了《网络安全研究与发展案》（Cyber Security Research and Development Act），白宫的国家情报主任也在 2 日提醒参议院，美国正面临严重的网络攻击威胁。

资料来源：http://www.infosec.org.cn/news，2010-02-29。

请思考：1. 为什么我国政府对引入国外商业公司的信息化系统心存顾虑？

2. 如何借鉴国外商业公司与国外政府在信息化方面成功合作的经验？

小知识

什么是 APT 攻击

网络安全，尤其是互联网安全正在面临前所未有的挑战，这主要指来自有组织、有特定目标、持续时间极长的新型攻击和威胁，国际上有的称之为 APT（advanced persistent threat）攻击，或者称之为“针对特定目标的攻击”。一般认为，APT 攻击就是一类特定的攻击，为了获取某个组织甚至是国家的重要信息，有针对性地进行的一系列攻击行为的整个过程。APT 攻击利用了多种攻击手段，包括各种最先进的手段和社会工程学方法，一步一步地获取进入组织内部的权限。APT 往往利用组织内部的人员作为攻击跳板。有时候，攻击者会针对被攻击对象编写专门的攻击程序，而非使用一些通用的攻击代码。此外，APT 攻击具有持续性，甚至长达数年。这种持续体现在攻击者不断尝试各种攻击手段，以及在渗透到网络内部后长期蛰伏，不断收集各种信息，直到收集到重要情报。更加危险的是，这些新型的攻击和威胁主要就针对国家重要的基础设施和单位进行，包括能源、电力、金融、国防等关系到国计民生，或者是国家核心利益的网络基础设施。2010 年的极光（Google Aurora）攻击是一个十分著名的 APT 攻击。Google 的一名雇员点击了即时消息中的一条恶意链接，引发了一系列事件导致这个搜索引擎巨人的网络被渗入数月，并且造成各种系统的数据被窃取。

第 13 章

电子政务主要技术

将手机等新技术应用到党建工作中，既是信息化时代发展的客观要求，也是党建工作与时俱进、改革创新的重要体现。

——习近平

什么是最完美的技术？最完美的技术就是感觉不到它的存在。

——法兰克·索提斯

重点问题

- 电子政务主要技术
- 电子政务网络技术基础
- 开源技术在电子政务中的应用
- 云计算、物联网、移动网络等技术的应用

电子政务是以计算机和网络通信技术为基础，通过对政务管理的流程再造和改革创新，形成简便、务实、廉洁、高效的政务管理模式。电子政务的重点是政务，电子政务的基础是信息技术。电子政务系统作为一个与政务处理有关的信息系统，首先需要有独立工作能力的计算机系统，能提供基本的信息处理功能。在此基础上，还需要网络技术和通信技术将这些单独的计算机系统连接起来，从而形成具有广泛电子政务服务能力的网络信息系统。

13.1　电子政务主要技术

从技术实践上讲，电子政务除将计算机和网络通信技术作为基础技术外，还包括网站

技术、办公自动化技术、跨平台的信息交换技术、数据库和数据仓库技术、汉字识别技术、语音处理技术、人工智能技术、信息安全技术等。从本质上讲，这些技术的概念和内涵很难区分，常常是统一的和相互渗透的，并非是处于独立的、无交流的单一技术范畴状态。

13.1.1　计算机和网络通信技术

计算机和网络通信技术被称为 ICT 技术。ICT 是信息、通信和技术三个英文单词的首字母组合，是信息技术与通信技术相融合而形成的一个新的概念和新的技术领域。严格说，通信技术与信息技术是两个完全不同的范畴：通信技术着重于消息传播的传送技术，信息技术着重于信息的编码或解码，以及通信载体的传输方式。随着技术的发展，这两种技术慢慢变得密不可分，渐渐融合成为一个范畴。21 世纪初，“八国集团”在冲绳发表的《全球信息社会冲绳宪章》认为：“信息通信技术是 21 世纪社会发展的最强有力动力之一，并将迅速成为世界经济增长的重要动力。”

1925 年，前苏联经济学家康德拉杰耶夫在其发表的《论经济生活中的长期波动》一文中提出，资本主义社会存在为期 50～60 年一次的经济周期。而每一次经济繁荣，都是由关键的技术革新推动的。依据康德拉杰耶夫的这一周期理论，欧洲有专家将工业革命开始以来的经济发展分成五个阶段，每一阶段的经济复苏和繁荣，都有关键的技术革新引领或推动经济的发展：

（1）1800 年至 1850 年，蒸汽机和棉花阶段。

（2）1850 年至 1900 年，钢铁和铁路阶段。

（3）1900 年至 1950 年，电器工程和化工阶段。

（4）1950 年至 1990 年，石化和汽车阶段。

（5）1990 年至今，ICT 阶段。

13.1.2　网站制作和管理技术

网站制作和管理技术可分为软件、硬件和运维三部分。软件方面单纯从技术上说，有前台和后台两部分：前台技术为展现给用户的技术，包括基本的网页 HTML 代码、Css 样式表、DIV 技术、Flash 的应用等；后台技术为系统内部处理的技术，主要包括动态网页编程语言。硬件方面主要是服务器和网络设备的管理技术。运维技术包括网站架构设计技术、网站门户技术、全文检索技术、海量存储技术、大并发访问处理、网站集群技术等专题技术。

网站制作和管理技术主要分为两大应用类型，一是电子商务，主要侧重高效率和人性化界面，讲求大规模并发快速响应，此类网站以淘宝、京东、当当网等为代表；二是电子政务，主要侧重于规范与安全，强调确保流程运行可靠，安全稳定，此类网站以各部委内部办公网站、公共服务类型网站为代表。但是，电子商务与电子政务在实际应用中并非泾渭分明，比如政府采购、招投标、公共资源交易和 12306 等网站。从建设主体来说，它们一般是政府部门建设的电子政务网站，但更加接近电子商务类型的网站，因此这些类型的网站要加强提高用户体验水平，确保高并发的正常访问，同时还要兼顾信息安全、流程规范等目标。

13.1.3 办公自动化技术

办公自动化（OA）技术指通过先进技术的应用，将办公业务物化于人以外的各种设备，并由这些设备和办公人员共同完成办公业务的人机信息系统。办公自动化还可以形象地理解为，办公人员运用现代科学技术，如通过局域网或远程网络，采用各种媒体形式，管理和传输信息，改变传统办公面貌，实现无纸办公。办公自动化技术的设计思想就是以自动化设备为主要处理手段，依靠先进技术的支持，为用户创造一个良好的自动化的办公环境，以提高工作人员的办公效率和信息处理能力。办公自动化的支撑技术有：计算机技术、通信技术、自动化技术、工作流技术。

13.1.4 跨平台的信息交换技术

电子政务系统是内含多种应用系统的集成体系，各类应用系统彼此作用、相互链接形成了一个有机的信息流处理体系。一个复杂庞大的电子政务信息系统包括各种机器平台如小型机、工作站、微机和各种操作系统。跨平台的信息交换与共享技术，可使用户在相同的、唯一的界面下访问多种异构数据源，包括关系数据库、多维数据库、文档数据库、电子邮件系统、各种文件系统以及各个方面的信息，可实现整个系统的信息交换。同时，目前许多政府部门都有基本的计算机业务处理系统，如办公、财务、进销存等，但这些系统之间彼此独立，无法共享数据和协同工作，造成了“信息孤岛”。随着政府自身和业务的发展，政府越来越迫切需要打破“信息孤岛”，也就是要求这些基本的计算机业务处理系统之间能够传输交换数据、协同工作，并能开展电子政务。

13.1.5 数据库和数据仓库技术

数据库是计算机存储器中合理组织、相互关联的数据的集合。这些数据具有冗余度小、数据的存储独立于使用它的程序、可共享性等特点。在数据库中存储的大量数据、管理这些数据的专用软件系统以及相应的硬件设备构成一个完整的系统，称为数据库系统。数据库管理系统（DBMS）有三种类型：层次数据库系统、网状数据库系统和关系数据库系统。其中，关系数据库系统应用最为广泛。20 世纪 70 年代关系模型提出后，由于其突出的优点，迅速被商用数据库系统所采用。据统计，70 年代以来新发展的 DBMS 系统中，近 90%是采用关系数据模型，其中涌现出了许多性能优良的商品化关系数据库管理系统。

著名数据仓库专家英蒙（W. H. Inmon）在其著作《建设数据仓库》（*Building the Data Warehouse*）一书中给数据仓库下了如下定义：数据仓库是一个面向主题的、集成的、相对稳定的、反映历史变化的数据集合，用于支持管理决策。数据仓库是在数据库已经大量存在的情况下，为了进一步挖掘数据资源、为了决策需要而产生的，并不是所谓的"大型数据库"。电子政务数据仓库的建设，是以现有电子政务业务系统和大量业务数据的积累为基础。数据仓库不是静态的概念，只有把信息及时交给需要这些信息的使用者，供他们做出改善其政务工作的决策，信息才能发挥作用，信息才有意义。而把信息加以整理归纳和重组，并及时提供给相应的政务管理决策人员，是数据仓库的根本任务。

随着互联网 Web2.0 网站的兴起，传统的关系数据库在应付 Web2.0 网站特别是超大规模和高并发的 SNS 类型的 Web2.0 纯动态网站方面已显得力不从心，暴露了很多难以克服的问题，而非关系型的 NoSQL 数据库则由于其本身的特点如可以处理超大量的数据、运行在便宜的 PC 服务器集群上，突破了性能瓶颈等优势，得到非常迅速的发展。NoSQL 数据存储不需要固定的表结构，通常也不存在连接操作，在大数据存取上具备关系型数据库无法比拟的性能优势。Google 的 BigTable 与 Amazon 的 Dynamo 是非常成功的商业 NoSQL 实现。一些开源的 NoSQL 体系，如 Facebook 的 Cassandra、Apache 的 Hadoop，也得到了广泛认同。今后大型电子政务网站可能将采用 NoSQL 数据库代替现有的关系型数据库，以解决性能和成本的难题。

13.1.6　汉字识别技术

汉字识别技术是一种文字自动输入方法，它通过扫描和摄像等光学输入方式获取纸张上的文字图像信息，也可使用联机手写方式识别写在手写板上的汉字，然后利用各种模式识别算法分析文字形态特征，判断出文字的标准编码，并按通用格式存储在文本文件中。脱机汉字文本自动识别（OCR）是一种快捷、省力的文字输入方式，是在有大容量文字录入的场合可采用的替代方法。

13.1.7　语音识别技术

语音识别技术是计算机应用人工智能技术将人的语音自动转换为文字和指令、使计算机具备听觉功能的有关技术和算法。语音识别技术的复杂性和指标主要取决于三方面的技术：一是发音方式，发音时是以孤立词、连接词或自然语言的连续语音的方式；二是字表的大小，可识别的字符范围，分为大、中、小不同类型；三是适用对象，分为特定人和非特定人系统。特定人系统指训练与识别是适用于同一人，非特定人系统则是指语音样板能适应一组人进行识别，即训练时为特定人，而识别时能适应一组人。语音合成技术是计算机模仿人的语音生成过程，使计算机控制音响设备合成人工语音。目前人工合成的语音自然度和保真度都相当好，广泛应用于许多计算机产品中。

13.1.8　人工智能技术

人工智能技术是研究人类智能和如何使机器具有人的智能行为的科学，通常利用计算机模拟人的思维、语言、记忆、推理、感知、学习等智能能力，以延伸人的感觉和大脑功能。它与计算机科学、自动化技术、心理学、语言学、数理逻辑、控制论、信息论、仿生学、哲学等学科有密切关系，是一门综合性边缘学科。其研究课题主要包括定理证明、博弈、问题求解、自动程序设计、机器翻译、模式识别、自然语言理解、专家系统、自学习系统、智能机器人等领域。

13.1.9 信息安全技术

计算机信息安全技术是一门由密码应用技术、信息安全技术、数据灾难与数据恢复技术、操作系统维护技术、局域网组网与维护技术、数据库应用技术等组成的计算机综合应用学科。密码应用技术：主要用于保障计算机信息的机密性、完整性和抗御外部入侵等。信息安全技术：主要用于防止系统漏洞、防止外部黑客入侵、防御病毒破坏和对可疑访问进行有效控制等。数据灾难与数据恢复技术：一旦计算机发生意外、灾难等，可使用备份还原及数据恢复技术将丢失的数据找回。国际领先的数据恢复技术研发机构效率源就曾针对地震灾害、洪涝灾害等特殊数据恢复难题推出过相应的灾难数据恢复解决方案。

13.2 电子政务网络技术基础

电子政务系统是基于计算机和网络技术、面向政府机构的流程优化和服务扩展的综合信息系统，是以信息技术为基本手段，优化和扩展面向政府机构的业务模式、管理模式和服务方式，即将信息技术在政府机构的应用从简单地取代手工劳动提高到工作方式优化的新层次。电子政务还可以利用网络技术把政府公共信息发布到网络上，一方面社会公众可以通过网络了解政府的大政方针；另一方面政府可以从网上不同的数据源快速获得公众的意见，还可以利用网络技术推广各种政务应用。

13.2.1 计算机网络的分类

用于计算机网络分类的标准很多，如拓扑结构、应用协议等，但这些标准只能反映网络某方面的特征。常见的网络分类标准是按网络分布的距离分为局域网（LAN)、城域网(MAN)、广域网（WAN)、互联网。

1. 局域网

LAN一般是使用于几米至10公里距离的小型计算机网络，配置容易，速率高，速度为4Mbps～2Gbps；它处于一个建筑物或一个单位内，不存在寻径问题，不包括网络层。

2. 城域网

MAN的距离一般在10公里至100公里范围内，适于对一个城市的LAN互联。通常采用IEEE802.6标准，速率为50Kbps～100Kbps。

3. 广域网

WAN也称远程网，是一种地域跨越大的网络，通常包含一个国家或洲。范围在几百千米至几千千米以内。它发展较早，可使用公用的、租用的专线或专用通信设备，通过IMP和线路连接起来，构成网状结构，解决寻径问题；目前速率一般在9.6Kbps～45Mbps，如中国电信的CHINANET、CHINAPAC、CHINADDN网等。

4. 互联网

互联网是将不同的物理网络，通过路由器和网关通信设备按TCP/IP协议互相连接、统一起来组成的一种新型高层技术网络。也就是说，将不同的网络用同一协议连接起来以后便组成了一个互联网络。

13.2.2 网络拓扑结构

网络拓扑结构是网络系统的连接形式，网络中各站点相互连接的方法和形式称为网络拓扑。拓扑图给出网络服务器、工作站的网络配置和相互间的连接，它的结构主要有星形结构、环形结构、总线结构、分布式结构、树形结构、网状结构、蜂窝状结构等。

1. 星形结构

星形结构是指各工作站以星形方式连接成网，即在该网络中每个入网节点都连接在一个中心节点上，也就是网络有中央节点。其他节点（工作站、服务器）都与中央节点直接相连。由于这种结构以中央节点为中心，因此又称为集中式网络。其优点有：结构简单，便于管理；控制简单，便于建网；网络延迟时间较小，传输误差较低。缺点是成本高、可靠性较低、资源共享能力较差。

2. 环形结构

环形结构由网络中若干节点通过点到点的链路首尾相连形成一个闭合的环，这种结构使公共传输电缆组成环形连接，数据在环路中沿着一个方向在各个节点间传输，信息从一个节点传到另一个节点。

环形结构的特点有：信息流在网中是沿着固定方向流动的，两个节点仅有一条道路，故简化了路径选择的控制；环路上各节点都是自举控制，故控制软件简单；由于信息源在环路中是串行地穿过各个节点，当环中节点过多时，势必影响信息传输速率，使网络的响应时间延长；环路是封闭的，不便于扩充；可靠性低，一个节点故障，将会造成全网瘫痪；维护难，对分支节点故障定位较难。

3. 总线结构

总线结构是各工作站和服务器均连接挂在一条总线上，各工作站地位平等，无中心节点控制，公用总线上的信息多以基带形式串行传递，其传递方向总是从发送信息的节点开始向两端扩散，如同广播电台发射的信息一样，因此又称广播式计算机网络。各节点在接受信息时都进行地址检查，看是否与自己的工作站地址相符，相符则接收网上的信息。

总线结构的特点有：结构简单，可扩充性好。当需要增加节点时，只需要在总线上增加一个分支接口便可与分支节点相连，当总线负载不允许时还可以扩充总线；使用的电缆少，且安装容易；使用的设备相对简单，可靠性高；维护难，分支节点故障查找难。

4. 分布式结构

分布式结构的网络是将分布在不同地点的计算机通过线路互连起来的一种网络形式。

分布式结构的网络的特点有：由于采用分散控制，即使整个网络中的某个局部出现故障，也不会影响全网的操作，因而具有很高的可靠性；网中的路径选择最短路径算法，故网上延迟时间少，传输速率高，但控制复杂；各个节点间均可直接建立数据链路，信息流程最短；便于全网范围内的资源共享。缺点是：连接线路用电缆长，造价高；网络管理软件复杂；报文分组交换、路径选择、流向控制复杂。

5. 树形结构

树形结构同总线结构的共同特征是使用支持多节点接入的数据通信介质，是分级的集中控制式网络。与星形结构相比，它的通信线路总长度短，成本较低，节点易于扩充，寻找路径比较方便；但除了叶节点及其相连的线路外，任一节点或其相连的线路故障都会使系统受到影响。树形网络结构的局域网络是总线结构局域网的拓展形式，但其数据通信介质是无回路的分支总线。

6. 网状结构

在网状结构中，网络的每台设备之间均有点到点的链路连接，这种连接不经济，只有每个站点都要频繁发送信息时才使用这种方法。它的安装也复杂，但系统可靠性高，容错能力强。有时也称为分布式结构。

7. 蜂窝状结构

蜂窝状结构是无线局域网中常用的结构。它以无线传输介质（微波、卫星、红外等）点到点和多点传输为特征，是一种无线网，适用于城市网、校园网、企业网。

在计算机网络中还有其他类型的拓扑结构，如总线与星形混合、总线与环形混合连接的网络。在局域网中，使用最多的是总线和星形结构。电子政务网络一般采用星形结构。

13.2.3 网络协议

网络中不同工作站、服务器之间之所以能传输数据，是源于协议的存在。为了使通信成功可靠，网络中的所有主机都必须使用同一语言，这个“共同语言”就是网络协议或网络标准。协议是控制数据通信的一组规则，它定义了通信内容是什么、如何进行通信及何时进行。

网络协议一般都有分层的概念，比如 ISO/OSI 的七层模型。一般网络协议包括物理层、链路层、网络层和应用层协议等，局域网中最常见的三个协议是 MICROSOFT 的 NETBEUI、NOVELL 的 IPX/SPX 和交叉平台 TCP/IP。因特网是世界上最大的计算机网络，其核心协议是 TCP/IP 协议。目前的 IP 地址已于 2011 年 2 月 3 日分配完毕，其中北美占有 3/4，约 30 亿个，而人口最多的亚洲只有不到 4 亿个。IP 地址不足，严重制约了中国及其他国家因特网的应用和发展。

为满足网络扩展和网络应用服务增多的需要，IP 协议地址空间已经开始从 IPv4 的 32 位向 IPv6 的 128 位增加。IPv6 是下一版本的互联网协议，也可以说是下一代互联网的协议，它的提出最初是因为随着互联网的迅速发展，IPv4 定义的有限地址空间将被耗尽，地址空间的不足必将妨碍互联网的进一步发展。为了扩大地址空间，拟通过 IPv6 重新定义地址空间。IPv6 采用 128 位地址长度，几乎可以不受限制地提供地址。按保守方法估算

IPv6 实际可分配的地址，整个地球的每平方米面积上可分配 1 000 多个地址。在 IPv6 的设计过程中除了一劳永逸地解决了地址短缺问题以外，还考虑了在 IPv4 中解决不好的其他问题，主要有端到端 IP 连接、服务质量、安全性、多播、移动性、即插即用等。

在 IPv6 的普及中，一个重要的应用是实现网络实名制下的互联网身份证。目前基于 IPv4 的网络之所以难以实现网络实名制，一个重要原因就是因为 IP 资源的共用，因为 IP 资源不够，所以不同的人在不同的时间段共用一个 IP，IP 和上网用户无法实现一一对应。在 IPv4 下，根据 IP 查人也比较麻烦，电信部门要保留一段时间的上网日志才行，通常因为数据量很大，运营商只保留三个月左右的上网日志，比如查前年某个 IP 发帖子的用户就不能实现。IPv6 的出现可以从技术上一劳永逸地解决实名制这个问题，因为那时 IP 资源将不再紧张，运营商有足够多的 IP 资源，运营商在受理入网申请的时候，可以直接给该用户分配一个固定 IP 地址，这样实际就实现了实名制，也就是一个真实用户和一个 IP 地址的一一对应。当一个上网用户的 IP 固定了之后，用户任何时间做的任何事情都和一个唯一 IP 绑定，用户在网络上做的任何事情在任何时间段内都有据可查，并且无法否认。全世界范围内的 IPv6 网络从 2012 年 6 月 6 日开始正式启动，这是互联网演进史上的一个里程碑时刻。①

13.3 开源技术与电子政务

开源软件（open source software），即公开源代码的软件。它被定义为描述其源码可以被公众使用的软件，并且开源软件的使用、修改和分发不受限制。获得开源软件是免费的，只需对所获取源码的使用遵循该开源软件的许可协议即可。开源软件常用的许可协议包括 BSD、Apache Licence、GPL 等，其中 GPL 协议被开源软件组织采用最多。

开源软件的种类、数量繁多，应用很广泛。在操作系统领域，Linux 的应用遍布最小的嵌入式系统家电到最大的超级计算机，全球 500 强超级计算机站点有 90%以上使用 Linux。无论是 70%以上的全球股票交易系统，还是 Facebook、Google、Amazon，以及许多消费电子产品中都可以找到 Linux 的应用。Web 中间件方面，全球有一半以上的 Web 服务器在使用开源的 Apache、Nginx 系统。数据库方面，有针对互联网应用的轻量级数据库 MySQL，也有针对大型应用的 PostgreSQL，以及满足超大容量、高性能网络应用的 NOSQL 数据库。其他还有各种非常流行的软件，如办公软件 Openoffice、文本处理软件 Emacs、图形处理软件 GIMP、排版软件 TeX 等，可以说应有尽有，基本满足了各种信息化需要。

今天，不仅有数以万计的组织、企业、个人用户在积极地参与开源软件，连 IBM、HP、Google、Oracle 等一些著名的软硬件厂商也在加大在开源方面的投入，并积极向开

① 参见《IPv6 全球启动在即国内试点提速》，见 http://www.yangtse.com/system/2012/05/29/013438954.shtml，2012-05-29。

源社区贡献优秀开源软件。开源加快了软件业快速向服务业的转变。近年来，以Linux为代表的开源软件得到各国政府的全力支持。英国、法国、德国、比利时、巴西等国家已通过议案，要求政府在采购之前要比较商用软件和开源软件，优先考虑开源软件。中国、欧盟、韩国、泰国、澳大利亚、菲律宾、马来西亚等国政府正在采取措施大力支持Linux的发展。美国部分政府部门、公共机构、学校也在积极推动开源软件的应用。2003年6月，美国国防部颁布一项备忘录，允许在国防部内使用开源软件；美国得克萨斯州还通过了推动开源软件使用的SB1579法案。2002年英国政府通过了《开放源代码软件在英国政府部门的应用》，强调英国政府积极使用开源软件，要求商业软件必须是支持开放标准。发展中国家政府更乐于直接参与开源软件的开发，资助国内企业开发，甚至出台强制性的法律法规，如巴西里约热内卢市是第一个正式要求在政府机关内以及政府管理的部门内强制采用开源软件的城市，阿根廷国会通过草案，具有特定要求的部门除外，要求所有政府机构和国有企业使用开源软件。

1999年7月15日，中国信息产业部曲维枝副部长主持召开了Linux与中国软件产业研讨会，这是中国政府首次明确支持以Linux为代表的开源软件。此后，开源软件在中国发展迅速。国产厂商的开源软件发行版被视同为国产软件。中国的科技计划大力支持基于开源软件的各种基础软件，包括操作系统、数据库管理系统、中间件、办公软件等，其中很大一部分是基于开源软件。在《国家中长期科学和技术发展规划纲要（2006—2020年）》中将基础软件纳入信息领域的“核心电子器件、高端通用芯片及基础软件”重大专项之中，其中有相当大的部分是基于开源软件，这为今后开源软件在中国的发展铺平了道路。

各国政府在电子政务建设中积极推动开源软件的应用，主要基于以下因素：

13.3.1 推动本国软件业发展

目前软件业格局是：几乎所有的核心软件均掌握在美国公司手中，每年美国软件50%以上面向出口。如果严格按照知识产权协议，美国以外的所有国家要向美国支付上千亿美元。随着软件应用网络化水平的提高，软件授权将越来越严格，软件的知识产权保护使各国重新开发各种核心基础软件的梦想成为泡影。开源软件的出现为各国软件业带来新的机遇。目前开源软件中的操作系统、字处理软件、数据库无论性能还是可靠性均已达到商用阶段。各国政府仅需做一些本地化开发、功能完善、教育培训工作，这些软件就能完全满足政府、企业的需要。这不但节省了大量支出，还培育了国内软件业的发展，时机成熟还能使软件出口。在闭源模式下，厂商通过版权、专利和商业机密等法律手段，形成了锁定机制，即通过各种技术、法律手段防止、限制用户修改其产品。在这种机制下，对用户而言，只能决定买不买，而不能自己动手修改或解决问题。通过闭源，形成阻遏用户修改的技术壁垒；通过产权体系，形成阻遏用户修改的法律壁垒。换句话说，个人只能依赖于“专家”或“厂商”，除此之外，没有任何主体性。更重要的是，开源运动已经为全人类提供了巨大的代码公共资源。到2008年，Linux内核开发的代码已经达到6 772 902行，以替代成本计算，重新开发成本至少140亿美元；Fedora 9的代码达2.05亿行，重新开发成本108亿美元；整个Linux生态系统价值为250亿美元。倪光南院士提出：龙芯与

Linux 是我国 IT 业自主创新唯一机会。[①] 正是这些代码资源属于全球公共资源，是发展中国家缩小技术差距的重要支撑，也是保持自身独立性的重要保障。例如，借助 Linux 核心代码，古巴得以自主开发本国的操作系统，以避开美国（微软）的制裁。[②]

13.3.2　保障国家信息安全

互联网已经触及社会各个层面，并且很多互联网技术靠软件来实现。国家信息安全在网络时代面临的巨大挑战，其实正是软件所带来的挑战。计算机、网络大部分核心技术均源自美国，美国应是高枕无忧了吧？其实不然，如美国军方所用的操作系统不是普通的操作系统，而是特殊制定的安全操作系统，显然美国军方对商业通用操作系统也心有疑虑。俄罗斯军方所用的操作系统是自主开发的，在安全和性能方面完全能满足军事需要。德国政府规定在政府重要部门严禁使用微软的 Windows 操作系统。

开放源代码可自由查看、根据本身的需求量身定制，从客观上杜绝了部分安全隐患。传统闭源软件可能存在“阴暗的死角”，隐藏了漏洞和后门。在传统软件公司，只有极少数人能接触到核心源码，对核心源码的安全检查至关重要。尤其是在当前信息安全风险挑战日趋激烈，互联网环境下电子政务系统的安全性要求更高。

有专家认为：互联网已成为继领土、领海、领空之后的第四维空间，并对现实空间有直接制约作用，其战略地位不亚于领土、领海和领空。奥巴马政府将网络空间安全威胁定位为“我们举国面临的最严重的国家经济和国家安全挑战之一”。目前，互联网硬件设备、基础设施和商业软件的核心技术绝大部分掌握在西方少数国家的大企业手中。在 1991 年海湾战争时期，美国将所有伊拉克国家域名的网站全部封锁，并激活预先安装在伊拉克军队打印机中的所有病毒。2009 年 11 月，伊朗核工厂的 P-1 离心机遭到美国震网病毒的攻击，导致 984 台离心机报废，伊朗核计划遇到重大技术障碍，2015 年前将不会取得突破性进展。以上问题的核心原因都在源代码，因为源代码背后有许多我们看不到的“后门”，而这些后门可能被利益链条所控制。2010 年底，俄罗斯总理普京签署了一项命令，要求所有政府机构在 2015 年前用开源软件替代西方企业如微软和 Adobe 开发的商业闭源软件。此举可帮助俄罗斯节省数十亿美元的软件授权费用，更重要的是因为开源软件的源代码公开透明，可由用户严格审查，确保安全可靠，减少对国外商业软件的依赖。用户可控制软件核心知识，这在传统闭源软件模式下是闻所未闻的事情。

13.3.3　降低软件采购成本

各国政府的电子政务建设如火如荼，软件支出巨大。据高德纳咨询公司发布的报告称，2010 年全球 IT 支出超过 2.4 万亿美元，增长 2.9%。2011 年，美国联邦政府在电子

---

① 参见倪光南：《龙芯与 Linux 是自主创新唯一机会》，见 http://info.ec.hc360.com/2007/01/24161781352-2.shtml，2007-01-24。

② 参见《开源软件运动：构筑美好世界的合作社企业》，载《21 世纪经济报道》，2012-05-29。

政务方面的投资为794亿美元，比2010年预算的784亿美元增长了1.3%。我国2010年电子政务投资也高达986亿元。[①] 传统行业的制造商对一种零部件往往选取两个以上的供货商，目的是防止供货商谋取暴利及当一个供应商供货出现障碍时供应链断开。软件自身的特性使这种“锁定”更甚。当某一机构使用某种软件时间越长、使用的人数越多时，越容易被软件锁定，尤其是软件代码不透明、接口不公开时。这就意味着软件供应商可能向该机构索取更高的支持、升级、维护费用。各国政府已充分认识到这一点。英国、南非推动开源软件的战略中，均把此列为重要因素。胡锦涛同志在2010年6月向两院院士的讲话中指出：按照可靠、低成本信息化的要求，构建泛在的信息网络体系。电子政务提高了政务工作效率，降低了政务工作工作量，提升了政务工作水平，具有节约成本、加强监督等重要职能。这就要求我们在电子政务建设中注重节约经费，体现电子政务功能。众所周知，只要不用于商业目的，开源软件完全免费，任何人可以修改和发布源代码，符合可靠、低成本信息化的要求。随着开源软件的发展，日常应用是完全能够满足电子政务的需要的，不需要采购高额的国外商业软件。由于能节省巨额费用，美国政府信息化项目也开始青睐开源软件。美国白宫网站已经完全采用了开源平台，就连一直固守专有软件的美国国防部也开始对开源软件敞开了大门。对开源的支持也使奥巴马被外界冠以“开源总统”之称。

13.3.4 适应需求变化

古希腊哲学家赫拉克利特说过：“唯有变化才是永恒。”政府工作流程、规范、内容、要求在不断变化，电子政务要快速适应需求的变化。据统计，信息化项目只有20%左右成功，而且所有项目成本平均超预算240%，安装时间超预计178%。[②] 其中大部分失败的案例中存在流程死板、缺乏变化、修改成本高、不适合实际需要的情况。导致电子政务项目失败的直接原因一般有两点：项目完成的成本超支和周期超长。项目管理可能是使用传统瀑布模式下开发，看起来规范而秩序井然，但因为需要永远在变，编程跟不上变化，项目实施比较混乱，甚至不能满足现实需求。而开源软件本身免费，投入少，代码公开透明、标准化规范化高、可读性强、文档齐全，可以根据现状随时修改，特别适合敏捷开发战略，为电子政务开发人员提供了更为低成本、敏捷、适应变化的可能。由于源代码对用户公开，用户可以根据现状，快速低成本修改源代码，还最大可能地降低了后期运维风险。因此采用开源软件、实施敏捷开发战略，可以解决成本超支和周期超长的问题，极大地降低电子政务项目失败的几率。

13.4 云计算、物联网、移动网络与电子政务

2009年以来，胡锦涛、温家宝等国家领导人在不同场合多次强调要依靠科技创新，

---

① 参见赵东：《电子政务这十年》，载《计算机世界》，2012-04-09。

② 参见江华：《ERP是神话还是噩梦?》，载《中国计算机用户》，2002 (12)。

引领经济发展；要注重经济结构调整和发展模式转变，重视新兴产业的发展等问题；明确提出了“感知中国”的理念。① 层出不穷的新技术不断推动着电子政务的创新。

13.4.1 云计算与电子政务

2006 年 8 月 9 日，Google 行政总裁埃里克·施密特（Eric Schmidt）在搜索引擎大会上首次提出“云计算”（cloud computing）的概念。云计算是基于互联网的相关服务增加、使用和交付的模式，通常通过互联网来提供动态易扩展且经常是虚拟化的资源。云是网络、互联网的一种比喻说法。在网络拓扑图中往往用云来表示外部通信网络，后来也用来表示互联网底层基础设施。“地球是扁平的”，资源是不均衡的。计算性能有高低，设备使用有忙闲，运维水平参差不齐，云计算作为一种技术模式可敏捷、低廉、科学、动态、按需定制地实现资源共享。

1. 云计算的魅力

云计算以服务的方式提供计算、存储等功能，将有效共享资源，大大缩短系统开发和实施的时间。在硅谷有个创业案例，三名从未谋面的程序员通过互联网认识，并且合作在网上开发程序。该程序的功能是帮助计算设备的耗电量以实现节电功能。这个软件就部署在他们租用的云计算平台上。几个月后，该软件被星巴克采用，应用在星巴克全球各地的分店，为星巴克节省大量电费支出。他们的创业很快取得了成功。如果没有云计算，这三个人需要为软件的运行购置大量的服务器和带宽，成本和时间将成倍增加。

2009 年 9 月，奥巴马政府宣布将执行一项长期性的云计算政策，希望借助虚拟化来压缩美国政府支出。美国联邦政府首席信息官维克·昆德拉要求 3.8 万多名联邦政府公务员使用 Google 的云计算平台，这些服务包括邮件、办公、维客、视频等功能。电子政务系统的部分应用转到云平台，政府节约了大量投入。

近年来约有 50 万个组织在使用云平台替代单机的 Office 系统，包括一些大公司如通用电器公司等。纽约《时代周刊》使用 Amazon 的云平台将公司内大量的杂志文档转成 PDF 文件进行存储，每天要转换将近 4TB 的数据，比传统方式缩短了 160 倍左右的时间，还节约了开支。纳斯达克已经将大量的股票交易和价格分析数据存储在 Amazon 的云平台上，以节约大量的在线数据存储空间。如果全部使用光纤存储在线交易的数据，将让纳斯达克支付金额巨大的费用。

2. 云计算就是服务

在云时代，平台就是服务，架构就是服务，软件就是服务，而服务均可购买，不需要重新建设和部署。云计算的资源能全面共享，只要联网，在世界上任何一个角落都可以建设一个专业、完善的系统供需要的人使用，而不必烦恼网络带宽、服务器、防火墙、入侵检测、存储、操作系统、数据库等传统开发模式下必须考虑的因素。云计算能让大家敏捷、低廉、科学、动态地共享资源。

我国正在考虑建设电子政务统一平台。鉴于云计算无可比拟的优越性，建设基于云计

① 参见费翔：《论物联网与电子政务对建立服务型政府的影响》，载《学理论》，2010 (30)。

算模式的电子政务统一平台，是比较理想的服务模式。云计算可分为三类架构：一是基础设施云，提供接近真实、原始的计算开发和存储环境，灵活性高，使用较复杂，所有应用功能需重新开发。二是平台云，提供应用的托管环境，用户可以将已开发完成的应用托管到平台中。三是应用云，这种云为用户提供可以直接使用的应用程序，这些应用一般都是基于浏览器的，最容易被使用，但灵活性相对较弱。用户可根据情况，选择一种或者多种云计算平台服务类型进行试验推广。

3. 云计算的建设实施

建设电子政务应用云首先要做好系统规划和设计，对全国电子政务模式充分调研，以便在系统中预置以适应不同情况的需求，保证系统的实用性、灵活性。其次要加快制定标准化流程、数据规范、范本模板等，实现业务和数据的标准统一，这是全国统一平台成功实施的重要基础。再次要充分掌握云计算相关技术，比如虚拟化技术、多租户技术、海量数据处理技术、大规模消息通信技术、分布式存储技术、物联网技术等，确保功能、性能等满足需求。最后还要解决安全、保密等问题。

通常，人们最担心云计算的安全保密问题。政府和公共事业部门可考虑采用私有云模式提高安全保密性。云计算按用户分类，可分为公共云、私有云和混合云。公共云面向公众所有用户，由运营方管理。私有云是面向特定用户，由用户管理。混合云是由用户和运营方共同管理和维护。

目前，国内已有部分公共事业部门和单位在探索云计算。中国民航信息网络股份有限公司通过组建私有云、应用虚拟化等技术，解决了原有系统成本高、使用率低、开放性不足、业务不灵活等问题，使电子客票网上销售系统交易成本降低40%，管理效率提高90%，旅客好评率提高50%，客户服务满意度提高70%，社会认可度提高80%。①

云计算平台必须切实为用户降低投资和运行成本，否则就没有推广的意义了。据调查，现阶段国内外主流商业化云计算平台为用户提供了按需收费的计算资源，使用方便，并且在网络流量和计算能力方面具备优势，但存储成本非常昂贵。综合比较，自购硬件加托管服务器依然比较便宜。云计算拥护者所宣称的成本低廉的优势目前尚难获得，或者只能在存储需求很小的应用领域获得。商业模式下费用偏高，这也是大多数用户对云模式采取观望态度的重要原因之一。

云计算平台要统一规划，按需投入，避免浪费，确保减少成本支出，比如将硬件、软件、带宽、电力、人力资源等投入限制在合理范围内，按需求进行适当扩展。云计算平台为用户提供了现成的应用，但本身同样需要软件的许可证费用。虽然用户不需要为基础软件比如操作系统、数据库、中间件等买单，但作为应用云的建设者必须要考虑部署一套应用系统可能会带来增加操作系统、数据库用户数相关许可证等一系列问题。因此，云计算尽量全部采用免费的开源软件，包括开源的操作系统、数据库、中间件、虚拟机等，否则应用云的运维成本仍然会非常高。

4. 云计算的效益

从总体上看，建设运维电子政务云计算平台将极大降低国家财政支出。如果将全国各

① 参见何滨：《云计算：电子化政府采购统一平台建设之道》，载《中国财经报》，2010-11-17。

部门、各地区的电子政务系统的支出节省出来统一用于云计算平台是完全足够的，甚至会减少许多。我国的行政单位除上百个中央一级单位外，还包括省级 34 个、地级 333 个、县级 2 858 个，大约几百万家公共机构。几乎所有的政府单位都需要使用电子政务业务，有的已建成，有的正在建设，有的还在计划建设电子政务系统。电子政务建设现状比较混乱，从中央到各部门、各地区基本上都各自为政，各自规划、各自实施。如果按硬件、软件投资不包括运维费用、人力成本等其他因素建成一个基本全面、完备、成熟、高性能、安全的电子政务系统，全国总投入非常惊人。

有关资料表明，云计算使数据中心计算成本便宜 30 倍。云计算除能在计算方面发挥规模效益外，采用诸如虚拟化、自然制冷等若干新技术还能降低运行成本。比如，虚拟化技术可以提高硬件使用效率，动态调整资源，节约硬件投入。另外，许多云计算中心采用了高科技绿色节能技术。Google 在比利时运行的云计算数据中心采用自然制冷，用数据中心外面的新鲜空气支持冷却系统。美国的一些云计算数据中心建在河边，靠河水的自然温度冷却服务器，不需要任何空调设备。可见，集中专业化管理可以充分发挥节支、环保功能。投资建设一个完全可以满足全国需求的电子政务云计算平台的投入成本，不到旧模式的几十分之一，而且分摊后运维成本将更加便宜。各国电子政务已逐步将云计算作为重要策略之一。英国政府从 2009 年开始政府云计划，目标是将政府的 IT 预算节约大约 50 亿美元。美国政府在 2011 年 2 月发布联邦云计算战略，预期在两年内为联邦政府节约 200 亿美元。

13.4.2　物联网与电子政务

物联网就是物物相连的互联网，指物品通过各种信息传感设备（如 RFID、红外感应器、全球定位系统、激光扫描器等装置）与互联网连接而形成的一个巨大的网络，又叫传感网，掀起了继计算机、互联网与移动通信网之后的世界信息产业第三次浪潮。目前，中国与德国、美国、英国等国家一起，成为国际标准制定的主导国之一。物联网用途广泛，遍及智能交通、环境保护、政府工作、公共安全、平安家居、智能消防、工业监测、老人护理、个人健康等多个领域。

1. 物联网的内涵

物联网是一个由感知层、网络层、应用层共同构成的庞大的社会信息系统，是一个涉及国民经济各行各业、社会与生活各个领域的无所不包的庞大产业链。物联网结构复杂，主要包括三大部分：感知层，承担信息的采集（通过智能卡、RFID 电子标签、识别码、传感器等）；网络层，承担信息的传输（无线网、移动网、固网、互联网、广电网等）；应用层，完成信息的分析处理和控制与决策，以及实现或完成特定的智能化应用和服务任务，以实现物与物、人与物之间的识别与感知，发挥智能作用。

物联网连接范围远大于互联网，扩大连接到物品，实现物物（也包括人）相连，形成一个连接万亿个物品（设备）和数亿人的无比庞大的数据库，采集和存储着物理与虚拟的海量信息，通过分析处理与决策，完成从信息到知识、再到控制指挥的智能演化，实现处理和解决问题的能力。物联网不是一个单纯的网络概念，它更像一个融合着各种应用与服务的庞大社会信息化系统，或者说是一个基于感知技术融合各类应用的服务型网络系统。由于它的基础与重点是信息的采集、感知与信息的处理决策和应用服务，可以利用现有各类网，通过自组网能力，无缝连接融合形成物联网。

物联网的重点与切入点是在信息化工作的基础上，加快制定各相关标准，重点放在核心技术产品的研发及产业化、引导和开拓各类应用，重视公共服务平台建设和信息服务业发展，使物联网服务于改善民生、促进经济发展和推动社会信息化进程。

2. 物联网推动电子政务发展

目前，我国许多城市都在建设智慧城市系统。智慧城市是指充分借助物联网、传感网，涉及智能楼宇、智能家居、路网监控、智能医院、城市生命线管理、食品药品管理、票证管理、家庭护理、个人健康与数字生活等诸多领域，把握新一轮科技创新革命和信息产业浪潮的重大机遇，充分发挥ICT产业发达、RFID相关技术领先、电信业务及信息化基础设施优良等优势，通过建设ICT基础设施、认证、安全等平台和示范工程，加快产业关键技术攻关，构建城市发展的智慧环境，形成基于海量信息和智能过滤处理的新的生活、产业发展、社会管理等模式，面向未来构建全新的城市形态。

在采用物联网技术后，在政府采购活动中，供应商提供的商品通过传感器和GPS定位等系统发送物流信息到网上，采购人随时可以查看商品的送货情况。采购人在对商品进行验收后，通过电子标签、红外感应器、GPS、激光扫描器、传感网等技术可以随时对入库的资产进行跟踪、监控、盘点和统计，实现政府采购和资产管理的全流程、全动态真正意义的科学化、精细化的实时管理。

我国食品安全领域不断出现一些重大安全事件，如毒奶粉、毒豆芽、瘦肉精、染色馒头等，物联网技术在该领域的应用也格外引人注目。《国民经济和社会发展第十二个五年规划纲要》明确提出要“建立食品药品质量追溯制度，形成来源可追溯、去向可查证、责任可追究的安全责任链。健全食品药品安全应急体系，强化快速通报和快速反应机制”。食品质量追溯系统已有了较好的应用基础，在北京奥运会、上海世博会等重大活动中都建立和使用了食品质量追溯系统。

近年来，越来越多的地方政府部门开始采用网络、RFID和传感器、GPS定位、视频监控等技术，在城市交通、市政市容管理、水务、环保、园林绿化、食品安全等多个领域实现自动化的监测和管理。随着城市信息化的发展，涌现了一批物联网技术新应用，如市政交通一卡通、高速公路不停车电子收费系统（ETC）、水文水质监测、环境质量监测等。

3. 物联网发展规划

适应形势发展需要，我国各地政府在制定的信息化中长期发展规划中，基本上都对物联网发展和应用给予了极大关注，一些省份和城市还制定了专门的物联网发展专项规划，纷纷开展物联网应用示范工程。从规划和工程设计的主要内容看，物联网应用已逐渐成为电子政务发展的重要内容。①

2009年江苏省制定了《江苏省物联网产业发展规划纲要（2009—2012年）》，提出在示范应用方面，到2012年以相对成熟的物联网应用领域和项目为切入点，建设智能工业、

① 参见《中国信息化发展报告（2011）》，北京，中国电子工业出版社，2011。

智能环保、智能交通等十大示范工程，到 2015 年在全省大规模推广成熟的物联网应用，将江苏省打造成为全球有影响力的物联网应用先行区。在公共管理领域，提出以提高公共管理水平为目的，围绕市政基础设施建设管理、重大突发事件响应、重点区域环境监测等领域，重点建设城市智能交通、智能公共安全、智能环保和智能灾害防控等示范工程。在公众服务领域，提出以提高人民生活水平为目的，以物联网与 3G 网络融合应用为突破口，推动面向公众领域的应用创新，建设智能医护和智能家居等示范工程。

2010 年 4 月，上海市发布《上海推进物联网产业发展行动方案（2010—2012 年）》，提出在上海建设 10 个物联网应用示范工程，包括环境检测、智能安防、智能交通、物流管理、楼宇节能管理、智能电网、医疗、农业、世博园区、应用示范区和产业基地。

北京市在 2010 年制定了《政府部门物联网应用发展初步规划》，提出三年总体发展目标：依托现有电子政务基础，建立开放、共享的政务物联网架构体系，提高政府部门行政效能和决策能力、降低行政管理成本、提升智能化城市管理服务水平，逐步形成政府各部门按照统一的标准规范应用物联网技术实现信息共享、业务协同的新局面。建成国内领先、世界一流的城市政务感知体系，推动北京市物联网相关产业发展。力争在三年内初步建成北京市政务物联网应用支撑平台，形成较为完备的政务物联网标准规范体系，为北京市建设“三个北京”和“五个城市”的总体目标打下良好基础。

2010 年 11 月，杭州市发布《杭州市物联网产业发展规划（2010—2015 年）》，提出以服务“数字城市”和“生活品质之城”建设为落脚点，围绕改善民生、惠及百姓、构建和谐社会等关键主题，采取政府与企业合作共建、政府购买服务、企业自主建设与政府奖励等多种形式，积极推行涵盖城乡管理、百姓生活、工业信息化、生态环境监测等领域的试点示范项目，构建产品、技术与市场之间的桥梁，拓展物联网技术应用市场，壮大物联网产业、完善技术标准体系，打造物联网技术与城市发展有机融合的智慧城市综合体，打造“智慧中国，智能杭州”城市品牌。以打造数字城市、智能城市为目标，将物联网技术逐步渗透融入城市运营、管理的各个环节，重点围绕交通、城乡管理、公共安全等领域，抓紧实施智能交通、智能城乡管理、智能公共安全、智能旅游、建筑节能等试点示范工程，抢占产业化应用的主动权。

2010 年 12 月，山东省印发《山东省物联网产业发展规划纲要（2011—2015 年）》，提出建设包括智能城市管理、数字公共安全、智慧医疗、智能家居等在内的十二大重点示范工程。

此外，南京、成都、广州、昆明、深圳、佛山、青岛、无锡等众多城市也结合数字城市、智能城市建设制定了物联网发展专项规划或指导意见。但总体而言，我国物联网在电子政务领域中的应用还处于起步和探索阶段，规范化、体系化、智能化的水平还较低。

13.4.3　移动电子政务

从全球范围来看，移动通信用户比互联网用户要多，国内情况也是如此。移动业务投入相对较小、操作简单、携带方便、移动性强，用户增长十分迅速，目前的用户总数相当于互联网用户的三倍左右。广泛的用户基础，为政府有效开展移动电子政务提供了坚实基础。近年来，“移动电子政务”这一新生事物伴随着电子政务的快速发展不断受到广泛关注。①

移动电子政务或“移动政务”，是随着移动通信的快速普及和电子政务的迅速发展应运而生的。移动电子政务是政府部门利用无线信息通信技术，通过移动通信网和互联网的联合应用，实现政府管理及其政府服务的电子化和移动化。2002 年 11 月，奥地利内务部与西门子合作利用短消息发送国会选举的结果给手机用户。2003 年 1 月，爱尔兰卫生部门开始试验为上门服务的护士配备 PDA、笔记本电脑，使得她们在为患者服务的时候能够利用无线数据服务远程查询、更新后台数据库信息。2004 年 2 月，德国警方开始尝试在全国招募志愿者加入名为“短信搜索”项目，即当警方需要追捕犯罪嫌疑人时，可以向特定区域的志愿者发送手机短信。2005 年 6 月，瑞典政府与电信运营商 liaSonera、Tele2、Vodafone 以及瑞典主要银行合作，为互联网用户进行电子商务、电子政务活动时提供身份认证服务。比较典型的移动政务案例有英国游牧项目、瑞典在海关、国税局等部门开展的移动政务项目等。

我国移动政务服务越来越多。2005 年 6 月，甘肃气象站连续 4 次向平凉、庆阳等 6 市州 30 多万部手机发布气象警报信息，有关单位迅速启动“抢险救灾紧急预案”，在这场多年不遇的暴雨过程中未出现重大损失和人员伤亡。2005 年末哈尔滨水污染危机流言纷飞之际，哈尔滨市政府几次群发短信给广大市民通知实情，消除大家的顾虑。2006 年 1 月 3 日，元旦假期的最后一天，许多北京的手机用户收到这样一条短信：“交管部门提示：今晨，东三环京广桥东南角辅路污水管发生漏水事故，东三环京广桥朝阳路附近实行交通管制，请车辆绕行。谢谢广大市民的配合和支持!”2012 年北京“7·21”特大自然灾害发生后，气象部门已和三大电信运营商制定了预警短信发布预案，对应不同等级的极端天气，设置不同范围、等级的发布标准；面向北京市民发布的预警短信，主要侧重于对人民生命财产威胁程度较大的极端灾害性天气。

移动技术在政府各领域的应用开辟了广阔的移动交互空间，并将逐步成为现在生活、工作的流行方式。实施移动政务项目，进一步提高了城市管理水平，整合了资源，提高了社会监督力量，缩短了政府与社会的距离。移动电子政务是电子政务一种新的表现形式，除了应用最为普通的移动电话获得政府服务以外，还可通过 PDA、笔记本电脑、“可穿戴”的个人电脑以及其他手持设备获得各种支持与服务。

移动电子政务与传统的移动通话业务有明显差别。一是移动电子政务业务传递的主要是数据而非语音，既可以是政府向公民发布的一般性政府信息，也可以是政府与企业之间各种类型的商业信息。二是信息传递载体突破了传统移动通信网的概念，是通过 WAP、WLAN 等方式实现移动通信网和互联网的有机融合。

移动电子政务较传统电子政务的优势有：

（1）改善政府办公环境，简化机构之间的沟通，实现移动办公。

（2）加快现有办公流程，节省政府运营成本。

（3）提高政府、领导的决策能力。

---

① 参见赵小伟、葛晓萍：《移动电子政务国内外应用现状分析》，载《现代经济信息》，2011（4）。

(4) 方便企业、居民与政府之间的互动，让政府办公真正面向社会。
(5) 无线网络更灵活和可扩充，具备强大的备灾能力和安全性能。
(6) 塑造更富弹性的服务型政府形象。

本章小结

电子政务的重点是政务，电子政务的基础是信息技术。电子政务涉及的技术主要有计算机和网络通信技术、办公自动化技术、跨平台的信息交换技术、数据库和数据仓库技术、汉字识别技术、语音处理技术、人工智能技术等。开源技术、云计算、物联网、移动网络等新技术对电子政务也有重要影响。

关键术语

电子政务　技术　网络　开源技术　云计算　物联网　移动办公

复习思考题

1. 电子政务主要技术包括哪些?
2. 计算机网络如何分类?
3. 如何理解开源技术促进我国电子政务的发展?
4. 云计算、物联网、移动网络等新技术如何推动电子政务的发展?

案例分析

国产和开源软件在政府部门的应用

案例一

全国政协试点应用全系列国产软硬件

2005年，全国政协办公厅和某软件公司达成合作意向，将在全国政协下属中协服务中心实施“政务通”机关办公软件并采用全系列国产软硬件，包括数据库、Linux操作系统、Office系统、中间件以及服务器等，成为国产软硬件在中直机关的第一个全系列应用示范点。

该软件公司的“政务通”机关办公软件是江西省政协秘书长胡剑平在总结多年机关工作经验的基础上开发的一套机关办公软件，包括目标管理、人事管理、公文管理、后勤管理、通信管理和系统管理六大系统，设计了供机关领导、部门领导、机关干部和部门四类不同人员应用的“办公室”，动态反映机关运作、部门和干部的工作情况，初步实现了行政管理观念与计算机应用技术在时间、空间上的结合。更重要的是，“政务通”机关办公软件把龙芯NC、红旗Linux操作系统、永中公司的Office系统、达梦公司的数据库系统等国产办公软件集成在一起，为打破Windows软件对我国台面系统的垄断地位提供了强有力的武器。

“政务通”机关办公软件开发完成后，率先在江西省政协、江西省统战部、江西省人事厅等部门得到应用。中国工程院院士倪光南在考察“政务通”的应用后表示，“政务通”机关办公软件体现了机关工作需要和信息技术的有机结合，是一个满足中国电子政务需要的好软件。倪光南认为，“政务通”机关办公软件具有实用性、便捷性、先进性、安全性和权威性等优势。所谓实用性指“政务通”高度凝练了政府部门机关办公实际工作流程，满足机关全体工作需要，因为“政务通”本是胡剑平长期在机关一线领导岗位实际工作的结晶。所谓便捷性指软件采用人性化界面设计、操作灵动简便，让沟通如影随形。所谓先进性指软件跨越平台鸿沟，完全国产架构体系，成就国产政务软件技术先锋。2004 年 11 月，国信办常务副主任曲维枝考察“政务通”在江西省政协的应用后表示，一个软件的开发最难的是把业务需求搞清楚，“政务通”不仅技术领先而且业务流程清晰，是中国当前最实用的软件之一。

“政务通”机关办公软件在江西省政协的成功应用，引起了全国政协秘书长郑万通的关注。经过实地考察后，2004 年 7 月全国政协决定采用“政务通”机关办公软件。近日，全国政协办公厅一位工作人员给记者做了示范演示：进入办公系统，有三个虚拟办公室和全国政协的主页。个人网络办公室可以处理属于自己的公务和个人事务，系统为每个人配备了电脑助手，每隔三分钟，电脑助手就到服务器取出自己的数据，计划到期、呈报材料、审批材料、督办任务、阅读公文等，助手都会自动跳出来提示责任人；处室网络办公室为每个处室按职责设计了一个专门的办公室，各有相应的操作栏目，各处室可以操作这些栏目掌握本处的工作动态，积累相应工作资料经过个人办公和处室办公，所积累的资料通过系统进行分解、综合和分析，最后反映到领导办公室，在领导办公室能够看到运用网络办公的所有结果，领导根据这些信息可以在网络上发布指示、分配任务、指导工作等。经过半年多的试运行，“政务通”已在全国政协机关产生良好的应用效果，全国政协秘书长郑万通说：“在政协机关开展网络办公不仅提高了工作效率还增强了机关工作的透明度，比如公务处理系统，原来各局送来的材料，虽然各局领导都签了名，但这个材料是谁写的、谁改的，谁为这个材料做了辛勤劳动，我不知道。现在有了这个软件，就能及时了解到干部工作的情况。”

资料来源：http://it.sohu.com/20050413/n225158660.shtml，2005-04-13。

案例二

电子政务应用开源软件案例：中央政府采购网

电子化政府采购系统是电子政务的重要应用之一。自 2004 年起，中央国家机关政府采购中心以开源软件为基础，开发了电子化政府采购系统——中央政府采购网。该系统采用三层结构体系、B/S 模式。系统组成包括：门户网站系统，包含政府采购网站常见栏目，并可自由定制；委托管理子系统，支持采购人在线登记的委托方式；采购实施系统，实现公开招标、协议供货、定点采购、网上竞价、电子反拍等采购方式和组织形式。

采购中心在中央政府采购网的建设运维过程中选择了以下开源软件。

（1）操作系统Centos。

Centos是Linux发行版之一，它是来自Red Hat Enterprise Linux依照开放源代码规定所编译而成。目前许多大型互联网公司都采用Centos。

（2）数据库MySQL。

MySQL是一个开源关系型数据库管理系统，被广泛地应用在互联网的网站中。

（3）中间件Nginx。

Nginx一款轻量级的Web服务器。其特点是占有内存少，并发能力强。

（4）编程软件Ruby on Rails。

Ruby on Rails是一个用于编写网络应用程序的开源软件框架。它基于开源计算机软件语言Ruby。

（5）监测软件Nagios。

Nagios是一个在Linux及Unix环境下运行的监控系统和网络的应用程序，它监控用户所指定的主机和服务，并在情况变化时提醒用户注意。

（6）全文检索Sphinx。

Sphinx是一个基于SQL的开源全文检索引擎。

（7）版本控制SVN。

SVN（subversion）是软件开发维护所需要的开源版本管理工具。

（8）即时消息Openfire。

用户可以使用Openfire构建高效率的即时通信服务器.

（9）项目管理工具Redmine。

Redmine是一个开源的、基于Web的项目管理和缺陷跟踪工具。它用日历和甘特图辅助项目及进度可视化显示。

（10）负载均衡软件LVS。

LVS是一个国产的开源软件，由毕业于国防科技大学的章文嵩博士于1998年5月开发，可以实现Linux平台下的简单负载均衡。

资料来源：中央政府采购网有关介绍。

请思考：1. 我国电子政务如何推广国产、开源软件？

2. 我国电子政务推广国产、开源软件的意义是什么？

小知识

Google：愉悦用户的十大准则

1. 将焦点集中在用户的生活、工作和梦想上。
2. 珍惜每一毫秒的价值。
3. 简单就是力量。
4. 引导新手和吸引专家。
5. 敢于创新。

6. 为全世界设计。
7. 安排今天和明天的业务。
8. 愉悦用户的眼睛，但不分散注意力。
9. 值得信任。
10. 有人情味。①

① 《Google：愉悦用户的十大准则》，见 http://www. alibuybuy. com/posts/73946. html # 4 _ 2，3 _ 0 _ 184c0eea64b644_367，2012-06-13。

第14章

电子政务规范

信息是权力，因而政治是信息管理的内在因素。

——布鲁斯·罗切莱奥[1]

计算机代码是最重要的法律形式，它所蕴含的价值将由律师、由政策制定者以及特别由公民来决定。诸多强权力量正迅捷地以法律和技术来“驯服”网络，使之从一个思想的开放园地沦落为一个无异于高速有线电视的东西。创新将再次受到由上而下的束缚，逐渐为网络所有者、专利大户以及版权囤积者所控制。

——劳伦斯·莱斯格[2]

重点问题

- 电子政务规范
- 电子政务标准化体系
- 电子政务法律体系
- 网络道德规范

电子政务是信息技术与政务管理的创新结合，不能依赖传统规范来解决电子政务相关问题，比如流程创新、政务公开、网络犯罪、网络谣言等新问题难以用现有的传统规范来指导解决。世界各国为推进电子政务、解决层出不穷的新问题，不断建立健全和修改相关法律、法规和标准，并在社会文化道德层面上予以正确引导。电子政务规范是电子政务规

① 转引自何精华：《网络空间的政府治理——电子治理前沿问题研究》，65页，上海，上海社会科学院出版社，2006。

② 转引自《网络空间的警世预言》，见 http://tech.sina.com.cn/i/2004-11-17/1823460958.shtml，2004-11-17。

划、建设、实施、应用的依据和保障。

14.1 电子政务规范

电子政务规范是由相关政府部门依据国家相关法律法规，结合政务实际制定的与电子政务直接相关的各项地方性法规、政府规章、规范性文件、标准体系、道德规范。规范体系涉及环境类规范、建设类规范、应用类规范三大类。

14.1.1 电子政务环境类规范

电子政务环境类规范是指围绕指导、促进、保障电子政务健康有序发展的各项环境要素而制定的相关规范，包括：电子政务管理体制，如电子政务组织机构职能和运行规范、电子政务跨部门协调规范、电子政务业务流程优化规范；电子政务宏观规划；电子政务政策法规制定、执行和监督；电子政务标准化体系；电子政务道德规范体系。

14.1.2 电子政务建设类规范

电子政务建设类规范主要围绕政务信息化工程项目建设活动而展开，按照项目生命周期细分为电子政务项目规划、项目管理、信息资源管理等方面的规范。

14.1.3 电子政务应用类规范

电子政务应用类规范是为信息技术应用活动而制定的相关规范，包括：公共服务规范，如网上政务公开规范、网上办事规范、公众参与规范等；应用系统规范，如政务网站规范、电子文件管理规范等；电子政务总体技术框架；电子政务信息安全管理规范；电子政务绩效考核规范。

14.2 电子政务法律体系

各国的电子政务立法模式归纳起来有以下三种：制定专项电子政务法，并以此为核心构建电子政务法群，以美国、韩国、奥地利、芬兰、意大利等国家为代表；通过修订原有的法律以适应电子政务建设的需要，同时制定一些针对某项具体问题的单行法作为补充，以日本等国家为代表；采取制定、颁布一系列针对电子政务发展某一方面、某一领域问题的单行法，以英国等为代表。

14.2.1 国外电子政务立法状况

电子政务离不开有序的法律法规环境。国外发达国家电子政务依托良好的法治环境和立法技术，在电子政务法律规制建设方面取得了相当好的成绩。

1. 美国电子政务法律规范

美国高度重视电子政务立法，并不断根据电子政务应用的发展现状，及时修订和调整有关法律法规和政策，尤其是近年来黑客攻击和网络恐怖活动的加剧，以及维基解密等重大网络安全事件对美国电子政务安全造成重大威胁，迫使美国政府加强了相关安全保密法律法规的完善。

(1) 电子政务的宏观管理与维护。

这类法规确定了美国电子政务的基本立法精神与原则，属于整体性规定。1996 年，美国国会通过了《克林格-科恩法案》，提出在各联邦部门设立首席信息官和建立整合的信息技术系统。1996 年，克林顿政府颁布《信息技术管理改革法案》，明确了部门行政长官和首席信息官的责任，同时要求建立一个协调、通畅的跨越行政部门界限的整合电子政务系统，并成立了一个跨部门首席信息官委员会，作为促进各行政部门协调 IT 合作管理、实现信息资源共享的平台。该条例还完善了电子政务的全套管理体系。

为规范电子商务，克林顿政府 1997 年发布题为《全球电子商务框架》的总统报告，阐述了扶持电子商务的五条原则：电子商务应由私人部门领导建设；政府应该避免任何对电子商务的限制性政策；当有必要进行政府干预时，应以支持发展为目标，为电子商务创造一个自由、持续、简单的法律环境；政府应该认识到互联网的独特作用；透过互联网进行的电子商务是全球性活动。1998—2000 年，美国政府又颁布了几道总统备忘录，强调政府规制的目的必须在于减少电子政务的发展障碍，同时保护公民隐私、减小数字鸿沟、保证公共利益。

(2) 内部工作效率的提高和工作流程的优化。

这类法律规范重点在联邦机构内部，强调电子政务在提高工作效率和优化组织流程方面的作用与优势。

美国政府 1986 年通过了《文书削减法》，力图将政府部门从汗牛充栋的文牍中解放出来。该法案首次提出了“信息资源管理”这一概念，并要求制定和推行统一、连贯的信息资源管理政策。《文书削减法》及随后的修正案确立了行政管理和预算局在信息资源管理中的领导地位，行政管理和预算局局长对所有的政府信息负全部责任。

1998 年，美国政府颁布了《文书销毁法》，作为《文书削减法》的增补，要求联邦政府在 2003 年前实现无纸化办公。

(3) 信息公开与自由。

信息的公开与自由是电子政务运行的基石。1966 年，美国国会颁布《信息自由法》，促进联邦政府信息公开化，赋予公民更大的知情权。1996 年，美国政府出台《电子信息自由法增补案》，要求所有的联邦信息都能够以电子版本的形式发布传播，联邦部门设立电子阅读室，为公民获取电子信息提供便利。

(4) 信息安全。

美国政府对政府部门的网络交易、整体电子架构保护和计算机安全作出了立法保证。

1987 年，美国议会颁布《计算机安全法案》，授权国家标准与技术局为联邦政府的计算机系统设定安全标准，在商务部下设立计算机系统安全与隐私建议委员会负责对联邦计算机系统的安全与隐私进行技术、行政与物理保护。

2002 年，议会颁发《联邦信息安全管理法》替代《计算机安全法案》，首次正式强调信息安全的重要性，明确了信息安全与国家安全和经济利益的紧密相关关系。国家标准与技术局制定了详细的信息安全管理框架，作为联邦各部门进行信息安全管理的纲领性文件。

除了对无形的信息资源进行安全管理，美国也极其重视对相应电子政务硬件设备的安全管理。克林顿政府 1996 年成立了关键基础设置总统保护委员会，1998 年签署第 63 号总统令《关键基础设施保护》，以加强对包括信息与电信设施在内的关键基础设施的保护与监管。

(5) 公民隐私。

在保证信息公开的同时，美国政府也对保护公民隐私采取了法律措施。

美国保护公民隐私的立法最早成文于 1974 年，当时出台的《隐私法》保持了对传统主要隐私权的认定，同时确认：公民可以了解联邦政府所掌握的关于其本人的信息。该法体现了一系列进行信息实践时应遵循的保密原则。1988 年美国国会增补了《隐私法》，改名为《计算机匹配与隐私保护法》，确定了联邦部门对公民个人信息进行登记匹配时所遵循的原则与程序，加强了对个人隐私的保护。

1999 年，行政管理和预算局发布局长备忘录，要求所有政府网站在显著位置声明联邦网站的隐私保护政策，并对网站利用 cookies 跟踪访问者信息进行了明确规定。

除了强调保护公民隐私，美国国会还在 1998 年和 2001 年特别通过了《儿童网络隐私保护法案》和《儿童网络保护法》，对包括私营部门在内的各种机构收集儿童信息的行为进行了规定，同时净化未成年人的网络环境。

经过几十年的不断完善，美国已经建立起相对完整的电子政务法律体系。从其立法进程以及立法内容上看，美国的电子政府立法呈现出以下三个特点：

第一，美国电子政府立法遵循渐进原则。以渐进模式制定政策是美国学者林德布罗姆在 1959 年提出的，强调通过小步伐的改变来推行政策，解决社会问题。1986 年美国政府颁布《文书削减法》，在 1988 年和 1995 年两次修订之后，到 1998 年又出台《文书销毁法》。随后，联邦政府与国会又颁布了一系列的法律来推动无纸化办公，实现电子文档与签名在日常交易中的普遍使用。1998 年出台《互联网税收自由法案》、1999 年出台《统一电子交易法案》，2000 年对《文书销毁法》进行“关于电子档案与电子签名的条款”(electronic filing and electronic signatures provisions) 的补充，2000 年的《电子签名法案》，美国政府逐渐从简单地利用计算机处理联邦政府文件发展到对电子交易、电子签名的广泛使用与认可。在信息安全领域，从 1987 年《计算机安全法案》、1988 年《关键基础设施保护法》、2002 年《联邦信息安全管理法》、2005 年《真实身份证明法案》到 2007 年的电子护照。美国政府对信息安全的关注从简单的计算机存储内容逐步发展到全国范围内的网络互联与信息共享。

第二，美国的电子政务立法以技术进步为基本支撑。当新的技术日趋成熟，最终被包括公共部门在内的社会各部门广泛采用之后，联邦政府便会出台相应的法律，对主要的应用范围进行规范。

第三，美国的电子政务立法与机构调整及设立相辅相成。当一项新的关于电子政务的法律出台时，联邦政府会进行相应的机构设置与调整，以保证该法律的顺利执行。机构设置与调整的方式包括调整或改变某一机构的职责与任务范围、增设新的机构或部门、增设或削减工作岗位、调整工作流程等，最典型的是行政管理和预算局。①

2. 欧洲电子政务法律规范

提出“电子欧洲”的欧盟是迄今为止唯一一个通过立法形式将整个地区与各个成员国的信息化联系在一起的国际组织，为欧盟成员国的信息化作出了重要贡献。欧盟分别于 2000 年、2005 年、2010 年出台了《里斯本战略——电子欧洲计划》、《“i2010”电子政务行动计划》和 2011—2015 年行动计划，对欧盟电子政务建设设定了阶段性目标。2011 年 12 月通过《欧洲政府采购现代化指南》，提出全面实施电子化采购。

欧盟各成员国作为主权国家，在欧盟统一法律规范的指导下，根据各自的实际情况，制定了旨在促进本国信息化发展的法律规范体系，如英国 2000 年的《电子通信法》、爱尔兰的《电子商务法》、德国 1997 年的《远程服务法》、《数据通信法》和《数字签名法》。

3. 韩国电子政务法律规范

韩国在发展电子政务过程中，坚持以法律为保障，注重把制定与政府信息化管理有关的法律、行政制度作为发展电子政务的首要任务，对电子政务在各个阶段的发展起到了很好的引导、推进和保障作用。1978 年韩国政府制定了《关于行政业务电算化的规定》，对人事工资、年金管理等各种统计实行电算化。2001 年 2 月，韩国国会通过《关于实现电子政务和促进行政业务电子化的法律》，同年 7 月正式实施。

14.2.2　我国电子政务立法概况

1. 我国电子政务立法历程

在 2000 年前，我国陆续颁布了《计算机软件保护条例》、《计算机系统安全保护条例》、《电信条例》、《无线电管理条例》、《互联网服务管理办法》以及《关于维护互联网安全的决定》等一系列法律法规，初步建立起了电信行业管理法律体系、互联网网络管理法律体系、信息产业促进政策体系以及网络知识产权保护法律体系。综合来看，这一时期立法偏重于解决网络保护与安全环境建设方面，各个立法之间缺乏统一的规划联系，位阶普遍较低。

2000 年至今，随着国家信息化领导小组的组建及“十五”规划目标的提出，我国在电子政务方面的立法呈现逐步发展趋势。一是较高位阶的相关立法对电子政务的发展提供了法律保障。如《电子签名法》规范了电子签名行为，确立电子签名的法律效力，为网络

① 参见姜雷：《美国电子政务的立法状况及其对我国的启示》，载《北京工商大学学报（社会科学版）》，2011 (2)。

行为的可行性奠定了基础；《行政许可法》第二十九条、第三十三条等，从法律的高度认可了电子政务。二是相关部门和地方政府的电子政务立法活动很活跃。如新的《婚姻登记条例》出台以后，民政部要求各地民政部门启用新版国内婚姻登记信息系统，实现数据汇总和婚姻登记全国联网，实现全省（市）联网操作与管理；《企业登记程序规定》在其第六条中规定可通过电子数据交换、电子邮件提交申请。《深圳市政府信息网上公开办法》、《天津市电子政务管理办法》、《湖南省信息化条例》等相继出台，尤其后者比较系统地从电子政务平台建设、数据库建设、政务信息交换机制、政府信息公开、信息安全、应急处理、知识产权、相关方的责任等方面做出了较为详细的规定，是比较全面地规范电子政务的地方性法规，在我国电子政务立法上有相当的意义。三是更加关注其社会管理和公共服务职能。2007 年 1 月 17 日国务院通过的《中华人民共和国政府信息公开条例》，以及《电子政务“十一五”规划纲要》表明，我国的电子政务建设开始进入这一个新的发展阶段，从而朝着“以服务对象为中心、创新服务方式”的方向推进，按照用户对象整合信息资源、信息应用和接入手段，提供覆盖用户全生命周期的一站式信息服务，提高政府办事效率和服务质量，以增强用户满意度。

2. 我国电子政务立法状况

(1)《电子签名》法对电子政务立法体系的贡献。

我国在 2004 年 8 月 28 日通过、2005 年 4 月 1 日起施行的《电子签名法》，在信息化立法方面具有诸多创新，确立了功能等同、技术中立及当事人意思自治等原则，对今后我国其他领域的信息化立法有深远影响。但其应用范围仅限于电子商务领域，政务活动和其他社会活动要由国务院或者国务院规定的部门依据该法制定使用电子签名、数据电文的具体办法。

从长远看，将电子政务和电子商务的电子签名纳入统一框架是必然趋势。根据国家行政学院顾平安博士等人的研究，电子政务与电子商务同样都是信息网络技术的应用，在技术标准体系、网络结构、社会信用体系以及业务应用流程方面存在着同构性，因而在法律环境方面也存在着同构性的要求。[①] 世界上很多国家和地区都将电子签名纳入一个统一的法律框架内加以规范，像美国的《电子签名法》、新加坡的《电子交易法》等。这样有利于电子政务与电子商务的相互促进，也有利于整个社会信息化应用环境的改善与优化。另外，电子签名也是电子政务深入发展的客观需要。随着电子政务由简单的信息发布阶段向交互式业务提供阶段的过渡，政府机关及企业、公民的身份及业务内容的真实性、合法性和有效性的确认成为电子政务发展的重要问题，这在公文传输、电子海关、电子纳税等政府工作方面显得尤为重要。我国电子政务已经陆续开始了交互式业务，让这些已有的电子政务交互式业务获得法律效力也就对电子签名产生了现实而又迫切的需求。但在电子政务发展的初级阶段，对某些涉及生命、重要财产和其他重要权益事项的领域，不宜采用电子签名的方式，应该在法规中以列表形式明确下来。

(2)《政府信息公开条例》及其对电子政务立法体系的贡献。

信息公开制度的建立以公民对政府和公共部门拥有的公共信息享有“知情权”为基

① 参见《电子政务更需立法》，见 http://cio.ccw.com.cn/cioexpert/htm2005/20050801_16BR3.asp，2005-08-01。

础。如果离开了信息化工具，政务信息公开的成本（物质成本与时间成本）将大大增加，政务信息资源的共享更是难以实现。因此，以法律的形式保证和规范政府信息的公开，建立行之有效的政府信息交流机制，成为我国政府信息化建设的当务之急。2002 年 8 月《国家信息化领导小组关于我国电子政务建设指导意见》指出，“十五”期间，电子政务建设的主要任务之一是“加快研究和制定电子签章、政府信息公开及网络与信息安全、电子政务项目管理等方面的行政法规和规章。”2007 年 1 月 17 日通过、2008 年 5 月 1 日起施行的《中华人民共和国政府信息公开条例》确立了“以公开为原则，以不公开为例外”的原则，规定了信息公开的范围、程序、公众了解政务信息的权利以及违反该条例所应承担的法律责任等内容，并确立了首席信息官等具体制度，为电子政务向纵深发展提供了立法保障。制定政府信息公开法也纳入十届全国人大常委会五年立法规划。

《政府信息公开条例》有利于我国迅速建立政府信息公开制度，但国务院作为最高行政机关制定的行政法规，只能约束其下级部门和地方政府，对人大、检察院、法院及党的工作机关则无约束力。从长远来说，《政府信息公开条例》应转化为法律。

此外，《行政许可法》、《信访条例》等法律法规的颁布实施，也成为电子政务立法的重要现实基础。

3. 我国电子政务立法存在的问题

我国电子政务立法仍处于初级阶段，存在的问题日益突出，在一定程度上阻碍了我国电子政务的快速发展。总体上说，我国电子政务立法还处于“无纲领性立法、无确定的立法规则、无有效的立法评价及监督机制”的三无状态，主要表现为：

（1）缺乏纲领性法律，立法层次不高。

截至目前，我国已颁布了大约 60 部与电子政务相关的法律法规与规章。但与国外相比，我国的电子政务立法仍很薄弱。从我国电子政务立法的整体情况看，我国电子政务立法还处于一个纲领性立法尚未出台、各部门立法尚待加速进行的状态。规章占绝大多数，效力层次较高的法律、行政法规尚未出台。这一方面反映出我们的电子政务还处于起步阶段；另一方面也反映出电子政务这种本身与政府结构、功能密切相关的系统，其法律体系也必须直接与这种条块分割的行政结构相吻合。总体而言，在电子政务领域中我国存在着立法滞后的问题。

（2）立法不平衡，缺位现象尚未消除。

电子政务都要经历从建立计算机网络系统到政府信息网上公布，再到网上办公以及实现真正的电子政务的发展过程，相应的法律体系也就表现为从建设计算机网络系统和维护网络安全的法规，到政府信息公开、信息公开中个人数据保护的法规，再到电子签章、电子政务的法律法规。从已经颁布的电子政务法律法规看，我国对网络安全给予了高度重视，从《计算机信息网络国际联网暂行规定》、《刑法》、《电信条例》到《关于维护互联网安全的决定》，很多法律法规或条款都是针对网络安全的。但是仍然缺乏一部全面系统的信息安全法作为保障。同时，我国在政府信息公开等真正意义上的电子政务法规建设方面还尚未起步，立法出现不平衡局面。

（3）立法模式过于分散。

我国的立法模式属于分散性立法，缺陷是法律环境适用复杂，尤其我国特定的社会环境使分散立法的缺陷更加突出，因为在我国大多是部门立法，法律阶位低，缺少统一的原则和标准，冲突现象严重，导致电子政务的特征不明显，实施效果差。

（4）电子政务标准立法不完善。

虽然我国已制定了《电子政务标准》，但它只是一个框架，可操作性和检验性较差，全国各省市电子政务建设还处于各自为政的状态。这就不容易互联互通，信息不能有效共享，形成“信息孤岛”，导致部门间协作和安全可靠性较差，也不利于政府改进管理方式和提高行政效率。

（5）政府信息公开立法不健全。

我国至今仍没有出台政府信息公开法，在电子政务实施过程中，社会对政府信息的需求与政府信息的供给存在着巨大差距，政府掌握了80%以上的信息，有很多信息不论是理论上还是实际利益权衡上都应公开但未能公开，造成政府信息获取困难，侵犯了公民的知情权，浪费了信息资源，且容易滋生腐败。

（6）公民隐私权保护立法不足。

在电子政务环境下，政府收集、储存和利用信息时，容易侵犯公民个人利益。政务公开要求政府职能部门将各自收集、储存及分析的信息公之于众，以保障公民的知情权，这可能导致大量个人信息被公开，容易侵犯公民隐私权。而我国现行法律对什么是个人隐私、如何保护个人隐私尚无明确规定。因此，如何加强对公民隐私权的保护已成为电子政务立法中不可忽视的重大问题。

14.2.3 我国电子政务发展及法律规范的建议与设想

为了推动我国电子政务的健康发展，要树立“立法先行”观念，通过制定新的法律法规、修订已有的相关法律，逐步建立电子政务相关法律体系，从而促进我国电子政务的规范、健康发展。

1. 制定电子政务法

电子政务基本法是构建电子政务法律体系的基础，它既是制定下位法律法规的依据，又是理顺电子政务法律体系内部层次关系的前提。许多国家都通过制定电子政务基本法来统领、指导及协调各单行电子政务法律法规。为了消除分散立法模式的弊端，我国应借鉴其他国家经验，在今后的电子政务立法上选择统一立法与单行法相结合的模式，尽快制定电子政务法，以保障我国电子政务的快速发展。这是发展我国电子政务的核心问题。

2. 建立健全电子政务法律体系

电子政务法律体系建设本质上是为电子政务提供一个公正透明和谐的环境。我国要在既考虑国情又借鉴他国经验的基础上，进行全面立法，构筑起完善的电子政务法律体系。该体系与计算机法、互联网法和信息法存在交叉关系，但不是简单的拼凑和叠加，而是一个独立的、具有自己内在规律的体系，除包括电子政务法外，还应包括用来规范某些重要行政部门电子政务实践的法律规范，如电子税收、电子警察和电子海关等法律规范。

3. 扩大政府信息公开程度

政府信息公开是建立法治政府的标志，也是电子政务向纵深发展的必要条件。借鉴国外经验，政府信息公开必须由法律来统一规范。针对我国现状，应遵循及时、真实、公正和方便的原则，明确政府信息公开的内容、方式、范围和程序，尽快出台政府信息公开法。政府信息除在政府网站上公布外，还应通过媒体、政府信息公告栏、公共电子屏、新闻发布会和公众服务热线等及时发布，促进政府信息公开行为法制化。

4. 对电子政务标准立法

从国外立法经验看，为了推动政府信息化和电子政务发展，关键是搞好整体规划，制定统一的标准。针对我国电子政务发展现状，在《电子政务标准》的基础上，积极吸取各种社会力量推动电子政务标准的修订与完善；在立法模式和具体内容上，应保持我国的立法统一；在技术性规范上也要注意到世界范围内的技术对接问题。从法律的层次和效力角度分析，电子政务领域的立法应考虑到基本法，相应的法律、行政法规、部门规章之间形成一个由高至低、从全面到部门或者某个领域的合理结构。具体的立法方式上可以先从某个行业的行政规章开始，再逐步推行到全面的基本法。

5. 立法保护公民基本权利

保护公民基本权利很重要，在电子政务中应保护公民的信息权和隐私权。公民信息权包括信息产权、信息自由权、信息自主权、信息平等权和信息救济权等，其中信息平等权尤其受社会关注。其中“信息鸿沟”，指贫困地区因缺乏电信基础设施，不能通过计算机网络等获取信息、接受先进教育所产生的不同地区和阶层的信息权落差。借鉴国外经验，政府可以通过转移支付和给付请求等推进电信设施建设和人才培养来实现公民的信息平等权。另外，对公民隐私权保护的立法也是当务之急。在实践中除采取技术上加密外，还应借助立法加强对公民隐私权的保护，明确政府在收集、存储和传输数据中的保密责任，保证公民的基本权利不受侵犯。

6. 重视信息安全立法，提高电子政务安全水平

安全是电子政务的生命，信息安全成为当前电子政务信息化过程中的关键问题，是电子政务建设中的重中之重。政务信息公开可能使其安全性受到冲击，要保障安全，仅靠技术是不够的，还需要借助立法来解决。在对信息安全性方面进行立法时，应贯彻“积极防御，综合防范”的方针，明确电子政务的安全标准、具体规则以及对违反者的惩戒措施，对政府信息网络安全保护的操作标准做出统一规定，着重从制度层面上完善政府部门信息安全法规建设，对不同政府部门的数据安全和保密信息筛选制度以及信息认证等制定专门的法律法规，全面提高信息安全的防护能力，为保障国家信息安全和社会公共利益建构良好的制度屏障。

14.3 电子政务标准化体系

《国家信息化领导小组关于我国电子政务建设指导意见》明确提出完善电子政务标准化体系的任务，逐步制定电子政务建设所需的标准和规范、优先制定业务协同、信息共享和网络与信息安全的标准，加快建立、健全电子政务标准实施机制。《2006—2020 年国家

信息化发展战略》明确了“十一五”期间我国电子政务标准化工作重点：一是进一步完善电子政务标准化体系建设；二是逐步完善国家电子政务标准化统一协调机制；三是加大电子政务标准宣传贯彻和培训力度，有步骤地开展电子政务标准试点示范工作；等等。

14.3.1 电子政务标准化的作用

目前，我国电子政务尚处于起步阶段，还缺乏统一规划、统一标准，建立相应标准将成为中国电子政务的必由之路。

首先，在管理体制上，条块分割、各自为政与电子政务的系统性、开放性相背离。从理论上说，电子政务使得政府的纵向管理能力通过虚拟的扁平化管理结构得以“无限”放大，这种巨大的驱动力将促使政务本身的标准化，以应对电子化的基本前提要求，同时有效率的规模运作也使得标准化成为可能和必然。

其次，从技术层面看，当前我国的电子政务还没有出台统一的实施标准，跨部门、跨地域的电子政务实施在技术上存在相当难度。目前，各行业各省市的电子政务系统大都是以厂家的操作系统与系统集成技术为基础，形成彼此隔离的“信息孤岛”式的信息系统。

电子政务是一项系统工程，是国家信息化建设的重要领域。标准化是支撑电子政务的重要手段，统一标准是互联互通、信息共享、业务协同的基础。标准化是电子政务建设的基础性工作，它将各个业务环节有机连接起来，并为彼此间的协同工作提供技术准则。

14.3.2 电子政务标准化宗旨

《电子政务标准化指南》指出：电子政务标准化工作必须服务于电子政务的总体目标，并最大限度地满足工程需求。电子政务标准化应按照“执政为民、服务至上”的宗旨，有目的、有目标、有计划、有步骤地建立起联系紧密、相互协调、层次分明、构成合理、相互支持、满足需求的标准体系并贯彻实施，以服务和支持电子政务的顶层设计和系统建设。电子政务必须坚持“统筹规划、统一标准”的方针，通过标准化的协调和优化功能，保证电子政务建设少走弯路，提高效率，确保系统的标准化、规范化和安全可靠。

14.3.3 电子政务标准化总体目标

《电子政务标准化指南》提出：电子政务标准化总体目标是建立并不断完善电子政务标准体系，为电子政务建设提供支持与服务；制定一批电子政务关键标准，为系统实现互联互通、信息共享、业务协同、信息安全打好基础；建立电子政务标准贯彻实施机制，为标准的实施提供有效服务。

14.3.4 电子政务标准化主要内容

2002 年 1 月，国信办和国标委组建了国家电子政务标准化总体组，以专题标准项目组和工作组为实施主体开展工作，工作结果可归纳为“四个一”：形成了一个电子政务标准体系；建立了一个电子政务标准化工作服务平台；完成了一套电子政务标准化指南；制定了一系列电子政务相关标准。为便于理解和掌握电子政务标准体系框架，国家电子政务标准化总体组研究编写了《电子政务标准化指南》，提出了中国电子政务的标准体系框架。

我国电子政务标准化体系结构由以下几个部分组成：

总体标准是电子政务总体性、框架性、基础性的标准和规范，如术语、总体设计要求、强制和推荐使用的标准目录等。

业务应用标准是为规范电子政务应用开发设计而制定的相关标准，如业务建模、业务文档格式、应用系统设计要求、流程控制等。

应用支撑标准是为各类电子政务应用系统提供支撑和服务的标准，如信息交换平台、数据库、电子公文交换等。

信息安全标准是为电子政务提供安全管理和服务的各类标准，如安全等级、身份鉴别、访问控制、加密技术、公钥基础设施等。

基础设施标准是为电子政务提供基础通信平台的标准，如通信平台建设、网络互联互通等。

管理标准是为确保电子政务工程建设与实施的标准，如监理、工程验收、系统评估等。

标准化指南主要架构分为：总则、工程管理、网络建设、信息共享、支撑技术、信息安全。

14. 3. 5　电子政务国家标准

目前，国家电子政务标准体系主要包括以下国家标准：

GB/T 19486—2004 电子政务主题词表编制规则；

GB/T 19487—2004 电子政务业务流程设计方法通用规范；

GB/T 19488. 1—2004 电子政务数据元素标准；

GB/T 19581—2004 信息技术会计核算软件数据接口；

GB/T 19487—2004 电子政务业务流程设计方法通用规范；

GB/T 19667. 1—2005 基于可扩展置标语言的电子公文格式；

GB/T 19667. 2—2005 基于可扩展置标语言的电子公文格式；

GB/T 19668. 1—2005 信息化工程监理规范；

GB/Z 19669—2005 XML 在电子政务中的应用指南；

GB/T 20619—2007 中文办公软件文档格式规范；

GB/T 21062. 1—2007 政务信息资源交换体系第 1 部分：总体框架；

GB/T 21063. 1—2007 政务信息资源目录体系第 1 部分：总体框架；

GB/T 25647—2010 电子政务术语。

14. 3. 6　电子政务标准化工作展望

国家电子政务标准化总体组提出下步工作要围绕电子政务建设和应用深化，尽快启动电子政务标准体系二期工程建设，重点研究制定一批支持政务信息资源共享、业务协同所需的基础性、关键性、共性标准；逐步完善电子政务标准化的长效工作机制；进一步构筑以国家标准为主体，充分发挥行业标准在应用系统建设中的作用的国家电子政务标准化体系。各行业、各地方应首先对各自电子政务系统建设中所涉及的国家标准、行业标准及地方标准进行梳理，分析现有标准的应用情况，尤其要理顺行业标准、地方标准与国家标准之间的关系。

电子政务标准化工作应是一项全国性的基础性工作，各地方电子政务标准化工作应依据《电子政务标准化指南》中的标准体系开展。行业标准和地方标准作为国家标准的一种补充手段，不应与国家标准相抵触。各部门和各地方应积极参与相关国家标准项目的研究与制定，并参与标准技术问题的讨论，以建立和完善国家电子政务标准体系。

电子政务标准化的作用只有通过标准的贯彻实施才能达到。因此，应全力做好标准化基础建设及宣传贯彻工作。特别是共性标准、基础性标准，应认真执行和贯彻国家电子政务的相关标准，并积极做好标准的应用工作。在电子政务系统建设过程中应严格贯彻国家电子政务标准体系，优先选用国家标准、行业标准。对于目前尚无国家标准和行业标准的，各行业、各地方可根据实际需要提出统一制定的国家标准项目建议。

14.4 网络道德规范建设

网络道德，指以善恶为标准，通过社会舆论、内心信念和传统习惯来评价人们的上网行为，调节网络时空中人与人之间以及个人与社会之间关系的行为规范。网络道德是时代的产物，与信息网络相适应，人类面临新的道德要求和选择，于是网络道德应运而生。网络道德是人与人、人与人群关系的行为法则，是一定社会背景下人们的行为规范，赋予人们在动机或行为上的是非善恶判断。中国的互联网，可能是网络世界最热闹的地方，人人都可以成为网上焦点，事事都可能成为新闻“头条”，网络已日益成为社会舆论的策源地、集散地和交锋地。绝大多数网民都具备良好的素质，对政治、社会有责任心，关注国家、社会的发展。但有专家认为，我国网络道德素养是当前网络舆论场中最令人担忧的“短板”。① 美国政治家托马斯·杰斐逊认为，应尽可能地将决定权下放到真正具有民主品格的公民手中。② 因此，我国在大力发展网络民主、网络问政的同时，务必加强对公众的网络道德教育，提升公民民主品格，使其成为真正有网络道德的公民，才能有效参与网络政治、社会等管理。

14.4.1 网络道德的特点

“网络社会”的特殊性决定了“网络社会”生活中的道德具有不同于现实社会生活中

① 参见于洋：《提升网络舆论场的“短板”》，载《人民日报》，2011-12-13。

② 参见［英］安德鲁·查德威克等：《互联网政治学：国家、公民与新传播技术》，310页，北京，华夏出版社，2010。

的道德的新的特点与发展趋势。

1. 自主性

与现实社会的道德相比，“网络社会”的道德呈现出一种更少依赖性、更多自主性的特点与趋势。正如《网络空间的独立宣言》所说，网络不需要，也不欢迎有政府，完全是一个创新、平等、自主的世界。网络社会的道德规范不是根据权威（不论哪种权威）的意愿建立起来的，而是网络人自发自觉的行为的结果。但正因为由于网络道德规范是人们根据自己的利益与需要制定的，也有可能增强了人们遵守这些道德规范的自觉性。如网上交流的用语、表情、流程等，成为网民们都遵循的道德规范。如果说传统社会的道德主要是一种依赖型道德，那么随着网络社会的到来，人们建立起来的应该是一种自主型的新道德。网络社会的自主性远远超过现实世界。

2. 开放性

“网络社会”的道德呈现出一种不同的道德意识、道德观念和道德行为之间经常性的冲突、碰撞和融合的特点与趋势。时空，一直是限制人们之间交往的主要障碍。美国网络专家威廉·奥尔曼说：信息革命带来的最基本的变化是，它有能力以甚至十年前还不可想象的方式，使人们紧密联系，消除“这里”和“那里”的界限。网络使人们之间不受时空的限制而交往，人们之间不同的道德意识、道德观念和道德行为的冲突、碰撞与融合也就变得可能了。网络使不同宗教信仰、价值观念、风俗习惯和生活方式的人们加强了沟通，加大了人们交往的开放性。人们面临着网络道德从横向到纵向、从国内到国外、全面彻底的开放。国家领导人胡锦涛、温家宝也通过网络与广大网友实时沟通。近年来网络热点的影响和政务微博的兴起，推动了网络问政、网络参政。人民群众参与国家政治活动的途径高度开放，同时，由于缺乏对网络道德的治理，网络谣言、网络造假等负面问题也引起政府和社会的高度关注。

3. 多元性

“网络社会”的道德呈现出一种多元化、多层次化的特点与趋势。在现实社会中，虽然道德因生产关系的多层次性而有不同的存在形式，但每一个特定社会却只能有一种道德居于主导地位，其他道德则只能处于从属的、被支配的地位，因此现实社会的道德是单一的、一元的。“网络社会”多元化道德规范同时并存有其理论与现实根据。与现实社会相比，“网络社会”更多地具有自主性，是网络成员自主自愿互联而成的，成员之间的需求与偏好更多地具有共同性。据调查，我国的网民比较喜欢网络评价或者评议，如果新闻没有被热议，就不能称为热门新闻或者是重要新闻。网络评价主要反映的是网民对社会、政治、经济等事件的道德评价。网络道德评价是人们依据一定的网络道德原则和规范，对他人或自身的网络行为及品质等作出的善恶与否的判断。现实社会的多样性特征反映到网络道德评价上，就表现为网络道德评价标准、评价动机、评价方式的多元化。由于网络的虚拟性、匿名性，网民可以基本以个人真实的道德观点、以开放的心态发表个性化、多元化的个人见解，这些见解可以不受正统一元化道德的约束，因此网络道德相对传统真实世界的道德具有极大的多元性。

14.4.2 网络道德的规范

网络在为人们提供便利、带来效益的同时，也使人类面临着网络道德方面的巨大挑战。由于“9·11”事件的影响、互联网黑客事件的增加，网络犯罪、垃圾邮件、病毒、色情、谣言等网络社会问题愈演愈烈，尤其是近年维基解密的巨大风波，人们不得不接受“互联网终究还是现实社会的一部分”的观点，越来越多的人承认互联网也需要道德规范。正因为如此，联合国前秘书长安南在2004年互联网治理全球论坛上指出，几年之内，互联网已使贸易、医疗、教育以及人类通信和交流的基础设施发生了革命性变化，而且它的潜力要远远大于自从其诞生以来的短暂时间内我们所能看到的。为了管理、促进和保护互联网在我们生活中的存在，要求我们具有的创造力绝不少于那些创造了互联网的人。安南关于“管理、促进、保护”互联网的论述，引人深思。这表明，国际社会对互联网的治理表现出前所未有的、高度的关注。

到目前为止，并没有形成一种全球性的网络规范，有的只是主权国家政府或其他组织为了网络正常运作而制定的一些协会性、行业性规范。这些规范考虑了一般道德要求在网络上的反映，在很大程度上保证了目前网络发展的基本需要，具有普遍的“网络规范”的特征。

国外对网络伦理问题的探讨非常重视，纷纷成立研究组织，各种规模的学术讨论会不断召开。美国华盛顿布鲁克林计算机伦理协会从1992年开始每年都召开关于计算机伦理的年会。美国佐治亚州律师协会计算机法律部设有网络伦理委员会。这些会议和机构不仅为其成员制定了应该遵守的计算机和电子网络道德标准和伦理规范，还针对出现的新的伦理问题组织了广泛的讨论和研究。在进行网络道德研究的基础上，国外一些计算机和网络组织还为其用户制定了一系列相应的规则，比较著名的是美国计算机伦理协会所制定的“十条戒律”。①

美国计算机伦理协会希望它的成员支持下列一般伦理道德和职业行为规范：

（1）不应该用计算机去伤害他人。

（2）不应干扰别人的计算机工作。

（3）不应窥探别人的文件。

（4）不应用计算机进行偷窃。

（5）不应用计算机作伪证。

（6）不应使用或拷贝没有付钱的软件。

（7）不应未经许可而使用别人的计算机资源。

（8）不应盗用别人的智力成果。

（9）应该考虑你所编的程序的社会后果。

（10）应该以深思熟虑和慎重的方式来使用计算机。②

国外有些国家的政府机构或公益组织还明确划定了被禁止的网络违规行为，即从反面界定了违反网络规范的行为类型，如南加利福尼亚大学《网络道德宣言》指出了六种不道德网络行为：有意地造成网络交通混乱或擅自闯入网络及其相连的系统；商业性地或欺骗

① 参见李俊文：《网络时代的伦理问题及其应对》，见 http://youyongdeyu0431.blog.163.com/blog/static/5729132920 1051685216252/，2010-06-16。

② 参见沈亚萍：《国外遏制网络“杂音”的一些规定》，载《信息安全与通信保密》，2001（4）。

性地利用大学计算机资源；偷窃资料、设备或智力成果；未经许可接近他人的文件；在公共用户场合做出引起混乱或造成破坏的行动；伪造电子函件信息。

这些规范，一类是“应该”和“可以”做的行为，一类是“不应该”和“不可以”做的行为。事实上，无论第一类还是第二类，都与已经确立的基本规范相关。只有确立了基本规范，人们才能对什么是道德的或不道德的行为作出具体判断。

我国政府部门和有关单位高度重视社会主义网络道德规范的建设和教育工作。2010 年 1 月，教育部颁布《关于加强中小学网络道德教育抵制网络不良信息的通知》指出，加强中小学网络道德教育从以下几方面入手：一是加强网络道德教育；二是加强网络法制教育；三是加强绿色网络建设；四是加强重点关注和引导；五是加强学校家庭合作。其中在加强网络道德教育中，重点提出一些中小学生应遵守的道德规范，如拒绝使用侮辱性、猥亵性、攻击性语言，自觉抵制网络不法行为，慎交网友，懂得在网络环境下维护自身安全和合法权益。鼓励中小学生在使用互联网和手机过程中，遇有不良网站链接和不良信息特别是淫秽色情信息传播时，及时举报。

14.4.3 政府如何加强网络道德建设

加强网络道德建设首先要充分发挥政府在网络道德建设和管理中的主导作用。离开了政府的管理和监督，任何一个国家都不可能取得网络道德建设的真正成功。政府在网络道德建设方面的作用至少有：一是教育功能。减少网络不道德行为应该主要依靠教育，政府可以动员社会的宣传资源、教育资源，在道德教育中发挥重要作用。二是法制、规范功能。现行的法律、道德规范不能适应信息社会的需要，很多新的问题如个人隐私的侵犯、网络诈骗、网上侵权行为、黑客行为等道德和法律问题，都亟待解决。因此需要政府在网络规范的确立、网络立法和执法方面发挥作用。三是监督功能。为了防止垃圾文化信息的出现和泛滥，需要政府出面对信息供应商进行监督。

1. 通过法制建设促进网络道德建设

网络空间是一个道德空间，同时还必须是一个法制空间。没有法律的强制力，仅靠良心和社会舆论，是不可能规范人们的网络行为的。而且，由于在网络空间中，人们常常并不知道网络行为背后的行为者，社会舆论就很难发挥规范人们道德行为的作用。因此，法制在网络空间比在物理空间更加重要。西方发达国家把伦理道德纳入法制轨道，已经有相关的立法先例，在刑法典中都包含有和伦理道德相关的内容。由于这些国家把伦理道德纳入了法制轨道，在社会秩序上收到了良好的成效。道德义务上升为不作为犯罪之作为义务，其目的并不仅仅在于对那些违反道德义务的行为施以处罚，更重要的是在于促进人们道德水平的提高。道德的形成发展从总体上看是一个自发的过程，道德实施却不能完全依靠自觉的行动，必须要有法律的强制性。这不仅提高了法律意识，还增强了道德观念，将大大提高全社会的道德水平。我国于 1996 年颁布的《中华人民共和国计算机信息网络国际联网暂行规定》、1997 年《刑法》增加了对计算机犯罪的惩罚规定以及国家出台的《互联网信息服务管理办法》等，对网站内容、信息的传播做出了明确规定，其中就包括对“伦理犯罪”进行法律制裁。我国应逐步建立和完善网络法规，将网络道德建设与网络立法、执法相结合，将重要的网络道德规范确立为法律法规，坚决打击网络违法行为，形成网络道德行为的法律惩戒机制。

2. 加强网络道德教育和引导

政府部门必须将加强网络道德教育和引导作为重要工作。加强网络道德教育和引导是一项系统工程，包括宣传材料的编写、相关培训的推广、群众公益活动的安排等，要有组织、有计划、有步骤地加以实施。尤其是通过案例来生动教育网民哪些可为、哪些不可为，培养网民“祛恶”和“扬善”的理念，激发网民的道德和良知；教育网民约束自己的言行举止，克制自己的冲动和情绪，追求合理的利益所得，认清什么网络行为是犯罪、什么网络行为对社会有益，促进社会形成相互关怀、相互信任、“我为人人，人人为我”的团结、互助、和谐的精神，进一步改善社会风气，净化社会环境。尤其要培养人们的网络道德意识与道德责任观念。有些人自觉或不自觉地将网络空间视为道德真空，似乎在这里有的只是能力的高低，而没有道德上的善恶。由于人们对网络行为缺乏经验，对网络行为的后果常常做出错误的估计，造成许多人在行为上并无恶意，却导致恶果。同传统道德建设一样，网络伦理道德建设的关键依然是人，即有必要加强道德主体建设。加强网络的道德主体建设，是要唤醒网络人的道德意识，使其明确自己的道德需要和道德责任，增强道德行为的自觉性，强化道德行为的情感体验，成为真正的道德主体，自觉订立、遵循、维护相应的体现网络时代特点、体现尽可能多的人的意志利益和需要的伦理道德规范。作为一个有道德感的网络用户，要培养自己在网络空间中的责任意识。应当严格自律，积极履行维护网络信用的责任，这既体现了对自己人格的尊重，也体现了对他人人格、对全体网络用户的尊重。还要培养网民克服报复、恶作剧、故意炫耀等不良的、消极的情感体验。

3. 加强政府部门的职业道德教育

要做好网络道德的监督和引导，政府部门首先要带好头，以身作则，树立良好的网络道德风尚。在2012年“两会”上，政协委员迟宝荣和其他12位委员联名向大会提交了关于《社会公德缺失的成因与对策》的提案。委员们认为，社会公德大面积缺失首先源于政府诚信的缺失。近几年的网络热点事件中反映出政府部门中确实存在一些个别官员职业道德严重缺失的情况。如果政府部门的职业道德建设没有达标，就难以让全社会作为被监督者和被引导者道德建设达标。而且，更严重的是，有可能因为部分政府人员的道德缺失导致全社会道德恶化。部分政府人员的道德恶化将非常容易地感染全社会，在自由主义张扬的网络虚拟世界将更为突出。政府部门重要的工作任务就是加强以职业道德为核心的全面道德建设，比如加大对“八荣八耻”社会主义荣辱观教育的考核力度，加强公务员考核的“德能勤绩廉”中的品德考核，加大在民主推荐、竞争上岗中对公务员网络道德的考核。

4. 建设个人信用网络系统

世界上的信用制度已建立150多年，最早建于金融信贷。通常由银行和政府负责，委托第三方资信评估机构设立信用记录公司，对金融市场参加者的信用状况进行调查登记，将记录资料输入电脑数据库，连续跟踪客户的信用变化情况。当金融机构需要调查某一客户的信用时就要向信用记录公司购买该客户的信用记录资料，信用记录公司提供有偿的信用服务。这种金融信用记录后来转化成个人的全部诚信档案。个人可以通过信用方式获得支付能力而进行消费、投资和经营。个人信用可以通过一系列有效的数据、事实和行为来标明，良好的个人信用档案可以视作个人的第二身份证。在美国，个人拥有一个终生的社会保障安全号，通过唯一的号码，拥有一份资信公司作出的信用报告，任何银行、公司或业务对象都可以付费查询这份报告。这样的信用档案体系十分严密、准确，全面记录了个人不良的民事记录、刑事记录，如诈骗、空头支票、欠款不还、破产等。通过信用体系的建设，全面促进了公民道德意识的提高。我国政府应进一步加快推动信用体系建设，积极鼓励第三方建设个人信用网络系统，结合网络实名制在重要网络领域的试行推广，并在法律允许前提下开放个人信用查询接口，供需要的组织和个人查看和申请追加记录，以加强监督，提高网络道德约束。但是，由于我国信息安全体系尚有缺陷，网络监督必须在法律允许的前提下，必须在保障个人的信息安全和合法权益不受侵犯的前提下，不能越权越位，不能侵犯个人隐私权，否则将可能阻碍网络的正常发展，造成不良后果。

本章小结

电子政务规范是指由相关政府部门依据国家相关政策法规，结合政务实际制定的所有与电子政务直接相关的各项地方性法规、政府规章、规范性文件、标准体系、道德规范，主要包括环境类规范、建设类规范、应用类规范三大类。最重要的电子政务具体规范包括电子政务法律体系、电子政务标准化体系和网络道德规范。

关键术语

电子政务　　规范　　法律体系　　标准化体系　　网络道德

复习思考题

1. 电子政务规范的主要内容是什么?
2. 我国电子政务法律体系的内容是什么?
3. 我国电子政务标准化内容是什么?
4. 如何做好网络道德规范建设?

案例分析

美国诱捕黑客等三则

案例一

美国政府钓鱼执法诱捕黑客

乍看起来，在美国注册的 Invita 安全公司不会引起人们太多的关注，这家互联网公司与其他高科技公司没有多大区别，有明亮的办公室、充足的计算机、各色的雇员，甚至专门的计算机安全系统。但是这里唯一缺少的东西就是客户。

不要误认为这是个起步不佳的公司，其实 Invita 互联网公司是美国联邦调查局（FBI）开设的一家假公司，专门用来对付电脑黑客。它就像埋伏在网络丛林中的猎豹，等待俄罗斯黑客自投罗网。这些被诱捕的年轻黑客被控入侵美国互联网公司，盗取计算机中的财务和其他敏感资料，并以此为交换条件进行敲诈。

Invita 公司最近一次杰作是诱捕 21 岁的黑客阿列克谢·伊万诺夫和 25 岁的瓦西里·戈尔什科夫。这两个人从俄罗斯的车里雅宾斯克被诱骗到美国，随后被捕，被指控涉嫌 20 项罪名，包括合伙诈骗与敲诈。

联邦调查局通过开设假公司，进而一步步引诱伊万诺夫和戈尔什科夫去“黑”该公司的计算机系统。当两个黑客从俄罗斯成功得手后，FBI 假扮公司雇员邀请他们来西雅图“共商”发展大计，进一步展示其黑客攻击威力。

2000 年 11 月，不知早已落入陷阱的俄罗斯黑客欣然奔赴西雅图，向 Invita 公司演示他们“高超的”黑客技术。

当黑客戈尔什科夫操作 Invita 公司的计算机时，FBI 利用一个名叫“嗅探器”的秘密程序记录下戈尔什科夫每一次敲击计算机键盘的内容。利用从这个秘密程序得到的密码，FBI 成功进入戈尔什科夫在俄罗斯用来保存资料和下载信息的计算机。

在法庭上，戈尔什科夫的律师肯尼斯·卡涅夫提出，FBI 无权使用这些材料做证据，他认为自己委托人的隐私受到了侵犯，因为戈尔什科夫并没有同意任何人记录他使用计算机的操作过程。卡涅夫因此主张，FBI 在下载戈尔什科夫机器中的信息前，应该先获得搜查证。

对此，调查方辩护说，他们此举实在是迫不得已，他们称这一做法是与时间赛跑：必须在疑犯同伙发现疑犯被捕，然后企图破坏资料之前想出办法确保相关敏感信息的安全。美国互联网安全专家们也一致认为，这个案例反映出联邦调查局打击计算机犯罪的技术能力提高了不少。

FBI 确信这两名俄罗斯黑客及其同伙涉嫌上百起针对全球美国公司的计算机犯罪。受害者包括位于柯克兰的互联网接入公司 Lightrea.com 以及位于加利福尼亚州的网上交易公司 Palo Alto。

俄罗斯黑客瓦西里·戈尔什科夫 10 月 4 日以计算机犯罪的罪名被判处三年监禁。这个俄罗斯黑客是美国联邦调查局以求职面试为诱饵，将其从俄罗斯骗到美国后逮捕的。这种做法遭到了莫斯科方面的强烈指责。

资料来源：《FBI 诱捕电脑黑客纪实》，见 http://gzdaily.dayoo.com/gb/content/2001-05/13/content_119983.htm，2001-05-31。

案例二

美国政府监控互联网

美国联邦调查局的一位前雇员 30 日称，联邦调查局目前已经扩大了监控范围和监控对象，同时利用先进网络技术秘密监控美国的普通用户，并收集他们的个人资料。另据国外媒体报道，美国联邦调查局希望 Facebook、Google 等大型互联网公司建立后门，允许其进行“窃听”或监视嫌疑人动态。①

美国联邦调查局一位不愿透露姓名的前雇员表示，美国的法律规定，联邦调查局只能

① 参见《美联邦调查局要求互联网公司留后门准其获取用户信息》，见 http://www.cnbeta.com/articles/186247.htm，2012-05-08。

在司法部门批准的情况下才能对特定的美国民众进行监控。但目前，联邦调查局已经开始秘密监控美国的普通民众，他们不仅监控手段有所加强，其范围也在进一步扩大。在没有获得美国司法部门同意的情况下，联邦调查局便使用一种名为 DCS 1000 的设备大量搜集普通美国民众的互联网数据。这些数据包括他们的姓名、电子邮件、密码、经常登录的网站以及浏览的网页等。

他在接受记者采访时说："'9·11'恐怖袭击后，当时的美国司法部长放宽了对联邦调查局监控权力的限制，赋予联邦调查局更多监视网站、清真寺以及其他可能与恐怖主义有所关联的机构的权力。联邦调查局不仅利用这些权力调查与外国恐怖分子相关的组织，同时也开始调查那些被认为有暴力或破坏行为的抗议组织。从布什授权情报部门从事监视活动后，联邦调查局率先部署建立广泛的监听网。他们最近还秘密搜集美国国内反战人士的信息，其中包括至少 20 名美国公民。联邦调查局有关部门将其汇集成近 400 页的有关资料，并将结集成所谓的鹰爪报告。美国公民自由联盟披露的数据显示，联邦调查局共对 150 多个组织进行了不适当的监视，其中甚至包括绿色和平环保组织以及从事扶贫事业的天主教工人团体。"

美国国家安全研究中心负责人凯特-马汀也对记者说："这是美国首次由总统授权政府机构可违反刑法禁令监听美国人民的事件。看来，布什政府和五角大楼正在设立一个暗中监视美国人民的机制，它不但秘密而且完全违反了美国的法律。在美国国内进行不法的间谍活动同美国政府的民主性质是不相符合的。"

美国盖洛普民意调查公司最新公布的数据显示，在对 1 000 名成人进行的民调表明，52%的受访者认为他们的电话或者电子邮件可能遭到监控。但民调还显示，美国人看起来对布什政府国内窃听项目合法性的意见不一。49%的受访者称，总统肯定或者可能违反了美国法律，而 47%的受访者则认为他这样做不太可能或者没有违反法律。47%的受访者认为国内窃听项目是正确的，50%的受访者则认为是完全错误的。

资料来源：《美国联邦调查局前雇员称美互联网用户被监控》，见 http://news.qq.com/a/20070131/001595.htm，2007-01-31。

案例三

维基解密的危机

如今，维基解密者要小心了，他们绕过防火墙、入侵美国军方网站，费尽心机取得的"机密"文件，可能只是一个陷阱，是美国军方一个网络安全程序炮制出的"看起来很真实可信"的诱饵文件，其内容不但是虚假的，而且还含有木马程序，会悄悄将窃密者的行踪报告给安全人员。为了防止再次发生类似维基解密这样的泄密事件，美国国防部专门请来前黑客高手和计算机专家共同设计"诱饵"程序，用虚假机密文件来混淆视听，迫使维基解密者们花费大量精力去核实文件真假，让他们即使获取了真文件也犹豫不决，不敢公布。

美国国防部高级研究项目署（DARPA）资助的研究人员正在建立一个"生成和发布可信的误导信息"程序。据一份军方研究摘要透露，这个程序一旦植入了机密级别的网络中，就能够自动生成虚假文件，并自动追踪到入侵者的动向。

"我们希望用看起来很真实的假信息来湮没敌人，"领导该项目的哥伦比亚大学计算机科学教授萨尔瓦托雷·斯托尔弗说，"这会混淆和误导他们。"

该计划的目的是吓一吓那些不请自来的流氓，并尽量减少内部威胁——军事网络最大的漏洞之一。当假冒的“机密”情报一被点击，就会立即记录下入侵者的IP地址，同时提醒系统管理员。

有了这些线索，安全机构就更容易追踪到“窥视的眼睛”了。而且，据这份军方研究摘要透露，该系统的目的还不仅仅是阻止新的“系统性威胁”（例如最近由维基解密披露的敏感和机密政府文件），其更深层次的目标是让黑客和爆料者们草木皆兵，搞不清楚自己无意中发现的文件是真是假，逐步让维基解密网站失去公信力。

注：这种诱捕方式通常被称为“蜜罐”系统。所谓的蜜罐就是一台存在漏洞的假服务器。黑客发现它的存在，并通过漏洞获取到控制权，而没有意识到这里并不存在有价值的东西，仅仅是一个诱饵。在他们这样做的过程中，活动信息会被记录下来，系统管理员们就可以发现存在的漏洞；这种模式可以让系统管理员们收集网络法证数据和感兴趣的其他信息，并利用这些数据来追捕罪犯，巩固自己的防御措施，或两者兼而有之。

资料来源：林徵道：《诱捕下一个维基解密者》，载《南方都市报》，2011-11-13。

请思考：1. 美国政府诱捕黑客的行为是否合法？

2. 美国政府监控互联网是否侵犯了公民隐私权？

小知识 »

QQ聊天记录将可做呈堂证供

《中华人民共和国民事诉讼法》自1991年颁布以来，只有2007年进行过一次修正。现在，民诉法终于迎来了一次大修。2011年10月，《民事诉讼法修正案（草案）》在中国人大网上公开征求民意。六十三条修改为：证据包括电子数据等。如果你今天在QQ聊天的窗口对某位网友说：“你借给我的2万元钱，我1个月内归还。”那么，万一起了纠纷，这句话可以作为呈堂证供。“现实中电子证据已经被运用。”有律师说，这次修订内容中增加了这个证据种类，也得到律师们的普遍认可。进入网络时代，互联网上留存了电子邮件、网上交易记录等大量的电子数据。不少老百姓在打官司时，手里掌握着相关的电子数据。而目前，法律上并不单列“电子数据”这个证据类别。

另外，《民事诉讼法修正案（草案）》新增加的另一条也展现了互联网在诉讼流程中的新作用：“经当事人同意，人民法院可以采用传真、电子邮件等能够确认受送达人收悉的方式送达诉讼文书。”这就是说在法院留下自己固定的电子邮箱，法院在取得当事人同意的情况下就会将诉讼文书以电子邮件的方式传给你。以前，一般诉讼文书都是以邮寄的方式，但是这样既费时又费钱，而电子邮件符合大家现在的生活习惯，方便快捷。①

① 参见《QQ聊天记录可做呈堂证供得到普遍认可》，见 http://news.xinhuanet.com/tech/2011-11/21/c_122313822.htm，2011-11-21。

第 15 章

电子政务绩效评估

不能评估就无法管理。

——琼安·玛格瑞塔

宽带化的社会效益大于经济效益。

——中国工程院院士邬贺铨

重点问题

- 电子政务绩效评估
- 电子政务绩效评估的必要性
- 我国电子政务绩效评估
- 电子政务绩效评估体系

早在 2002 年《国家信息化领导小组关于我国电子政务建设指导意见》即提出要加快“建立电子政务绩效评估机制”。《2006—2020 年国家信息化发展战略》更加明确地指出：建立电子政务规划、预算、审批、评估综合协调机制。加强电子政务建设资金投入的审计和监督。明确已建、在建及新建项目的关系和业务衔接，逐步形成统一规范的电子政务财政预算、基本建设、运行、维护管理制度和绩效评估制度。2011 年 4 月 21 日，国务院办公厅《关于进一步加强政府网站管理工作的通知》指出，一些政府网站存在的种种问题，主要原因是建而不管或管不到位，因此必须加强对电子政务的评估，以确保电子政务又好又快地发展。

15.1　电子政务绩效评估

15.1.1　电子政务绩效评估概念

电子政务绩效是指政府在实施电子政务过程中电子政务的投入、产出、效果与影响等①，是政府绩效管理的重要内容。电子政务绩效评估是指依据电子政务建设和应用的有关数据，按照一定的规范、程序，遵循统一的标准和特定的指标体系，通过定量定性对比分析，对电子政务建设和应用的投入、产出及效益所做出客观、公正和准确的测算与评价。

电子政务绩效包括了政府信息化基础建设绩效、政府网站绩效、电子政务应用系统绩效等。政府信息化基础建设绩效是指电子政务信息基础设施、网络环境等方面的绩效；政府网站绩效指政府部门以互联网门户网站为主的网站绩效；电子政务应用系统绩效是政府部门各项电子政务应用系统的绩效，如内部的OA、人事、财务等系统，外部的工商、税务、海关、财政等政府业务系统的绩效。

15.1.2　电子政务绩效评估的必要性

1. 电子政务绩效评估是促进政府改革的动力

电子政务是一项庞大的社会系统工程，它的建设不仅需要技术基础，也需要公众基础和政府基础，需要政府加大力度进行管理流程的再造、组织的优化重组、职能的重新确定和行政体制的变革来提供推行电子政务的基本前提。由于政府所需进行的相关改革既是电子政务发展的深层次需求，也是影响社会稳定的不安全因素，所以，电子政务引发一系列矛盾、冲突是必然的、不可避免的。政府应该把握好信息社会带来的良好机遇，保证电子政务建设的稳步推进和谨慎进行，充分考虑电子政务推行后社会的承受能力和各项措施之间的协调配套，通过及时、准确评估电子政务的实施状况，从评估结果中了解电子政务的实现程度（百分比）、发展状况、在世界各个国家中的排名、发展程度总体上属于哪一个级别（高于世界平均指标，抑或低于世界平均指标），使公众理解电子政务的发展状况及其所带来的一系列必要的改革震荡，关注并监督政府的信息化建设工作。通过评估结果可以影响政府信息化的发展策略，带动行政体制的深层变革。②

2. 电子政务绩效评估是正确引导电子政务建设的需要

电子政务绩效评估从表面上看是一个检验体系，而事实上更是一个指导体系。一方

---

① 参见杨道玲、于施洋：《论电子政务绩效本质及其评估导向》，载《中国管理信息化》，2009 (3)。

② 参见《电子政务评估指标体系研究》，见 http://www.echinagov.com/echinagov/yanjiu/2005-05-24/3719.shtml，2005-05-24。

面，有了这样的体系才能及时发现问题，利用先进的信息技术有针对性地解决现代电子政府运作过程中的效率、成本、服务、管理等方面的问题，为电子政务的进一步向前发展保驾护航。另一方面，通过建立科学的指标体系和确立合理的标准化指标，可以找出与发达国家电子政务建设水平的差距以及国内各级政府部门电子政务应用水平的差距，从而吸取先进经验，修正自身不足，为电子政务建设引领正确方向。

我国在电子政务规划、预算、监管等环节缺乏完善的管理体系和充分的决策依据，尽管各级政府电子政务投资额不断增加，但系统闲置、重复建设、使用率低下等现象仍不断出现，严重影响了电子政务建设的效率和效果。因此，要实现国家关于电子政务建设发展目标，必须在加快电子政务系统建设的同时，不断完善和提高对电子政务系统建设的管理水平。

信息技术的发展促进社会提高了经济效益、社会效益，电子政务提高了政府效率，降低了政府成本。美国布鲁金斯学会一项研究成果表明：由于电子政府的加速发展，因特网给美国人带来的成本节约高达每年 2 000 亿美元，相当于国民生产总值的 2%，每年可以提高劳动生产率 0.4%。① 但 20 世纪末，业界有人认为信息化建设面临"IT 黑洞"的危机，即对信息化进行巨额投资，经过漫长的开发周期后，由于出现需求重构、流程再造、技术更新等诸多主客观因素变化，信息系统项目投入可能失控，像黑洞一样吞噬大量的人力、物力、财力和时间。甚至还有人提出"IT 生产力悖论"即对信息化建设投入了大量资源，但是却没有得到相应的回报效益，即信息化的投入增加与生产率的提高可能不成正比。不管"IT 黑洞"还是"IT 生产力悖论"是否正确，都从侧面反映了信息化投入相对较大，投资期望值高。电子政务可以带来突出效益，不只是经济效益，还有社会效益，但要通过电子政务绩效评估来衡量。

3. 电子政务绩效评估是加强电子政务管理的需要

管理大师德鲁克说过："无法度量就无法管理。"要建设有效的电子政务管理体系，就必须能够对各个电子政务系统的状态、效率和效果进行客观、准确的度量和评价。美国政府从 20 世纪 90 年代起便开始研究电子政务系统的绩效评估，并将其纳入联邦政府预算管理体系，通过绩效评估确保每一个电子政务系统的投资效率和建设效果。英国政府同样建立了一套比较完善的绩效评估体系，并把绩效评估结果作为中央政府拨付电子政务系统预算的重要参考指标，既有利于调动各地方、各部门推行电子政务的积极性、主动性，又有利于促使电子政务建设取得预期效果。处于发展中国家行列的印度政府也于 2002 年建立了"电子政务评估框架"并不断完善，通过几十个详细指标对各电子政务系统绩效进行全方位评价，并将评估结果作为后续预算等决策依据，以促进各电子政务系统建设朝政府期望的方向发展。从实际效果看，绩效评估在很大程度上解决了电子政务系统状态、效率和效果的度量难题，有力推动了各国电子政务的深入发展。我国这方面的研究已经起步，但尚未形成完善、成熟的度量体系，这使得我国电子政务建设在执行层面还处于粗放型的管理状态。因此，为确保电子政务建设能够顺利转型到以服务和整合为标志的高级阶段，建立一个适合我国实际情况的电子政务系统绩效评估体系是一个必须解决的现实问题。②

① 参见张宇贤、高辉清：《中国电子政务建设的宏观效益分析》，载《中国经济时报》，2003-01-10。

② 参见杨洋：《服务型政府转型路径——电子政务系统绩效评估与闭环管理》，北京，清华大学出版社，2009。

15.1.3 国际电子政务绩效评估

1. 政府自我评估

电子政务的绩效评估可以直接追溯到西方国家极为盛行的政府绩效管理。以美国为例，美国政府绩效管理经历了五个阶段，这五个阶段各自所强调的重点分别是效率、预算、管理、民营化和政府再造。自20世纪90年代开始，美国国会通过了一系列法律，为提高政府绩效和加强政府责任打下了基础。1993年，克林顿政府成立的国家绩效评估委员会提出要构建“电子政府”时，就把电子政务绩效考核作为政府绩效考核的重要内容。通过1993年的《政府绩效与结果法》、1994年的《监察长改革法》、1996年的《克林格-科恩法案》及2002年的《电子政务法》，电子政务绩效评估的任务、目标、绩效衡量标准等得到明确。在政策实施层面，行政管理和预算局自1985年起发布了一系列有关政府绩效实施的通报。自2000年开始，行政管理和预算局还制定了关于国家电子政务建设的一系列指导政策，包括2001年和2003年《电子政务战略》、《关于实施〈电子政务法〉的指导》、《申请电子政务基金的程序》、《年度电子政务发展报告》等。这些措施对电子政务绩效评估的发展也起了很大的推动作用。美国联邦政府电子政务绩效评估建立在“政府信息资源管理”、“政府项目费用—效益分析”、“政府行政绩效评估”三大制度基础之上。美国联邦政府绩效评估模型由输入、输出、结果三部分组成，由测量域、测量类、测量组和测量指标四个层次构成。输入包括人力资本、技术和其他固定资产，输出包括一系列过程和活动，结果包括任务和业务结果以及客户结果。

加拿大政府选取了便利性、可访问性、可信程度、服务成熟度、用户接受度、服务转型、用户满意度、安全性、个人隐私保护、效益/回报、创新11个指标来评估本国的电子政务绩效水平。加拿大的电子政务建设在全球处于领先地位，在国际组织的多项排名中名列前茅，全球知名信息化评估机构埃森哲（Accenture）更是连续三年将加拿大电子政务建设评为全球第一，并认为是唯一借助电子政务实现由管理型向服务型政府转变的国家。加拿大政府建立的“电子政务绩效评估体系”亦受到其他国家的高度关注，在联合国2003年政府公共部门报告《处在十字路口的电子政务》中，加拿大被列为电子政务绩效评估的典范。加拿大财政部秘书处在2002年与埃森哲合作，吸纳各政府部门广泛参与，以共同制定出一个“以结果为基础”的评估体系。该体系主要着眼于两个方面：一是用户的满意度，二是政府服务品质的提升，并认为应采取更为宽泛的评估方法，而不是仅评测网站服务的可用性，还应同时考虑到效益的提升以及提供服务的价值。

英国、新西兰、澳大利亚、法国等国家都借鉴并实施了电子政务绩效的自我评估。

2. 第三方评估

（1）埃森哲公司电子政务年度测评报告。

埃森哲是全球最大的管理咨询、信息技术及外包服务机构。作为《财富》全球500强企业之一，埃森哲全球员工近236 000名，为遍布120多个国家的客户提供服务。埃森哲原是全球安达信会计师事务所的管理咨询部门。1989年成立安盛咨询公司，2000年与安达信从经济上彻底分开，2001年公司更名为埃森哲。埃森哲从2000年开始连续多年追踪研究全球电子政务发展的最新动态，定期公布研究成果，并例行发布 20 多个发达国家电子政务的年度测评报告。2000 年 4 月，埃森哲发布了第一份全球电子政务年度测评报告，主题为“梦想与现实”，第一次提出了著名的“长远规划，小步快跑”（Think Big，Start Small，Scale Fast）的电子政务建设思想。埃森哲公司将定量评估与定性评估较好结合，采用多种不同的分析方法，如电子政务的成本效益、服务水平、政务效益等，这些分析方法通常被整合在一个大的指标框架之下，并对其中的不同维度分别采取不同的评估方法，从而使得整体评估不仅仅限于一套指标体系或经济计算公式。

埃森哲公司的电子政务年度测评报告中的评价指标体系粗略框架如下：

1）指标结构。设定一个“网站服务成熟度”指标，把各国政务站点上提供的服务内容按照“信息发布型、双向交流型和政务处理型”三个档次进行鉴别，然后累计得分。

2）测评对象。其测评对象为 20 个发达国家。

3）结果处理。按网站服务成熟度指标得分把它们划分为四大类：前卫领导型、锐意跟进型、谨慎实现型、缓慢起步型。

（2）布朗大学全球电子政务年度测评报告。

自 2001 年以来，布朗大学连续多年发布全球电子政务年度测评报告。布朗大学的电子政务测评方法比较简单，偏重于定量评估，它以政府网站所提供的服务为衡量对象，用超过 20 个指标评估各国政府网站的综合表现。它的电子政务测评体系虽然被认为比较单一，但指标覆盖全面。它所列的指标大多围绕网站功能，如在线信息、服务提供和公众接入情况、在线数据库、音频剪辑、视频剪辑、支持多种语言、商业广告、保险基金、用户支付、残疾人接口、隐私政策、安全措施、在线服务、服务种类总量、数字签名、信用卡支付、电子邮箱地址、在线论坛、自动邮件提示更新信息、个性化站点界面、PDA 接入和站点英文版等。

（3）高德纳电子政务评估体系。

高德纳咨询公司成立于 1979 年，是世界上第一家从事信息技术研究和分析的公司。高德纳综合了已有评估体系的分析方法，补充了绩效评估和政治回报方面的内容，主要从公众服务水平、运作效率和政治收益三个方面评估电子政务项目的有效性。高德纳的电子政务评估体系是目前公认的体系架构最完善、以服务内容和绩效评价为中心的评估体系。虽然高德纳的评估指标体系包含了以往电子政务测评中很少考虑的经济绩效和政治回报，但这个指标体系主要针对电子政府项目的评估，与其他针对政府网站的评估在评估对象上有较大差别。电子政府项目相对单一，对政府网站的评估则是多方面、全方位的。但不可否认，高德纳对于经济绩效和政治回报指标的设定对于电子政务测评而言具有开创性意义。

（4）早稻田大学的电子政务评估。

日本早稻田大学于 2002 年 12 月设置了“电子政府·自治体研究所”，该所从 2004 年开始对世界电子政务进行评估。早稻田大学的电子政务评估有些特立独行，它批评“联合国的排名，显示出同社会优先开发项目的密切关系，并以政治文化的成熟度为标志，这超越了电子政府的范围”，而认为自己“以综合视点调查分析，进行了不同于其他机构——以网站、CRM 等为对象调查排名的做法”。例如，它参照世界经济论坛等“世界竞争力排名”的评估手法，采用6大类26项指标衡量“理想的电子政府”，显示出重视“客观性指标”的特点，几乎没有“用户”（民众）的满意度调查指标。

（5）世界银行的电子政务评估。

2004年，世界银行的一项研究揭示了发展中国家和转型国家的电子政务项目成功率非常低的事实。该报告指出，由于大多数电子政务项目是旧瓶装新酒，通常没有改变过去低效的政务流程，因此常常失败或成功率非常有限。该研究估计，发展中国家将近35%的电子政务项目是完全失败的，大约50%的项目部分失败，仅有近15%被认为是完全成功的。换句话说，这些国家电子政务的成功率仅为15%，这是一个非常令人沮丧的结果。世界银行的专家解释了他们评估成功与否的标准，在他们看来，如果一个电子政务项目不能向公民或企业提供有价值的政府服务、不能以公民或企业用户为中心或不能超越部门的限制而只是孤立提供政务服务，就是一个失败的项目。究其原因，往往是因为电子政务建设缺乏政治意愿和领导力，没有自上而下清晰地制定相关政策和路线，缺少关键性的学习和反馈机制，忽视了如互操作性、规制、电信接入和成本、公众意识、技术标准等关键因素，严重缺乏项目管理、技术标准、通信和风险评估能力，或通过追加资源人为地缩短项目期限，等等。

（6）联合国电子政务调查报告。

联合国经济和社会事务部将定量与定性相结合，侧重对各国政府网站建设、信息基础设施和人力资源三个方面进行评估，提出电子政务发展的五个阶段（初始、增强、交互、在线处理、无缝连接）。具体而言，一是分析各国政府网站提供的内容和一般公众最经常使用的在线服务（卫生、教育、劳动就业、福利、财政）情况；二是对各国IT基础设施（加权复合变量）和人力资源能力进行复合变量统计分析，最后平均得出各国的电子政务指数。它所运用的两大类指标是：电子政务准备度（整备度）和电子参与度。前者是复合指标，包括网站测评指数、电信基础设施指数和人力资源能力指数，后者主要衡量政府部门的E-information、E-consultation、E-decision等，评估政府网站向公民提供网上信息和服务等的数量与质量。

由于联合国以近200个成员国为评估对象，要始终用相同的标准进行测评不很容易，所以其“电子政务准备度”所涉及的指标大多是比较基础性的，如电信基础设施、人力资源能力，对网站的测评也主要衡量各国政府网站提供的六类与公众生活最为相关的服务。

2002年5月，联合国发布了它在全球电子政务发展领域的第一份比较完整的年度测评报告《电子政务测评：2001年全球扫描》。报告研究了2001年度190个联合国成员国的电子政府建设计划和电子政务发展状况，使用了以公众为核心的测评方法，按“阶段”标度指标得分或归类。该指标体系借鉴了有关国家、国际组织和私营咨询公司一些有用的电子政务测评手段，如“阶段”标度法。此后联合国多次发布电子政务调查报告。

2012年3月，联合国发布《2012年联合国电子政务调查报告：面向公众的电子政务》。该报告对联合国193个成员国政府近两年的电子政务发展进行了评估。成员国的评选名次是以电子政务发展总指标为依据，总指标包括四个方面：在线服务的范围和质量、电信基础设施的发展状况、人力资源开发以及电子公众参与。公式如下：

$$\text{电子政务发展指数(EDGI)} = \left(\frac{1}{3}\times\text{在线服务指数}\right) + \left(\frac{1}{3}\times\text{电信设施指数}\right) + \left(\frac{1}{3}\times\text{人力资本指数}\right)$$

《2012 年联合国电子政务调查报告：面向公众的电子政务》显示：中国电子政务在整体发展中稳步前进。中国以 0.535 9 的总分排名 78 位，比 2010 年下降了 6 位，但中国在提升透明度和开放性方面有所进步。报告认为“这是不小的壮举，因为中国有着多达 13 亿人口和辽阔的国土面积——这使得政府必须比人口少、地域小的国家付出更大的努力，特别是它的人口分布很广，愈发增加了发展难度”。中国政府在促进信息公开方面取得了显著成效，通过提供综合的信息、更多的跨部门综合性服务以及政府官员与公众更多的互动，中国政府提高了官方门户网站的质量。

报告显示，韩国政府继续保持了 2010 年在电子政务方面排名第一的位置。荷兰排名第二，比 2010 年提前了三个位置。英国向前进了一位，成为世界上电子政务排名第三位的先进国家。丹麦、美国、法国和瑞典仍保持在全球电子政务领先国家的行列。许多发展中国家也跻身前 50 名，其中包括俄罗斯、阿联酋、立陶宛、巴林、哈萨克斯坦、智利、马来西亚、沙特阿拉伯、拉脱维亚、哥伦比亚、巴巴多斯、卡塔尔、安提瓜和巴布达、乌拉圭等。发达国家与发展中国家尤其是非洲之间依然存在着巨大的数字鸿沟，非洲的电子政务发展指数仅为北美州的 1/3、全球的 1/2，主要是因为非洲信息化基础设施发展滞后，阻碍了信息使用和知识创新。发达国家与发展中国家在宽带带宽和订阅用户方面存在的巨大差距表明，填补数字鸿沟依然任重道远。

2012 年的调查表明，各国已经从分散的单一用途电子政务模式向方便公众使用的“一体化”政府模式过渡。欧洲大多数国家的做法是对信息、服务和参与机会设立不同的门户网站，韩国、新加坡、美国、以色列、澳大利亚、挪威、丹麦和新西兰则将信息、服务和公共参与集中于一个统一的网站，它们是采用一站式门户网站的少数先行国家。

2012 年的调查结果显示，根据电子政务发展的四个阶段（初始阶段、强化阶段、业务办理阶段和一体化阶段）来看，各国正处于不同的电子政务发展阶段。大多数国家尚处于初始阶段和强化阶段，能达到业务办理阶段或一体化阶段的国家仍是少数。

报告指出：“在信息时代，政府需要思考如何运用信息和通信技术工具来优化法律框架、规章制度、机构重组和业务办理程序以及人力资源开发，从而顺应公民新的需求，接受新的挑战，真正做到以公众为中心来提供服务。”从 2012 年电子政务调查的结果来看，那些特别重视公众所关心的服务内容和用户满意度的国家，通常都在该调查中获得了不错的排名。

报告指出：“如今是社交媒体（如微博等）迅速崛起的时代。特别是亚洲地区和太平洋地区的社交媒体获得了史无前例的发展，成为这两个地区网络使用的主要方式。”“在逐渐提高公众对电子政务的使用率方面，社交媒体拥有很大的潜力。如何有效地利用社交媒体带来的机遇已经成为一个重要的公共服务议题。社交媒体为政府提供信息和公共服务创造了新的渠道，同时也能实现服务效益的最大化。”报告建议：“政府部门要利用社交媒体提高公共服务的质量，减低成本，增加政府透明度。”“这就要求政府利用社交媒体在公众中推广电子政务的使用，努力使社会各个群体都能通过这种新的方式享受到电子政务的服务。”

许多国家都开始从分散的单一目的的组织模式向一体化的整体政府模式过渡，这有助于建立透明的政府系统，大幅提高政府工作效率。2012 年的报告专门对各国在提供环境相关的在线信息与服务方面所做的努力进行了评估。报告关注了与环境恶化和自然资源管理相关的四个政策领域：清洁空气、清洁水源、能源和资源保护。调查结果显示，德国、韩国、新加坡和美国在为其国民提供环境相关信息和服务方面位居前列。大多数国家提供了与清洁水源、清洁空气和资源保护相关的在线信息或教育，近半数国家提供了与能源相关的信息。2011 年 12 月 5 日，美国驻华大使馆在美国国家环境保护局网站上公布了所谓的北京城的 PM2.5 数据，声称其目的是为了给美国驻京外交人员提供健康方面的资讯。由于污染标准不同，美国驻华大使馆这一做法在北京乃至中国引发轩然大波。但正由于这场大讨论，让人们对空气质量监测有了全新的认识，并推动了我国环保部在《环境空气质量标准》的修订版中纳入 PM2.5，从而实现了我国首次制定 PM2.5 标准。2011 年 11 月，温家宝总理承诺，将完善环境监测标准，提高检测水平，逐步与国际接轨，“我们要重视完善环境监测标准，逐步与国际接轨，使监测结果与人民群众对青山绿水蓝天白云的切实感受更加接近”。2012 年 6 月，我国环保部副部长吴晓青表示，为进一步满足公众的知情权，环保部门未来将加大监测信息的发布。2012 年下半年，全国 74 个城市将发布包括 PM2.5 在内的更加完整的空气质量指数。但是，在提前通知公民可能发生的环境问题或允许公民在线搜索具体的环境信息方面，却鲜有国家提供相关服务，而公民参与也刚刚起步，尚有很长的一段路要走。①

(7) 其他评估。

2004 年 3 月，IBM 公司的政府事务中心主任斯托尔斯发布了一份题为《电子政府能力测算》的研究报告。该报告提出了两种电子政务绩效评估方法：一种是评估输入、输出和成果，另一种是评估活动、服务质量和效率。美国纽约州立大学阿尔巴尼分校政府技术中心则从公共价值的角度探讨了政府在信息化建设方面的投资—回报问题，给出了业务参考模型，分析了价值影响类型。

总之，由第三方进行的电子政务评估方法较多，但国际上对如何使用这些评估方法，并没有一个统一的意见。一般由各国根据实际情况，对电子政务评估方法进行选择使用。

15.2 我国电子政务绩效评估

我国一些第三方机构和不同层级的政府部门已经在绩效评估方面进行了有益的尝试，积累了不少实践经验。2007 年 9 月 1 日，由国家发改委发布的《国家电子政务工程建设项目管理暂行办法》正式施行，其中规定对国家级电子政务工程项目都要进行验收与后评估。我国电子政务绩效评估的标志性进展是工业和信息化部 2009 年 4 月 22 日印发的《政

① 参见刘世昕：《PM2.5 数据：环保部门为何和美国使馆“打架”》，载《中国青年报》，2012-06-06。

府网站发展评估核心指标体系（试行）》。这些规定成为电子政务绩效评估的基本依据或核心指标。

15.2.1 我国电子政务绩效评估的主要情况和问题

我国电子政务绩效评估侧重在政府网站，评估指标体系各不相同，评估机构主要分为第三方机构和政府。第三方机构和政府对政府网站评估的方法和指标各有特色，各有重点。如中国软件评测中心从政府信息公开、在线办事、公众参与和网站设计四个方面进行评估，计世资讯从网站内容服务、网站功能服务、网站建设质量三个方面进行评估，吉林省政府从网站内容、网站设计、网站技术、网站管理、安全保障五个方面进行评估，淮南市政府从用户满意度、政务信息公开、政府公共服务、社会公众参与、网站建设管理五个方面进行评估，等等。

政府网站只是电子政务建设的一个方面，因此政府网站评估不等同于电子政务绩效评估。目前，国内政府网站很少做到前后台一体，网站可以做得很漂亮，但与后台业务系统没有连接，无法真实反映电子政务水平。搞政府网站评比、排名，容易误导电子政务建设滋生“表面工程”。也不能笼统地谈电子政务绩效评估，因为评估对象范围不同。如电子政务项目绩效评估、部门电子政务绩效评估、地区电子政务绩效评估是完全不同的，分别属于微观、中观、宏观层次，不能混为一谈。而且，同样是电子政务项目绩效评估，项目不同，评估指标体系也应不同。如建设政府网站、建设视频监控系统、建设社保数据库、建设政府内网等不同的项目类型，建设内容、系统功能等差异很大，不能用同一套评估指标体系去评估绩效。因此，要分别设计评估指标体系，根据项目的类型、部门的职能、地区的差异，对具体指标选取和指标权重进行适当调整。除了定性指标，更重要的是尽可能地采用量化指标，以求客观，避免随意性。评估指标体系要力求可操作，即可以通过访谈或问卷调查等获得有关支撑数据。评估指标体系不能盲目照搬国外，因为中国的政治、经济、社会、文化等许多方面与西方国家存在差异。指标尽量用相对指标，如用“行政审批项目上网比例”，而不用“行政审批项目上网数”。另外，指标并不是越多越好，而是要确定关键指标。否则上百个指标，不但增加评估工作量，而且可能掩盖主要指标，使评估结果出现偏差。指标权重应根据评估目标、价值取向而定，力求反映主要问题。虽然电子政务建设资金来自公共财政，但还是应该力行节约。如果某项目、某部门或某地区的电子政务绩效水平高，但该项目、该部门或该地区的成本也高，这样的绩效要打一定的折扣。上海市门户网站在网上开展的评议活动就曾经把评判权交给市民，政府网站办得好不好，由市民做评判。这将促使各级政府在推动电子政务建设时，首先考虑到广大公民的实际需求，如果公民不能从电子政务中得到真正的实惠，各种网站的建立就会流于形式，不会受到公民的真正欢迎。

15.2.2 第三方机构及其开展的评估

中国信息化研究与促进网自 2002 年起连续十年以专业第三方机构名义开展政府网站

评估活动。该评估以《中华人民共和国政府信息公开条例》为指导，以《中共中央办公厅、国务院办公厅关于深化政务公开加强政务服务的意见》、《国务院办公厅关于进一步加强政府网站管理工作的通知》、《政府网站发展评估核心指标体系（试行）》等文件为参考，采用专业评测工具，依据该网站设置的指标体系，对全国各级政府网站及政务机构微博的互联网综合影响力、管理服务、行政效能、创新发展等多个环节进行全面的分析和研究。2011 年，首次将全国政府及政务服务机构微博纳入评测范围，并继续以互联网综合影响力为依据，进一步把考核要点集中在利用信息化手段切实为人民服务、为老百姓办实事等环节上。

赛迪顾问股份有限公司和中国信息化绩效评估中心，曾经连续几年发布《中国城市政府网站评估报告》。报告从网站的内容服务指标、功能服务指标、建设质量三方面十大指标对政府网站进行评估。2007 年起，中国软件评测中心［中国电子信息产业发展研究院（赛迪集团）下属］对我国政府网站持续进行年度测评。近年来，其政府网站绩效评估工作重点从四个方面进行优化调整：一是结合保障民生和企业合法权益的服务需求，完善服务型政府网站绩效评估指标，细化了教育、社保、就业、医疗、企业开办、资质认定等 11 个领域服务能力的评估细则，并拓展了对婚育收养、公用事业、经营纳税三个领域的评估；二是更加强调政府自身建设，深化政务公开，加强政务服务，以推动网站内容建设从根源上得到保障；三是开展新技术应用调查工作，了解政府网站应用互联网新技术，面向用户提供移动应用、无障碍服务的情况；四是更加重视扩展基层服务，将国家级经济技术开发区、国家级高新技术开发区网站纳入评估范围，推动网站建设更加有效地支撑开发区发展。

互联网实验室从公众服务、办公自动化和科学管理三个方面入手推出的《电子政务战略测评》试运行结果得出的结论是，目前我国电子政务进行得最好的是办公自动化，最差的是公众服务。该测评引入了社会卷入度、用户体验度、信息化成熟度、环境变革度四个指标，每个指标下还有若干小节，这是中国第一份电子政务测评的系统方案。

广州时代财富科技公司于 2002 年 5 月 15 日发布的《中国电子政务研究报告》显示，当时我国的电子政务还处于比较低的水平，无论是信息的实用性和完整性，还是实质性的电子政务功能，都与公众的期望有很大距离，中国的电子政务度为 22.6%。这项指标是在对 196 个政府网站的内容、功能及问题进行详尽分析的基础上，根据评价电子政务水平的指标体系得到的。该指标体系是一个较为全面的评估体系，包含政府机关的基本信息、政府网站的信息内容和用户服务项目、网上政务的主要功能、电子政务的推广应用四个方面共计 30 项评价指标。该公司后来并未推出新的报告。

15.2.3 政府自身开展的评估

北京市在开展政府部门电子政务绩效评估时把业务系统和信息资源作为重要评估内容。北京市从 2000 年开始进行政府网站评议活动，每年重新确定评议的重点主题。如 2003—2004 年度政府网站评议的主题为“评议政府网站，检查政务公开”，目的是为了推进“阳光政务”，提高“网上政府”的职能作用。2006 年度政府网站评议工作的重点是进一步推进政务公开、深化在线服务和公众参与，同时提高网站管理水平和质量。2008 年开展了针对信息资源开发利用的专项评估。北京市政府网站绩效评估的突出特点是注重多方参与，成立了由市政府特约监察员、民主党派人士、信息领域专家等组成的专家评议组，还向社会公开招聘八名群众评议员，组成群众评议组参加打分评议。首都之窗主站点和参评各单位的网站同时开展“网民评议政府网站”活动，由网民进行在线评议。同时，北京市政府从 2004 年起开展电子政务绩效评估工作，并把电子政务绩效评估与政府部门绩效评估有机结合，增强了电子政务绩效评估工作的权威性和激励约束效应。

吉林省政府从 2003 年起责成省政府办公厅构建互联网站评议考核指标体系，每年年底组织一次全面的网站评估工作。在 2003 年，省政府办公厅采取“单位自检、网上征求意见、检查组集中检查评议”的方法，对市（州）政府和省政府工作部门的 58 个政府网站进行绩效评估。2004 年，省政府办公厅出台了一系列政府网站绩效评估工作办法，制定了规范的政府网站绩效评估指标体系。此后评估指标的内容和标准逐年修改完善，将评估范围逐渐扩大到包括省政府部门、市（州）、县（市）政府系统。2006 年全省政府网站绩效评估工作由省政府办公厅与中国网通吉林省通信公司共同组织实施，对评估指标作了较大调整。根据政府网站中门户网站和部门网站两种不同类型，对省政府部门网站和市（州）、县（市）政府门户网站采用了不同的评估指标体系，分成两类进行评估。吉林省政府通过网站绩效评估带动了各部门、各地方推进政府网站建设的积极性和主动性，几年来吉林省政府网站建设进步很快，根据国信办委托中国电子信息产业发展研究院做的全国网站绩效评估，吉林省在全国处于前列。

深圳市作为首个国家电子政务试点城市，利用电子政务作为政府绩效评估管理技术和提高政府绩效的强大动力机制。电子政务的开放性大大加强了深圳市政府行政的透明程度和民主程度，为政府绩效评估提供了高效便捷的载体，一方面为政府绩效评估体系建设提供所需信息、技术、人员支持，另一方面为政府绩效评估工作创造良好的物质基础和制度环境，实现了该项工作的在线化、动态化、公开化、规范化，体现了该项工作的科学性、公正性、客观性、权威性，从而不仅为政府部门绩效评估奠定了基础，而且有效推动了政府部门绩效的提升。

2007 年 11 月 15 日，广州市信息化办公室印发的《广州市电子政务绩效评估管理办法》规定，电子政务绩效评估的主要内容包括应用绩效、资源整合绩效、管理与安全绩效等。采取各部门和各区、县级市内部自评和协调工作组组织的外部评估相结合的方式，综合日常工作、年中检查、年底各项任务目标实现情况和各项评估结果，全面评价整体水平。电子政务绩效评估工作程序包括年初部署、年中部门自查和自评、年底工作组检查及综合评议四个主要环节。电子政务绩效评估结果作为各部门下一年度信息化建设资金预算审核和新增项目立项审核的参考依据。

部分计划单列市和地级城市也陆续开展政府网站评议活动，试图通过政府网站对电子政务成效进行透视和审视。如青岛市电子政务办公室 2003 年度开始对全市 64 个政务网站进行评估，2004 年在网站评估的基础上开展电子政务绩效评估工作，指标设立除了政府网站的政务公开和对外公共服务以外，还包括机关内部的办公自动化应用、内网资源建设等。

安徽淮南市政府把综合性的电子政务绩效评估作为政府绩效管理的重要组成部分，建立了一套党政一体的电子政务绩效评估体系，主要内容包括执行力、公信力、回应力和发展力四个方面。2003 年、2004 年连续两年对政府门户网站进行评估，从 2005 年开始对全市的电子政务绩效进行全面评估。由各评估对象对照各自年度绩效评估方案进行自查自评，形成自查报告；市信息办成立若干评估小组进行绩效核实，由群众评议员作为第三方进行满意度调查。

宁夏、上海等省区市也都开始了电子政务绩效评估工作，中央一些部委也正积极着手准备开展相关工作。从总体上看，一方面我国电子政务建设正在进入更加注重业务应用、更加突出高效安全的新的发展阶段，对电子政务绩效评估的需求不断增强；另一方面，第三方评估机构的外评估和部分省市的带头示范作用对全面开展电子政务绩效评估工作产生了有力的促进作用。①

15.3 电子政务绩效评估体系

电子政务绩效评估体系是一个全面、系统、精细的指标体系，可以科学地反映一个国家、地区、部门和单位的电子政务总体和局部的发展水平，因此电子政务绩效评估体系的构成内容必须科学、充分、准确、合理。

15.3.1 电子政务绩效评估体系基本特性

评估指标体系是开展电子政务绩效评估的前提，作为能够指导和引导电子政务发展的指标，应该具有以下几个基本特性：

1. 关键性

电子政务指标应该少而精，能够从本质上（主要是功能和业务）反映电子政务的属性与职责。

2. 基础性

电子政务指标应反映电子政务的基本特征，也就是说这些指标不能缺失，缺少一项就会造成某一方面的重大遗漏。

3. 引导性（导向性和激励性）

引导性就是能够正确体现电子政务建设的发展方向，提出各级政府电子政务未来发展的目标，对电子政务实施起到导向作用。评估指标体系需要建立在科学、可靠和可行的基础上，尽快缩小与国外电子政务的发展差距，引导我国电子政务又好又快地发展；同时又要使各项指标成为电子政务建设者对电子政务建设工作进行自检的尺度，激励各级政府电子政务向优秀典型学习。

---

① 参见于施洋：《中国电子政务绩效评估实践现状》，载《信息化建设》，2008（9）。

4. 通用性（兼容性）

通用性就是能够反映电子政务建设的共性特征，照顾到各类各级电子政务的应用，但对各类各级政府电子政务建设中所存在的优点、亮点等方面独具特色的内容也能得到较好的反映。

5. 可比性

可比性就是能够反映电子政务的共同属性，通过对不同政府电子政务系统之间的比较，找出共同点设计评估指标，选择和确定指标时，要注意最终得出的数据彼此间便于比较分析，促进持续发展。

6. 可重复测量性（客观性或可操作性）

在价值上，要以客户需求为导向，体现考核体系的实用、客观、有效，并可重复测量等特点。

7. 动态可扩展（可延续性）

按照科学发展观要求，评估指标设计需要建立科学的、渐进的、复合型的绩效评估体系，根据不同行业、不同等级和不同阶段调整权重，持续进行考核。

8. 整体性（系统性或全面性）

强调对资源的整体评估，因此各方面的指标不是孤立的、分散使用的，而是要成为一个系统化的完整体系，指标之间要有较强的逻辑关联。

9. 生态性

行政生态学把行政系统作为一个有机体，注重这个有机体与周围环境的互动。因此，特定国家与地区的电子政务策略，要求与特定的政务环境有机结合。电子政务生态学研究的重心，是探讨政府电子政务的阶段策略选择在不同的政务环境条件下会受到何种因素、何种程度上的制约，并从电子政务决策与实施上为解决电子政务能力、应用与绩效间的矛盾提供理论方法和策略的依据。比如，电子政务绩效评估时要考虑政务环境、经济环境、行政环境、沟通环境、人文环境等的影响。①

15.3.2　电子政务绩效评估指标体系

电子政务绩效评估成功的关键在于评估指标体系的构建。指标是评估的工具，是反映评估对象属性的指示标志；指标体系是根据评估目标和评估内容的要求构建的一组相关指标，据以搜集评估对象的有关信息资料，反映评估对象的基本面貌、素质和水平。基于电子政务的核心是“政务”这一考虑，在建立评估指标体系时，一定要把与电子政务紧密相关的管理模式、业务流程、组织结构、人员素质、信息处理以及反映政府综合能力和过程控制状况的相关指标包括进来，重点关注政府应用电子政务后在管理和服务方面处于何种位置，发展是否正常，发展方向如何，有哪些改进、提高和创新等。

1. 电子政务绩效评估指标的类型

（1）主观指标与客观指标。主观指标俗称“软指标”或“定性指标”，反映人们对评

---

① 参见汪向东：《电子政务行政生态学》，237～246 页，北京，清华大学出版社，2007。

估对象的意见、看法、期望值和满意度，是心理量值的反映。由于对同样的事实现象，人们的心理需求、价值尺度、满意程度会有很大差异，因此，完全使用主观指标构建指标体系是不适宜的。客观指标又称“硬指标”或“定量指标”，反映客观事实，有确定的数量属性，只要事实清楚，原始数据真实完整，指标统计结果就具有客观上的确定性，不同对象之间就具有明确的可比性。但是，电子政务评估不可能完全使用客观指标，因为电子政务的服务对象是社会公众，他们的需求、愿望和满意度都是非常重要的主观指标，人民群众的主观需求、愿望、动机是确定政府工作目标和重点任务的前提，人民群众对电子政务效果的评价即满意度又是政府评价电子政务工作的标准。由于主观指标具有模糊性、不确定性和缺乏可比性，因此在电子政务评估指标体系设计中，应当尽量使用客观指标，加大客观指标在总分结构中的权重，对主观指标可以相对“硬化”，即划分若干等级如满意、比较满意、不满意，并换算成相应分数。

（2）投入指标、过程指标与产出指标。如果把电子政务建设当作一项基础性的重点工程，就会形成投入指标，如电子政务建设的人力财力投入；过程指标，如电子政务的进展状况；产出指标，也就是电子政务的实施实绩。一般来说，投入指标状况如何，是过程指标和产出指标状况的必要条件，但不能认为有了投入，就一定有立竿见影的产出。

（3）肯定性指标、否定性指标与中立性指标。这是从一定的价值取向出发对指标的划分。肯定性指标又称“正指标”，反映电子政务建设的成绩和进步，如社会公众对电子政务工作的满意度，统计数据越大说明成绩越显著，是人们希望发展的指标。否定性指标又称“逆指标”，反映电子政务建设中存在的问题和消极面，如从未使用过电脑的公务员人数，统计数据越小说明电子政务建设越有成效。中立性指标与人们的价值取向和愿望没有直接利害关系，本身并不能说明电子政务水平的高低。在指标研究中，为了进行科学的评估，一般应选取数量大致相等的肯定性指标和否定性指标，以保证能从正反两方面综合评估电子政务建设状况。

（4）感觉性指标与非感觉性指标。感觉性指标反映的是人们对客观现象的感受，表现为心理状态、情绪、态度、意向和满意程度等。非感觉性指标只是客观反映社会现象。前者的获得需要通过心理测量、态度量表等特殊方式。离开感觉性指标，单凭一些客观数据，很难测量公众对电子政务的满意度。

2. 电子政务绩效评估指标体系的内容

可以从电子政务所要实现的各个目标入手，逐一分析对电子政务绩效进行评估时需要考察的具体指标。

（1）标准统一、功能完善、安全可靠的政务信息网络平台。

要实现此项目标，首先，需要在统一规划下，树立互联互通的观念，打破垄断和分割，用信息化的思路推动电子政务建设。要特别重视用共享、协作和整合的观念指导电子政务建设。其次，建设和整合统一的电子政务网络。为适应业务发展和安全保密的要求，有效遏制重复建设，要有计划、有步骤地建设和整合统一的电子政务网络平台，为在网络环境下实现各主要业务系统的互联交换和资源共享，以及规范政府管理和服务创造必要条件。

从上述要实现的目标角度出发，电子政务绩效评估体系需要着重考虑以下具体指标：

是否有明确的电子政务战略和规划；

是否参照国际规范机制；

在应用中是否采用了相对成熟的模式；

是否采用了统一的代码标准、传输标准；

管理软件的规划、操作方法是否统一；

是否具有统一的顶级域名和完整的链接列表；

电子政务建设投入总额占政府固定资产投资比重（%）；

每百人计算机拥有量（台）；

计算机联网率（%）；

网络性能水平（是否为宽带）；

监督反馈机制是否健全；

有无数据资源管理制度；

实现无纸化办公程度；

有无数据安全存储的解决方案；

有无防止非法入侵和泄密的解决方案；

信息安全制度与安全意识状况；

是否采用具有自主知识产权的信息安全技术以及彼此之间可以相互认证和鉴别的电子政务平台。

（2）重点业务系统建设。

为了提高决策、监管和服务水平，逐步规范政府业务流程，维护社会稳定，需要继续完善和建立重点政务、业务系统。在我国主要指金关、金税、金卡、金财、金质、金保、金农、金水等 12 个重要业务系统的建设。为了使这些重点业务系统建设取得显著成效，首先，应继续完善已取得初步成效的办公业务资源系统、金关、金税和金融监管（含金卡）四个工程，促进业务协同、资源整合；其次，启动和加快建设宏观经济管理、金财、金盾、金审、社会保障、金农、金质、金水八个业务系统工程建设。

对于这 12 个重点的政务、业务系统的建设状况进行评估，除了需要考察前面已经提到的各项具体指标外，还需要从宏观上考察每一个业务系统建设的实施准备、实施方法和实施效果等方面的情况。实施准备，主要考察数据准备——信息数字化和人员准备——流程规范化这两方面的情况。实施方法，主要考察合作方式、资金投入、具体步骤、实施监理等四个方面的情况。实施效果，主要注重考察公众满意度、用户适应性、工作转变和人员变化四个方面的状况。

（3）基础性、战略性政务信息库建设和信息资源共享程度。

首先，规划和开发一批战略性、宏观性、基础性和公益性的政务信息资源。为了满足社会对政务信息资源的迫切需求，国家应组织编制政务信息资源建设专项规划，设计电子政务信息资源目录体系与交换体系，完善人口基础信息库、法人单位基础信息库、自然资源和空间地理基础信息库、宏观经济数据库的建设。

其次，积极推进公共服务。在内部业务网络化的基础上，充分发挥部门和地方政府的积极性，推动各级政府开展对企业和公众的服务，逐步增加服务内容、扩大服务范围、提高服务质量。要加快政务信息公开步伐。

为了实现上述目标，同时也为了能及时发现和解决电子政务建设过程中存在的问题，为今后我国电子政务的进一步发展打下坚实有力的基础，在对电子政务进行评估时，除了需要考虑上面已经提到的一些指标外，还要考察以下一些指标：

社会信息的电子化程度；

政务信息的电子化程度（信息数字化）；

网上可公开政务信息的共享程度（政府信息互联互通和社会共享的程度）；

网上政务信息在领导决策过程中的参与度；

数据响应速度；

高质量的数据分析结果；

电子政务专业人员比率；

非专业人员的信息化覆盖率；

是否对正在和将要从事电子政务的人员进行适当的培训；

从未使用过电脑等现代化办公设备的公务员人数；

是否对一线窗口人员充分授权；

人员变化情况（是否精减、专业化）；

政务透明程度（包括公开政府公报、政策法规、政务新闻、机构设置与职责、办事规程等）；

网上办公情况（包括网站导航服务、网上咨询、网上查询、网上申报、网上审批、政府网上采购以及与相关机构链接情况等）；

网站的交互性（包括在线办理、网上调查、网上举报、网上调研、公开信箱、用户下载表格、填写后上传、投诉举报等）；

办事效率是否提高（与政府打交道所花费的成本时间、精力等）；

公众满意度（包括解答问题的及时性，对公众的要求的态度，公众能否参与互动决策，政府网站信息动态更新状况，网站信息的全面性、条理性和多媒体性，政府网站的规范性，网站内容完整性，功能的适用性，网站的易操作性、亲和性、专业性、美观性和通用性等应用效果，网站的点击次数，网站留言板的利用率等）。

（4）电子政务网络与信息安全保障体系、与电子政务相关的法规和标准。

基本建立电子政务网络与信息安全保障体系。逐步完善安全管理体制，建立电子政务信任体系，加强关键性安全技术产品的研究和开发，建立应急支援中心和数据灾难备份基础设施。

完善电子政务标准化体系。优先制定业务协同、信息共享和网络与信息安全的标准，加快建立健全电子政务标准实施机制。

加强公务员信息化培训和考核。切实有效地开展公务员的电子政务知识与技能培训，制定考核标准和制度。

加快推进电子政务法制建设。加快研究和制定电子签章、政府信息公开及网络与信息安全、电子政务项目管理等方面的行政法规和规章。基本形成电子政务建设、运行维护和管理等方面有效的激励约束机制。

上述目标有助于形成中国电子政务的基础框架，以便更好地履行政府的公共职能，适应国民经济和社会发展的需要，全面提高政府的监管水平和服务能力。为此，电子政务绩效评估体系还需要考虑以下指标：

是否有电子政务安全管理体制；

是否有电子政务信任体系；

关键性安全技术产品的研究和开发状况；

应急支援中心和数据灾难备份基础设施建设状况；

有无公务员的电子政务知识与技能培训；

有无公务员信息化技能考核标准和制度；

公务员对新型技术产品的接受程度；

电子签名法和政府信息公开法等的制定、实施情况等。

(5) 电子政务评估指标体系构造。

结合上面电子政务绩效评估应考虑的具体内容及指标，可粗略地构建电子政务绩效评估指标体系如下：

指标体系由一级指标、二级指标、三级指标组成。一级指标 3 项，分别为信息化成熟度、政务透明度和公众满意度，这 3 项指标在电子政务评估指标体系中有各自的权重。每一个一级指标都分别分解为二级指标，分别为信息资源利用、人力资源利用、政务公开、网上办公、政府与公众的互动性和公众对政府网站的满意度 6 项。二级指标又进一步分解为三级指标，6 项二级指标共分解为 30 项三级指标。

15.3.3　政府网站指标体系

政府网站评估指标是电子政务绩效评估的主要内容。2009 年 4 月 22 日，工业和信息化部正式印发《政府网站发展评估核心指标体系（试行）》，以进一步引导和促进政府网站健康发展，深化电子政务应用。该核心指标体系重心放在政府信息公开、网上办事、政民互动三个环节，不是政府网站评估所需的全部指标，不替代各地区、各部门已有的评估指标体系。工业和信息化部按照“谁评估、谁公布、谁解释”的原则，鼓励有经验、有实力、有信用的评估机构开展政府网站发展评估，向社会公开发布评估结果，并负责对发布结果的解释。

1. 指标及要点（见表 15—1）

表 15—1　　政府网站指标及要点

一级指标	二级指标	评估要点
政府信息公开	主动公开信息量	政府网站实际主动公开政府信息的总数量。
	依申请公开量	全年公众通过政府网站申请公开信息的数量。
	年度新增量	全年政府网站实际主动公开政府信息的新增数量。

续前表

一级指标	二级指标	评估要点
网上办事	网上办事量	政府网站实际提供的各类网上办事服务事项的数量。
	网上办事度	公众通过政府网站办理相关服务事项中，政府网站提供网上办事服务的办理程度。
	网上办事率	全年通过网站办理的服务事项的件数，占该事项全年通过各类办事渠道办理的总件数的比例。
政民互动	公众参与量	全年公众通过政府网站参与各类互动活动的总事件（人次）数。
	参与答复量	全年对公众通过政府网站参与建议的各类互动活动，给予答复的总件（条）数。
	参与便捷度	政府网站为公众提供参与互动的渠道种类和数目，互动服务便捷程度满意的人数占使用政民互动服务总人数的比例。

2. 指标说明

（1）政府信息公开。

1）主动公开信息量。按照《中华人民共和国政府信息公开条例》对县级以上各级人民政府及其部门、乡（镇）人民政府应主动公开信息内容的规定，政府网站上实际主动公开政府信息的总数量，统计以件（条）为单位。

2）依申请公开量。按照《中华人民共和国政府信息公开条例》对“依申请公开信息”申请的规定，全年公众通过政府网站申请办理“依申请公开信息”的件数，统计以件（条）为单位。

3）年度新增量。按照《中华人民共和国政府信息公开条例》对县级以上各级人民政府及其部门、乡（镇）人民政府应主动公开的重点信息内容的规定，全年政府网站实际主动公开政府信息的新增数量，统计以件（条）为单位。

（2）网上办事。

1）网上办事量。政府部门依据职能通过政府网站面向社会公众提供各类网上办事服务的总件数，统计以件为单位。

2）网上办事度。政府网站网上办事服务全流程覆盖的实现程度。网上办事全流程应覆盖五项服务，即办事指南、表格下载、网上咨询、网上申请、结果反馈。服务等级分为三级：一级，政府网站网上办事中1/2以内的网上办事事项实现网上全流程五项服务的覆盖；二级，政府网站网上办事中1/2～2/3的网上办事事项实现网上全流程五项服务的覆盖；三级，政府网站网上办事中2/3以上的网上办事事项实现网上全流程五项服务的覆盖。

3）网上办事率。网上办事率＝(通过网站办理的服务事项的总件数)÷[通过各类办事渠道（网站和非网站方式）为公众办理的服务事项的总件数]。

（3）政民互动。

1）公众参与量。全年公众通过政府网站参与提问、咨询、访谈、投诉、建议等政民互动活动的总事件（人次）数。

2）参与答复量。全年政府对公众通过政府网站参与提问、咨询、访谈、投诉等各类互动活动，给予答复（包括采纳、不便采纳但答复等）的总件（条）数。

3）参与便捷度。通过统计政府网站实际提供的政民互动参与渠道种类和数目，评估政府网站提供政民互动渠道的能力，反映公众通过政府网站参与互动的方便性。对政府网站政民互动参与渠道种类、数目及互动服务界面友好、使用方便等便捷程度的满意人数占参与互动服务总人数的比例。

本章小结

电子政务绩效评估是指依据电子政务建设和应用的有关数据，按照一定的规范、程序，遵循统一的标准和特定的指标体系，通过定量定性对比分析，对电子政务建设和应用的投入、产出和效益所做出客观、公正和准确的测算和评价。电子政务绩效包括了信息化基础建设绩效、政府网站绩效、政府各种电子政务应用系统绩效等。国际上有多个权威性的电子政务测评机构，运用的是不同的测评指标。有第三方评估和政府自身对电子政务的评估。工业和信息化部印发的《政府网站发展评估核心指标体系（试行）》是我国政府网站评估的重要参考。

关键术语

电子政务　　绩效评估　　第三方机构　　政府网站指标体系

复习思考题

1. 电子政务绩效评估的主要内容是什么？
2. 我国电子政务系统如何进行绩效评估？
3. 政府网站评估的核心指标是什么？

案例分析

别让政府网站成摆设

新闻媒体对多家政府网站问题的报道指出，不少政府网站确实存在严重管理漏洞，极大地损害了政府形象。以下是媒体有关报道：

在政府与公众之间，有一道架设在网络上的、互动交流的桥梁，这就是政府网站。通过它，公众可以更便捷地获得权威的政府信息，政府可以更直接地听到公众的意见和心声。然而，记者调查发现，一些地方和部门的政府网站功能被打了折扣，难以发挥作用，甚至成了“摆设”，其中的原因是什么呢？

大同市政府网站上，不仅政府文件查询不到，连政府信息公开工作的年报也无法查看。前不久，大同市民孙先生家里一连停水几天，无奈之下，他联系了政府网站和市长热线。可是不仅问题没有解决，甚至连个反馈信息也没有。在大同市政府网站的互动栏目里，网站从 2010 年至今只显示了几条投诉信息，但是都没有任何回复。而更多的投诉信息连网站的审核发布都没有通过。记者在调查中发现齐齐哈尔、抚顺、西宁等地的政府网站同样存在应该公开的文件缺失或者缺少政府信息公开工作年报的情况。而兰州市政府网站的政民互动栏目无法进入，当地的数字城市建设办公室通告正在改版。从2010年12月16日发布公告至今五个多月的时间，如此重要的栏目一直在改版吗？诸如此类情况在一些政府网站上都不同程度地存在。

2011年各地政府网站领导“悬浮”成风。以四川会理官网三位“悬浮”的领导为肇端，河南嵩县、山西寿阳、安徽祁门、山西沁源等地政府网站“悬浮照”一一被网友“扒”出来。“悬浮照”不仅反映出各地执行国家相关政策制度打了折扣，而且更严重的是损害了各级政府形象和公信力。2012年5月，浙江杭州余杭政府官网上一则名为《南湖沙滩公园绿化景观优化工程完成移交》的信息引来众多网友围观。原因在于余杭官网赶“潮流”发布领导“悬浮”照。图中五位男性“气功了得、神情自若”地“悬浮”在绿化带和道路上，合成痕迹明显，被网友戏称“领导同志练成了凌波微步”。虽然涉事公司、政府官网维护管理单位及时回应网友关切，快速公开致歉，但我们想追问的是如此搞笑的“悬浮照”是如何通过层层把关审核发布到政府官网上的？

永州市政府网站链接的卫生局网站被黑客侵占一年多，卫生局网站指向营利网站，主管部门始终未发现。

会理县政府网站“悬浮门”事件虽然得到有效处理，但也暴露了网站信息发布缺乏有效的审核管理机制。

石台县政府网站曾被网民指出是图片拼接而成，被网民称为是“史上最简单的信息公开网”，也是“最省事的信息公开网”。

龙虎山网站的网民留言回复中频频出现恶言相向、“爆粗口”的现象。虽主管部门表示系黑客入侵所致，但也说明了该网站安全管理存在较大隐患。

2012年5月26日，河南永城市在官方网站发布了原永城市委办公室副主任李新功强奸10余名少女被刑拘的公告。原网站公告并无李新功照片。但此后，部分媒体转发此条信息，其所配发图片并非河南永城涉案李新功，而是华阴市现任市委副书记李新功。华阴市有关部门通过各方努力联系各相关网站、电视台和报刊要求更正，截至目前收效甚微，且转帖覆盖面不断扩大，造成极为恶劣的影响。

2012年6月28日，商务部网站发布《挪威国家石油公司在坦桑尼亚海域再次发现优质天然气田》的新闻时，下方配图竟然用了日本超级明星猫“猫叔”头像。不过，该链接很快被删除。6月29日，商务部新闻办证实，配图“猫叔”系工作失误，目前正在调查原因。但网友对此进行了截图并发布到微博，引来不少转发和评论，网友调侃商务部网站：“官网也卖萌，笑死不偿命。”不过，该新闻已被其他网站转发，新闻下方仍显示“猫叔”照片。新闻来源显示为“商务部网站”。

资料来源：《别让政府网站成摆设》；见《焦点访谈》，2011－05－27；http://tech.hexun.com/2012－05－19/141575773.html，2012-05-19；岳亦雷：《商务部承认网站新闻配图出错误用“猫叔”头像》，载《北京晨报》，2012-06-30。

请思考：1. 如何提高政府网站的内容质量？

2. 如何加强政府网站的绩效考核管理？

3. 如何理解公开透明对防止假消息和误读的意义?

小知识

网站流量、网站点击量、网页浏览量、访问量

1. 网站流量(traffic)是指网站的访问量,是描述访问一个网站的用户数量以及用户所浏览的网页数量等指标。

2. 网站点击量,是衡量网站流量的一个指标,是指来访用户点击网页的次数。

3. 网页浏览(PV)量,是评价网站流量最常用的指标之一。网页浏览量就是用户每次在网站上查看的页面数量。当用户在看网页的时候,他们可能看了许多的图片、图像、图形等,并且产生了多次的浏览。

例如,如果一个网页包含了五张图片,点击该网页一次,就会在网站服务器上产生六次浏览量,一次是网页,还有五次是图片。

4. 访问量,一般指网站首页的访问数量。网站访问数量的衡量标准一个是独立IP,另一个是PV,常以日为标准(即日独立IP和日PV)来计算。一般一台电脑上网即为一个独立IP。一个独立IP可以产生多个PV,所以PV个数≥独立IP个数。网站每日访问量IP越多,PV越多,即访问量越大。访问方式包括用户直接浏览或工具(网络爬虫)访问该网站。

第 16 章

电子政务未来展望

乔布斯教会我们不要专注于过去，而是专注于未来。

——苹果首席执行官库克

预测未来的最好方法是创造它。

——计算机先驱之一艾伦·凯

重点问题

- 国外电子政务新动向
- 中国电子政务面临的挑战
- 我国电子政务发展展望

自 2001 年底国家信息化领导小组第一次会议做出"政府信息化先行，带动整个信息化发展"的决定以来，中国电子政务发展已逾十年。"中国用了十年，走完了发达国家几十年走过的路程。"[①] 十几年来，中国电子政务发展迅速，逐步缩短了与世界先进国家的差距，加速了政府在经济调节、市场监管、社会管理和公共服务等各方面能力的提升，并在政府网络基础设施、政府核心业务支撑、政府门户网站与公共服务、公共信息资源开发等方面取得了显著成绩。据互联网实验室预测，到 2015 年，中国网民数量将达到 8 亿。麦肯锡在日前发布的一份报告中指出，到 2015 年，中国网民总数将达到 7.5 亿，超过总人口的一半。波士顿咨询集团发布报告，对巴西、俄罗斯、印度、中国和印度尼西亚五个顶级新兴市场的数字消费情况进行了分析：2015 年这些国家将总共拥有 12 亿网民，中国在 2015 年网民总数达到 6.5 亿。[②] 随着互联网、云计算、宽带、物联网、移动网络等信息技术和服务的发展，尤其是随着我国社会主义市场经济的快速发展，以及政治体制改革和

① 周宏仁、赵东：《电子政务这十年》，载《计算机世界》，2012 (13)。

② 参见《2015 中国网民数量》，见 http://www.techcn.com.cn/index.php? doc-view-148079.html。

行政管理改革的深入，中国电子政务虽然取得了很大的成绩，但仍然面临体制机制滞后、制度法规薄弱、行政改革不配套、资金技术缺乏等多方面的挑战。

16.1 国外电子政务新动向

随着信息技术持续迅猛发展和行政改革的深入，公众对政府管理与服务模式变革的期望急速攀升，各国电子政务建设面临极大挑战。一些在电子政务方面走在前列的国家积极制定与出台新的发展战略和实施计划，如美国的“开放政府”行动、数据中心整合行动和网络空间可信身份战略，英国的智慧政府战略和 ICT 战略，澳大利亚的政府 2.0 战略规划。综观这些国家的电子政务发展战略，其共同的特点是体现了集约高效、开放共享的发展方向，代表着电子政务发展的最新趋势。

16.1.1 强调以人为本，促进公众参与电子政务

电子政务的进展不仅在于对信息技术的应用，更在于促进人类社会产生一种新的文明形态，这种文明形态的一个重要体现就是政府越来越突出以人为本、以需求为导向的服务理念。西方发达国家的电子政务发展很早就确立了以公民为中心的服务理念。随着社会文明的不断进步，强调突出“问政于民”、“政民互动”的面向公众的服务创新是发达国家电子政务发展的最新趋势。发达国家积极转变电子政务观念，电子政务建设以满足公民而不是政府自身的需要为导向。如美国在电子政务国家战略中明确提出了电子政务发展三大原则：第一，以公民为中心，而不是以政府体制为中心；第二，以提升政府效能为导向，而不是以电子政务工程建设为目标；第三，以市场为基础，积极推进创新。英国电子政务建设的指导思想是：电子政务项目建设必须要以公众需求和政府核心业务为中心；通过电子政务建设，无论是中央政府还是基层政府，无论是在信息资源方面还是在信息基础设施方面，政府都要形成一个协同合作的文化理念。

同时，发达国家认为，电子政务建设要促进公众参与政府决策特别是公共服务政策的制定。尤其是奥巴马就任美国总统后，发布了备忘录《透明与开放的政府》，呼吁建立透明、公众参与和协作的政府，并首次倡导“参与式民主”理念，鼓励民众了解并参与讨论公共政策制定。美国白宫行政管理和预算局前局长奥萨格指出，最好的想法常常来自政府之外，社会公众最清楚政府该为他们做什么。美国开放政府计划的出台是美国公众集体智慧的结晶。英国智慧政府战略调查显示，更多的英国公民期望政府提供交互性公共服务，并且期望参与到公共服务政策的制定中，希望政府能够“问策于民”。英国电子政务建设更加重视基层的信息化，要授权基层政府及社区提供更灵活的公共服务。英国智慧政府计划的核心思想是“基层第一”。英国政府认为中央政府更多的责任是“掌舵”（政策和规则制定），应当将“划桨”（服务提供和执行）的职能更多地授权给基层地方政府。地方政府以及社区与民众接触更直接，能向其辖区民众提供更富于关爱、更富于创造性的公共服

务，也更容易在制定政策时“问策于民”，提高公共服务的“政民互动”。为此，英国智慧政府战略倡导中央政府通过多种灵活机制重塑并重视基层政府，最大限度地发挥基层政府的灵活性与创新性。

16.1.2 注重协同合作，推动无缝隙政府建设

电子政务必须注重政府各部门和政府内部人员的协作与配合，才能打造无缝隙的政府办事流程，才能为公众提供真正高质量的一站式服务。发达国家的电子政务建设以政府使命和执政目标为主线，推动全政府范围的跨部门协作，打造无缝隙政府。美国联邦政府研究报告指出，美国联邦政府中关键职能的重复和交叉现象广泛存在，如有 13 个政府机构管理着 342 项与联邦经济发展相关的业务，有 12 个政府机构的职能与 35 项食品安全事务相关，有 29 个政府机构涉及 541 项与空气、水和环境保护相关的业务。为了打造无缝隙政府，解决政府部门职能交叉和重复问题，以及破除传统官僚体制对信息共享的先天性障碍，美国行政管理和预算局以政府使命和执政目标为主线，跨越行政组织边界，对政府各部门业务进行了重新梳理，将政府业务划分为 4 个业务域（公民服务、服务分发模式、服务的支持分发和政府资源管理）、39 条业务线、153 个子功能，明确和细化了政府部门的职责分工与业务边界。通过科学、系统的业务梳理，美国数百个联邦电子政务项目被整合成为 32 个跨部门信息化工程。美国国会 2010 年度相关报告表明，通过统一规划、统一建设“跨部门电子政务工程”、取代以往的以各部门为中心建设信息化系统的做法，有效推动全政府范围内的跨部门协作，使得困扰美国多年的电子政务重复建设、效益低下等问题大为改观。可见，虽然美国在电子政务建设和应用方面世界领先，仍然存在重复建设等问题，但美国政府能够通过政府流程再造，打破旧的职能和业务格局，终于实现电子政务水平的进一步提升。

16.1.3 推行电子政务绩效管理，提供科学决策依据

发达国家高度重视对电子政务的绩效考核，并以此作为国家财政投资决策的重要科学依据，通过绩效考核获得客观科学的结论，杜绝人为干预和任意决策，也防治了贪污腐败。美国电子政务建设以支持政府完成核心使命为主线，已由面向具体项目、业务和资金配给型的项目管理转变为注重政府使命、效能优先的绩效管理，注重从电子政务的规划、投资、实施等多个环节对电子政务项目实施绩效考核，并建立绩效考核与 IT 投资预算的反馈机制，为国家投资决策提供科学依据。统计资料表明，从 2007 年美国将绩效考核纳入国家 IT 投资管理体系开始，电子政务的平均绩效得分逐年提高，政府行政效能大幅提升。

16.1.4 整合电子政务，实现电子政务一体化

发达国家积极建设统一的电子政务网络基础平台设施。英国、法国、德国等 20 余个

欧洲国家均建设整合了统一的政府公共网络平台。2010 年初，英国颁布的 ICT 战略提出了公共部门网络平台项目，作为英国 ICT 战略的公共基础设施的核心该平台统一了已有的 4 个政府电子政务网络平台，并整合了英国电子政务的绝大部分政府公共应用系统。到 2012 年，该平台承载了 80%的非涉密政府业务应用，到 2017 年，所有非涉密政府公共应用系统都将部署在该平台上运行，预计该项目每年将至少为英国政府节约 5 亿英镑的支出。英国政府认为，即使不同的政府部门有各自特定的要求，甚至是两个职能完全不同的部门，它们在一个业务流程中也会有多个步骤与其他部门是相同的。基于此理念，英国政府在 ICT 战略中规划了政府公共应用程序库，通过政府业务流程分解，由国家统一定制开发可复用的服务，新的业务可以基于政府公共应用程序库进行重新搭配组合，部门的个性化需求可以作为附加组件独立开发，实现政府公共应用程序的统一开发、共享、灵活应变和标准化。

16.1.5　引入云计算，实现高效、节能的电子政务建设

一方面，发达国家积极推进政府云的应用。如政府云项目是英国 ICT 战略公共基础设施的核心项目，致力于为英国政府提供一个安全、健康的信息及服务共享环境，预计每年为英国政府节省 32 亿英镑的开销。美国联邦政府高度重视和积极推进政府云计算试点。在云计算的安全性仍饱受质疑的情况下，美国政府对于云计算应用的态度依然很坚决，推进力度也很大，同时高度关注云计算的安全性，不断加大研发投入，积极构建和试用可信的政府云计算，并且取得了一些成功经验。另一方面，发达国家还积极推动基于云计算的数据中心建设，整合现有的数据中心。美国联邦政府在全国范围内拥有 2 094 个政府数据中心，大多数情况下服务器的使用率只有 7%左右。为此，从 2010 年 2 月起，美国联郑政府相继出台了多项推动数据中心整合的行动计划和指导政策。据统计，美国数据中心的数量从 1998 年的 432 个增长到 2011 年的 2 100 个，这些数据中心消耗了大量的能源和资源。2011 年 6 月，美国联邦政府首席信息官维克・昆德拉对外公布了政府推广云计算架构的计划，并计划在 2015 年之前将目前政府的 2 100 个数据中心至少削减掉 800 个，同时还要求各级政府将部分工作转移到商用、个人以及政府用云计算系统上。此举的目的就是要通过云计算，帮助各个政府机构来共享数据中心服务，以避免大量不必要的重复建设。同样地，英国在 2010 年初的政府 ICT 战略中也明确指出，要求将政府现有的 130 多个数据中心整合为10～12 个，该项举措将减少近 75%的能源消耗，每年为英国政府节省近 3 亿英镑的 IT 设备开销。

16.1.6　实现数据开放共享，充分拓展电子政务的价值

开放共享是近期电子政务领域最受重视的发展方向之一。发达国家已经将数据开放作为促进政府透明、公众参与、社会监督的一项重要举措。2009 年以来，美国掀起了一股“数据开放”浪潮。为解决信息分散及缺乏整体性的问题，美国联邦首席信息官委员会专门设立了一个新的网站“data. gov”。该网站集合了原有的政务公开信息以及数十万项政

府专有数据库中的数据，面向社会公众开放。英国政府紧随其后，推出了自己的数据公开网站“data. gov. uk”。通过政府数据公开与共享，一方面能够促进电子民主和公众参与，助力政府解决社会难题，推动服务型政府建设；另一方面，有利于促进数据的创新应用，充分发掘政府公共数据的附加经济价值。美国、英国的做法已经取得了明显成效。

16.1.7 强化网络空间安全，制定综合防护体系

随着全球信息化的发展，信息形势日益严峻，网络空间已成为国家意识形态对抗的重要战场。2010 年 5 月 29 日，美国总统奥巴马宣布成立网络空间司令部，将网络空间安全提升到了与领土、领空、领海安全等同的国家安全高度。2010 年 3 月解密的美国国家安全第 54 号总统令提出了以可信互联网连接为重要组成部分的 CNCI 计划。CNCI 计划中，美国政府开始把缩减政府部门互联网出口、加强统一安全保障、全网加强态势感知作为其应对网络空间安全威胁的重要举措。按计划，到 2010 年底，联邦政府部门的互联网出口从原有的 8 000 多个减少到 100 个以内。整合后的互联网出口由多个政府部门共享，新的互联网出入口由国家统一部署最先进的安全策略和服务，确保新形势下的网络空间安全。2010 年 6 月，美国颁布了《国家网络安全网络空间可信身份国家战略》（NSTIC）草案。该草案以提升网络空间身份信任级别为核心，增强网上交易安全与隐私保护，以实现公众获取安全、有效、便捷的网络服务。

16.2 中国电子政务面临的挑战

从目前电子政务建设的结果看，中国电子政务的发展取得了长足进步。近十年来，我国各级政府电子政务年度投资规模连续增长，总投资规模从 2001 年度的 292 亿元增长到 2010 年的 986 亿元，年均增长率近 24%，十年累计投入约 6 000 亿元。目前，各级各类政府网站普遍具备了信息公开、网上办事和政民互动三大服务功能，政府网上公共服务体系的框架已经逐步形成。各级政府网站在网站设计、版面布局、色彩搭配、网站访问、网民体验等方面都有了很大提升，按照服务对象的实际需求，为公众和企业提供一站式服务办理，应用增加，功能增强，服务度、人性化得到了改善，政府网站为民服务能力不断提升。

我国电子政务成绩主要有：

（1）信息化基础设施建设为电子政务提供了保障。目前我国的网络规模位居世界第一，宽带规模仅次于美国，位居全球第二，固话、手机用户数量达到 10 亿，城市家庭的电脑普及率达到 60%以上，全国的 IP 地址达到 2.16 亿个，cn 域名达到1 190 万个，网站 236 万个。这些基础设施的建设，为我国电子政务快速发展提供了强有力的保障。

（2）以行业为代表的电子政务系统建设取得了重要突破，作用日益显著。一大批带“金”字头的电子政务应用系统取得明显成效。

（3）政府内部办公、对外管理和服务整体上对电子政务应用系统的依赖度提高。这从一个方面显示了电子政务应用逐步深入后产生的影响。

（4）政府公务员的理念、管理行为发生重大变化，社会公众受电子政务发展的影响带动作用明显。一个显著例子是，国家公务员对电子政务的认识和依赖，与 10 年前相比难以同日而语。

（5）政府门户网站建设取得了重要进展。目前，全国的政府门户网站超过 5 万多家，县以上政府机构普遍都建立起门户网站。门户网站在提供信息服务、办事服务以及政民互动服务方面发挥着越来越重要的作用。[①] 国内电子政务的发展并不是一帆风顺的，目前电子政务发展还存在着巨大的供需差距，尤其是电子政务使用率低下等情况比较严重。[②]

16.2.1　法律法规亟待完善

与发达国家相比，我国电子政务发展起步较晚，相应的立法还处于探索发展阶段。我国先后出台了一些与规范电子政务发展有关的法律法规，根据与电子政务发展和建设的关系可将其归纳为四类：

（1）计算机法，主要是有关计算机系统安全和保密的法律规范以及计算机软件保护法，如《电子签名法》、《计算机系统安全保护条例》、《计算机软件保护条例》等。

（2）互联网法，主要是针对国际互联网的接入、安全、设施、经营以及主管部门等事项做出规定，如《关于维护互联网安全的规定》、《互联网服务管理办法》、《中国互联网域名注册暂行规定》等。

（3）信息法，主要是有关政府信息化的法律和规章，如《北京市政务和公开服务信息化工程建设管理条例》等。

（4）政务公开法，主要是对政府有关业务流程和政策制定、执行及结果的公开，如《政府信息公开条例》、《行政许可法》、《政府采购信息公告管理办法》等。

总体上说，我国电子政务立法还处于“无纲领性立法、无确定立法规则、无有效的立法评价及监督机制”的三无状态，现有法律法规的法律效力层次低，规章占大多数，至今我国尚未出台关于电子政务的纲领性立法以及明确的立法规则，急需对法律法规进行完善。[③]

16.2.2　发展不均衡现象较突出

我国各地方、各部门政府网站之间明显发展不均衡，存在较为严重的“数字鸿沟”。不同地区之间差异巨大，不同层级的政府网站之间发展也很不平衡，甚至同一层面、同一发展水平的地区的政府网站也差异甚大。如东部沿海地区一些县级市都建立了门户网站，

---

① 参见汪玉凯：《电子政务需要政务云——2012 年中国电子政务展望》，载《信息化建设》，2012（1）。

② 参见周宏仁、赵东：《电子政务这十年》，载《计算机世界》，2012（13）。

③ 参见陶书志：《我国电子政务立法的现状、存在问题及对策研究》，见 http://www.e-gov.org.cn/news/news007/2007-03-19/53390.html，2007-03-19。

甚至一些乡镇和富裕村都建设了网站，但中西部地区甚至一些地级市都还没有网站。政府各个部门网站与门户网站之间也存在发展不平衡，个别部门的网站比门户网站办得还好。当然造成这种政府网站不平衡的原因很复杂，主要在于当地政府的重视程度、一把手工程落实情况，以及政府信息化建设人员素质的高低。

16.2.3 网络建设不规范，系统分割，孤岛现象严重

我国电子政务建设不统一，建设和应用标准化较为落后，信息共享困难，特别是我国电子政务还存在所谓“纵强横弱”现象，纵向部门的网络系统比较强，横向的互联互通存在着局部的信息孤岛，以市（地州）表现最为突出。[①] 纵向部门信息共享程度较高，如对湖南某市直部门电子政务情况的调查表明，一是“十二金”工程建设部门，从省到市（地州）甚至于到县（市区）即所谓“条”上的信息化推进较快，基本实现了业务协同和资源整合；二是党委、人大、政府、政协、法院、检察院、公安七大部门，从省到市（地州）均建立了内网，信息共享程度较高；三是包括发改委、科技、商务、民政、林业、卫生和计划生育等以业务为主的部门的纵向信息共享工作推进较快。相比之下，横向部门信息共享程度较低：大部分横向部门电子政务发展相对落后，信息共享程度相对较低；由于缺乏统一规划，各单位网络建设各自为政，条块分割，各个平台之间不能互联互通，“信息孤岛”现象大量存在；因为没有统一的市（地州）电子政务外网平台，信息资源收集、加工和整理工作不够规范，导致信息共享程度不高。

大多数跨部门的业务系统被牵头部门设计成了部门内系统，资源共建、共享模式没有达成共识，自建、自用和自成体系的电子政务建设模式明显，各部门自成体系，本来应该是跨部门的应用系统被设计成了部门内系统，完整的电子政务体系也被隔离成一个个独立的“烟囱”，林立的“烟囱”使潜在的“信息孤岛”风险一天比一天突出，资源难以共享，业务难以协同，服务能力不强。据调查，目前，我国有政务内网、政务外网，还存在大量的政务专网。这些专网各自为政，相互封闭。有关方面对中央部委的38个部门的政务专网进行过调查，发现38个部门共建设了80多个政务专网，有的部委甚至司到司、处到处都有专网。2011年，全国所有省级单位都建设了外网，333个地级市有283个构建了外网，占84.7%；2 858个县级单位有1 500个已经构建了外网，占52%。这里暴露出的问题是，市以下应重点构建外网，但实际上许多市县的内网有明显扩大化的倾向，外网建设却相对落后，重视不够。中央的38个部门的80多个政务专网中，横向交互率只有0.1%，基本上都是“信息孤岛”。[②] 因此，从国家电子政务建设的全局看，国家统一电子政务内网远未形成，呈现部门自建专网林立、地方政务网络各自为政、发展极不均衡的复杂局面。上述情况，与国际IT基础设施逐渐整合和公用趋势不适应，与我国电子政务建设的客观需求也不匹配。[③]

---

① 参见滕建新：《电子政务“纵强横弱”现象分析》，载《光明日报》，2007-03-29。

② 参见汪玉凯：《电子政务需要政务云——2012年中国电子政务展望》，载《信息化建设》，2012 (1)。

③ 参见刘增明：《地方电子政务网络建设的回顾与展望》，见洪毅：《中国电子政务发展报告（2011）》，北京，社会科学文献出版社，2011。

16.2.4　开发运维管理机制不健全

我国政府在信息化建设的起步上，作为发展中国家并不落后。但是，20 年过去了，在我国经济取得举世瞩目的巨大成就时，《2012 年联合国电子政务调查报告：面向公众的电子政务》显示：中国在电子政务的整体发展中稳步前进。中国以 0.535 9 的总分排名第 78 位，比 2010 年下降了 6 位，与我国的经济地位很不相称。再审视 2002 年党中央下发的关于电子政务建设的文件执行情况，令人遗憾的是，国家电子政务部署的多项任务未能如期完成。早在 2003 年召开的一次国际 OA 高层研讨会期间，针对列入大会主题的 IT 治理，我国两院资深院士张效祥先生语重心长地讲过："IT 治理是十分重要的，我国政府信息化建设已经搞了十多年了，付出了高昂的学费，应该通过 IT 治理防范风险，提高建设绩效。"[①] 目前，地方政府网站的系统开发、日常管理与维护的管理体制普遍薄弱，缺乏科学合理的制度规范；网站管理和运维人员队伍不够强大，专业性不强，这集中反映出政府部门对政府网站的建设目的以及工作方式理解得还不够透彻。造成以上问题的主要原因是：缺乏有效的制度保障；机构设置、经费支持、管理与激励等不到位，特别是网站各栏目信息的更新工作不能落实到由专人负责，对网站受理的群众意见没有规定处理的时间限制；有些政府门户网站的维护工作完全是在应付检查，不能得到始终如一的贯彻执行。

16.2.5　管理机构和职能设置不合理

我国电子政务管理机构和职能设置不合理，常常处于低水平重复建设状态，难以完善提高和持续发展。主要表现是：在对信息化绩效起到至关重要乃至决定性作用的高层管理上，至今仍然普遍采用行政副职分管制。一是信息化只是这位分管领导众多分管工作中的一项；二是信息化的具体工作方向、目的、方法基本上凭借分管领导个人的理念和主张；三是对分管领导基本上没有 IT 业务与管理经验方面的要求；四是缺乏更高层面上对分管领导的协调指导；加之人事调动方面的原因，如某政府部门曾经出现过在一年内更换多位分管电子政务领导的情况。由于这些管理问题，很难建立和管理统一的、规范有序的、不断完善和发展的信息系统。常见的情况是更换分管领导之后，往往在建设和管理思路、方向、方法上发生很大变化，极易以原有系统的技术"落后了"、"不够先进"等借口进行所谓的系统"升级"、"改造"，甚至推倒重来。这种现象甚至在国家要害部门的大型业务系统中也时有发生。正是这种已经落后的管理方式造成我国众多电子政务系统出现低水平重复建设的情况。

管理机构和职能设置不合理还体现在政府信息中心机制不统一。政府信息中心的存在形式，没有统一的机制，大致有四种：第一种是机关型。人员全部精力为政府机关的信息化建设服务，项目开发等工作与 IT 公司合作完成，系统的升级和维护全部由自己承担。

---

① 转引自《IT 治理取代经验型管理　构建高效管理体制》，见 http//www.enet.com.cn/article/2006,2006－10－26。

目前绝大部分政府信息中心属于这一种。第二种是“机关+市场”型。信息中心一方面承担政府机关信息化的全部工作，另一方面又成立了一家或几家IT公司。这些IT公司既做“自己”的活，也拿着信息中心开发的成果到市场上去“接活”，加快了“科技成果的转化”，也提高了信息中心的待遇。第三种是市场型。早在1989年，交通部就成立了交通信息中心，但在2000年交通部发起的科研院所转制中，交通信息中心转变为企业，在市场上独立运作；交通部又成立了信息管理处，隶属于科技教育司，公务员编制负责项目的规划等，事业编制负责系统的维护。所有信息系统开发项目推向市场，交通信息中心和其他IT公司一起凭实力抢单子，优势主要在于对交通业务比较熟悉。第四种是研究所型。信息中心和政府下属的研究所合在一起，如科技部信息中心就设在科技情报研究所。

16.2.6 系统缺乏可持续发展

我国前十年建设的网络资源应用率很低，大部分被闲置。据国家发改委的调查，过去十年建设起来的各种网络资源，使用率只有5%。① 还有不少单位由于自身开发实力不足，为了提高开发效率而把信息系统开发整体外包给了IT公司，俗称“交钥匙工程”，但很快发现“交钥匙工程”基本都不成功。信息系统开发不同于建大楼，在建设过程中不仅需要充分了解业务部门的需求，还需要大量的培训工作，信息系统最终用起来了，才算成功。某机关花100万元请一家IT公司开发一个项目，其中80万元用于买硬件，第一年项目开发完了，但发现根本无法用；于是再出30万元请该公司继续开发新版本，还是满足不了要求；再出30万元继续开发，又过了半年，发现该公司已经消失了，项目也从此寿终正寝。② 由于“交钥匙工程”方式的缺陷，现在多数单位采取与IT公司合作开发的形式，自己做前期的需求分析，然后IT公司做代码。看起来没什么问题，实际上问题也不少。由于我国正处在一个快速发展的阶段，各种政策、政府的职能经常调整，每调整一次，软件就需要修改一次，经常有信息系统刚上线，还没等验收，因为政策的调整，业务部门已经提出了修改软件的要求。姑且不说IT公司服务是否及时，即使服务到位，但由于IT公司人员流动太快，每次遇到的都是新面孔，对业务也不熟悉，客户只好慢慢等待。如某省劳动和社会保障厅与一家IT公司合作开发了一套软件，由于国家的社会保障政策经常调整，社会保障厅也就经常找这家IT公司修改软件；但该厅的一位领导发现隔不了几天就换一位技术人员，这些新人员虽然态度很好，但由于对业务不了解，对提出的问题常常束手无策或者不能及时解决。这位领导向记者感叹：要是自己能改就好了！③ 现在多数人把信息系统的上线运行作为系统成功的标志，实际上这仅仅是迈出了万里长征的第一步；从工作量上说，至多完成了30%，更多的工作还是以后的软件升级、系统维护、数据资源开发等，这漫漫无期的工作究竟自己做合适，还是外包给IT公司更合适？据了解，由于诸多原因，我国许多政府部门总是迫不得已在自主开发和外包中来回摇摆不定，还没有找到

① 参见汪玉凯：《电子政务需要政务云——2012年中国电子政务展望》，载《信息化建设》，2012 (1)。

②③ 参见《电子政务：八摊泥沼如何跃》，见 http://tech.sina.com.cn/e2/2003-01-20/1156162125.shtml，2003-01-20。

一个理想模式。

16.2.7　信息公开力度不够

在信息公开方面，地方政府网站对政府工作计划、财政信息等关键性政务信息公开程度不够；大部分网站信息公开指南及目录编制不规范；信息来源庞杂，由于缺乏政府信息来源，公众转而依赖于大量的转载文章，无法保证公开信息的权威性。此外，政府网站建设各自为政、资源利用率低下、信息资源开发利用不充分等问题也在一定程度上存在，这使公民通过政府网站获取信息知情权的实现受到影响。

影响信息公开的深度和广度的因素主要有三点：一是领导对政府网站信息公开的认识不到位，设置了信息公开栏，却无重要的、公民关心的内容；二是信息公开的内容不够规范，部分地方和部门的网站信息公开范围小、内容少，对公众关心的热点问题及应该公开的未能做到全部公开；三是政府信息资源梳理及各单位内部关于政府网站信息公开工作的监督保障机制不够完善。

16.2.8　信息安全形势依然严峻

国家互联网应急中心（CNCERT）发布的《2011 年中国互联网网络安全态势报告》指出：2011 年，我国遭受更为严重复杂的境外网络攻击，网络银行和工业控制系统安全受到的威胁显著上升，恶意程序引发的手机安全事件呈现多发态势。2011 年，中国基础网络防护水平明显提升，政府网站安全事件显著减少。其中，中国大陆被篡改的政府网站有 2 807 个，较 2010 年下降 39.4%。其中，国务院部委的门户网站存在低级别安全风险的比例从 2010 年的 60%降低为 50%。据北京知道创宇信息技术有限公司发布的《2011 上半年中国互联网安全报告》的数据显示，2011 年上半年我国存在暗链的网站有 630 459 个，占网站总数的 12%，其中政府网站存在暗链比例高达 14.3%。同时，据有关部门统计，网络失密占失密案件总数的 70%，网络成为最主要的失密渠道。在电子政务中应用自主可控的国产软件的项目很少，由于电子政务建设实施缺乏核心技术，基本依赖国外商业公司，存在很大风险。

16.2.9　在线服务水平较低

目前，地方政府网站的在线办事能力薄弱，大多数政府网站的在线办事服务能力十分有限。主要表现在政府网站的服务人群少、服务领域窄、服务形式单调、服务程度浅等方面。甚至有些网站行政许可事项的办事指南、表格下载等基本服务尚未实现，更有部分政府网站的网上办理平台形同虚设。前十年我国电子政务建设主要集中在办公自动化和提高政府部门工作效率方面，面向公共服务和改善民生方面的建设重视不够，应用系统也相对较少。

16.2.10 公众参与保障不到位

地方政府网站公众参与功能实现程度普遍较低，公众无法在政府网站中自由发表意见、参与公共政策制定，即使能够提交意见建议，用户留言也往往得不到及时回复，互动效果不理想。以上问题，主要由于很多政府网站缺乏完善的互动交流保障机制，互动渠道的日常管理、维护机制不健全。如果政府网站流于形式、社情民意沟通渠道不畅，不仅会导致政府资源的浪费，更重要的是会导致群众的诉求难以上达，群众的问题和需求难以向上反映。若群众的信件如泥牛入海，或遭遇多个部门间的推诿扯皮，群众对政府部门的信任度就会降低，政府形象也会受到损害。

16.2.11 部门协同和共享工作薄弱

政府网站的信息孤岛现象比较明显，各个部门网站之间、部门网站与门户网站之间存在大量相互封锁信息的现象，彼此不能互联互通，业务联动不充分，跨部门协作难度大，更不能实现互动，政府外网、专网和内网之间的信息也很难进行有效共享。尽管各级政府门户网站都在打造一站式服务，但由于工作协调、业务协同、流程优化等力度不够，网上服务的状况并没有实质性的突破，形式与内容往往不能同步。同时，政府网站中条块整合仍存在一些机制和体制上的障碍，造成目前不少政府网站的协调效果非常差，整体优势难以发挥。正如有关专家指出的，我国电子政务面临三难：资源共享难、互联互通难、业务协同难。①

16.2.12 网站国际化水平普遍较低

各级政府网站外文版的拥有率较低，影响力非常弱。截至 2012 年 4 月底，国务院组成部门外文版的拥有率为 51.85%（2011 年、2010 年均为 55.56%）；省、直辖市及自治区网站外文版的拥有率为 58.06%（2011 年、2010 年均为 54.84%）；省会及计划单列市政府网站外文版的拥有率为 81.25%（2011 年为 75.00%，2010 年为 81.25%）；地市级政府网站外文版的拥有率为 39.20%（2011 年为 37.21%，2010 年为 37.54%）；直辖市所属（县）区政府网站外文版的拥有率为 51.72%（2011 年为 48.89%，2010 年为 47.83%）；百强县区政府网站外文版拥有率 36.29%（2011 年、2010 年均为 37.90%）。根据以上数据显示，我国各级政府网站的外文版整体拥有率稳中有升，但国务院组成部门外文版和百强县区政府网站外文版的拥有率均有不同程度下降，省会及计划单列市政府网站外文版的拥有率与 2010 年持平；我国各级政府对国际化建设的重视程度还有待进一步提升，外文版网站的建设和运营仍任重道远。政府网站国际化水平较低，原因主要有：以自发建设为主，没有经过专业规划和设计，政府对网站外文版建设的支持力度不足，信息更新很少，

① 参见汪玉凯：《电子政务需要政务云——2012 年中国电子政务展望》，载《信息化建设》，2012 (1)。

用户体验及应用效果不强，对外宣传意识不够，大多数政府的外文网站是“形象工程”。

16.2.13 用户体验效果有待提升

服务型政府网站重点关注用户的体验与感受，应符合易用、安全、响应快速以及内容丰富等基本要求，以使用户获得满足感。但从目前状况看，我国政府网站的用户体验满意度并不理想。首先，网站构建较为混乱，域名规范程度较低，信息结构不清晰，页面设置不规范，风格布局各异。如政府网站页面设计缺乏特色，难以代表政府形象，用户来访后无差别性记忆，体验不到政府网站的独特性，且网站又不具备亲和力，很难吸引用户再次来访；很多政府网站为了将信息全部呈现给用户，就将所有的信息统统放在门户网站上，使得来访者无从下手，易造成信息焦虑和迷失；各类政府网站的设计没有统一的规范，风格各异，功能模块设置各不相同，栏目（频道）命名与实际内容不符，一些寻求网上服务的用户因此找不到服务入口；许多政府网站投入资金不少，但技术设计落后、项目管理滞后，建设完成的系统不能满足用户需要，也不能满足未来发展的需求，甚至不能满足当初招标的需求。

16.3 我国电子政务发展展望

电子政务建设受到多种因素的制约和影响，如政策环境、体制环境、社会环境和技术环境等，需要认真研究这些制约因素的变化规律、之间的相互关系，不断调整完善电子政务建设的思路和策略，只有这样才能促使我国的电子政务建设和发展步入良性轨道。汪玉凯教授认为，在整个“十二五”期间，我国的电子政务建设和发展的总趋势可以概括为十个字，即整合、互联、共享、重构、效率。整合，就是对已有的应用系统要进行深入整合，实现重点业务领域的跨部门协同；互联，就是要克服条块分割，加快实现互联互通；共享，就是在整合、互联、协同的基础上，提高信息资源共享的水平和能力；重构，就是按照政府组织体系的调整，重构一些重大综合应用系统，特别是面向公众的一些社会管理、公共服务的系统，提高政府公共服务能力和社会管理水平；效率，就是要提高电子政务的资金使用效率，特别是要大力推进国产化水平。①

除了“十二五”规划的方向外，近年来，我国电子政务建设和发展还呈现出了一些新的特点，如应用系统建设的重点下移，重点发展县、乡镇等面向公众的基层电子政务应用项目；围绕基本公共服务均等化，解决社会普遍关注的民生问题，构建一些全国性的重点应用系统，如食品药品安全系统，医疗、教育、社保、就业、住房等跨部门的应用系统等。与此同时，在电子政务建设中，更加关注行政服务中心的信息化建设，突出政务公开，特别是以行政服务中心为重点的电子政务审批服务、办事服务将提升到一个新水平。

① 参见汪玉凯：《电子政务需要政务云——2012 年中国电子政务展望》，载《信息化建设》，2012（1）。

电子政务发展要紧紧围绕政府管理的实际，以解决我国经济社会发展中的重要问题为目标，充分发挥电子政务的作用。从目前我国的实际情况看，电子政务建设要遵循三个基本准则：一是要通过运用信息网络技术，解决社会活动中的一些重大问题；二是提高政府的信息能力，包括改善政府的宏观决策，提高政府规范经济秩序的能力、公共服务能力以及信息安全能力等；三是构建系统共享原则。电子政务构建的各种应用系统只有实现资源共享，才能真正显示出强大的生命力。

与此同时，要通过电子政务实现政府管理活动的三大转变：一是政府功能转变，由注重政府内部办公效率转变为注重政府整体效能和履行政府职责；二是建设思路转变，从各自为政转变为跨部门共享；三是建设模式转变，由分散建设转变为集约化建设。电子政务将创新行政管理体制，把公共服务和社会管理放在更加重要的位置，积极推广政务微博、政务微信等工具，努力为人民群众提供方便、快捷、优质、高效的公共服务。

16.3.1 电子政务的立法力度将加强

《国家电子政务“十二五”规划》指出，今后要加强电子政务相关行政法规研究，积极推进电子政务相关法规制度建设，实施依法行政，完善监督措施和办法，健全行政责任制。开展国家电子政务顶层设计，统筹电子政务发展中整体与局部、行业与地方、建设与应用、统一与分散、管理与服务的关系，促进电子政务全面协调发展。加强电子政务规范性文件和技术标准制定，规范网络、应用、信息、网站、运维、队伍等方面建设，逐步覆盖电子政务全过程。推进业务应用和服务规范化、标准化，依据职能结合实际，制定符合应用条件的业务工作规范和服务标准，规范相关职能业务在电子政务条件下的工作程序、内容和要求。开展电子政务理论研究和学科建设，积极学习国外先进经验。加强电子政务发展指导，建立地方电子政务发展指导工作制度，不断总结成功做法和经验，组织开展经验交流。尽快推出电子政务法、政府信息公开法、政府信息安全法等重要法律，以解决法律保障缺失的问题，促进电子政务健康发展。

16.3.2 电子政务组织机构建设将加快

《2012年联合国电子政务调查报告：面向公众的电子政务》指出，实现全国性电子政务战略需要强大的领导力。最重要的是，电子政务的高层官员有能力将各部委、各机构中的利益攸关方聚集起来，界定共同的需要，及时发现在战略目标执行过程时可能存在的缺陷和冗余，指导电子政务在公共服务中的创新。由于便利了各部委间的交流，他们还可以掌控政务流程再设计工作的方向，宣传最佳做法，将共同的解决办法付诸实践。同时，有了授权，电子政务的高层官员可以找出并排除一站式服务过程中的共同障碍。因此，在电子政务转型过程中，政府要有能跨越各部委、各机构间障碍的机构或官员，以便于国家信息与通信技术基础设施建设方面战略的实施和决策的推行，并协助政府各部门在实行方案时变得更为高效。可以通过设立一个国家层面的首席信息官或类似职位的形式，建立一个全国性的协调机构。自2008年以来，联合国电子政务系列调查报告在评估各政府在组织结构上是否切实采用了整体政府的方法时，就是通过考察这些政府是否指定了一名政府内跨机构的首席信息官或类似官员负责监督电子政务的战略实施。2011 年，联合国 31%的成员国（60 个国家）设有电子政务首席信息官或类似职位。而在 2010 年，这一数目是 32，2008 年是 29。我国政府部门还没有真正意义的首席信息官，我国政府通常采用“信息化领导小组组长”、“信息化办公室主任”、“信息中心主任”等有政府信息化建设职责的“职位”，缺乏专职性、权威性，组织管理体系和制度也缺乏严密性。有专家认为，中国电子政务各地发展不均衡，有些地方，特别是电子政务基础和应用都开展得比较好的情况下，建立首席信息官制度已经迫在眉睫，一些长期负责电子政务的领导已经初步具有担任首席信息官的能力和意识，只要给他们足够的授权，就可能推动当地电子政务全面、健康、快速地发展。[①] “对政府首席信息官有三大素质要求。”国内知名专家高新民教授认为，首席信息官要懂信息通信技术和发展趋势，要精通本领域的业务知识，还要有管理协调能力，并且具备这三种能力的知识背景，甚至还需要有“一定的人格魅力”，才能“很好地承担统筹协调的职责”。资料显示，国务院信息化工作办公室曾组建综合调查组展开“全国信息化与电子政务人才需求调查”，结果显示，既懂信息技术又懂管理的政务信息人才奇缺，基本满足这一条件的仅占 2.3%。[②]

16.3.3　电子政务顶层设计将深入

《国家电子政务“十二五”规划》多次提到加强电子政务顶层设计，指出需要大力提升政务与技术融合程度，不断缩小应用成效与服务型政府建设需要之间的差距。通过加强顶层设计，将有利于强化政务信息资源开发利用，有利于建设高质量政务信息资源，加强政务信息资源管理，改变统筹不足、政出多门、分散建设、低水平重复、投资浪费等现象，改变应用发展水平不高和政务信息资源开发利用不足等现状，解决行业与地方间条块矛盾突出、信息共享和业务协同难以推进等问题。

做好顶层设计对电子政务的发展十分关键，更重要的是要理顺电子政务的体制机制，防止设计与实施两张皮，避免不能落到实处。顶层设计还包括对我国电子政务机构职能的设计。许多发达国家都设立政府首席信息官，作为内阁成员，组织专门信息化机构，对电子政务进行管理规划和监督。国信办合并到工信部之后，需要更加重视电子政务机构职能建设，加强对电子政务的统一规划、管理、协调和实施，防止低水平重复建设。近年来联合国组织的电子政务绩效评估中，韩国多次获得世界首位的殊荣，主要原因就是国家领导高度重视信息化的作用，并以实际行动推进信息化在政府治理中的应用。韩国政府的主要做法是成立由总理直接进行协调的信息化促进委员会，并对各政府部门开展电子政务建设进行有机协调和高水平指导；重视顶层设计，制定国家层次的电子政务战略，不断为政府流程的改革优化立法体系。

---

① 参见杨冰之、郑爱军：《政府需要首席信息官吗?》，见 http://gggl.100xuexi.com/ExtendItem/OTDetail.aspx? id=DFE709AD-D3CA-42D7-91B9-B07D2F744352，2010-11-11。

② 参见《政府首席信息官亮相佛山》，见 http://nf.nfdaily.cn/nfyk/content/2011-08/26/content_28992169.htm，2011-08-26。

16.3.4 电子政务自主创新力度将加大

2012年6月11日，胡锦涛同志在中国科学院第十六次院士大会、中国工程院第十一次院士大会上的讲话中重点提出：我国要实现创新驱动发展，最根本的是要依靠科技的力量，最关键的是要大幅提高自主创新能力。只有具备强大科技自主创新能力，才能在全球日益激烈的竞争中牢牢把握发展主动权，才能真正建成创新型国家，进而向世界科技强国进军。电子政务的自主创新主要包括电子政务体制、机制、方法、技术等方面的创新，最直接相关的就是技术创新。有数据显示，跻身“世界创新型国家”行列的有20多个国家，它们的科研发展经费占GDP的比重在2%以上，技术对外依赖度在30%以下，所拥有的发明专利占世界总量的99%。我国电子政务目前的绝大部分技术，尤其是硬件、软件、网络等核心技术，均严重依赖美国等西方发达国家。2007年5月，全国人大常委会副委员长蒋正华指出，目前我国对外技术的依存度依然超过50%。全国人大曾组织了一次《专利法》执法检查，“我们发现，全国还有99%的企业连一件专利都没有，大量的企业都还是依靠外国的技术，或者其他企业开发的技术在生产”①。中国工程院院士倪光南指出，在信息技术方面，龙芯与Linux是自主创新唯一机会。电子政务最关键的基础技术是芯片和操作系统技术，倪光南指出只要抓住这两个方面，尤其是利用开源技术，摆脱专利壁垒，消化吸收核心技术，才有可能实现自主创新。全国人大常委会副委员长成思危指出：“建设创新型国家不是一个时髦的口号，也不是一场迅猛的运动，是需要我们长期脚踏实地、埋头苦干。”② 在电子政务建设中，主管部门要制定相关政策鼓励自主创新，有关企业要加大技术创新力度，真正做到在发展中创新、在创新中发展，建设自主创新的电子政务系统。

16.3.5 新技术推动电子政务向决策预测转变

传统的电子政务系统主要包括信息发布、公文流转、业务受理、档案管理等较为固定、呆板的功能，仅能对政务信息进行记录、处理、打印、保存等操作，尚未上升到决策、预测等层面。随着人工智能的发展特别是神经网络、遗传工程和模糊逻辑等技术的应用，使庞大复杂的专家系统融入了人类的经验和判断，将在一定程度上影响电子政务决策并改变决策方式。此外，当政务活动发生变化时，电子政务系统应对变化进行及时的反映和监督。在未来IT普遍应用的环境中，信息技术将是政务活动的主要载体，与信息技术有关的资源将成为主要的管理对象。未来电子政务中的一项重要内容是及时了解、分析和掌握新的政务管理对象，制定相应的确认、记录、度量、评价、报告和反馈规则，预测政务活动的发展规律，并能结合信息技术实现这些规则的有效执行，从而为决策提供更加完善的支持服务。

---

① 《中国技术对外依赖度超50%》，见 http://finance.sina.com.cn/roll/20060525/0200708548.shtml，2006-05-25。

② 成思危：《以政策支持企业创新》，载《证券时报》，2006-05-25。

16.3.6　云计算推动电子政务公共服务发展

我国已将云计算作为战略性新兴产业重点发展领域之一。《国家电子政务“十二五”规划》指出，要加强保障和改善民生应用，加强创新社会管理应用，建设完善以云计算为基础的电子政务公共平台。由于云计算的低成本、节能、高效率、按需定制，我国将开展以云计算为基础的电子政务公共平台顶层设计试点，在此基础上开展国家电子政务公共平台顶层设计，充分发挥既有资源的作用和新一代信息技术潜能，加快电子政务发展创新，以减少重复浪费、避免各自为政。我国还将鼓励地方在国家电子政务规划和顶层设计指导下，在现有基础上建设集中统一的区域性电子政务云平台，降低电子政务建设和运维成本，提高电子政务发展质量，增强电子政务安全保障能力。

为做好云计算的实施推广，我国将专门研究制定电子政务云计算标准规范，主要包括系统架构、技术标准等技术性标准规范，应用分类服务标准、应用迁移标准、数据管理标准等服务性标准规范，公共平台安全规范、应用安全规范、信息安全规范、服务安全规范等信息安全保障标准规范，绩效评价标准、平台和信息管理标准、技术服务管理规范等管理性标准规范。推广云计算，首先是政策上的支持与倾斜，我国将推行“云计算服务优先”模式，制定电子政务公共平台建设和应用行动计划，鼓励电子政务系统向云计算模式迁移。我国将开展电子政务公共平台应用试点示范工作，先期重点推进新建、升级改造的业务信息系统在电子政务公共平台上部署运行，提高基础资源利用率和应用服务成效，适时推广应用服务成功做法和有益经验。

16.3.7　电子政务绩效评估更加得到重视

《国家电子政务“十二五”规划》指出，加强政府网站建设和管理，促进政府信息公开，推动网上办事服务，加强政民互动。加大政府网站信息公开力度，不断丰富公开信息内容，提高公开信息质量，增强信息公开的主动性、及时性和准确性。大力提升政府网站网上办事能力，以社会公众为中心，扩大网上办事服务事项，优化办事流程，不断提高网上办事事项的办事指南、表格下载、网上咨询、网上申请、结果反馈五项服务功能覆盖率，提高便捷性和实效性。推进政府网站政民互动服务发展，建立健全公众意见及问题的受理、处理及反馈工作机制，实现网上信访、领导信箱、在线访谈等互动栏目的制度化和规范化，注重民意收集与信息反馈，保障人民的知情权、参与权、表达权、监督权。加强政府网站服务保障和运行维护保障，建立相关制度，明确各方责任，加大管理力度，开展绩效评估和考核，大力提高政府网站服务能力。

16.3.8　电子政务信息安全进一步提高

今后我国电子政务建设和应用最重要的任务之一就是完善信息安全保障体系。根据《国家电子政务“十二五”规划》，我国将加强信息安全防护体系建设，建立电子政务网络信任体系、应急处置体系和监管体系。加强政府网站安全管理，实施政务部门互联网安全接入防护工程。按照国家等级保护和涉密信息系统分级保护的有关要求，建立完善等级保护工作机制，落实涉密信息系统分级保护制度，规范涉密信息系统使用管理。按照安全可靠的要求，保护政府信息系统不被攻破和信息不被窃取泄漏，研究制定政府信息系统的信息安全标准规范。目前，我国有关部门已建立信息安全产品的检测机制，今后还将加大电子政务安全可靠软硬件产品的研制力度，建立应用评估机制，建设安全可靠的电子政务应用。今后将进一步加强政府信息系统安全管理，建立完善政府信息系统安全管理制度规范，制定政务部门计算机安全配置和审计制度，建立信息系统安全检查制度，加强信息安全检查工作力度，加强对政务部门使用信息技术外包服务的安全管理，不断提高电子政务信息安全保障水平。信息安全的基础是技术的自主可控，我国将加强电子政务信息安全技术的自主创新。伊朗震网病毒事件告诉我们，如我们不重视自主创新，很难在国际信息战略竞争中获得安全保障，甚至国家主权也会受到严重威胁。

16.3.9 IT治理得到积极推进

IT 治理是对信息化建设、管理做出组织化、制度化的安排。当前国际上 IT 治理已经发展成为以 IT 服务管理（ITSM）为代表的科学体系，并已形成国际标准 ISO 20000，得到普遍采用。其对信息系统实施的十个服务管理流程和建立统一用户服务职能，极大提高了信息系统的战略地位，提高了绩效，降低了风险。特别是美国国会颁布《萨班斯法案》后，要求上市公司的高管人员对信息系统必须实施更加严格的管理，更是进一步推动了 IT 治理的深入发展。近年来，随着国民经济要害部门 IT 依存度的快速提高，IT 治理在国内受到越来越广泛的重视。长期以来，我国政府信息化建设的管理方式一直停留在经验型管理阶段，管理效能的高低基本上依赖管理者个人的理念和能力。信息系统成功的真正标志是应用的深度、广度、依存度与信息资源的完整、准确与规模，是管理创新推动和实现的高效率和低成本的绩效。我国电子政务迫切需要改变经验型的管理方式，代之以制度化、组织化、标准化的管理，这是今后各地区各部门扼制低水平重复、搞好自身建设、取得良好绩效和持续发展的重要一环。推行 IT 治理，形成有利于 IT 企业创业、发展的和谐环境，在严格依法监管的同时，更加注重对 IT 企业的鼓励、帮助、指导和服务，培养和造就宏大的电子政务建设大军，是政府义不容辞的职责，是今后政府和 IT 企业实现双赢的重要一环。

16.3.10 电子政务走向一体化

根据联合国电子政务发展的四个阶段，即初始阶段、强化阶段、业务办理阶段和一体化阶段来看，各国正处于不同的电子政务发展阶段。2012 年的调查发现，许多成员国正在从分散的单一目的的组织模式发展为一个综合统一的整体型政府模式，提高了效率和效力。该模式旨在通过一个统一的门户网站提供集中服务，无论是由哪个政府部门提供，公众都可以通过这个网站浏览政府提供的所有服务。联合国经济和社会事务部公共行政和发展管理司司长钱海燕表示，实现“政府一体化”的突破点主要还是政府的内部协调问题，目前有 60 个成员国设立了政府首席信息官，自上而下解决政府职能部门间的沟通难题。[①] 电子政务一体化的重要特征就是政府门户网站的一站式服务。目前，我国许多政府门户网站不完全是真正意义的一站式服务，往往是政府各部门的链接网站，公众在门户网站上一方面并不能够真正意义地跨部门办事，二是许多信息缺乏更新和维护，往往滞后于各部门自身的网站。这些问题的出现使政府门户网站变成表面文章，不能真正为民办事。实现电子政务一体化后，许多同类或者业务紧密相关的系统整合到统一平台，必将大为提升政务流程处理效率，提高政务处理质量，方便社会公众；还有利于加强监管，防治贪污腐败。如为加强政府采购的管理和服务，有必要建设全国统一的电子化政府采购系统。2012 年 3 月，温家宝总理在国务院召开第五次廉政工作会议中提出，加快建设全国统一的电子化政府采购管理交易平台，实现政府采购业务全流程电子化操作。但是，统一的电子化政府采购管理交易平台仍然是国家电子政务系统中的一个部分，面临着与其他电子政务系统的共享困难、流程分割的问题。只有通过建设我国政府的电子政务统一平台，才能最终真正实现电子政务的一体化管理。电子政务统一平台的初始阶段是数据大集中。现阶段，很多中央部委通过重点工程项目建设形成了以“中央和省两级集中”的管理模式，政务信息的采集、加工、利用和存储等环节都需要实现一体化。地方政府也在积极探索数据大集中模式。随着电子政务一体化的推进，将彻底解决数据共享困难，消除信息孤岛，实现真正全流程、全方位、一站式的电子政务。

本章小结

电子政务发展迅速，国外电子政务出现很多新动向。我国电子政务面临诸多挑战，但也昭示出美好的发展前景。

关键术语

电子政务　　新动向　　挑战　　发展展望

复习思考题

1. 国外电子政务的新动向是什么？
2. 我国电子政务面临的挑战是什么？
3. 我国电子政务的发展前景是什么？

案例分析

12306 铁道部网站[②]

12306 铁路客户服务网站，作为铁道部唯一指定官方火车售票网站，一直承受巨大并

---

① 参见周宏仁、赵东：《电子政务这十年》，载《计算机世界》，2012（13）。

② 12306 铁道部网站，即中国铁路客户服务中心。

发访问量。统计显示，12306铁路客户服务网站，自2012年1月5日起，连续5天日均点击数超过10亿。仅1月9日一天，12306.cn的日点击量突破了14亿，这相当于平均全中国每个人都点击了一次。

铁道部部长盛光祖坦言，现在12306订票网站一天的点击量超过了14亿，相当于全中国每个人都点击了一次，可以说是“世界第一网站”，但这个“世界第一”要不得!

据调查，铁道部耗资数千万聘请两家上市公司参与建设网站订票系统，但从未做过有关春运订票的模拟演练，网站也无巨大访问量经验。正因为如此，熟悉网购的民众也要靠“技术”狂刷网站才能买到票，而对很多网络菜鸟而言，想成功网购火车票要靠“运气”。据统计，平均刷超500次才能买一票。

外界以为12306订票网站上马仓促。事实上，从2006年实现铁路客票发售和预订系统全路联网之后，铁道部就已经将网络售票平台的搭建提上议程。但在此后长达五年时间里，此工作并无实质性进展。

铁道部高层向记者透露，因为铁道部高层利益的巨大分歧，解决方案实际上湮没在口水与利益之争中，直到2010年才有了突破与进展。

据记者了解，在火车票购票网的系统平台开发上，IBM、清华大学、易程科技和中国铁道科学研究院（简称铁科院）电子所都曾激烈竞争过，尤其是易程科技和铁科院电子所，胶着对峙了五年之久，最终由铁科院电子所获得。“表面上是方案与公司之争，实际上是权力与利益之争，但究根到底还是铁路管理体制的问题。”铁道部一位了解信息技术的高层接受本报记者采访时称。

据《财经》记者了解，12306订票网站的设计初衷原为满足高铁、动车客票在线销售，预计访问流量仅为日均3亿～4亿人次。但此次春运前夕，铁道部一改初衷，加入普通列车客票销售业务，造成日访问量远超设计，高峰突破14亿人次，成为“世界最繁忙网站”，也直接引发系统“爆机”。而12306项目亦未经过招投标程序，由铁道部指令下属铁科院完成。

“得承认，我们对访问量估计得不足。”铁道部信息技术中心一位中层向记者透露，12306订票网站曾在2011年春运期间试运行，高峰时段点击量约在1亿，因此，信息中心估计2012年春运期间的访问量在3亿～4亿。但是，结果却大大出乎人们的预料。12306订票网站在1月9日的日点击量达到14亿，是原来料想峰值的5倍之多。“崩溃”在所难免!

“龟速”的订票网站，让参与购票系统建设的两家上市公司太极股份、网宿科技受到质疑。但参建网站的上市公司纷纷撇清责任。9日，太极股份、网宿科技两家参建订票网站的公司都说，铁道部正在查找订票网站崩溃、登录异常的原因，跟公司“本身负责部分无关”。太极股份方面说，它只负责网站的硬件系统集成部分，不清楚网站崩溃及登录缓慢原因，“具体原因铁道部还在查”。网宿科技方面说，它只为12306订票网站提供CDN网络内容分发加速服务。网宿科技声称“公司涉及的部分没有问题，我们检测发现没有不能解决的问题。至于12306订票网站瘫痪等异常情况，我们也不知道原因”。

铁道部对外解释：“既有互联网接入带宽明显不足，造成网络拥塞，高峰时间段用户访问网站时页面打开缓慢，或出现超时报错的情况。”为改善拥堵问题，12306订票网站不断扩大互联网带宽，目前已从 2011 年 6 月的 400M 增加到 1.5G。

但问题不止于此。据 IBM 的系统工程师、数据库售后工程师等多人向《财经》记者证实，12306 订票网站存在短时间内过度集中并发量的问题：“12306 订票网站的每秒并发量估计可达几千万，而一台 IBM 大型机再加上 DB2、交易中间件也只能处理不到 1 亿人次的并发量，这已是目前世界计算机设备中最好的了。”

前述铁科院高层透露，除了技术方案本身没有经过反复的认证和试验，如现有计算机技术条件下根本无法解决的网站出口带宽和关联系统接口等问题外，同时也存在网络架构工程师对大规模、高并发的网站缺乏经验，从而导致高点击量下并行计算易出错的问题。

仅就目前的技术而言，12306 订票网站在多方面都存在改善的空间。安天实验室总工程师张栗伟告诉《财经》记者，比如用户体验明显欠佳，采用明文通道“分发根证书”存在安全隐患，有多种数据不一致现象，有时能访问到其他账号的信息等问题；12306 订票网站未能在技术上有效预防自动刷票软件，系统整体规划上对峰值数据等预测过于保守，造成设计能力偏低；在前端设计、系统架构、业务流程上也都有不足之处。

这其中最大的问题，还是在设计上对削峰、错峰措施考虑较少，使得系统的峰值效应被倍数放大，叠加集中，从而导致用户在浏览、查询、交易等各个环节都面临较高的失败率，加上其他方面的不足，从而导致用户的体验不佳。

铁道部高层在接受记者采访时指出，目前 12306 订票网站的硬件和软件确实存在问题，但最核心的原因出于两点，其一是铁路网络的物理隔绝，以及 12306 订票网站的信息存在内网与外网转换滞后的问题。

分析认为，铁道部 12306 订票网站目前遭遇的问题并不太复杂，事先都能想到、通过事前常规测试就能解决。比如，承载能力和支付安全是对一个销售网站的基本要求，这类网站的架构和运行，国内都有较为成熟的建设经验，如果工作更细致一些，完全能做到未雨绸缪。

我们看一下铁道部最近公布的官方信息。中国铁道部 1 月 13 日披露，新一代客票系统的规划和设计已经启动，包括即将引入云计算技术，以科学成熟的体系架构为基础，构建支撑超大规模并发交易、海量数据存储、灵活扩展、兼容性良好、安全可靠高效的综合信息系统。

资料来源：《12306 订票网刷 500 次才能买一张票　未做春运模拟演练》，见 http://news.qq.com/a/20120111/000187.htm，2012-01-11；《铁道部 12306 项目被曝未经招投标仓促上线》，见 http://finance.sina.com.cn/china/20120129/143011266097.shtml，2012-01-29；高江虹、汤浔芳：《“12306 争议”发酵：台前幕后暗存多年博弈》，载《21 世纪经济报道》，2012-01-14。

请思考：1. 电子政务如何借鉴电子商务的优势？

2. 电子政务如何克服技术劣势？

3. 电子政务如何体现人性化操作？

小知识

电子政务平台禁商业经营

2011 年 2 月，财政部、国家发改委以及工业和信息化部联合下发通知，要求各级政府及其部门单位不得利用电子政务平台从事任何商业经营活动，有类似行为的应立即停止。

通知提出，电子政务平台应免费向企业、个人和社会开放。各级行政机关、代行政府职能的事业单位、社会团体及其他组织利用电子政务平台向社会提供公共服务过程中，需引入第三方电子认证服务的，不得以任何形式参与电子认证服务经营或收取费用，不得采取强制或变相强制的方式要求企业或个人购买第三方电子认证服务。

通知还表示，各级行政机关、代行政府职能的事业单位、社会团体及其他组织通过电子政务平台提供政府公开信息和办理有关业务，不得以技术维护费、服务费、电子介质成本费等名义收费。

参考文献

［美］阿尔文·托夫勒. 未来的冲击. 北京：新华出版社，1996

［美］阿尔文·托夫勒. 第三次浪潮. 上海：上海三联书店，1984

［美］阿尔文·托夫勒. 力量的转移——临近21世纪时的知识、财富和暴力. 北京：新华出版社，1996

［美］阿尔文·托夫勒. 创造一个新的文明——第三次浪潮的政治. 上海：上海三联书店，1996

［美］阿尔文·托夫勒. 未来的战争. 北京：新华出版社，1998

本书编写组. 中国电子政务领导干部知识读本. 北京：中共中央党校出版社，2002

本书编写组. 中国电子政务公务员培训读本. 北京：中共中央党校出版社，2003

白庆华. 电子政务教程. 上海：同济大学出版社，2009

北京市信息化工作办公室，北京行政学院等. 电子政务概论. 北京：清华大学出版社，2003

北京启明星辰技术有限公司. 网络信息安全技术基础. 北京：电子工业出版社，2002

［英］安德鲁·查德威克等. 互联网政治学：国家、公民与新传播技术. 北京：华夏出版社，2010

［美］安德鲁·基恩. 网民的狂欢：关于互联网弊端的反思. 海口：南海出版公司，2010

［英］Ross Anderson. 信息安全工程（第2版）. 北京：清华大学出版社，2012

陈庆云，王明杰. 电子政务行政与社会管理. 北京：电子工业出版社，2002

曹凌. 电子政务. 西安：陕西师范大学出版社，2007

蔡立辉. 政府绩效评估. 北京：中国人民大学出版社，2012

蔡立辉. 电子政务应用中的信息资源共享机制研究. 北京：人民出版社，2012

蔡伟民. 政务公开理论与实践. 北京：中国农业出版社，2009

蔡俊杰．开源软件之道．北京：电子工业出版社，2010
蔡建平．软件综合开发案例教程．北京：清华大学出版社，2011
池中仁，王浣尘．网格化管理和信息距离理论——城市电子政务流程管理．上海：上海交通大学出版社，2008
陈兵．电子政务技术与安全．北京：北京大学出版社，2003
财政部财政科学研究所《绩效预算》课题组编．美国政府绩效评价体系．北京：经济管理出版社，2004
段继凯．中国城市政府再造研究．大连：东北财经大学出版社，2008
［美］道格拉斯·霍姆斯．电子政务．北京：机械工业出版社，2003
［美］珍妮特·登哈特，罗伯特·登哈特．新公共服务：服务，而不是掌舵．北京：中国人民大学出版社，2010
杜治洲．电子政务与政府管理模式的互动．北京：中国经济出版社，2006
杜少中．微薄之力在微博．北京：同心出版社，2012
［美］丹尼斯·贝尔．后工业社会的来临．北京：商务印书馆，1982
迪莉娅．欧盟电子政务政策制定与实施机制研究．北京：世界图书出版公司，2010
冯惠玲．政府信息资源管理．北京：中国人民大学出版社，2006
樊海云．信息化规划与实践——信息化价值创造从无序到有序．北京：清华大学出版社，2008
范柏乃，段忠贤．政府绩效评估．北京：中国人民大学出版社，2012
［美］弗兰克·施尔玛赫．网络至死：如何在喧嚣的互联网时代重获我们的创造力和思维力．北京：龙门书局，2011
甘利人，朱宪辰．电子政务信息资源开发与管理．北京：北京大学出版社，2003
甘仞初．电子政务系统的体系结构．北京：机械工业出版社，2011
郭军．网络管理．北京：北京邮电大学出版社，2001
高复先．信息资源规划．北京：清华大学出版社，2005
高明勇．微博问政的30堂课．杭州：浙江人民出版社，2012
顾丽梅．信息社会的政府治理：政府治理理念与治理范式研究．天津：天津人民出版社，2003
国家信息安全工程技术研究中心．电子政务总体设计与技术实现．北京：电子工业出版社，2003
韩璞庚．网络与人类生存．西安：陕西人民出版社，2001
洪毅．中国电子政务发展报告（2011）．北京：社会科学文献出版社，2011
何精华．网络空间的政府治理——电子治理前沿问题研究．上海：上海社会科学院出版社，2006
何清华．建设项目管理信息化．北京：中国建筑工业出版社，2011
侯卫真，于丽娟．电子政务系统建设与管理．北京：中国人民大学出版社，2004
黄文莱．网络大震荡．昆明：云南人民出版社，2001
黄进．网络时代．武汉：武汉出版社，2001

胡道元. 计算机局域网. 北京：清华大学出版社，1990
胡泳，范海燕. 网络为王. 海口：海南出版社，1997
胡晓惠，陈欣，周莺. 电子政务实用技术读本. 北京：电子工业出版社，2002
胡卫夕，宋逸. 微博营销. 北京：机械工业出版社，2011
[荷兰] Wi van der Aalst &Kees van Hee. 工作流管理——模型、方法和系统. 北京：清华大学出版社，2004
[美] 简·芳汀. 构建虚拟政府信息技术与制度创新. 北京：中国人民大学出版社，2010
Kjell A. Eliassen. 全球环境下的政治进程和技术变革——政务与电信改革. 北京：国家行政学院出版社，2002
姜奇平. 21世纪网络生存技术. 北京：中国人民大学出版社，1997
焦宝文，薛晓户. 全球电子政府发展概况. 北京：中国财政经济出版社，2003
焦宝文，刘岩. 保证电子政府安全运行的基本方法. 北京：中国财政经济出版社，2003
焦宝文，刘庆龙. 中国电子政府的探索与实践. 北京：中国财政经济出版社，2003
金太军. 网络与政府管理. 贵州：贵州人民出版社，2002
金江军，潘懋. 电子政务导论. 北京：北京大学出版社，2003
金江军，潘懋. 电子政务高级教程. 北京：中国人民大学出版社，2005
金江军. 电子政务理论与方法. 北京：中国人民大学出版社，2009
蒋骁. 电子政务公民采纳：理论模型与实证研究. 北京：经济管理出版社，2011
《开源技术选型手册》编委会. 开源技术选型手册. 北京：电子工业出版社，2008
[美] 凯斯·R·桑斯坦. 信息乌托邦. 北京：法律出版社，2008
雷万云. 信息化与信息管理实践之道. 北京：清华大学出版社，2012
李传军. 电子政务. 上海：复旦大学出版社，2011
李绪蓉. 政府信息资源开发与管理. 北京：北京大学出版社，2005
李靖华. 电子政务一站式服务：浙江实证. 北京：光明日报出版社，2006
李习彬. 电子政务与政府管理创新. 北京：科学出版社，2004
李剑. 信息安全培训教程. 北京：北京邮电大学出版社，2008
刘文富. 网络政治：网络社会与国家治理. 北京：商务印书馆，2002
刘文富. 电子政务. 北京：中国人民大学出版社，2010
刘义理. 电子政务——理论、应用与管理. 北京：中国建筑工业出版社，2010
刘菡. 电子政务的规划与实践. 北京：中国时代经济出版社，2006
刘鹏主编. 云计算（第二版）. 北京：电子工业出版社，2011
刘玥. 网络法律热点问题研究. 北京：知识产权出版社，2008
刘红璐等. 电子政务系统概论. 北京：人民邮电出版社，2005
刘红璐，张真继. 电子政务系统模拟实验教程. 北京：电子工业出版社，2007
刘焕成. 电子政务与社会信用体系建设. 郑州：黄河水利出版社，2011
罗伊. 无网不胜. 北京：兵器工业出版社，1997

罗元铮，焦宝文. 电子政府导论. 北京：中国财政经济出版社，2002
陆小华. 新媒体观——信息化生存时代的思维方式. 北京：清华大学出版社，2008
陆宝华. 信息安全等级保护基本要求培训教程. 北京：电子工业出版社，2010
吕新奎. 中国信息化. 北京：电子工业出版社，2002
吕晓阳，谭共志. 电子政务理论与应用. 北京：清华大学出版社，2010
梁士伦，刘新飞. 电子政务. 北京：机械工业出版社，2005
［美］拉塞尔·M·林登. 无缝隙政府：公共部门再造指南. 北京：中国人民大学出版社，2002
美国商务部. 浮现中的数字经济. 北京：中国人民大学出版社，1998
赖茂生. 信息资源管理教程. 北京：清华大学出版社，2006
孟祥宏. 电子政务信息安全互动策略研究. 北京：世界图书出版公司，2010
联合国经济和社会事务部. 2012 年联合国电子政务调查报告：面向公众的电子政务. 北京：国家行政学院出版社，2012
曼德尔. 信息自由：多国法律比较. 北京：社会科学文献出版社，2011
宁家骏. 电子政务工程实务概论. 北京：中国市场出版社，2006
［美］尼葛洛庞帝. 数字化生存. 海口：海南出版社，1997
［美］诺维克. 维基政府：运用互联网技术提高政府管理能力. 北京：新华出版社，2010
［美］戴维·奥斯本，彼得·普拉斯特里克. 再造政府. 北京：中国人民大学出版社，2010
潘郁. 电子政务数据库基础. 北京：北京大学出版社，2005
朴春慧. 网络经济与电子商务. 北京：中国经济出版社，2002
齐爱民. 电子化政府与政府信息公开法研究. 武汉：武汉大学出版社，2008
齐冬梅. 电子政务与管理创新. 天津：天津人民出版社，2006
祁敦芳. 政府绩效审计. 北京：中国时代经济出版社，2009
钱秀槟. 政府网络与信息安全事件应急工作指南. 北京：中国标准出版社，2012
覃正编著. 电子政务流程变革. 北京：科学出版社，2006
覃征等. 电子政务导论. 北京：高等教育出版社，2005
覃征. 电子政务概论. 北京：清华大学出版社，2010
清华大学继续教育学院. 电子政务概论. 北京：清华大学出版社，2003
瞿兆荣主编. 计算机软件技术——信息化战争的智慧之神（第 2 版）. 北京：国防工业出版社，2008
人事部公务员管理司. 公务员信息化与电子政务读本. 北京：中央文献出版社，2003
人民出版社编辑部. 关于深化政务公开加强政务服务的意见. 北京：人民出版社，2011
［美］斯蒂芬·戈德史密斯，威廉·埃格斯. 网络化治理：公共部门的新形态. 北京：北京大学出版社，2008
［美］斯皮内洛. 铁笼，还是乌托邦：网络空间的道德与法律. 北京：北京大学出版

社，2007

［美］托马斯·弗里德曼. 世界是平的：21世纪简史. 长沙：湖南科学技术出版社，2006

苏武荣. 电子政务与办公自动化实务手册. 北京：机械工业出版社，2002

苏新宁等. 电子政务理论. 北京：国防工业出版社，2003

宋军. 电子政务理论与实务. 西安：西安电子科技大学出版社，2003

孙正新，戚鲁. 电子政务原理与技术. 北京：人民邮电出版社，2003

孙宇. 电子政务. 北京：北京师范大学出版社，2011

沈大风. 电子政务发展前沿（2011）. 北京：社会科学文献出版社，2011

［美］史宗玮. 社交网络时代：SNS引发商务与社会变革（第2版）. 北京：人民邮电出版社，2011

［美］史蒂文. 开源的成功之路. 北京：外语教学与研究出版社，2007

陶文昭. 电子政府研究. 北京：商务印书馆，2005

田景熙，洪琢. 电子政务信息系统的规划与建设. 北京：人民邮电出版社，2010

《图书情报工作》杂志社. 网络环境下信息资源管理与利用. 北京：海洋出版社，2011

王立华. 电子政务概论. 西安：西安交通大学出版社，2011

王长胜. 中国电子政务发展报告NO. 4. 北京：社会科学文献出版社，2007

王长胜. 中国电子政务发展报告（2009）. 北京：社会科学文献出版社，2009

王长胜. 中国电子政务发展报告（2010）. 北京：社会科学文献出版社，2010

王浣尘. 信息技术与电子政务——用信息技术提高政府效率. 北京：清华大学出版社，北方交通大学出版社，2003

王浣尘. 信息技术与电子政务（高级版）——用信息技术提高政府效率. 北京：清华大学出版社，北方交通大学出版社，2003

王谦编著. 电子政务e——战略、标准、绩效与智能决策. 重庆：重庆大学出版社，2005

王英伟. 电子政务. 北京：北京邮电大学出版社，2008

王伟军，甘春梅. Web2.0信息资源管理. 北京：科学出版社，2011

王越，罗森林. 信息系统与安全对抗理论. 北京：北京理工大学出版社，2006

王吉庆. 信息技术课程导论. 北京：教育科学出版社，2011

汪玉凯. 电子政务基础知识读本. 北京：电子工业出版社，2002

汪玉凯. 电子政务实用技术读本. 北京：电子工业出版社，2002

汪玉凯. 中国电子政府模式与选择——基于U型政府门户网站的探索. 北京：国家行政学院出版社，2010

汪向东，姜奇平. 电子政务行政生态学. 北京：清华大学出版社，2007

吴胜武，沈斌. 信息化与工业化融合：从“中国制造”走向“中国智造”. 杭州：浙江大学出版社，2010

吴江. 电子政务理论与实践. 北京：北京党建读物出版社，2003

吴江，李志更. 电子政务与服务型政府建设. 北京：国家行政学院出版社，2011

吴佩江. 网络法律教程. 杭州：浙江大学出版社，2004

吴爱明，祁光华. 政府上网与公务员上网. 北京：中国社会科学出版社，1999

吴爱明. 公务员电子政务教程. 北京：中国人事出版社，2003

吴爱明. 电子政务教程：理论、实务、案例. 北京：首都经济贸易大学出版社，2003

吴爱明. 中国电子政务——理论与实践. 北京：人民出版社，2004

吴爱明. 中国电子政务——技术与应用. 北京：人民出版社，2004

吴爱明. 中国电子政务——法规与案例. 北京：人民出版社，2004

吴爱明，王淑清. 国外电子政务. 太原：山西人民出版社，2004

吴爱明，夏宏图. 电子政务概论. 北京：首都经济贸易大学出版社，2008

[美] 韦斯特. 数字政府：技术与公共领域绩效. 北京：科学出版社，2011

[加] 文森特·莫斯可. 数字化崇拜：迷思、权力与赛博空间. 北京：北京大学出版社，2010

安葳鹏，刘沛骞主编. 网络信息安全. 北京：清华大学出版社，2010

夏书章. 行政管理学. 广州：中山大学出版社，2008

徐衍. 体系、变革与全球化进程. 北京：中国社会科学出版社，2000

徐晓林，杨兰蓉. 电子政务. 北京：科学出版社，2010

许跃军. 政府网站与绩效评估. 杭州：浙江大学出版社，2008

谢宗晓，郭立生. 信息安全管理体系应用手册. 北京：中国标准出版社，2008

肖岳峰，蒋琼. 信息产业法律环境研究. 北京：电子工业出版社，2010

[澳] 休斯. 公共管理导论（第三版）. 北京：中国人民大学出版社，2007

[美] 约翰·奈斯比特. 大趋势. 北京：中华工商联合出版社，2009

杨安. 电子政务理论与技术. 北京：清华大学出版社，2007

杨路明. 电子政务（第二版）. 北京：电子工业出版社，2010

杨雷. 电子政务效益的经济分析与评价. 北京：经济科学出版社，2005

杨云飞. 政务服务评价——中国电子政务发展水平测评. 北京：清华大学出版社，2010

杨兴凯. 电子政务. 北京：机械工业出版社，2009

杨诚，黄萍. 电子政务. 成都：西南财经大学出版社，2009

杨桦，廖原. 论电子政务与行政法治. 武汉：湖北人民出版社，2008

杨琴. 信息法律制度前沿问题研究. 成都：西南交通大学出版社，2006

杨洋. 服务型政府转型路径——电子政务系统绩效评估与闭环管理. 北京：清华大学出版社，2009

姚国章. 电子政务原理. 北京：北京大学出版社，2005

姚国章. 应急管理信息化建设. 北京：北京大学出版社，2009

姚国章，宋晓群. 电子政务原理与案例. 北京：北京大学出版社，2011

颜海. 电子政务原理、建设与应用. 武汉：武汉大学出版社，2010

燕继荣. 服务型政府建设：政府再造七项战略. 北京：中国人民大学出版社，2009

闫岩. 微博改变未来. 北京：台海出版社，2012

游五洋，陶青. 信息化与未来中国. 北京：中国社会科学出版社，2003

尤克强. 知识管理与企业创新. 北京：清华大学出版社，2003

袁振华. 电子政务. 北京：中国致公出版社，2001

原忠虎. 电子政务. 北京：北京大学出版社，2011

叶常林. 电子政务. 合肥：中国科学技术大学出版社，2010

于施洋，杨道玲. 电子政务绩效管理. 北京：社会科学文献出版社，2011

赵国俊. 电子政务. 北京：电子工业出版社，2003

赵国俊. 电子政务教程（第二版）. 北京：中国人民大学出版社，2004

周汉华. 外国政府信息公开制度比较. 北京：中国法制出版社，2003

周宏仁，唐铁汉. 电子政务的理论与实践——电子政务知识读本. 北京：国家行政学院出版社，2002

周宏仁. 中国信息化形势分析与预测（2011）. 北京：社会科学文献出版社，2011

周晓英，王英玮. 政务信息管理. 北京：中国人民大学出版社，2003

周贺来. 电子政务. 北京：水利水电出版社，2007

张维明. 信息技术及其应用. 北京：中国人民大学出版社，2001

张鹏翥. 电子政务. 北京：电子工业出版社，2011

张锐昕. 电子政府概论. 北京：中国人民大学出版社，2004

张锐昕. 政府上网与行政管理. 北京：中国大百科全书出版社，2003

张锐昕. 电子政府与电子政务. 北京：中国人民大学出版社，2011

张成福，党秀云. 公共管理学（修订版）. 北京：中国人民大学出版社，2007

张平. 网络法律评论. 北京：北京大学出版社，2008

张明杰. 开放的政府——政府信息公开法律制度研究. 北京：中国政法大学出版社，2003

朱建明，王宁红，孙宝文. 电子政务发展需求与效益分析. 北京：经济科学出版社，2009

褚峻，苏震. 电子政务安全技术保障. 北京：中国人民大学出版社，2003

中国电子政务技术与应用大会秘书处. 典藏2004——中国电子政务应用成果集. 北京：中国财政经济出版社，2004

中共中央纪委办公厅. 政务公开——改革、制度建设与反腐倡廉知识读本. 北京：中国方正出版社，2004

[美] 詹姆斯·E·凯茨. 互联网使用的社会影响. 北京：商务印书馆，2007

863计划项目课题组. 中小城市电子政务建设探索与实践. 北京：经济科学出版社，2005

人大版公共管理类教材

公共管理类专业教材——学科基础课教材

书名	作者
现代管理学原理（第三版）（“十一五”国家级规划教材）	娄成武　魏淑艳
一般管理学原理（第四版）	张康之　周　军
管理学基础（第三版）	方振邦
管理学教程	方振邦
政治学原理（第三版）	景跃进　张小劲
现代政治学原理（第四版）	石永义　刘玉萼　张　瑋
政治学教程	舒　放　刘琼莲
公共管理学（第二版）	陈振明
公共管理学——一种不同于传统行政学的研究途径（第二版）	陈振明
公共管理学（第二版）（“十二五”国家级规划教材）	蔡立辉　王乐夫
公共管理学（精编版）	王乐夫　蔡立辉
公共管理学（第二版）	张康之　郑家昊
公共管理概论（第二版）	朱立言　谢　明
公共管理学概论	曹现强　王佃利
公共管理学导引与案例（第二版）	王丛虎
公共管理案例	中国人民大学公共管理学院
公共政策导论（第五版）（数字教材版）	谢　明
公共政策概论（第二版）	谢　明
公共政策学——政策分析的理论、方法和技术（“十一五”国家级规划教材）	陈振明
公共政策学	杨宏山
政策科学——公共政策分析导论（第二版）	陈振明
公共政策学导引与案例	陈季修
公共政策案例	中国人民大学公共管理学院
公共经济学（第三版）（“十二五”国家级规划教材）	高培勇
公共经济学教程	秦立建
政府经济学（第四版）（“十一五”国家级规划教材）	郭小聪
政府经济学（第四版）	潘明星　韩丽华

公共管理类专业教材——方法课教材

书名	作者
行政学研究方法与应用案例	萧鸣政
管理定量分析：方法与技术（第二版）	刘兰剑　李　玲
公共管理的方法与技术（第二版）	魏　娜
公共管理实用分析方法	汪明生　胡象明

公共管理类专业教材——行政管理、公共事业管理专业教材

书名	作者
行政法学导论	姜晓萍
行政法学	朱新立　唐明良　李春燕
公共部门人力资源管理（第四版）	孙柏瑛　祁凡骅
公共部门人力资源开发与管理（第五版）（“十二五”国家级规划教材）	孙柏瑛　祁凡骅
公共部门人力资源开发与管理（第三版）	孙柏瑛
公共部门人力资源管理（第三版）	滕玉成　于　萍
公共部门人力资源管理	方振邦

书名	作者
公共部门人力资源管理概论	方振邦
公共部门人力资源管理案例	周均旭
公共人事制度	刘俊生
行政管理学（第五版）	郭小聪
公共行政学（第五版）	彭和平
公共行政学	张康之　张乾友
行政学导论（第三版）	齐明山
行政管理学导引与案例	陈季修
管理心理学（第二版）	范逢春
公共组织行为学（第三版）（“十一五”国家级规划教材）	孙　萍　张　平
公共组织学（第三版）	李传军
行政组织学（第二版）	张　昕　李　泉
公共组织理论	陆明远　冯　楠
公共事业管理概论（第三版）	朱仁显
公共事业管理概论（“十一五”国家级规划教材）	娄成武　李　坚
公共组织财务管理（第三版）（“十一五”国家级规划教材）	王为民
国家公务员制度（第四版）（数字教材版）（“十二五”国家级规划教材）	舒　放　王克良
国家公务员制度概论（第二版）	刘碧强　郗永勤
公务员制度概论	李如海
公务员制度导论	孙德超
行政领导学（第三版）	朱立言　李国梁
领导学（第五版）	邱霈恩
领导学	王自亮
领导学：理念、行为与艺术	祁凡骅
领导学	孙　健
现代市政学（第四版）（数字教材版）	王佃利　张莉萍　高　原
市政管理学（第四版）（“十一五”国家级规划教材）	杨宏山
市政学导引与案例（第二版）	李燕凌
社区管理（第三版）	汪大海　魏　娜　郇建立
社区管理原理与案例	魏　娜
电子政务教程（第三版）（“十一五”国家级规划教材）	赵国俊
电子政府与电子政务（第二版）（“十一五”国家级规划教材）	张锐昕
电子政府概论（第二版）	张锐昕
管理信息系统	张维明　黄金才
行政伦理学教程（第三版）（“十二五”国家级规划教材）	张康之　李传军
公共危机管理导论（“十一五”国家级规划教材）	肖鹏军
公共危机管理概论（第二版）	王宏伟
公共危机管理	唐　钧
公共危机与应急管理：原理与案例	王宏伟
行政决策学	许文惠　张成福　孙柏瑛
非营利组织管理	吴东民　等
非营利组织管理（第二版）	康晓光
非营利组织管理导引与案例	崔向华　张　婷
当代中国政府与政治	景跃进　陈明明　肖　滨
当代中国政府与行政（第三版）	魏　娜　吴爱明
当代中国政府（第二版）（“十一五”国家级规划教材）	吴爱明
地方政府学概论（第二版）	方　雷
地方政府管理（第二版）	陈瑞莲　张紧跟
管理秘书实务（第三版）	赵锁龙
行政秘书学	唐　钧
公文写作与处理	赵国俊
机关管理的原理与方法（第三版）	赵国俊　陈幽泓

书名	作者
公共部门绩效管理	方振邦
政府绩效管理	方振邦　葛蕾蕾
政府绩效评估	蔡立辉
公共关系概论（第二版）	邹正方
政府公共关系（第二版）（“十一五”国家级规划教材）	廖为建　张　宁
社会管理	汪大海
社会管理——理论、实践与案例	陈振明
西方行政学理论概要（第二版）（“十一五”国家级规划教材）	丁　煌
公共行政学史	何艳玲
公共行政学经典理论导引与案例	付小均
西方公共管理名著导读	汪大海
管理思想史教程	方振邦　葛蕾蕾
文化管理学（第三版）（“十二五”国家级规划教材）	孙　萍
文化创意产业导论	魏鹏举
卫生事业管理（第二版）（“十一五”国家级规划教材）	李　鲁
教育经济与管理（第二版）（“十一五”国家级规划教材）	娄成武　史万兵
现代公用事业管理	崔运武

公共管理类专业教材——劳动与社会保障专业教材

书名	作者
社会保障概论（第六版）（数字教材版）（教育部推荐教材）	孙光德　董克用
社会保障管理（“十一五”国家级规划教材）	邓大松　刘昌平
劳动经济学（“十一五”国家级规划教材）	董克用　刘　昕
劳动法与社会保障法	黎建飞　李　静
人力资源管理	彭剑锋
社会保险学（第三版）	孙树菡　朱丽敏
社会保障基金管理	李春根
社会保险精算原理与实务	王晓军
社会保障国际比较	仇雨临
国际社会保障制度教程	穆怀中
员工福利概论（第二版）（“十一五”国家级规划教材）	仇雨临
医疗保障	王虎峰

公共管理类专业教材——土地资源管理专业教材

书名	作者
土地经济学（第八版）（“十一五”国家级规划教材）	毕宝德
土地法学（中国人民大学“十三五”规划教材）	严金明
土地法学	王守智　吴春岐
土地科学导论	叶剑平
土地资源管理学	张正峰
国土空间规划学	张占录　张正峰
土地利用规划学	张占录　张正峰
不动产估价（第二版）（“十一五”国家级规划教材）	叶剑平　曲卫东
土地信息系统	曲卫东　韩　琼
地籍管理（第五版）（“十一五”国家级规划教材）	谭　峻　林增杰

公共管理类专业教材——城市管理专业教材

书名	作者
城市管理学（第三版）	杨宏山

书名	作者
城市管理法	王丛虎
城市总体规划原理	郐艳丽　田　莉

公共管理硕士（MPA）教材——核心课教材

书名	作者
全国公共管理硕士（MPA）核心课程教学指导纲要	全国公共管理专业学位研究生教育指导委员会
社会主义建设理论与实践（第三版）	李景治　蒲国良
公共管理英语（修订版）	顾建光
公共管理学（第三版）	张成福　党秀云
公共管理学原理（修订版）	陈振明
公共管理导论	竺乾威　朱春奎　李瑞昌
公共政策分析	陈振明
公共政策分析导论	陈振明
公共政策分析概论（修订版）	谢　明
政治学：基本理论与中国视角	任剑涛
公共部门经济学（第三版）	高培勇　崔　军
公共经济学	唐任伍
行政法学（修订版）	皮纯协　张成福
行政法学概论（第三版）	胡锦光
非营利组织管理概论（修订版）	王　名
非营利组织管理	王　名　王　超
公共管理伦理学（修订版）	张康之
社会研究方法	陈振明
定量分析方法（第三版）	谭跃进
电子政务理论与方法（第五版）	金江军
电子政务	吴爱明　何　滨
公文写作概论	高永贵
信息技术及其应用（第三版）	张维明

公共管理硕士（MPA）教材——专业方向必修课、选修课教材

书名	作者
公务员制度教程（第六版）	舒　放　王克良
比较政府与政治（修订版）	卓　越
当代中国政府与政治（第三版）	吴爱明　朱国斌　林　震
公共部门人力资源管理及案例教程（第三版）	陈天祥
领导学	祁凡骅　刘　颖
领导学教程	常　健
领导理论与实践	邱霈恩
西方公共行政管理理论精要	丁　煌
社会管理概论	唐　钧
公共部门绩效评估（修订版）	卓　越
公共危机管理（修订版）	王宏伟
公共部门危机管理（第三版）	张小明
公共部门战略管理（修订版）	陈振明
城市管理理论与实务	杨宏山
公共冲突管理	常　健
MPA 学位论文写作指南	汪大海

图书在版编目（CIP）数据

电子政务/吴爱明，何滨著．—北京：中国人民大学出版社，2013.4
公共管理硕士（MPA）系列教材
ISBN 978-7-300-17165-4

Ⅰ.①电… Ⅱ.①吴…②何… Ⅲ.①电子政务-研究生-教材 Ⅳ.①D035.1-39

中国版本图书馆 CIP 数据核字（2013）第 063981 号

公共管理硕士（MPA）系列教材
电子政务
吴爱明 何 滨 著
Dianzi Zhengwu

出版发行	中国人民大学出版社		
社　址	北京中关村大街 31 号	**邮政编码**	100080
电　话	010－62511242（总编室）		010－62511770（质管部）
	010－82501766（邮购部）		010－62514148（门市部）
	010－62515195（发行公司）		010－62515275（盗版举报）
网　址	http://www.crup.com.cn		
经　销	新华书店		
印　刷	北京昌联印刷有限公司		
规　格	185 mm×260 mm　16 开本	**版　次**	2013 年 6 月第 1 版
印　张	23 插页 1	**印　次**	2021 年 5 月第 6 次印刷
字　数	535 000	**定　价**	42.00 元

教学支持说明

（教学课件）

中国人民大学出版社政治与公共管理出版分社秉承“出教材学术精品，育人文社科英才”的出版宗旨，多年来，出版了大批高质量的公共管理、教育学、政治学、政治理论公共课教材和学术著作。

我们为本教材制作了相应的 PPT 教学课件，任何一位采用本书作为授课教材的教师均可免费获得该课件。为了确保该课件仅为授课教师获得，烦请您填写如下材料，并将相关信息通过 E-mail 发送给我们，我们将在收到相关信息后通过 E-mail 给您发送该课件。欢迎您加入我们的 QQ 群（全国政管教师交流群，群号为 236159213），或登录我社官方网站（www. crup. com. cn），注册并认证成为教师会员，以获得更好的服务。

我们的联系方式：

地址：（100872）北京市中关村大街甲 59 号文化大厦 1202 室

中国人民大学出版社政治与公共管理出版分社

电话：（010）82502724　62514775（传真）

E-mail：ggglcbfs@vip. 163. com

QQ 群：236159213

兹证明__________大学/学院_________院/系_________专业_________学年第_________学期开设的______________课程，采用中国人民大学出版社出版的________________________________（书名、作者）作为本课程教材。授课教师为__________，授课班级共______个、学生______人。授课教师需要与本书配套的教学课件。

联 系 人：________________________

通信地址：________________________

邮　　编：________________________

电　　话：________________________

E-mail：__________________________

系/院主任：__________（签字）

（系/院办公室章）

______年_____月_____日